Calcul mathématique avec Sage

Alexandre Casamayou   Nathann Cohen
Guillaume Connan   Thierry Dumont   Laurent Fousse
François Maltey   Matthias Meulien   Marc Mezzarobba
Clément Pernet   Nicolas M. Thiéry   Paul Zimmermann

Des parties de cet ouvrage sont inspirées de l'ouvrage *Calcul formel : mode d'emploi. Exemples en Maple* de Philippe Dumas, Claude Gomez, Bruno Salvy et Paul Zimmermann [DGSZ95], diffusé sous la même licence, notamment les sections 2.1.5, 2.3.5 et 5.3.

Une partie des exemples Sage du chapitre 15 sont tirés du tutoriel des logiciels MuPAD-Combinat [HT04] et Sage-combinat. Le dénombrement des arbres binaires complets de §15.1.2 est en partie inspiré d'un sujet de TP de Florent Hivert.

L'exercice 9 sur le problème de Gauss est tiré d'un problème de François Pantigny et l'exercice 17 sur l'effet Magnus est extrait d'un TD de Jean-Guy Stoliaroff.

Les graphiques de la figure 4.9 et leur interprétation reproduisent une partie du paragraphe III.4 du « Que sais-je ? » *Les nombres premiers* de Gérald Tenenbaum et Michel Mendès France [TMF00].

Préface

Ce livre est destiné à tous ceux qui désirent utiliser efficacement un système de calcul mathématique, en particulier le logiciel Sage. Ces systèmes offrent une multitude de fonctionnalités, et trouver comment résoudre un problème donné n'est pas toujours facile. Un manuel de référence fournit une description analytique et en détail de chaque fonction du système ; encore faut-il savoir le nom de la fonction que l'on cherche ! Le point de vue adopté ici est complémentaire, en donnant une vision globale et synthétique, avec un accent sur les mathématiques sous-jacentes, les classes de problèmes que l'on sait résoudre et les algorithmes correspondants.

La première partie, plus spécifique au logiciel Sage, constitue une prise en main du système. Cette partie se veut accessible à tous les étudiants scientifiques (BTS, IUT, classes préparatoires, licence), et dans une certaine mesure aux élèves des lycées. Les autres parties s'adressent à des étudiants au niveau agrégation. Contrairement à un manuel de référence, les concepts mathématiques sont clairement énoncés avant d'illustrer leur mise en œuvre avec Sage. Ce livre est donc aussi un livre sur les mathématiques.

Pour illustrer cet ouvrage, le choix s'est porté naturellement vers Sage, car c'est un logiciel libre, que tout un chacun peut utiliser, modifier et redistribuer à loisir. Ainsi l'élève qui a appris Sage au lycée pourra l'utiliser quelle que soit sa voie professionnelle : en licence, master, doctorat, en école d'ingénieur, en entreprise, etc. Sage est un logiciel encore jeune par rapport aux logiciels concurrents, et malgré ses capacités déjà étendues, il comporte encore de nombreux *bogues*. Mais par sa communauté très active de développeurs, Sage évolue très vite. Chaque utilisateur de Sage peut rapporter un bogue — et éventuellement sa solution — sur `trac.sagemath.org` ou via la liste `sage-support`.

Pour rédiger ce livre, nous avons utilisé la version 5.9 de Sage. Néanmoins, les exemples doivent fonctionner avec toute version ultérieure. Par contre, certaines affirmations pourraient ne plus être vérifiées, comme par exemple le fait que Sage utilise Maxima pour évaluer des intégrales numériques.

Quand j'ai proposé en décembre 2009 à Alexandre Casamayou, Guillaume Connan, Thierry Dumont, Laurent Fousse, François Maltey, Matthias Meulien, Marc Mezzarobba, Clément Pernet et Nicolas Thiéry d'écrire un livre sur Sage, tous ont répondu présent, malgré une charge de travail déjà importante, comme Nathann Cohen qui nous a rejoint dans cette aventure. Je tiens à les remercier, notamment pour le respect du planning serré que j'avais fixé, et plus particulièrement

Nathann Cohen, Marc Mezzarobba et Nicolas Thiéry pour leur investissement décisif dans la dernière ligne droite.

Tous les auteurs remercient les personnes suivantes qui ont relu des versions préliminaires de ce livre : Gaëtan Bisson, Françoise Jung, Hugh Thomas, Anne Vaugon, Sébastien Desreux, Pierrick Gaudry, Maxime Huet, Jean Thiéry, Muriel Shan Sei Fan, Timothy Walsh, Daniel Duparc, Kévin Rowanet et Kamel Naroun (une mention spéciale à tous les deux qui ont relevé des coquilles qui avaient résisté à 17 relectures) ; ainsi qu'Emmanuel Thomé pour son aide précieuse lors de la réalisation de ce livre, Sylvain Chevillard, Gaëtan Bisson et Jérémie Detrey pour leurs conseils typographiques avisés et les erreurs qu'ils ont relevées. Le dessin de la couverture a été réalisé par Corinne Thiéry, sur une idée originale d'Albane Saintenoy.

En rédigeant ce livre, nous avons beaucoup appris sur Sage, nous avons bien sûr rencontré quelques bogues, dont certains sont déjà corrigés. Nous espérons que ce livre sera utile à d'autres, lycéens, étudiants, professeurs, ingénieurs, chercheurs ou amateurs ! Cet ouvrage comportant certainement encore de nombreuses imperfections, nous attendons en retour du lecteur qu'il nous fasse part de toute erreur, critique ou suggestion pour une version ultérieure ; merci d'utiliser pour cela la page `sagebook.gforge.inria.fr`.

Nancy, France
Mai 2013

Paul Zimmermann

Table des matières

Première partie

Prise en main de Sage

1

Premiers pas

Ce chapitre d'introduction présente la *tournure d'esprit* du logiciel mathématique Sage. Les autres chapitres de cette partie développent les notions de base de Sage : effectuer des calculs numériques ou symboliques en analyse, opérer sur des vecteurs et des matrices, écrire des programmes, manipuler des listes de données, construire des graphiques, etc. Les parties suivantes de cet ouvrage approfondissent quelques branches des mathématiques dans lesquelles l'informatique fait preuve d'une grande efficacité.

1.1 Le logiciel Sage

1.1.1 Un outil pour les mathématiques

Sage est un logiciel qui implante des algorithmes mathématiques dans des domaines variés. En premier lieu, le système opère sur différentes sortes de nombres : les nombres entiers ou rationnels, les approximations numériques des réels et des complexes, avec une précision variable, ou encore les éléments des corps finis. L'utilisateur peut très rapidement se servir de Sage comme de n'importe quelle calculette scientifique éventuellement graphique.

Mais le calcul mathématique ne se limite pas aux nombres. Les collégiens apprennent par exemple à résoudre des équations affines, développer, simplifier, et parfois factoriser des expressions contenant des variables. Sage est aussi et surtout un système de calcul formel, capable d'effectuer les calculs algébriques de ce genre — y compris, pour une utilisation plus avancée, dans un anneau de polynômes ou un corps de fractions rationnelles précisé.

Côté analyse, Sage reconnaît les fonctions usuelles comme la racine carrée, la puissance, l'exponentielle, le logarithme ou les fonctions trigonométriques, et

Objectifs et développement de Sage

William Stein, un enseignant-chercheur américain, commence le développe-ment de Sage en 2005 dans le but d'écrire un logiciel de calcul mathématique dont tout le code source soit accessible et lisible. Le logiciel est d'abord centré sur le domaine de recherche de son auteur, la théorie des nombres. Progres-sivement se forme une communauté internationale de plusieurs centaines de développeurs, la plupart enseignants ou chercheurs. Au fur et à mesure des contributions, les fonctionnalités s'étendent pour couvrir bien d'autres domaines des mathématiques, ce qui fait de Sage le logiciel généraliste qu'il est aujourd'hui.

Non seulement Sage est téléchargeable et utilisable gratuitement, mais c'est un logiciel libre. Ses auteurs n'imposent aucune restriction à sa diffusion, son installation et même sa modification, pourvu que les versions modifiées soient, elles aussi, libres. Si Sage était un livre, il pourrait être emprunté et photocopié sans limite dans toutes les bibliothèques ! Cette licence est en harmonie avec la diffusion des connaissances visée par l'enseignement et la recherche.

Le développement de Sage est relativement rapide car il privilégie la réutilisation de logiciels libres existants. Sage lui-même est écrit en Python, un langage de programmation largement utilisé et réputé facile à apprendre. Ce code Python fait abondamment appel aux logiciels mathématiques pré-existants fournis avec Sage.

Comme presque tous les logiciels de calcul mathématique, Sage s'utilise en saisissant des commandes écrites dans un langage informatique. Mais il n'y a pas à proprement parler de langage Sage : c'est Python qui joue ce rôle, avec quelques raccourcis syntaxiques pour alléger les notations mathématiques. Les instructions entrées par l'utilisateur sont évaluées par l'interpréteur Python. Il est possible, pour faire des calculs complexes ou simplement répétitifs, d'écrire de véritables programmes au lieu de simples commandes d'une ligne, voire, pourquoi pas, de les proposer pour inclusion dans Sage !

FIGURE 1.1 – La première apparition du nom de Sage, sur un carnet de W. Stein. Ori-ginellement Sage était aussi un acronyme ; lorsque le système s'est élargi à l'ensemble des mathématiques, seul le nom de la sauge — *sage* en anglais — est resté.

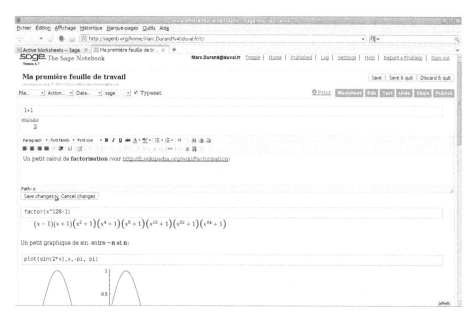

FIGURE 1.2 – Une feuille de travail dans le bloc-notes de Sage.

les expressions formées à partir de celles-ci. Il effectue dérivations, intégrations et calculs de limites, simplifie les sommes, développe en séries, résout certaines équations différentielles...

Sage effectue les opérations usuelles de l'algèbre linéaire sur les vecteurs, les matrices et les sous-espaces vectoriels. Il permet aussi d'aborder, d'illustrer et de traiter de différentes façons les probabilités, les statistiques et les questions de dénombrement.

Ainsi, les domaines mathématiques traités par Sage sont multiples, de la théorie des groupes à l'analyse numérique. Il peut aussi représenter graphiquement les résultats obtenus sous la forme d'une image, d'un volume, ou d'une animation.

Utiliser un même logiciel pour aborder ces différents aspects des mathématiques libère le mathématicien, quel que soit son niveau, des problèmes de transfert de données entre divers outils et de l'apprentissage des syntaxes de plusieurs langages informatiques. Sage se veut homogène entre ces différents domaines.

1.1.2 Accès à Sage

Pour utiliser Sage, il suffit d'un navigateur web tel que Firefox. Le plus simple dans un premier temps est de se connecter sur un serveur de calcul Sage public comme http://sagenb.org/. On a alors accès à une interface utilisateur riche constituée d'un « bloc-notes » (*notebook* en anglais) permettant d'éditer et partager des feuilles de travail (*worksheets*, voir figure 1.2). De nombreuses universités et institutions mettent de tels serveurs à la disposition de leurs utilisateurs ; renseignez-vous autour de vous. Pour un usage plus intensif, on

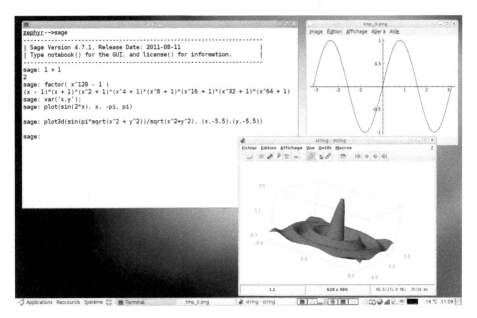

FIGURE 1.3 – Sage en ligne de commande.

installe généralement Sage sur sa propre machine[1]. On peut alors toujours l'utiliser avec l'interface bloc-notes dans le navigateur web. Alternativement, on peut l'utiliser en ligne de commande, comme une calculatrice (voir figure 1.3).

Les figures 1.4 et 1.5 illustrent pas à pas les étapes pour accéder à un serveur Sage public et l'utiliser pour faire un calcul :

1. Ouvrez votre navigateur web et connectez-vous au site http://sagenb.org (figure 1.4). Vous pouvez dès à présent consulter les feuilles de travail publiques accessibles par le lien *Browse published Sage worksheets.*

2. Pour travailler sur vos propres feuilles de travail, vous devez vous authentifier ; pour cela sagenb.org utilise le système *OpenID*[2]. Si vous avez déjà, par exemple, un compte Google ou Yahoo, il vous suffit de suivre les liens correspondants. Sinon, vous devez d'abord créer un compte OpenID[3]. Ensuite, il ne restera qu'à revenir sur la page d'accueil, suivre le lien *OpenID*, et entrer votre identifiant OpenID (par exemple http://*votre-nom*.myopenid.com/).

3. Vous êtes maintenant sur la page principale de l'interface web de Sage, depuis laquelle vous pouvez gérer vos feuilles de travail. Créez-en une nouvelle (*Create worksheet*) et donnez-lui un nom (*Rename worksheet*).

4. Saisissez ensuite 1 + 1 dans la cellule de calcul, puis cliquez sur *evaluate* ou formez la combinaison de touches ⟨Alt⟩+⟨Entrée⟩ (figure 1.5).

Bravo, vous avez fait votre premier calcul avec Sage !

---

1. Sage est disponible pour la plupart des systèmes d'exploitation : Linux, Windows, Mac os x et Solaris.

2. Voir http://fr.wikipedia.org/wiki/OpenID.

3. À l'adresse https://www.myopenid.com/signup ou auprès de n'importe lequel des fournisseurs indiqués sur http://openid.net/get-an-openid/.

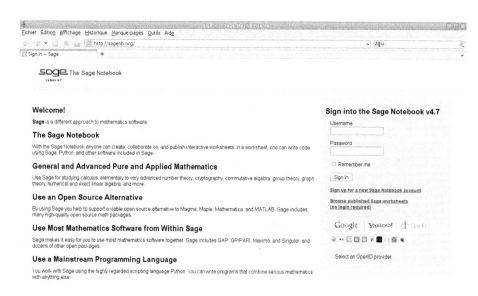

FIGURE 1.4 – Connectez-vous sur http://sagenb.org...

FIGURE 1.5 – Saisissez une commande, puis cliquez sur *evaluate*...

1.1.3 Ressources

Si vous lisez l'anglais, c'est maintenant le bon moment pour jeter un coup d'œil à l'onglet *Help* (figure 1.6). Vous y trouverez en particulier toutes les commandes pour éditer votre feuille de travail ainsi qu'un tutoriel interactif (*Tutorial*). Les adresses suivantes pointent vers le site internet de référence de Sage et quelques autres pages d'informations, dont une traduction française de ce tutoriel.

`http://www.sagemath.org/`	site officiel
`http://www.sagemath.org/fr/`	site officiel en français
`http://www.sagemath.org/doc/`	documentation
`http://www.sagemath.org/fr/html/tutorial/`	tutoriel en français
`http://wiki.sagemath.org/quickref`	fiches de commandes
`http://ask.sagemath.org/`	forum d'aide

Par ailleurs, plusieurs listes de diffusion accueillent les discussions des utilisateurs. La liste `sage-support@googlegroups.com`, en langue anglaise, est la plus adaptée aux questions techniques. Les francophones peuvent aussi dialoguer sur la liste `sagemath-edu@irem.univ-mrs.fr`, consacrée principalement à l'utilisation de Sage dans l'enseignement.

1.2 Sage comme calculatrice

1.2.1 Premiers calculs

Dans la suite du livre, nous présentons les calculs sous la forme suivante, qui imite l'allure d'une session Sage en ligne de commande :

```
sage: 1+1
2
```

Le texte `sage:` au début de la première ligne est *l'invite* du système. L'invite (qui n'apparaît pas dans l'interface bloc-notes) indique que Sage attend une commande de l'utilisateur. La suite de la ligne correspond à la commande à saisir, puis à valider en appuyant sur ⟨Entrée⟩. Les lignes suivantes correspondent à la réponse du système, c'est-à-dire en général au résultat du calcul. Certaines instructions s'étendent sur plusieurs lignes (voir chapitre 3). Les lignes de commande supplémentaires sont alors indiquées par « ... » en début de ligne. Une commande sur plusieurs lignes doit être saisie en respectant la position des retours à la ligne et l'éventuelle indentation (décalage par des espaces par rapport à la ligne qui précède) des lignes supplémentaires, sans recopier la marque « ... » qui les introduit.

Dans le bloc-notes, on entre directement la commande indiquée dans une cellule de calcul, et on valide en cliquant sur *evaluate* ou en appuyant sur ⟨Maj⟩+⟨Entrée⟩. La combinaison de touches ⟨Alt⟩+⟨Entrée⟩ crée une nouvelle cellule au-dessous de la cellule courante en plus de valider la commande. On peut aussi ajouter une cellule en cliquant dans l'espace vertical juste au-dessus d'une cellule existante ou au-dessous de la dernière cellule.

Sage interprète les formules simples comme une calculatrice scientifique. Les opérations $+$, $\times$, etc. ont leur priorité usuelle, et les parenthèses leur rôle habituel :

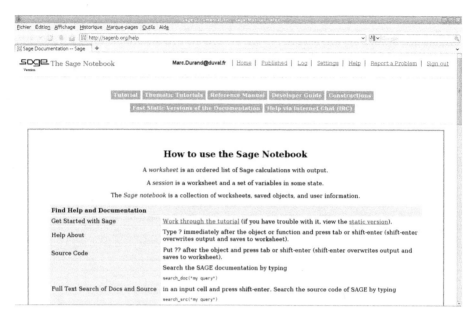

FIGURE 1.6 – L'aide du bloc-notes.

```
sage: ( 1 + 2 * (3 + 5) ) * 2
34
```

Ci-dessus, le signe ∗ représente la multiplication. Il ne doit pas être omis, même dans des expressions comme $2x$. La puissance se note ^ ou ∗∗ :

```
sage: 2^3
8
sage: 2**3
8
```

et la division par / :

```
sage: 20/6
10/3
```

Observons que le calcul est fait de manière exacte : le résultat de la division, après simplification, est le nombre rationnel 10/3 et non une approximation comme 3,33333. Il n'y a pas de limite[4] à la taille des nombres entiers ou rationnels manipulés :

```
sage: 2^10
1024
sage: 2^100
1267650600228229401496703205376
sage: 2^1000
```

---

4. Hormis celle liée à la mémoire de l'ordinateur utilisé.

Opérateurs arithmétiques de base	
« quatre opérations »	`a+b,  a-b,  a*b,  a/b`
puissance	`a^b` ou `a**b`
racine carrée	`sqrt(a)`
racine n-ième	`a^(1/n)`

Opérations sur les entiers	
division entière	`a // b`
modulo	`a % b`
factorielle $n!$	`factorial(n)`
coefficients binomiaux $\binom{n}{k}$	`binomial(n,k)`

Fonctions usuelles sur les réels, les complexes...	
partie entière	`floor(a)`
valeur absolue, module	`abs(a)`
fonctions élémentaires	`sin,  cos,  ...` (voir tableau 2.2)

TABLEAU 1.1 – Quelques opérations usuelles.

1071508607186267320948425049060001810561404811705533607443750\
3883703510511249361224931983788156958581275946729175531468251\
8714528569231404359845775746985748039345677748242309854210746\
0506237114187795418215304647498358194126739876755916554394607\
70629145711964776865421676604298316526243868372056680693 76

Pour obtenir une approximation numérique, il suffit d'écrire au moins l'un des nombres avec un point décimal (on pourrait remplacer 20.0 par 20. ou 20.000) :

```
sage: 20.0 / 14
1.42857142857143
```

Par ailleurs, la fonction `numerical_approx` prend le résultat d'un calcul exact et en donne une approximation numérique :

```
sage: numerical_approx(20/14)
1.42857142857143
sage: numerical_approx(2^1000)
1.07150860718627e301
```

Il est possible de calculer des approximations à précision arbitrairement grande. Augmentons par exemple celle-ci à 60 chiffres pour bien mettre en évidence la périodicité du développement décimal d'un nombre rationnel :

```
sage: numerical_approx(20/14, digits=60)
1.42857142857142857142857142857142857142857142857142857142857
```

Nous revenons sur les différences entre calcul exact et numérique dans l'encadré page 12.

Les opérateurs `//` et `%` donnent le quotient et le reste de la division de deux entiers :

```
sage: 20 // 6
3
sage: 20 % 6
2
```

De nombreuses autres fonctions s'appliquent aux entiers. Parmi celles qui leur sont spécifiques, citons par exemple la factorielle ou les coefficients binomiaux (voir tableau 1.1) :

```
sage: factorial(100)
93326215443944152681699238856266700490715968264381621\
46859296389521759999322991560894146397615651828625369\
7920827223758251185210916864000000000000000000000000000
```

Voici enfin une manière de décomposer un entier en facteurs premiers. Nous reviendrons sur ce problème au chapitre 5, puis à nouveau au chapitre 6.

```
sage: factor(2^(2^5)+1)
641 * 6700417
```

Fermat avait conjecturé que tous les nombres de la forme $2^{2^n} + 1$ étaient premiers. L'exemple ci-dessus est le plus petit qui invalide sa conjecture.

1.2.2 Fonctions élémentaires et constantes usuelles

On retrouve les fonctions et constantes usuelles (voir tableaux 1.1 et 1.2), y compris pour les nombres complexes. Là encore, les calculs sont exacts :

```
sage: sin(pi)
0
sage: tan(pi/3)
sqrt(3)
sage: arctan(1)
1/4*pi
sage: exp(2 * I * pi)
1
```

quitte à renvoyer des formules plutôt que des valeurs numériques :

```
sage: arccos(sin(pi/3))
arccos(1/2*sqrt(3))
sage: sqrt(2)
sqrt(2)
sage: exp(I*pi/6)
e^(1/6*I*pi)
```

Les formules que l'on obtient ne sont pas toujours celles que l'on attend. En effet, peu de simplifications sont faites automatiquement. Quand un résultat semble trop compliqué, on peut essayer d'appeler explicitement une fonction de simplification :

```
sage: simplify(arccos(sin(pi/3)))
```

Calcul formel et méthodes numériques

Un système de calcul formel est un logiciel qui a pour but de manipuler, de simplifier et de calculer des formules mathématiques en appliquant uniquement des transformations exactes. Le terme *formel* s'oppose ici à *numérique* ; il signifie que les calculs sont effectués sur des formules, de façon algébrique, en manipulant formellement des symboles. Pour cette raison l'expression *calcul symbolique* est parfois employée à la place de *calcul formel*. En anglais, on dit *computer algebra* ou parfois *symbolic computation*.

Les calculatrices manipulent de façon exacte les nombres entiers ayant moins d'une douzaine de chiffres ; les nombres plus grands sont arrondis, ce qui entraîne des erreurs. Ainsi une calculatrice numérique évalue de façon erronée l'expression suivante en obtenant 0 à la place de 1 :

$$(1 + 10^{50}) - 10^{50}.$$

De telles erreurs sont difficilement détectables si elles se produisent lors d'un calcul intermédiaire sans être prévues — ni facilement prévisibles — par une étude théorique. Les systèmes de calcul formel, au contraire, s'appliquent à repousser ces limites et à ne faire aucune approximation sur les nombres entiers pour que les opérations qui en découlent soient exactes : ils répondent 1 au calcul précédent.

Les méthodes d'analyse numérique approchent à une précision donnée (par une méthode des trapèzes, de Simpson, de Gauss, etc.) l'intégrale $\int_0^\pi \cos t \, dt$ pour obtenir un résultat numérique plus ou moins proche de zéro (à 10^{-10} près par exemple) sans pouvoir affirmer si le résultat est le nombre entier 0 — de façon exacte — ou au contraire est proche de zéro mais est non nul.

Un système formel transforme par une manipulation de symboles mathématiques l'intégrale $\int_0^\pi \cos t \, dt$ en la formule $\sin \pi - \sin 0$ qui est ensuite évaluée de façon exacte en $0 - 0 = 0$. Cette méthode prouve donc $\int_0^\pi \cos t \, dt = 0$.

Cependant les transformations uniquement algébriques ont aussi des limites. La plupart des expressions manipulées par les systèmes formels sont des fractions rationnelles et l'expression a/a est automatiquement simplifiée en 1. Ce mode de calcul algébrique ne convient pas à la résolution des équations ; dans ce cadre, la solution de l'équation $ax = a$ est $x = a/a$ qui est simplifiée en $x = 1$ sans distinguer suivant la valeur de a par rapport à 0, valeur particulière pour laquelle tout nombre x est solution (voir aussi §2.1.5).

Quelques valeurs spéciales	
valeurs de vérité « vrai » et « faux »	`True, False`
unité imaginaire i	`I` *ou* `i`
infini ∞	`infinity` *ou* `oo`

Constantes mathématiques usuelles	
constante d'Archimède π	`pi`
base du logarithme naturel $e = \exp(1)$	`e`
constante d'Euler-Mascheroni γ	`euler_gamma`
nombre d'or $\varphi = (1 + \sqrt{5})/2$	`golden_ratio`
constante de Catalan	`catalan`

TABLEAU 1.2 – Constantes prédéfinies.

```
1/6*pi
sage: simplify(exp(i*pi/6))
1/2*sqrt(3) + 1/2*I
```

Nous verrons en §2.1 comment contrôler plus finement la simplification des expressions. Naturellement, on peut aussi calculer des approximations numériques (le plus souvent, à précision aussi grande que l'on veut) des résultats :

```
sage: numerical_approx(6*arccos(sin(pi/3)), digits=60)
3.14159265358979323846264338327950288419716939937510582097494
sage: numerical_approx(sqrt(2), digits=60)
1.41421356237309504880168872420969807856967187537694807317668
```

1.2.3   Aide en ligne et complétion automatique

On peut accéder interactivement au manuel de référence de toute fonction, constante ou commande en la faisant suivre d'un point d'interrogation ? :

```
sage: sin?
```

La page de documentation (en anglais) contient la description de la fonction, sa syntaxe et des exemples d'utilisation.

La touche tabulation ⟨Tab⟩ à la suite d'un début de mot montre quelles sont les commandes commençant par ces lettres : `arc` suivi de la touche ⟨Tab⟩ affiche ainsi le nom de toutes les fonctions trigonométriques réciproques :

```
sage: arc<tab>
Possible completions are:
arc arccos arccosh arccot arccoth arccsc arccsch
arcsec arcsech arcsin arcsinh arctan arctan2 arctanh
```

1.2.4   Variables Python

Lorsque l'on veut conserver le résultat d'un calcul, on peut l'*affecter* à une *variable* :

```
sage: y = 1 + 2
```

pour le réutiliser par la suite :

```
sage: y
3
sage: (2 + y) * y
15
```

Noter que le résultat du calcul n'est pas affiché par défaut lors d'une affectation. Aussi, nous utiliserons souvent le raccourci suivant :

```
sage: y = 1 + 2; y
3
```

le signe « ; » permettant de séparer plusieurs instructions sur la même ligne. Le calcul du résultat est effectué avant l'affectation. On peut donc réutiliser la même variable :

```
sage: y = 3 * y + 1; y
10
sage: y = 3 * y + 1; y
31
sage: y = 3 * y + 1; y
94
```

Enfin Sage conserve le résultat des trois calculs précédents dans les variables spéciales _, __ et ___ :

```
sage: 1 + 1
2
sage: _ + 1
3
sage: __
2
```

Les variables que nous venons de manipuler sont des variables au sens de la programmation Python ; nous y reviendrons plus en détail en §3.1.3. Mentionnons seulement qu'il est recommandé de ne pas écraser les constantes ni les fonctions prédéfinies de Sage. Le faire ne perturbe pas le fonctionnement interne de Sage, mais les résultats ultérieurs de vos calculs ou de vos programmes pourraient être troublants :

```
sage: pi = -I/2
sage: exp(2*i*pi)
e
```

Pour restaurer la valeur d'origine, on peut utiliser une instruction comme :

```
sage: from sage.all import pi
```

1.2.5   Variables symboliques

Nous n'avons jusqu'ici manipulé que des expressions constantes telles que $\sin(\sqrt{2})$. Sage permet aussi et surtout de calculer avec des expressions contenant des variables, comme $x + y + z$ ou encore $\sin(x) + \cos(x)$. Les *variables symboliques* « du mathématicien » x, y, z apparaissant dans ces expressions diffèrent, en Sage, des variables « du programmeur » que nous avons rencontrées dans la section précédente. Sage diffère notablement, sur ce point, d'autres systèmes de calcul formel comme Maple ou Maxima.

Les variables symboliques doivent être explicitement déclarées avant d'être employées [5] :

```
sage: z = SR.var('z')
sage: 2*z + 3
2*z + 3
```

Dans cet exemple, la commande `SR.var('z')` « construit » et renvoie une variable symbolique dont le nom est z. Cette variable symbolique est un objet Sage comme un autre : elle n'est pas traitée différemment d'expressions plus complexes comme $\sin(x) + 1$. Ensuite, cette variable symbolique est affectée à la variable « du programmeur » `z`, ce qui permet de s'en servir comme de n'importe quelle expression pour construire des expressions plus complexes.

On aurait pu tout aussi bien affecter z à une autre variable que `z` :

```
sage: y = SR.var('z')
sage: 2*y + 3
2*z + 3
```

Affecter systématiquement la variable symbolique z à la variable `z` n'est donc qu'une simple convention, mais elle est recommandée pour éviter les confusions.

Inversement, la variable `z` n'interfère en rien avec la variable symbolique z :

```
sage: c = 2 * y + 3
sage: z = 1
sage: 2*y + 3
2*z + 3
sage: c
2*z + 3
```

Comment faire alors pour donner une valeur à une variable symbolique qui apparaît dans une expression ? On utilise l'opération de *substitution*, comme dans

```
sage: x = SR.var('x')
sage: expr = sin(x); expr
sin(x)
sage: expr(x=1)
sin(1)
```

---

5. En fait, la variable symbolique x est prédéfinie dans Sage. Mais c'est la seule.

La substitution dans les expressions symboliques est présentée en détail au chapitre suivant.

Exercice 1. Expliquer pas à pas ce qu'il se passe lors de la séquence d'instructions :

```
sage: u = SR.var('u')
sage: u = u+1
sage: u = u+1
sage: u
u + 2
```

Comme il serait un peu laborieux de créer un grand nombre de variables symboliques de cette manière, il existe un raccourci `var('x')` qui est équivalent à `x = SR.var('x')`. Plus généralement on peut faire par exemple :

```
sage: var('a, b, c, x, y')
(a, b, c, x, y)
sage: a * x + b * y + c
a*x + b*y + c
```

Si la déclaration explicite des variables symboliques est jugée trop lourde, il est aussi possible d'émuler le comportement de systèmes comme Maxima ou Maple. Pour l'instant (Sage 5.9), cette fonctionnalité n'est disponible que dans le bloc-notes. Dans celui-ci, après un appel à :

```
sage: automatic_names(True)
```

toute utilisation d'une variable non affectée déclenche implicitement la création d'une variable symbolique du même nom et son affectation :

```
sage: 2 * bla + 3
2*bla + 3
sage: bla
bla
```

1.2.6   Premiers graphiques

La commande `plot` permet de tracer facilement la courbe représentative d'une fonction réelle sur un intervalle donné. La commande `plot3d` sert aux tracés en trois dimensions, comme le graphe d'une fonction réelle de deux variables. Voici les commandes utilisées pour produire les graphiques qui apparaissent sur la capture d'écran en figure 1.3 (page 6) :

```
sage: plot(sin(2*x), x, -pi, pi)
sage: plot3d(sin(pi*sqrt(x^2 + y^2))/sqrt(x^2+y^2),
....:         (x,-5,5), (y,-5,5))
```

Les capacités graphiques de Sage vont bien au-delà de ces exemples. Nous les explorerons plus en détail au chapitre 4.

2

Analyse et algèbre

Ce chapitre présente à travers des exemples simples les fonctions de base utiles en analyse et en algèbre. Les lycéens et étudiants trouveront matière à remplacer *le crayon et le papier* par *le clavier et l'écran* tout en relevant le même défi intellectuel de compréhension des mathématiques.

Cet exposé des principales commandes de calcul avec Sage se veut accessible aux élèves de lycée ; figurent également des compléments signalés par un astérisque (*) pour les étudiants de première année de licence. On renvoie aux autres chapitres pour plus de détails.

2.1 Expressions symboliques et simplification

2.1.1 Expressions symboliques

Sage permet d'effectuer toutes sortes de calculs d'analyse à partir d'*expressions symboliques* combinant des nombres, des variables symboliques, les quatre opérations, et des fonctions usuelles comme sqrt, exp, log, sin, cos, etc. Une expression symbolique peut être représentée par un arbre comme ceux de la figure 2.1. Il est important de comprendre qu'une expression symbolique est une *formule* et non pas une valeur ou une fonction mathématique. Ainsi, Sage ne reconnaît pas que les deux expressions suivantes sont égales [1] :

```
sage: bool(arctan(1+abs(x)) == pi/2 - arctan(1/(1+abs(x))))
False
```

---

1. Le test d'égalité == n'est par pour autant une simple comparaison syntaxique des formules : par exemple, avec Sage 5.9, les expressions arctan(sqrt(2)) et pi/2-arctan(1/sqrt(2)) *sont* considérées comme égales. En fait, quand on compare deux expressions avec bool(x==y), Sage tente de prouver que leur différence est nulle, et renvoie True si cela réussit.

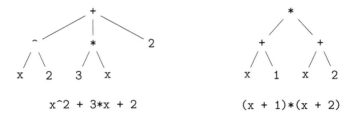

$$x^2 + 3*x + 2 \qquad\qquad (x + 1)*(x + 2)$$

FIGURE 2.1 – Deux expression symboliques qui représentent le même objet mathématique.

C'est à l'utilisateur de transformer les expressions qu'il manipule afin de les mettre sous la forme souhaitée, grâce aux commandes présentées dans ce chapitre.

L'opération peut-être la plus commune consiste à *évaluer* une expression en donnant une valeur à un ou plusieurs des paramètres qui y apparaissent. La méthode **subs** — qui peut être sous-entendue — effectue cette manipulation :

```
sage: a, x = var('a, x'); y = cos(x+a) * (x+1); y
(x + 1)*cos(a + x)
sage: y.subs(a=-x); y.subs(x=pi/2, a=pi/3); y.subs(x=0.5, a=2.3)
x + 1
-1/4*(pi + 2)*sqrt(3)
-1.41333351100299
sage: y(a=-x); y(x=pi/2, a=pi/3); y(x=0.5, a=2.3)
x + 1
-1/4*(pi + 2)*sqrt(3)
-1.41333351100299
```

Par rapport à la notation mathématique usuelle $x \mapsto f(x)$, le nom de la variable substituée doit être indiqué. La substitution avec plusieurs paramètres est faite de façon parallèle, alors que plusieurs substitutions effectuent des réécritures séquentielles, comme le montrent les deux exemples ci-dessous :

```
sage: x, y, z = var('x, y, z') ; q = x*y + y*z + z*x
sage: bool(q(x=y, y=z, z=x) == q), bool(q(z=y)(y=x) == 3*x^2)
(True, True)
```

Notons que pour remplacer une sous-expression plus complexe qu'une variable, on dispose de la fonction **subs_expr** :

```
sage: y, z = var('y, z'); f = x^3 + y^2 + z
sage: f.subs_expr(x^3 == y^2, z==1)
2*y^2 + 1
```

2.1.2   Transformation d'expressions

Les expressions « avec variables » les plus simples sont les polynômes et les fractions rationnelles à une ou plusieurs variables. Les fonctions qui permettent de les réécrire sous diverses formes ou de les mettre en forme normale sont

Fonctions symboliques

Sage permet aussi de définir des *fonctions symboliques* pour la manipulation d'expressions :

```
sage: f(x)=(2*x+1)^3 ; f(-3)
-125
sage: f.expand()
x |--> 8*x^3 + 12*x^2 + 6*x + 1
```

Une fonction symbolique n'est autre qu'une expression que l'on peut appeler comme une commande et où l'ordre des variables est fixé. Pour convertir une expression symbolique en fonction symbolique, on utilise soit la syntaxe déjà mentionnée, soit la méthode `function` :

```
sage: y = var('y'); u = sin(x) + x*cos(y)
sage: v = u.function(x, y); v
(x, y) |--> x*cos(y) + sin(x)
sage: w(x, y) = u; w
(x, y) |--> x*cos(y) + sin(x)
```

Les fonctions symboliques servent à modéliser des fonctions mathématiques. Elles n'ont pas le même rôle que les fonctions (ou *procédures*) Python, qui sont des constructions de programmation décrites dans le chapitre 3. La différence entre les deux est analogue à celle entre variable symbolique et variable Python, présentée en §1.2.5.

Une fonction symbolique s'utilise pratiquement de la même manière qu'une expression, ce qui n'est pas le cas d'une fonction Python ; par exemple, la méthode `expand` ne s'applique pas à ces dernières.

résumées dans le tableau 2.1. Par exemple, la méthode `expand` sert à développer les polynômes :

```
sage: x, y = SR.var('x,y')
sage: p = (x+y)*(x+1)^2
sage: p2 = p.expand(); p2
x^3 + x^2*y + 2*x^2 + 2*x*y + x + y
```

tandis que la méthode `collect` regroupe les termes suivant les puissances d'une variable donnée :

```
sage: p2.collect(x)
(y + 2)*x^2 + x^3 + (2*y + 1)*x + y
```

Ces fonctions s'appliquent aussi à des expressions qui sont polynomiales non pas en des variables symboliques, mais en des sous-expressions plus compliquées comme $\sin x$:

```
sage: ((x+y+sin(x))^2).expand().collect(sin(x))
2*(x + y)*sin(x) + x^2 + 2*x*y + y^2 + sin(x)^2
```

Polynôme $p = zx^2 + x^2 - (x^2+y^2)(ax-2by) + zy^2 + y^2$	
`p.expand().collect(x)`	$-ax^3 - axy^2 + 2by^3 + (2by+z+1)x^2 + y^2z + y^2$
`p.collect(x).collect(y)`	$2bx^2y + 2by^3 - (ax-z-1)x^2 - (ax-z-1)y^2$
`p.expand()`	$-ax^3 - axy^2 + 2bx^2y + 2by^3 + x^2z + y^2z + x^2 + y^2$
`p.factor()`	$-\left(x^2+y^2\right)(ax - 2by - z - 1)$
`p.factor_list()`	$\left[\left(x^2+y^2, 1\right), (ax-2by-z-1, 1), (-1, 1)\right]$

Fraction rationnelle $r = \dfrac{x^3+x^2y+3x^2+3xy+2x+2y}{x^3+2x^2+xy+2y}$	
`r.simplify_rational()`	$\dfrac{(x+1)y + x^2 + x}{x^2 + y}$
`r.factor()`	$\dfrac{(x+1)(x+y)}{x^2+y}$
`r.factor().expand()`	$\dfrac{x^2}{x^2+y} + \dfrac{xy}{x^2+y} + \dfrac{x}{x^2+y} + \dfrac{y}{x^2+y}$

Fraction rationnelle $r = \dfrac{(x-1)x}{x^2-7} + \dfrac{y^2}{x^2-7} + \dfrac{b}{a} + \dfrac{c}{a} + \dfrac{1}{x+1}$	
`r.combine()`	$\dfrac{(x-1)x+y^2}{x^2-7} + \dfrac{b+c}{a} + \dfrac{1}{x+1}$

Fraction rationnelle $r = \dfrac{1}{(x^3+1)y^2}$	
`r.partial_fraction(x)`	$\dfrac{-(x-2)}{3\left(x^2-x+1\right)y^2} + \dfrac{1}{3\left(x+1\right)y^2}$

Tableau 2.1 – Polynômes et fractions rationnelles.

Concernant les fractions rationnelles, la fonction `combine` permet de regrouper les termes qui ont même dénominateur. Quant à la fonction `partial_fraction`, elle effectue la décomposition en éléments simples dans $\mathbb{Q}$. (Pour préciser le corps dans lequel il faut effectuer la décomposition en éléments simples, on se reportera au chapitre 7.4.)

Les représentations les plus usitées sont la forme développée pour un polynôme, et la forme réduite P/Q avec P et Q développés dans le cas d'une fraction rationnelle. Lorsque deux polynômes ou deux fractions rationnelles sont écrits sous une de ces formes, il suffit de comparer leur coefficients pour décider s'ils sont égaux : on dit que ces formes sont des *formes normales*.

2.1.3 Fonctions mathématiques usuelles

La plupart des fonctions mathématiques se retrouvent en Sage, en particulier les fonctions trigonométriques, le logarithme et l'exponentielle : elles sont rassemblées dans le tableau 2.2.

La simplification de telles fonctions est cruciale. Pour simplifier une expression ou une fonction symbolique, on dispose de la commande `simplify` :

```
sage: (x^x/x).simplify()
x^(x - 1)
```

Cependant, pour des simplifications plus subtiles, on doit préciser le type de simplification attendue :

Fonctions mathématiques usuelles	
Exponentielle et logarithme	`exp, log`
Logarithme de base a	`log(x, a)`
Fonctions trigonométriques	`sin, cos, tan`
Fonctions trigonométriques réciproques	`arcsin, arccos, arctan`
Fonctions hyperboliques	`sinh, cosh, tanh`
Fonctions hyperboliques réciproques	`arcsinh, arccosh, arctanh`
Partie entière, etc.	`floor, ceil, trunc, round`
Racine carrée et n-ième	`sqrt, nth_root`

Transformation des expressions trigonométriques	
Simplification	`simplify_trig`
Linéarisation	`reduce_trig`
Anti-linéarisation	`expand_trig`

TABLEAU 2.2 – Fonctions usuelles et simplification.

```
sage: f = (e^x-1) / (1+e^(x/2)); f.simplify_exp()
e^(1/2*x) - 1
```

Ainsi, pour simplifier des expressions trigonométriques, on utilise la commande `simplify_trig` :

```
sage: f = cos(x)^6 + sin(x)^6 + 3 * sin(x)^2 * cos(x)^2
sage: f.simplify_trig()
1
```

Pour linéariser (resp. anti-linéariser) une expression trigonométrique, on utilise `reduce_trig` (resp. `expand_trig`) :

```
sage: f = cos(x)^6; f.reduce_trig()
15/32*cos(2*x) + 3/16*cos(4*x) + 1/32*cos(6*x) + 5/16
sage: f = sin(5 * x); f.expand_trig()
sin(x)^5 - 10*sin(x)^3*cos(x)^2 + 5*sin(x)*cos(x)^4
```

On peut également simplifier des expressions faisant intervenir des factorielles :

```
sage: n = var('n'); f = factorial(n+1)/factorial(n)
sage: f.simplify_factorial()
n + 1
```

La fonction `simplify_rational`, quant à elle, cherche à simplifier une fraction rationnelle en développant ses membres. Pour simplifier des racines carrées, des logarithmes ou des exponentielles, on utilise `simplify_radical` :

```
sage: f = sqrt(abs(x)^2); f.simplify_radical()
abs(x)
sage: f = log(x*y); f.simplify_radical()
log(x) + log(y)
```

La commande `simplify_full` applique (dans l'ordre) les fonctions `simplify_`
`factorial`, `simplify_trig`, `simplify_rational` et `simplify_radical`.

Tout ce qui concerne le classique tableau de variation de la fonction (calcul
des dérivées, des asymptotes, des extremums, recherche des zéros et tracé de la
courbe) peut être facilement réalisé à l'aide d'un système de calcul formel. Les
principales opérations Sage qui s'appliquent à une fonction sont présentées dans
la section 2.3.

2.1.4   Hypothèses sur une variable symbolique

Lors des calculs, les variables symboliques qui apparaissent dans les expressions
sont en général considérées comme pouvant prendre n'importe quelle valeur
complexe. Cela pose problème quand un paramètre représente une quantité
restreinte à un domaine particulier (par exemple, réelle positive) dans l'application
que l'utilisateur a en tête.

Un cas typique est la simplification de l'expression $\sqrt{x^2}$. Pour simplifier de
telles expressions, la bonne solution consiste à utiliser la fonction `assume` qui
permet de préciser les propriétés d'une variable. Si on souhaite annuler cette
hypothèse, on emploie l'instruction `forget` :

```
sage: assume(x > 0); bool(sqrt(x^2) == x)
True
sage: forget(x > 0); bool(sqrt(x^2) == x)
False
sage: n = var('n'); assume(n, 'integer'); sin(n*pi).simplify()
0
```

2.1.5   Quelques dangers

Soit c une expression un tout petit peu compliquée :

```
sage: a = var('a')
sage: c = (a+1)^2 - (a^2+2*a+1)
```

et cherchons à résoudre l'équation en x donnée par $cx = 0$:

```
sage: eq =  c * x == 0
```

L'utilisateur imprudent pourrait être tenté de simplifier cette équation par c avant
de la résoudre :

```
sage: eq2 = eq / c; eq2
x == 0
sage: solve(eq2, x)
[x == 0]
```

Heureusement, Sage ne fait pas cette erreur :

```
sage: solve(eq, x)
[x == x]
```

Le problème de la simplification

Les exemples de la section 2.1.5 illustrent l'importance des formes normales, et en particulier du *test de nullité*. Sans lui, tout calcul faisant intervenir une division devient hasardeux.

Certaines familles d'expressions, à l'image des polynômes, admettent une procédure de décision pour la nullité. Cela signifie que pour ces classes d'expressions, un programme peut déterminer si une expression donnée est nulle ou non. Dans de nombreux cas, cette décision se fait par réduction à la forme normale : l'expression est nulle si et seulement si sa forme normale est 0.

Malheureusement, toutes les classes d'expressions n'admettent pas une forme normale, et pour certaines classes, on peut démontrer qu'il n'y a pas de méthode générale pour vérifier en un temps fini si une expression est nulle. Un exemple d'une telle classe est fourni par les expressions composées à partir des rationnels, des nombres π et $\log 2$ et d'une variable, par utilisation répétée de l'addition, de la soustraction, du produit, de l'exponentielle et du sinus. Une utilisation répétée de `numerical_approx` en augmentant la précision permet certes souvent de conjecturer si une expression particulière est nulle ou non ; mais il a été montré qu'il est impossible d'écrire un programme prenant en argument une expression de cette classe et renvoyant le résultat vrai si celle-ci est nulle, et faux sinon.

C'est dans ces classes que se pose avec le plus d'acuité le problème de la simplification. Sans forme normale, les systèmes ne peuvent que donner un certain nombre de fonctions de réécriture avec lesquelles l'utilisateur doit jongler pour parvenir à un résultat. Pour y voir plus clair, il faut identifier des sous-classes d'expressions qui admettent des formes normales et savoir quelles fonctions appeler pour calculer ces dernières. L'approche de Sage face à ces difficultés est présentée plus en détail au chapitre 5.

Ici, Sage a pu résoudre correctement le système car le coefficient c est une expression polynomiale. Il est donc facile de tester si c est nul ; il suffit de le développer :

```
sage: expand(c)
0
```

et d'utiliser le fait que deux polynômes sous forme développée identiques sont égaux, autrement dit, que la forme développée est une forme normale.

En revanche, sur un exemple à peine plus compliqué, Sage commet une erreur :

```
sage: c = cos(a)^2 + sin(a)^2 - 1
sage: eq = c*x == 0
sage: solve(eq, x)
[x == 0]
```

alors même qu'il sait faire la simplification et même le test à zéro correctement :

Équations numériques	
Résolution symbolique	`solve`
Résolution (avec multiplicité)	`roots`
Résolution numérique	`find_root`

Équations vectorielles et équations fonctionnelles	
Résolution d'équations linéaires	`right_solve`, `left_solve`
Résolution d'équations différentielles	`desolve`
Résolution de récurrences	`rsolve`

TABLEAU 2.3 – Résolution d'équations.

```
sage: c.simplify_trig()
0
sage: c.is_zero()
True
```

2.2 Équations

Nous abordons maintenant les équations et leur résolution ; les principales fonctions sont résumées dans le tableau 2.3.

2.2.1 Résolution explicite

Considérons l'équation d'inconnue z et de paramètre φ suivante :

$$z^2 - \frac{2}{\cos\varphi}z + \frac{5}{\cos^2\varphi} - 4 = 0, \quad \text{avec } \varphi \in \left]-\frac{\pi}{2}, \frac{\pi}{2}\right[.$$

Elle s'écrit :

```
sage: z, phi = var('z, phi')
sage: eq = z**2 - 2/cos(phi)*z + 5/cos(phi)**2 - 4 == 0; eq
z^2 - 2*z/cos(phi) + 5/cos(phi)^2 - 4 == 0
```

On peut en extraire le membre de gauche (resp. de droite) à l'aide de la méthode `lhs` (resp. `rhs`) :

```
sage: eq.lhs()
```
$$z^2 - \frac{2z}{\cos(\varphi)} + \frac{5}{\cos(\varphi)^2} - 4$$
```
sage: eq.rhs()
0
```

puis la résoudre avec `solve` :

```
sage: solve(eq, z)
```

$$\left[z = -\frac{2\sqrt{\cos(\varphi)^2-1}-1}{\cos(\varphi)}, z = \frac{2\sqrt{\cos(\varphi)^2-1}+1}{\cos(\varphi)}\right]$$

Soit maintenant à résoudre l'équation $y^6 = y$.

```
sage: y = var('y'); solve(y^6==y, y)
[y == e^(2/5*I*pi), y == e^(4/5*I*pi), y == e^(-4/5*I*pi),
 y == e^(-2/5*I*pi), y == 1, y == 0]
```

Les solutions peuvent être renvoyées sous la forme d'un objet du type dictionnaire (cf. §3.3.9) :

```
sage: solve(x^2-1, x, solution_dict=True)
[{x: -1}, {x: 1}]
```

La commande `solve` permet également de résoudre des systèmes :

```
sage: solve([x+y == 3, 2*x+2*y == 6], x, y)
[[x == -r1 + 3, y == r1]]
```

Ce système linéaire étant indéterminé, l'inconnue secondaire qui permet de paramétrer l'ensemble des solutions est un réel désigné par **r1**, **r2**, etc. Si le paramètre est implicitement un entier, il est désigné sous la forme **z1**, **z2**, etc. (ci-dessous **z...** désigne **z36**, **z60**, ou autre suivant la version de Sage) :

```
sage: solve([cos(x)*sin(x) == 1/2, x+y == 0], x, y)
[[x == 1/4*pi + pi*z..., y == -1/4*pi - pi*z...]]
```

Enfin, la fonction `solve` peut être utilisée pour résoudre des inéquations :

```
sage: solve(x^2+x-1 > 0, x)
[[x < -1/2*sqrt(5) - 1/2], [x > 1/2*sqrt(5) - 1/2]]
```

Il arrive que les solutions d'un système renvoyées par la fonction `solve` soient sous forme de flottants. Soit, par exemple, à résoudre dans $\mathbb{C}^3$ le système suivant :

$$\begin{cases} x^2yz &=& 18, \\ xy^3z &=& 24, \\ xyz^4 &=& 3. \end{cases}$$

```
sage: x, y, z = var('x, y, z')
sage: solve([x^2 * y * z == 18, x * y^3 * z == 24,\
....:        x * y * z^4 == 3], x, y, z)
[[x == (-2.76736473308 - 1.71347969911*I), y == (-0.570103503963 +
    2.00370597877*I), z == (-0.801684337646 - 0.14986077496*I)], ...]
```

Sage renvoie ici 17 triplets de solutions complexes approchées. Pour obtenir une solution symbolique, on se reportera au chapitre 9.

Pour effectuer des résolutions numériques d'équations, on utilise la fonction `find_root` qui prend en argument une fonction d'une variable ou une égalité symbolique, et les bornes de l'intervalle dans lequel il faut chercher une solution.

```
sage: expr = sin(x) + sin(2 * x) + sin(3 * x)
sage: solve(expr, x)
[sin(3*x) == -sin(2*x) - sin(x)]
```

Sage ne trouve pas de solution symbolique à cette équation. Deux choix sont alors possibles : soit on passe à une résolution numérique,

```
sage: find_root(expr, 0.1, pi)
2.0943951023931957
```

soit on transforme au préalable l'expression.

```
sage: f = expr.simplify_trig(); f
2*(2*cos(x)^2 + cos(x))*sin(x)
sage: solve(f, x)
[x == 0, x == 2/3*pi, x == 1/2*pi]
```

Enfin la fonction `roots` permet d'obtenir les solutions exactes d'une équation, avec leur multiplicité. On peut préciser en outre l'anneau dans lequel on souhaite effectuer la résolution; si on choisit RR$\approx \mathbb{R}$ ou CC$\approx \mathbb{C}$ on obtient les résultats sous forme de nombres à virgule flottante : la méthode de résolution sous-jacente est spécifique à l'équation considérée, contrairement à `find_roots` qui utilise une méthode générique.

Considérons l'équation du troisième degré $x^3 + 2x + 1 = 0$. Cette équation est de discriminant négatif, donc elle possède une racine réelle et deux racines complexes, que l'on peut obtenir grâce à la fonction `roots` :

```
sage: (x^3+2*x+1).roots(x)
```

$$
\left[\left(-\frac{1}{2} \left(I\sqrt{3} + 1 \right) \left(\frac{1}{18}\sqrt{3}\sqrt{59} - \frac{1}{2} \right)^{\left(\frac{1}{3}\right)} + \frac{-\left(I\sqrt{3} - 1 \right)}{3\left(\frac{1}{18}\sqrt{3}\sqrt{59} - \frac{1}{2} \right)^{\left(\frac{1}{3}\right)}}, 1 \right), \right.
$$
$$
\left(-\frac{1}{2} \left(-I\sqrt{3} + 1 \right) \left(\frac{1}{18}\sqrt{3}\sqrt{59} - \frac{1}{2} \right)^{\left(\frac{1}{3}\right)} + \frac{-\left(-I\sqrt{3} - 1 \right)}{3\left(\frac{1}{18}\sqrt{3}\sqrt{59} - \frac{1}{2} \right)^{\left(\frac{1}{3}\right)}}, 1 \right),
$$
$$
\left. \left(\left(\frac{1}{18}\sqrt{3}\sqrt{59} - \frac{1}{2} \right)^{\left(\frac{1}{3}\right)} + \frac{-2}{3\left(\frac{1}{18}\sqrt{3}\sqrt{59} - \frac{1}{2} \right)^{\left(\frac{1}{3}\right)}}, 1 \right) \right]
$$

```
sage: (x^3+2*x+1).roots(x, ring=RR)
[(-0.453397651516404, 1)]
```

```
sage: (x^3+2*x+1).roots(x, ring=CC)
```
$$
[(-0.453397651516404, 1), (0.226698825758202 - 1.46771150871022 * I, 1),
$$
$$
(0.226698825758202 + 1.46771150871022 * I, 1)]
$$

2.2.2   Équations sans solution explicite

Dans la plupart des cas, dès que le système devient trop compliqué, il n'est pas possible de calculer une solution explicite :

```
sage: solve(x^(1/x)==(1/x)^x, x)
[(1/x)^x == x^(1/x)]
```

Contrairement à ce que l'on pourrait penser, cela n'est pas forcément une limitation ! De fait, un leitmotiv du calcul formel est que l'on peut très bien manipuler des objets définis par des équations, et en particulier calculer leurs propriétés, sans passer par la résolution explicite de celles-ci. Mieux encore, l'équation définissant un objet est souvent la meilleure description algorithmique de cet objet.

Ainsi, une fonction définie par une équation différentielle linéaire et des conditions initiales est parfaitement précisée. L'ensemble des solutions d'équations différentielles linéaires est clos par somme et produit (entre autres) et forme ainsi une importante classe où l'on peut décider de la nullité. En revanche, si l'on résout une telle équation, la solution, privée de son équation de définition, tombe dans une classe plus grande où bien peu est décidable :

```
sage: y = function('y', x)
sage: desolve(diff(y,x,x) + x*diff(y,x) + y == 0, y, [0,0,1])
-1/2*I*sqrt(pi)*sqrt(2)*e^(-1/2*x^2)*erf(1/2*I*sqrt(2)*x)
```

Nous reviendrons sur ces considérations plus en détail au chapitre 14 et au §15.1.2 du chapitre 15.

2.3 Analyse

Dans cette section, nous présentons succinctement les fonctions couramment utiles en analyse réelle. Pour une utilisation avancée ou des compléments, on renvoie aux chapitres suivants notamment ceux qui traitent de l'intégration numérique (ch. 14), de la résolution des équations non linéaires (ch. 12), et des équations différentielles (ch. 10).

2.3.1 Sommes

Pour calculer des sommes symboliques on utilise la fonction sum. Calculons par exemple la somme des n premiers entiers non nuls :

```
sage: k, n = var('k, n')
sage: sum(k, k, 1, n).factor()
```
$\frac{1}{2}(n+1)n$

La fonction sum permet d'effectuer des simplifications à partir du binôme de Newton :

```
sage: n, k, y = var('n, k, y')
sage: sum(binomial(n,k) * x^k * y^(n-k), k, 0, n)
```
$(x+y)^n$

Voici d'autres exemples, dont la somme des cardinaux des parties d'un ensemble à n éléments :

```
sage: k, n = var('k, n')
```

```
sage: sum(binomial(n,k), k, 0, n),\
....: sum(k * binomial(n, k), k, 0, n),\
....: sum((-1)^k*binomial(n,k), k, 0, n)
```
$\left(2^n, n2^{n-1}, 0\right)$

Enfin, quelques exemples de sommes géométriques :

```
sage: a, q, k, n = var('a, q, k, n')
sage: sum(a*q^k, k, 0, n)
```
$\frac{aq^{n+1}-a}{q-1}$

Pour calculer la série correspondante, il faut préciser que le module de la raison est inférieur à 1 :

```
sage: assume(abs(q) < 1)
sage: sum(a*q^k, k, 0, infinity)
```
$-\frac{a}{q-1}$

```
sage: forget(); assume(q > 1); sum(a*q^k, k, 0, infinity)
Traceback (most recent call last):
...
ValueError: Sum is divergent.
```

Exercice 2 (Un calcul de somme par récurrence). Calculer sans utiliser l'algorithme de Sage la somme des puissances p-ièmes des entiers de 0 à n, pour $p = 1, ..., 4$:

$$S_n(p) = \sum_{k=0}^{n} k^p.$$

Pour calculer cette somme, on peut utiliser la formule de récurrence suivante :

$$S_n(p) = \frac{1}{p+1}\left((n+1)^{p+1} - \sum_{j=0}^{p-1}\binom{p+1}{j}S_n(j)\right).$$

Cette relation de récurrence s'établit facilement en calculant de deux manières la somme télescopique $\sum_{0 \leqslant k \leqslant n} (k+1)^{p+1} - k^{p+1}$.

2.3.2 Limites

Pour calculer une limite, on utilise la commande `limit` ou son alias `lim`. Soient à calculer les limites suivantes :

a) $\lim\limits_{x \to 8} \dfrac{\sqrt[3]{x}-2}{\sqrt[3]{x+19}-3}$;

b) $\lim\limits_{x \to \frac{\pi}{4}} \dfrac{\cos\left(\frac{\pi}{4}-x\right)-\tan x}{1-\sin\left(\frac{\pi}{4}+x\right)}$.

```
sage: limit((x**(1/3) - 2) / ((x + 19)**(1/3) - 3), x = 8)
9/4
sage: f(x) = (cos(pi/4-x)-tan(x))/(1-sin(pi/4 + x))
```

```
sage: limit(f(x), x = pi/4)
Infinity
```

La dernière réponse indique que l'une des limites à gauche ou à droite est infinie. Pour préciser le résultat, on étudie les limites à gauche (`minus`) et à droite (`plus`), en utilisant l'option `dir` :

```
sage: limit(f(x), x = pi/4, dir='minus')
+Infinity
sage: limit(f(x), x = pi/4, dir='plus')
-Infinity
```

2.3.3 Suites

Les fonctions précédentes permettent d'effectuer des études de suites. On donne un exemple d'étude de croissance comparée entre une suite exponentielle et une suite géométrique.

EXEMPLE. (*Une étude de suite*) On considère la suite $u_n = \frac{n^{100}}{100^n}$. Calculer les 10 premiers termes de la suite. Quelle est la monotonie de la suite ? Quelle est la limite de la suite ? À partir de quel rang a-t-on $u_n \in \left]0, 10^{-8}\right[$?

1. Pour définir le terme de la suite u_n, on utilise une fonction symbolique. On effectue le calcul des 10 premiers termes « à la main » (en attendant d'avoir vu les boucles au chapitre 3) :

```
sage: u(n) = n^100 / 100^n
sage: u(2.);u(3.);u(4.);u(5.);u(6.);u(7.);u(8.);u(9.);u(10.)
1.26765060022823e26
5.15377520732011e41
1.60693804425899e52
7.88860905221012e59
6.53318623500071e65
3.23447650962476e70
2.03703597633449e74
2.65613988875875e77
1.00000000000000e80
```

On pourrait en conclure hâtivement que u_n tend vers l'infini...

2. Pour avoir une idée de la monotonie, on peut tracer la fonction à l'aide de laquelle on a défini la suite u_n (cf. figure 2.2).

```
sage: plot(u(x), x, 1, 40)
```

On conjecture que la suite va décroître à partir du rang 22.

```
sage: v(x) = diff(u(x), x); sol = solve(v(x) == 0, x); sol
[x == 100/log(100), x == 0]
sage: floor(sol[0].rhs())
21
```

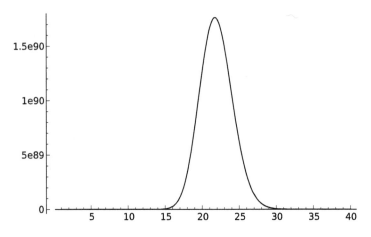

FIGURE 2.2 – Graphe de $x \mapsto x^{100}/100^x$.

La suite est donc croissante jusqu'au rang 21, puis décroissante à partir du rang 22.

3. On effectue ensuite le calcul de la limite :

```
sage: limit(u(n), n=infinity)
0
sage: n0 = find_root(u(n) - 1e-8 == 0, 22, 1000); n0
105.07496210187252
```

La suite étant décroissante à partir du rang 22, on en déduit qu'à partir du rang 106, la suite reste confinée à l'intervalle $]0, 10^{-8}[$.

2.3.4   Développements limités (*)

Pour calculer un développement limité d'ordre n au sens fort[2] en x_0, on dispose de la fonction `f(x).series(x==x0, n)`. Si l'on ne s'intéresse qu'à la partie régulière du développement limité à l'ordre n (au sens faible), on peut aussi utiliser la fonction `taylor(f(x), x, x0, n)`.

Déterminons le développement limité des fonctions suivantes :

$$a)\quad (1 + \arctan x)^{\frac{1}{x}} \qquad \text{à l'ordre 3, en } x_0 = 0\,;$$

$$b)\quad \ln(2\sin x) \qquad \text{à l'ordre 3, en } x_0 = \tfrac{\pi}{6}.$$

```
sage: taylor((1+arctan(x))**(1/x), x, 0, 3)
```
$\frac{1}{16}x^3 e + \frac{1}{8}x^2 e - \frac{1}{2}xe + e$

---

2. On appelle développement limité en 0 *au sens fort* une égalité de la forme $f(x) = P(x) + O(x^{n+1})$ avec P polynôme de degré au plus n, par opposition à la notion de développement limité *au sens faible* qui désigne une égalité de la forme $f(x) = P(x) + o(x^n)$.

Fonctions et opérateurs	
Dérivation	`diff(f(x), x)`
Dérivée n-ième	`diff(f(x), x, n)`
Intégration	`integrate(f(x), x)`
Intégration numérique	`integral_numerical(f(x), a, b)`
Somme symbolique	`sum(f(i), i, imin, imax)`
Limite	`limit(f(x), x=a)`
Polynôme de Taylor	`taylor(f(x), x, a, n)`
Développement limité	`f.series(x==a, n)`
Tracé d'une courbe	`plot(f(x), x, a, b)`

TABLEAU 2.4 – Récapitulatif des fonctions utiles en analyse.

```
sage: (ln(2*sin(x))).series(x==pi/6, 3)
```
$$(\sqrt{3})(-\tfrac{1}{6}\,\pi + x) + (-2)(-\tfrac{1}{6}\,\pi + x)^2 + \mathcal{O}\left(-\tfrac{1}{216}\,(\pi - 6\,x)^3\right)$$

Pour extraire la partie régulière d'un développement limité obtenu à l'aide de `series`, on utilise la fonction `truncate` :

```
sage: (ln(2*sin(x))).series(x==pi/6, 3).truncate()
```
$$-\tfrac{1}{18}\,(\pi - 6\,x)^2 - \tfrac{1}{6}\,(\pi - 6\,x)\sqrt{3}$$

La commande `taylor` permet également d'obtenir des développements asymptotiques. Par exemple, pour obtenir un équivalent au voisinage de $+\infty$ de la fonction $(x^3 + x)^{\frac{1}{3}} - (x^3 - x)^{\frac{1}{3}}$:

```
sage: taylor((x**3+x)**(1/3) - (x**3-x)**(1/3), x, infinity, 2)
2/3/x
```

Exercice 3 (Un calcul symbolique de limite). Soit f de classe $\mathcal{C}^3$ au voisinage de $a \in \mathbb{R}$. Calculer

$$\lim_{h \to 0} \frac{1}{h^3}\,(f(a + 3h) - 3f(a + 2h) + 3f(a + h) - f(a))$$

Généralisation ?

EXEMPLE (*). (*La formule de Machin*) Montrer la formule suivante :

$$\frac{\pi}{4} = 4\arctan\frac{1}{5} - \arctan\frac{1}{239}.$$

C'est à l'aide de cette formule et du développement d'arctan en série entière, que l'astronome John Machin (1680-1752) calcula cent décimales de π en 1706. Déduire de cette formule une valeur approchée de π en utilisant sa méthode.

On commence par remarquer que $4\arctan\frac{1}{5}$ et $\frac{\pi}{4} + \arctan\frac{1}{239}$ ont même tangente :

```
sage: tan(4*arctan(1/5)).simplify_trig()
120/119
sage: tan(pi/4+arctan(1/239)).simplify_trig()
120/119
```

Or les réels $4\arctan\frac{1}{5}$ et $\frac{\pi}{4}+\arctan\frac{1}{239}$ appartiennent tous les deux à l'intervalle ouvert $]0,\pi[$, donc ils sont égaux. Pour obtenir une valeur approchée de π, on peut procéder de la manière suivante :

```
sage: f = arctan(x).series(x, 10); f
1*x + (-1/3)*x^3 + 1/5*x^5 + (-1/7)*x^7 + 1/9*x^9 + Order(x^10)
sage: (16*f.subs(x==1/5) - 4*f.subs(x==1/239)).n(); pi.n()
3.14159268240440
3.14159265358979
```

Exercice 4 (Une formule due à Gauss). La formule suivante nécessite le calcul de 20 pages de tables de factorisations dans l'édition des œuvres de Gauss (cf. *Werke*, ed. Köngl. Ges. de Wiss. Göttingen, vol. 2, p. 477-502) :

$$\frac{\pi}{4} = 12\arctan\frac{1}{38} + 20\arctan\frac{1}{57} + 7\arctan\frac{1}{239} + 24\arctan\frac{1}{268}.$$

1. On pose $\theta = 12\arctan\frac{1}{38} + 20\arctan\frac{1}{57} + 7\arctan\frac{1}{239} + 24\arctan\frac{1}{268}$.
   Vérifier à l'aide de Sage, que $\tan\theta = 1$.

2. Prouver l'inégalité : $\forall x \in \left[0, \frac{\pi}{4}\right], \tan x \leqslant \frac{4}{\pi}x$. En déduire la formule de Gauss.

3. En approchant la fonction arctan par son polynôme de Taylor d'ordre 21 en 0, donner une nouvelle approximation de π.

2.3.5   Séries (*)

On peut utiliser les commandes précédentes pour effectuer des calculs sur les séries. Donnons quelques exemples.

EXEMPLE. (*Calcul de la somme de séries de Riemann*)

```
sage: k = var('k')
sage: sum(1/k^2, k, 1, infinity),\
....: sum(1/k^4, k, 1, infinity),\
....: sum(1/k^5, k, 1, infinity)
```
$\left(\frac{1}{6}\pi^2, \frac{1}{90}\pi^4, \zeta(5)\right)$

EXEMPLE. (*Une formule due à Ramanujan*) En utilisant la somme partielle des 12 premiers termes de la série suivante, donnons une approximation de π et comparons-la avec la valeur donnée par Sage.

$$\frac{1}{\pi} = \frac{2\sqrt{2}}{9801} \sum_{k=0}^{+\infty} \frac{(4k)! \cdot (1103 + 26390\,k)}{(k!)^4 \cdot 396^{4k}}.$$

```
sage: s = 2*sqrt(2)/9801*(sum((factorial(4*k)) * (1103+26390*k) /
....:      ((factorial(k)) ^ 4 * 396 ^ (4 * k)) for k in (0..11)))
sage: (1/s).n(digits=100)
3.1415926535897932384626433832795028841971693993751058209974...
sage: (pi-1/s).n(digits=100).n()
-4.36415445739398e-96
```

On remarque que la somme partielle des 12 premiers termes donne déjà 95 décimales significatives de π !

EXEMPLE. (*Convergence d'une série*) Soit à étudier la nature de la série

$$\sum_{n \geqslant 0} \sin\left(\pi \sqrt{4\,n^2 + 1}\right).$$

Pour effectuer un développement asymptotique du terme général, on utilise la 2π-périodicité de la fonction sinus pour que l'argument du sinus tende vers 0 :

$$u_n = \sin\left(\pi \sqrt{4\,n^2 + 1}\right) = \sin\left[\pi\left(\sqrt{4\,n^2 + 1} - 2n\right)\right].$$

On peut alors appliquer la fonction `taylor` à cette nouvelle expression du terme général :

```
sage: n = var('n'); u = sin(pi*(sqrt(4*n^2+1)-2*n))
sage: taylor(u, n, infinity, 3)
```
$\frac{\pi}{4\,n} - \frac{6\,\pi + \pi^3}{384\,n^3}$

On en déduit $u_n \sim \frac{\pi}{4\,n}$. Donc, d'après les règles de comparaison aux séries de Riemann, la série $\sum_{n \geqslant 0} u_n$ diverge.

Exercice 5 (Développement asymptotique d'une suite). Il est aisé de montrer (en utilisant par exemple le théorème de la bijection monotone) que pour tout $n \in \mathbb{N}$, l'équation $\tan x = x$ admet une et une seule solution x_n dans l'intervalle $[n\pi, n\pi + \frac{\pi}{2}[$. Donner un développement asymptotique de x_n à l'ordre 6 en $+\infty$.

2.3.6   Dérivation

La fonction `derivative` (qui a pour alias `diff`) permet de dériver une expression symbolique ou une fonction symbolique.

```
sage: diff(sin(x^2), x)
2*x*cos(x^2)
sage: function('f', x); function('g', x); diff(f(g(x)), x)
f(x)
g(x)
D[0](f)(g(x))*D[0](g)(x)
sage: diff(ln(f(x)), x)
D[0](f)(x)/f(x)
```

2.3.7   Dérivées partielles (*)

La commande `diff` permet également de calculer des dérivées n-ièmes ou des dérivées partielles.

```
sage: f(x,y) = x*y + sin(x^2) + e^(-x); derivative(f, x)
(x, y) |--> 2*x*cos(x^2) + y - e^(-x)
sage: derivative(f, y)
```

```
(x, y) |--> x
```

EXEMPLE. Soit à vérifier que la fonction suivante est harmonique[3] :
$$f(x,y) = \tfrac{1}{2}\ln(x^2 + y^2) \text{ pour tout } (x,y) \neq (0,0).$$

```
sage: x, y = var('x, y'); f = ln(x**2+y**2) / 2
sage: delta = diff(f,x,2) + diff(f,y,2)
sage: delta.simplify_full()
0
```

Exercice 6 (Un contre-exemple dû à Peano au théorème de Schwarz). Soit f l'application de $\mathbb{R}^2$ dans $\mathbb{R}$ définie par :

$$f(x,y) = \begin{cases} xy\frac{x^2-y^2}{x^2+y^2} & \text{si } (x,y) \neq (0,0), \\ 0 & \text{si } (x,y) = (0,0). \end{cases}$$

A-t-on $\partial_1\partial_2 f(0,0) = \partial_2\partial_1 f(0,0)$?

2.3.8 Intégration

Pour calculer une primitive ou une intégrale, on utilise la fonction `integrate` (ou son alias `integral`) :

```
sage: sin(x).integral(x, 0, pi/2)
1
sage: integrate(1/(1+x^2), x)
arctan(x)
sage: integrate(1/(1+x^2), x, -infinity, infinity)
pi
sage: integrate(exp(-x**2), x, 0, infinity)
1/2*sqrt(pi)

sage: integrate(exp(-x), x, -infinity, infinity)
Traceback (most recent call last):
...
ValueError: Integral is divergent.
```

EXEMPLE. Soit à calculer, pour $x \in \mathbb{R}$, l'intégrale $\varphi(x) = \displaystyle\int_0^{+\infty} \frac{x\cos u}{u^2 + x^2}\,du.$

```
sage: u = var('u'); f = x * cos(u) / (u^2 + x^2)
sage: assume(x>0); f.integrate(u, 0, infinity)
1/2*pi*e^(-x)
sage: forget(); assume(x<0); f.integrate(u, 0, infinity)
-1/2*pi*e^x
```

On a donc : $\forall x \in \mathbb{R}^*, \quad \varphi(x) = \tfrac{\pi}{2}\cdot \mathrm{sgn}(x)\cdot e^{-|x|}.$

---

3. Une fonction f est dite *harmonique* lorsque son Laplacien $\Delta f = \partial_1^2 f + \partial_2^2 f$ est nul.

Pour effectuer une intégration numérique sur un intervalle, on dispose de la fonction `integral_numerical` qui renvoie un *tuple* à deux éléments, dont la première composante donne une valeur approchée de l'intégrale, et la deuxième une estimation de l'erreur effectuée.

```
sage: integral_numerical(sin(x)/x, 0, 1)
(0.94608307036718287, 1.0503632079297086e-14)
sage: g = integrate(exp(-x**2), x, 0, infinity)
sage: g, g.n()
(1/2*sqrt(pi), 0.886226925452758)
sage: approx = integral_numerical(exp(-x**2), 0, infinity)
sage: approx
(0.88622692545275705, 1.7147744320162414e-08)
sage: approx[0]-g.n()
-8.88178419700125e-16
```

Exercice 7 (La formule BBP (*)). On cherche à établir par un calcul symbolique la formule BBP (ou Bailey-Borwein-Plouffe) ; cette formule permet de calculer le n-ième chiffre après la virgule de π en base 2 (ou 16) sans avoir à en calculer les précédents, et en utilisant très peu de mémoire et de temps. Pour $N \in \mathbb{N}$, on pose

$$S_N = \sum_{n=0}^{N} \left(\frac{4}{8n+1} - \frac{2}{8n+4} - \frac{1}{8n+5} - \frac{1}{8n+6} \right) \left(\frac{1}{16} \right)^n.$$

1. Soit la fonction $f \colon t \longmapsto 4\sqrt{2} - 8t^3 - 4\sqrt{2}t^4 - 8t^5$. Pour $N \in \mathbb{N}$, exprimer en fonction de S_N l'intégrale suivante :

$$I_N = \int_0^{1/\sqrt{2}} f(t) \left(\sum_{n=0}^{N} t^{8n} \right) dt.$$

2. Pour $N \in \mathbb{N}$, on pose $J = \int_0^{1/\sqrt{2}} \frac{f(t)}{1-t^8} \, dt$. Montrer $\lim_{N \to +\infty} S_N = J$.

3. Montrer la formule BBP :

$$\sum_{n=0}^{+\infty} \left(\frac{4}{8n+1} - \frac{2}{8n+4} - \frac{1}{8n+5} - \frac{1}{8n+6} \right) \left(\frac{1}{16} \right)^n = \pi.$$

Cette formule remarquable a été obtenue le 19 septembre 1995 par Simon Plouffe en collaboration avec David Bailey et Peter Borwein. Grâce à une formule dérivée de la formule BBP, le $4\,000\,000\,000\,000\,000^{\text{e}}$ chiffre de π en base 2 a été obtenu en 2001.

2.4 Calcul matriciel (*)

Dans cette section, on décrit les fonctions de base utiles en algèbre linéaire : opérations sur les vecteurs, puis sur les matrices. Pour plus de détails, on renvoie au chapitre 8 pour le calcul matriciel symbolique et au chapitre 13 pour le calcul matriciel numérique.

Fonctions usuelles sur les vecteurs	
Déclaration d'un vecteur	`vector`
Produit vectoriel	`cross_product`
Produit scalaire	`dot_product`
Norme d'un vecteur	`norm`

TABLEAU 2.5 – Calcul vectoriel.

2.4.1 Résolution de systèmes linéaires

Pour résoudre un système linéaire, on peut utiliser la fonction `solve` déjà rencontrée.

Exercice 8 (Approximation polynomiale du sinus). Déterminer le polynôme de degré au plus 5 qui réalise la meilleure approximation, au sens des moindres carrés, de la fonction sinus sur l'intervalle $[-\pi, \pi]$:

$$\alpha_5 = \min \left\{ \int_{-\pi}^{\pi} |\sin x - P(x)|^2 \, dx \mid P \in \mathbb{R}_5[x] \right\}.$$

2.4.2 Calcul vectoriel

Les fonctions de base utiles pour la manipulation des vecteurs sont résumées dans le tableau 2.5.

On peut se servir de ces fonctions pour traiter l'exercice suivant.

Exercice 9 (Le problème de Gauss). On considère un satellite en orbite autour de la Terre et on suppose que l'on connaît trois points de son orbite : A_1, A_2 et A_3. On souhaite déterminer à partir de ces trois points les paramètres de l'orbite de ce satellite.

On note O le centre de la Terre. Les points O, A_1, A_2 et A_3 sont évidemment situés dans un même plan, à savoir le plan de l'orbite du satellite. L'orbite du satellite est une ellipse dont O est un foyer. On peut choisir un repère $(O; \overrightarrow{i}, \overrightarrow{j})$ de telle sorte que l'équation de l'ellipse en coordonnées polaires soit dans ce repère $r = \frac{p}{1 - e \cos \theta}$ où e désigne l'excentricité de l'ellipse et p son paramètre. On notera $\overrightarrow{r_i} = \overrightarrow{OA_i}$ et $r_i = \|\overrightarrow{r_i}\|$ pour $i \in \{1, 2, 3\}$. On considère alors les trois vecteurs suivants qui se déduisent de la connaissance de A_1, A_2 et A_3 :

$$\overrightarrow{D} = \overrightarrow{r_1} \wedge \overrightarrow{r_2} + \overrightarrow{r_2} \wedge \overrightarrow{r_3} + \overrightarrow{r_3} \wedge \overrightarrow{r_1},$$

$$\overrightarrow{S} = (r_1 - r_3) \cdot \overrightarrow{r_2} + (r_3 - r_2) \cdot \overrightarrow{r_1} + (r_2 - r_1) \cdot \overrightarrow{r_3},$$

$$\overrightarrow{N} = r_3 \cdot (\overrightarrow{r_1} \wedge \overrightarrow{r_2}) + r_1 \cdot (\overrightarrow{r_2} \wedge \overrightarrow{r_3}) + r_2 \cdot (\overrightarrow{r_3} \wedge \overrightarrow{r_1}).$$

1. Montrer que $\overrightarrow{i} \wedge \overrightarrow{D} = -\frac{1}{e} \overrightarrow{S}$ et en déduire l'excentricité e de l'ellipse.

2. Montrer que $\overrightarrow{i}$ est colinéaire au vecteur $\overrightarrow{S} \wedge \overrightarrow{D}$.

3. Montrer que $\overrightarrow{i} \wedge \overrightarrow{N} = -\frac{p}{e} \overrightarrow{S}$ et en déduire le paramètre p de l'ellipse.

4. Exprimer le demi-grand axe a de l'ellipse en fonction du paramètre p et de l'excentricité e.

5. *Application numérique :* dans le plan rapporté à un repère orthonormé direct, on considère les points suivants :

$$A_1 \begin{pmatrix} 0 \\ 1 \end{pmatrix}, \quad A_2 \begin{pmatrix} 2 \\ 2 \end{pmatrix}, \quad A_3 \begin{pmatrix} 3.5 \\ 0 \end{pmatrix}, \quad O \begin{pmatrix} 0 \\ 0 \end{pmatrix}.$$

Déterminer numériquement les caractéristiques de l'unique ellipse dont O est un foyer et qui passe par les trois points A_1, A_2 et A_3.

2.4.3 Calcul matriciel

Pour définir une matrice, on utilise l'instruction `matrix` en précisant éventuellement l'anneau (ou le corps) de base :

```
sage: A = matrix(QQ, [[1,2],[3,4]]); A
[1 2]
[3 4]
```

Pour trouver une solution particulière à l'équation matricielle $Ax = b$ (resp. $xA = b$), on utilise la fonction `solve_right` (resp. `solve_left`). Pour trouver *toutes* les solutions d'une équation matricielle, il faut ajouter à une solution particulière la forme générale de l'équation homogène associée. Pour résoudre une équation homogène de la forme $Ax = 0$ (resp. $xA = 0$), on utilisera la fonction `right_kernel` (resp. `left_kernel`), comme dans l'exercice suivant.

Exercice 10 (Bases de sous-espaces vectoriels). 1. Déterminer une base de l'espace des solutions du système linéaire homogène associé à la matrice :

$$A = \begin{pmatrix} 2 & -3 & 2 & -12 & 33 \\ 6 & 1 & 26 & -16 & 69 \\ 10 & -29 & -18 & -53 & 32 \\ 2 & 0 & 8 & -18 & 84 \end{pmatrix}.$$

2. Déterminer une base de l'espace F engendré par les colonnes de A.

3. Caractériser F par une ou plusieurs équations.

Exercice 11 (Une équation matricielle). On rappelle le lemme de factorisation des applications linéaires. Soient E, F, G des $\mathbb{K}$-espaces vectoriels de dimension finie. Soient $u \in \mathcal{L}(E, F)$ et $v \in \mathcal{L}(E, G)$. Alors les assertions suivantes sont équivalentes :

i) il existe $w \in \mathcal{L}(F, G)$ tel que $v = w \circ u$,

ii) $\mathrm{Ker}(u) \subset \mathrm{Ker}(v)$.

On cherche toutes les solutions à ce problème dans un cas concret. Soient

$$A = \begin{pmatrix} -2 & 1 & 1 \\ 8 & 1 & -5 \\ 4 & 3 & -3 \end{pmatrix} \quad \text{et} \quad C = \begin{pmatrix} 1 & 2 & -1 \\ 2 & -1 & -1 \\ -5 & 0 & 3 \end{pmatrix}.$$

Déterminer toutes les solutions $B \in \mathcal{M}_3(\mathbb{R})$ de l'équation $A = BC$.

Fonctions usuelles sur les matrices	
Déclaration d'une matrice	`matrix`
Résolution d'une équation matricielle	`solve_right, solve_left`
Noyau à droite, à gauche	`right_kernel, left_kernel`
Réduction sous forme échelonnée en ligne	`echelon_form`
Sous-espace engendré par les colonnes	`column_space`
Sous-espace engendré par les lignes	`row_space`
Concaténation de matrices	`matrix_block`

Réduction des matrices	
Valeurs propres d'une matrice	`eigenvalues`
Vecteurs propres d'une matrice	`eigenvectors_right`
Réduction sous forme normale de Jordan	`jordan_form`
Polynôme minimal d'une matrice	`minimal_polynomial`
Polynôme caractéristique d'une matrice	`characteristic_polynomial`

TABLEAU 2.6 – Calcul matriciel.

2.4.4   Réduction d'une matrice carrée

Pour étudier les éléments propres d'une matrice, on dispose des fonctions résumées dans le tableau 2.6.

Ces fonctions seront détaillées dans le chapitre 8. On se contente de donner ici quelques exemples simples d'utilisation.

EXEMPLE. La matrice $A = \begin{pmatrix} 2 & 4 & 3 \\ -4 & -6 & -3 \\ 3 & 3 & 1 \end{pmatrix}$ est-elle diagonalisable ? trigonalisable ?

On commence par définir la matrice A en indiquant le corps de base ($\mathtt{QQ}=\mathbb{Q}$), puis on détermine les éléments propres.

```
sage: A = matrix(QQ, [[2,4,3],[-4,-6,-3],[3,3,1]])
sage: A.characteristic_polynomial()
x^3 + 3*x^2 - 4
sage: A.eigenvalues()
[1, -2, -2]
sage: A.minimal_polynomial().factor()
(x - 1) * (x + 2)^2
```

Le polynôme minimal de A possède une racine simple et une racine double ; donc A n'est pas diagonalisable. Par contre, le polynôme minimal de A est scindé donc A est trigonalisable.

```
sage: A.eigenvectors_right()
```
$[(1, [(1, -1, 1)], 1), (-2, [(1, -1, 0)], 2)]$

```
sage: A.jordan_form(transformation=True)
```
$$\left(\left(\begin{array}{c|cc} 1 & 0 & 0 \\ \hline 0 & -2 & 1 \\ 0 & 0 & -2 \end{array} \right), \begin{pmatrix} 1 & 1 & 1 \\ -1 & -1 & 0 \\ 1 & 0 & -1 \end{pmatrix} \right)$$

EXEMPLE. Soit à diagonaliser la matrice $A = \begin{pmatrix} 1 & -1/2 \\ -1/2 & -1 \end{pmatrix}$. On peut essayer de diagonaliser cette matrice en utilisant la fonction `jordan_form` :

```
sage: A = matrix(QQ, [[1,-1/2],[-1/2,-1]])
sage: A.jordan_form()
Traceback (most recent call last):
...
RuntimeError: Some eigenvalue does not exist in Rational Field.
```

Mais, ici une petite difficulté apparaît : les valeurs propres ne sont pas rationnelles.

```
sage: A = matrix(QQ, [[1,-1/2],[-1/2,-1]])
sage: A.minimal_polynomial()
x^2 - 5/4
```

Il faut donc changer de corps de base.

```
sage: R = QQ[sqrt(5)]
sage: A = A.change_ring(R)
sage: A.jordan_form(transformation=True, subdivide=False)
```

$$\left(\begin{pmatrix} \frac{1}{2}\mathrm{sqrt}_5 & 0 \\ 0 & -\frac{1}{2}\mathrm{sqrt}_5 \end{pmatrix}, \begin{pmatrix} 1 & 1 \\ -\mathrm{sqrt}_5 + 2 & \mathrm{sqrt}_5 + 2 \end{pmatrix} \right)$$

Ce qui s'interprète ainsi :

$$\left(\begin{pmatrix} \frac{1}{2}\sqrt{5} & 0 \\ 0 & -\frac{1}{2}\sqrt{5} \end{pmatrix}, \begin{pmatrix} 1 & 1 \\ -\sqrt{5} + 2 & \sqrt{5} + 2 \end{pmatrix} \right)$$

EXEMPLE. Soit à diagonaliser la matrice $A = \begin{pmatrix} 2 & \sqrt{6} & \sqrt{2} \\ \sqrt{6} & 3 & \sqrt{3} \\ \sqrt{2} & \sqrt{3} & 1 \end{pmatrix}$

Cette fois-ci, il faut travailler dans une extension de degré 4 du corps $\mathbb{Q}$. On peut alors procéder comme suit.

```
sage: K.<sqrt2> = NumberField(x^2 - 2)
sage: L.<sqrt3> = K.extension(x^2 - 3)
sage: A = matrix(L, [[2, sqrt2*sqrt3, sqrt2], \
....:                 [sqrt2*sqrt3, 3, sqrt3], \
....:                 [sqrt2, sqrt3, 1]])
sage: A.jordan_form(transformation=True)
```

$$\left(\begin{pmatrix} 6 & 0 & 0 \\ 0 & 0 & 0 \\ 0 & 0 & 0 \end{pmatrix}, \begin{pmatrix} 1 & 1 & 0 \\ \frac{1}{2}\sqrt{2}\sqrt{3} & 0 & 1 \\ \frac{1}{2}\sqrt{2} & -\sqrt{2} & -\sqrt{3} \end{pmatrix} \right)$$

3

Programmation et structures de données

Nous avons vu dans les chapitres précédents comment effectuer des calculs mathématiques par des commandes Sage isolées, mais le système autorise aussi la programmation d'une suite d'instructions.

Le système de calcul formel Sage est en fait une extension du langage informatique Python [1] et permet, à quelques changements de syntaxe près, d'exploiter les méthodes de programmation de ce langage.

Les commandes décrites dans les chapitres précédents prouvent qu'il n'est pas nécessaire de connaître le langage Python pour utiliser Sage ; ce chapitre montre au contraire comment employer dans Sage les structures élémentaires de programmation de Python. Il se limite aux bases de la programmation et peut être survolé par les personnes connaissant Python ; les exemples sont choisis parmi les plus classiques rencontrés en mathématiques pour permettre au lecteur d'assimiler rapidement la syntaxe de Python par analogie avec les langages de programmation qu'il connaît.

Ce chapitre présente la méthode algorithmique de programmation structurée avec les instructions de boucles et de tests, et expose ensuite les fonctions opérant sur les listes et les autres structures composées de données. Le livre *Apprendre à programmer avec Python* de G. Swinnen [Swi09, Swi12] (disponible sous licence libre) et le *Syllabus* en ligne de T. Massart [Mas13] présentent de façon plus approfondie le langage Python.

---

1. La version 5.9 de Sage utilise Python 2.7 ; la syntaxe de Python change légèrement à partir de la version 3.

Mots-clés du langage Python	
`while, for...in, if...elif...else`	boucles et tests
`continue, break`	sortie anticipée d'un bloc de code
`try...except...finally, raise`	traitement et déclenchement d'exceptions
`assert`	condition de débogage
`pass`	instruction sans effet
`def, lambda`	définition d'une fonction
`return, yield`	renvoi d'une valeur
`global, del`	portée et destruction des variables et fonctions
`and, not, or`	opérations logiques
`print`	affichage de texte
`class, with`	programmation objet, application d'un contexte
`from...import...as`	accès à une bibliothèque
`exec...in`	évaluation dynamique de code

TABLEAU 3.1 – Syntaxe générale du code Sage.

3.1 Syntaxe

3.1.1 Syntaxe générale

Les instructions élémentaires sont en général traitées ligne par ligne. Python considère le caractère croisillon « # » comme un début de commentaire et ignore le texte saisi jusqu'à la fin de la ligne. Le point-virgule « ; » sépare les instructions placées sur une même ligne :

```
sage: 2*3; 3*4; 4*5          # un commentaire, 3 résultats
6
12
20
```

Dans le terminal, une commande peut être saisie sur plusieurs lignes en faisant précéder les retours à la ligne intermédiaires d'une contre-oblique « \ » ; ces retours à la ligne sont considérés comme de simples blancs :

```
sage: 123 + \
....: 345
468
```

Un identificateur — c'est-à-dire un nom de variable, de fonction, etc. — est constitué uniquement de lettres, de chiffres ou du caractère de soulignement « _ » et ne peut commencer par un chiffre. Les identificateurs doivent être différents des mots-clefs du langage. Ces mots-clefs, répertoriés dans le tableau 3.1, forment le noyau du langage Python 2.7. De façon anecdotique, on peut obtenir la liste de ces mots-clés avec :

```
sage: import keyword; keyword.kwlist
['and', 'as', 'assert', 'break', 'class', 'continue', 'def', 'del',
'elif', 'else', 'except', 'exec', 'finally', 'for', 'from',
'global', 'if', 'import', 'in', 'is', 'lambda', 'not', 'or', 'pass',
'print', 'raise', 'return', 'try', 'while', 'with', 'yield']
```

				Les caractères spéciaux de Sage et leurs principales utilisations
		,	;	séparateurs d'arguments et d'instructions
			:	ouverture d'un bloc d'instructions, compréhension
			.	séparateur décimal, accès aux champs d'un objet
			=	affectation d'une valeur à une variable
+	-	*	/	opérations arithmétiques élémentaires
		^	**	puissance
		%	//	quotient et reste d'une division euclidienne
+=	-=	*=	/=	**=	opérations arithmétiques avec modification d'une variable
	==	!=	<>	is	tests d'égalité
	<	<=	>	>=	comparaisons
&	|	^^	<<	>>	opérations ensemblistes et opérations logiques bit à bit
				#	commentaire (jusqu'à la fin de la ligne)
				[...]	construction d'une liste, accès à un élément par son indice
				(...)	appel de fonction ou de méthode, tuples immuables
			{...:...}	construction de dictionnaires
				\	échappement d'un caractère spécial (et algèbre linéaire)
				@	application d'un décorateur à une fonction
				?	accès à l'aide
		_	__	___	rappel des trois derniers résultats obtenus

TABLEAU 3.2 – Syntaxe générale du code Sage (suite).

À ces mots clefs s'ajoutent les constantes None (valeur « vide », équivalent approximatif de NULL dans d'autres langages), True et False, ainsi que de nombreuses fonctions prédéfinies par Python et Sage comme len, cos et integrate. Il est préférable de ne pas utiliser les identificateurs correspondants comme noms de variables, sous peine de rendre difficile l'accès aux fonctionnalités du système. L'interpréteur accepte quelques commandes supplémentaires, comme quit pour quitter la session Sage en cours. Nous en découvrirons d'autres comme time ou timeit au fur et à mesure.

Certains caractères jouent un rôle spécial dans Sage. Ils sont énumérés dans le tableau 3.2.

3.1.2 Appel de fonctions

L'évaluation d'une fonction impose de placer ses éventuels arguments entre parenthèses, comme dans cos(pi) ou dans la fonction sans argument reset(). Cependant ces parenthèses sont superflues pour les arguments d'une commande : les instructions print(6*7) et print 6*7 sont équivalentes [2]. Le nom d'une fonction sans argument ni parenthèse représente la fonction elle-même et n'effectue aucun calcul.

3.1.3 Compléments sur les variables

Comme nous l'avons vu, Sage note par le signe égal « = » la commande d'affectation d'une valeur à une variable. La partie située à droite du caractère

---

2. En Python 3.0, print est une fonction et impose de placer ses arguments entre parenthèses.

« = » est d'abord évaluée puis sa valeur est mémorisée dans la variable dont le nom est à gauche. Ainsi, on a :

```
sage: y = 3; y = 3 * y + 1; y = 3 * y + 1; y
31
```

Les affectations précédentes modifient la valeur de la variable y sans afficher de résultat intermédiaire, la dernière de ces quatre commandes affiche la valeur de la variable y à la fin de ces calculs.

La commande `del x` supprime l'affectation de la variable x, et la fonction sans paramètre `reset()` réinitialise l'ensemble des variables.

L'affectation de plusieurs variables de façon parallèle, ou synchronisée, est aussi possible ; elle diffère des affectations successives a = b; b = a :

```
sage: a, b = 10, 20 # (a, b) = (10, 20) et [10, 20] possibles
sage: a, b = b, a
sage: a, b
(20, 10)
```

L'affectation a, b = b, a est équivalente à l'échange des valeurs des variables a et b en utilisant une variable intermédiaire :

```
sage: temp = a; a = b; b = temp # est équivalent à : a, b = b, a
```

Cet autre exemple échange les valeurs de deux variables a et b sans variable intermédiaire ni affectation parallèle, mais en utilisant des sommes et différences :

```
sage: x, y = var('x, y'); a = x ; b = y
sage: a, b
(x, y)
sage: a = a + b ; b = a - b ; a = a - b
sage: a, b
(y, x)
```

L'affectation multiple affecte la même valeur à plusieurs variables, avec une syntaxe de la forme a = b = c = 0 ; les instructions x += 5 et n *= 2 sont respectivement équivalentes à x = x+5 et à n = n*2.

Le test de comparaison entre deux objets se note par le double signe d'égalité « == » :

```
sage: 2 + 2 == 2^2, 3 * 3 == 3^3
(True, False)
```

3.2 Algorithmique

La programmation structurée consiste à décrire un programme informatique comme une suite finie d'instructions effectuées les unes à la suite des autres. Ces instructions peuvent être élémentaires ou composées :

– une instruction élémentaire correspond par exemple à l'affectation d'une valeur à une variable (cf. §1.2.4), ou à l'affichage d'un résultat ;

— une instruction composée, comme une boucle ou une structure conditionnelle, est construite à partir de plusieurs instructions qui peuvent être elles-mêmes simples ou composées.

3.2.1 Les boucles

Les boucles d'énumération. Une boucle d'énumération effectue les mêmes calculs pour toutes les valeurs entières d'un indice $k \in \{a, \dots, b\}$; l'exemple suivant[3] affiche le début de la table de multiplication par 7 :

```
sage: for k in [1..5]:
....:     print 7*k   # bloc qui contient une seule instruction
7
14
21
28
35
```

Les deux-points « : » à la fin de la première ligne introduisent le bloc d'instructions qui est évalué pour chaque valeur successive 1, 2, 3, 4 et 5 de la variable k. À chaque itération Sage affiche le produit $7 \times k$ par l'intermédiaire de la commande `print`.

Sur cet exemple, le bloc des instructions répétées contient une seule instruction (`print`) qui est saisie de façon décalée par rapport au mot-clef `for`. Un bloc composé de plusieurs instructions est caractérisé par des instructions saisies les unes sous les autres avec la même indentation.

La définition des blocs est importante : les deux programmes ci-dessous diffèrent uniquement par l'indentation d'une ligne, et aboutissent à des résultats différents.

```
sage: S = 0                        sage: S = 0
sage: for k in [1..3]:             sage: for k in [1..3]:
...        S = S+k                  ...        S = S+k
sage: S = 2*S                      ...        S = 2*S
sage: S                            sage: S
```

À gauche l'instruction `S = 2*S` est effectuée une seule fois à la fin de la boucle, alors qu'à droite elle est effectuée à chaque itération, d'où des résultats différents :

$$S = (0 + 1 + 2 + 3) \cdot 2 = 12 \qquad S = (((((0 + 1) \cdot 2) + 2) \cdot 2 + 3) \cdot 2 = 22.$$

Cette boucle sert entre autre à calculer un terme donné d'une suite récurrente et est illustrée dans les exemples placés à la fin de cette section.

Cette syntaxe de boucle d'énumération est la plus directe et peut être utilisée sans inconvénient pour 10^4 ou 10^5 itérations; elle a cependant l'inconvénient de

---

3. Lorsque l'on utilise Sage dans un terminal, la saisie d'un tel bloc doit se terminer par une ligne vide supplémentaire. Cette condition n'est pas nécessaire en utilisant Sage par l'intermédiaire d'un navigateur web et sera sous-entendue dans la suite.

Fonctions d'itérations de la forme `..range` pour a, b, c entiers	
`for k in [a..b]: ...`	construit la liste des entiers $a \leqslant k \leqslant b$ de Sage
`for k in srange (a, b): ...`	construit la liste des entiers $a \leqslant k < b$ de Sage
`for k in range (a, b): ...`	construit une liste d'entiers `int` de Python
`for k in xrange (a, b): ...`	énumère des entiers `int` de Python sans construire explicitement la liste correspondante
`for k in sxrange (a, b): ...`	énumère des nombres de Sage sans construire de liste
`[a,a+c..b]`, `[a..b, step=c]`	nombres Sage $a, a + c, a + 2c, \dots$ jusqu'à $a + kc \leqslant b$
`..range (b)`	est équivalent à `..range (0, b)`
`..range (a, b, c)`	fixe l'incrément d'énumération à c à la place de 1

TABLEAU 3.3 – Les différentes boucles d'énumération.

construire explicitement la liste de toutes les valeurs de la variable de boucle avant de répéter les instructions itérées, mais a l'avantage de manipuler les entiers de Sage de type `Integer` (voir §5.3.1). Plusieurs fonctions `..range` permettent aussi ces itérations avec deux choix indépendants possibles. Le premier choix consiste soit à construire la liste des valeurs en mémoire avant le début de la boucle, soit à déterminer ces valeurs au fur et à mesure des itérations. Le second choix est à faire entre entiers `Integer` de Sage[4] et entiers de type `int` de Python, ces deux types d'entiers n'ont pas exactement les mêmes propriétés informatiques. Dans le doute, la forme `[a..b]` est celle qui réserve le moins de surprises.

Boucles *tant que*. L'autre famille de boucles est constituée des boucles *tant que*. Comme les boucles d'énumération `for`, celles-ci évaluent un certain nombre de fois les mêmes instructions ; en revanche le nombre de répétitions n'est pas fixé au début de la boucle mais dépend de la réalisation d'une condition.

La boucle *tant que*, comme son nom l'indique, exécute des instructions tant qu'une condition est réalisée. L'exemple suivant[5] calcule la somme des carrés des entiers naturels dont l'exponentielle est inférieure ou égale à 10^6, soit $1^2 + 2^2 + \dots + 13^2$:

```
sage: S = 0 ; k = 0          #      La somme S commence à 0
sage: while e^k <= 10^6:      #      e^13 <= 10^6 < e^14
....:     S = S + k^2         #      ajout des carrés k^2
....:     k = k + 1

sage: S
819
```

La dernière instruction renvoie la valeur de la variable S et affiche le résultat :

$$S = \sum_{\substack{k \in \mathbb{N} \\ e^k \leqslant 10^6}} k^2 = \sum_{k=0}^{13} k^2 = 819, \qquad e^{13} \approx 442413 \leqslant 10^6 < e^{14} \approx 1202604.$$

---

4. Les commandes `srange`, `sxrange` et `[...]` opèrent aussi sur les nombres rationnels et flottants : que donne `[pi,pi+5..20]` ?

5. Lors de la saisie dans un terminal une ligne vide est nécessaire pour clore la définition du bloc d'instructions de la boucle, avant de demander la valeur de la variable S.

Le bloc d'instructions ci-dessus comporte deux instructions d'affectation, la première additionne le nouveau terme, et la seconde passe à l'indice suivant. Ces deux instructions sont bien placées les unes sous les autres et indentées de la même façon à l'intérieur de la structure `while`.

L'exemple suivant est un autre exemple typique de la boucle *tant que*. Il consiste à rechercher, pour un nombre $x \geqslant 1$, l'unique valeur $n \in \mathbb{N}$ vérifiant $2^{n-1} \leqslant x < 2^n$, c'est-à-dire le plus petit entier vérifiant $x < 2^n$. Le programme ci-dessous compare x à 2^n dont la valeur est successivement 1, 2, 4, 8, etc. ; il effectue ce calcul pour $x = 10^4$:

```
sage: x = 10^4; u = 1; n = 0          # invariant : u = 2^n
sage: while u <= x: n = n+1; u = 2*u  # ou n += 1; u *= 2
sage: n
14
```

Tant que la condition $2^n \leqslant x$ est vérifiée, ce programme calcule les nouvelles valeurs $n+1$ et $2^{n+1} = 2 \cdot 2^n$ des deux variables n et u et les mémorise à la place de n et 2^n. Cette boucle se termine lorsque la condition n'est plus vérifiée, c'est-à-dire pour $x < 2^n$:

$$x = 10^4, \qquad \min\{n \in \mathbb{N} \mid x \leqslant 2^n\} = 14, \qquad 2^{13} = 8192, \qquad 2^{14} = 16384.$$

Le corps d'une boucle *tant que* n'est pas exécuté lorsque le test est faux dès la première évaluation.

Les blocs de commandes simples peuvent aussi être saisis sur une ligne à la suite des deux-points « : » sans définir un nouveau bloc indenté à partir de la ligne suivante.

Exemples d'application aux suites et aux séries. La boucle `for` permet de calculer facilement un terme donné d'une suite récurrente. Soit par exemple (u_n) la suite définie par

$$u_0 = 1, \qquad \forall n \in \mathbb{N} \quad u_{n+1} = \frac{1}{1 + u_n^2}.$$

Le programme ci-dessous détermine une approximation numérique du terme u_n pour $n = 20$; la variable U est modifiée à chaque itération de la boucle pour passer de la valeur u_{n-1} à u_n en suivant la formule de récurrence. La première itération calcule u_1 à partir de u_0 pour $n = 1$, la deuxième fait de même de u_1 à u_2 quand $n = 2$, et la dernière des n itérations modifie la variable U pour passer de u_{n-1} à u_n :

```
sage: U = 1.0            # ou U = 1. ou U = 1.000
sage: for n in [1..20]:
....:    U = 1 / (1 + U^2)
sage: U
0.682360434761105
```

Interruption de l'exécution d'une boucle

Les boucles `while` et `for` répètent un certain nombre de fois les mêmes instructions. La commande `break` à l'intérieur d'une boucle termine de façon prématurée cette boucle, et la commande `continue` passe directement à l'itération suivante. Ces commandes permettent ainsi d'effectuer l'évaluation de la condition à n'importe quel endroit du corps de la boucle.

Les quatre exemples ci-dessous déterminent le plus petit nombre entier strictement positif vérifiant $\log(x+1) \leqslant x/10$. Le premier met en avant une boucle `for` d'au maximum 100 essais qui se termine de façon prématurée à la première solution, le deuxième présente la recherche du plus petit entier vérifiant cette condition et risque de ne pas se terminer si cette condition n'est jamais vérifiée, le troisième est équivalent au premier avec une condition de boucle plus complexe, enfin le quatrième exemple possède une structure inutilement compliquée qui a pour unique but d'illustrer la commande `continue`. Dans tous ces cas la valeur finale de x est 37.0.

```
for x in [1.0..100.0]:          x=1.0
    if log(x+1)<=x/10: break    while log(x+1)>x/10:
                                    x=x+1


x=1.0                           x=1.0
while log(x+1)>x/10 and x<100:  while True:
    x=x+1                           if log(x+1)>x/10:
                                        x=x+1
                                        continue
                                    break
```

La commande `return` (qui termine l'exécution d'une fonction et définit son résultat, cf. §3.2.3) offre une autre manière d'interrompre prématurément un bloc d'instructions.

Le même programme avec l'entier `U = 1` à la place de l'approximation numérique `U = 1.0` sur la première ligne fait des calculs exacts sur les nombres rationnels ; le résultat exact u_{10} est une fraction avec plus d'une centaine de chiffres, et u_{20} en comporte plusieurs centaines de milliers. Les calculs exacts sont intéressants lorsque les erreurs d'arrondi se cumulent dans les approximations numériques. Sinon, *à la main* comme *à la machine*, les opérations sur les approximations numériques d'une dizaine de décimales sont plus rapides que celles sur des entiers ou des rationnels faisant intervenir 500, 1 000 chiffres, ou plus.

Les sommes ou les produits peuvent être mis sous forme de suites récurrentes et se calculent de la même manière :

$$S_n = \sum_{k=1}^{n} (2k)(2k+1) = 2 \cdot 3 + 4 \cdot 5 + \cdots + (2n)(2n+1),$$
$$S_0 = 0, \qquad S_n = S_{n-1} + (2n)(2n+1) \quad \text{pour } n \in \mathbb{N}^*.$$

La méthode de programmation de cette série est celle des suites récurrentes ; le programme effectue des sommes successives à partir de 0 en additionnant les termes pour $k = 1$, $k = 2$, jusqu'à $k = n$:

```
sage: S = 0 ; n = 10
sage: for k in [1..n]:
....:     S = S + (2*k) * (2*k+1)
sage: S
1650
```

Cet exemple illustre une méthode générale de programmation d'une somme, mais, dans ce cas simple, le calcul formel aboutit au résultat en toute généralité :

```
sage: n, k = var('n, k') ; res = sum(2*k*(2*k+1), k, 1, n)
sage: res, factor(res)      # résultat développé puis factorisé
(4/3*n^3 + 3*n^2 + 5/3*n, 1/3*(n + 1)*(4*n + 5)*n)
```

Ces résultats peuvent aussi être obtenus avec *un papier et un crayon* à partir de sommes bien connues :

$$\sum_{k=1}^{n} k = \frac{n(n+1)}{2}, \qquad \sum_{k=1}^{n} k^2 = \frac{n(n+1)(2n+1)}{6},$$

$$\sum_{k=1}^{n} 2k\,(2k+1) = 4\sum_{k=1}^{n} k^2 + 2\sum_{k=1}^{n} k = \frac{2\,n\,(n+1)(2n+1)}{3} + n(n+1)$$

$$= \frac{n(n+1)\big((4n+2)+3\big)}{3} = \frac{n(n+1)(4n+5)}{3}.$$

Exemples d'approximation de limites de suites. La boucle d'énumération permet de calculer un terme donné d'une suite ou d'une série, la boucle *tant que* est quant à elle bien adaptée pour approcher numériquement une limite de suite.

Si une suite $(a_n)_{n \in \mathbb{N}}$ converge vers $\ell \in \mathbb{R}$, les termes a_n sont *voisins* de ℓ pour n *assez grand*. Il est donc possible d'approcher ℓ par un certain terme a_n, et le problème mathématique consiste alors à majorer plus ou moins facilement l'erreur $|\ell - a_n|$. Cette majoration est immédiate pour des suites $(u_n)_{n \in \mathbb{N}}$ et $(v_n)_{n \in \mathbb{N}}$ adjacentes, c'est-à-dire telles que

$$\begin{cases} (u_n)_{n \in \mathbb{N}} \text{ est croissante,} \\ (v_n)_{n \in \mathbb{N}} \text{ est décroissante,} \\ \lim_{n \to +\infty} v_n - u_n = 0. \end{cases}$$

Dans ce cas,

$$\begin{cases} \text{les deux suites convergent vers la même limite } \ell, \\ \forall p \in \mathbb{N} \quad u_p \leqslant \lim_{n \to +\infty} u_n = \ell = \lim_{n \to +\infty} v_n \leqslant v_p, \\ \left| \ell - \frac{u_p + v_p}{2} \right| \leqslant \frac{v_p - u_p}{2}. \end{cases}$$

Une étude mathématique prouve que les deux suites ci-dessous sont adjacentes et convergent vers $\sqrt{ab}$ lorsque $0 < a < b$:

$$u_0 = a, \qquad v_0 = b > a, \qquad u_{n+1} = \frac{2\,u_n v_n}{u_n + v_n}, \qquad v_{n+1} = \frac{u_n + v_n}{2}.$$

La limite commune de ces deux suites porte le nom de moyenne arithmético-harmoniquedu fait que la moyenne arithmétique de deux nombres a et b est la moyenne au sens usuel $(a+b)/2$ et la moyenne harmonique h est l'inverse de la moyenne des inverses : $1/h = (1/a+1/b)/2 = (a+b)/(2ab)$. Le programme suivant vérifie que la limite est la même pour des valeurs numériques particulières :

```
sage: U = 2.0; V = 50.0;
sage: while V-U >= 1.0e-6:        # 1.0e-6 signifie 1.0*10^-6
....:    temp = U
....:    U = 2 * U * V / (U + V)
....:    V = (temp + V) / 2
sage: U, V
(9.99999999989..., 10.0000000001...)
```

Les valeurs de u_{n+1} et de v_{n+1} dépendent de u_n et v_n ; pour cette raison la boucle principale de ce programme fait intervenir une variable intermédiaire appelée ici `temp` de façon à ce que les nouvelles valeurs u_{n+1}, v_{n+1} de U, V dépendent des deux valeurs précédentes u_n, v_n. Les deux blocs de gauche ci-dessous définissent les mêmes suites alors que celui de droite construit deux autres suites $(u'_n)_n$ et $(v'_n)_n$; l'affectation parallèle évite d'utiliser une variable intermédiaire :

`temp = 2*U*V/(U+V)`	`U,V = 2*U*V/(U+V),(U+V)/2`	`U = 2*U*V/(U+V)`
`V = (U+V)/2`		`V = (U+V)/2`
`U = temp`	(affectation parallèle)	$u'_{n+1} = \frac{2u'_n v'_n}{u'_n + v'_n}$
		$v'_{n+1} = \frac{u'_{n+1} + v'_n}{2}$

La série $S_n = \sum_{k=0}^{n}(-1)^k a_k$ est alternée dès que la suite $(a_n)_{n\in\mathbb{N}}$ est décroissante et de limite nulle. Dire que S est alternée signifie que les deux suites extraites $(S_{2n})_{n\in\mathbb{N}}$ et $(S_{2n+1})_{n\in\mathbb{N}}$ sont adjacentes de même limite notée ℓ. La suite $(S_n)_{n\in\mathbb{N}}$ converge donc aussi vers cette limite et l'on a $S_{2p+1} \leqslant \ell = \lim_{n\to+\infty} S_n \leqslant S_{2p}$.

Le programme suivant illustre ce résultat pour la suite $a_k = 1/k^3$ à partir de $k = 1$, en mémorisant dans deux variables U et V les sommes partielles successives S_{2n} et S_{2n+1} de la série qui encadrent la limite :

```
sage: U = 0.0  # la somme S0 est vide, de valeur nulle
sage: V = -1.0 # S1 = -1/1^3
sage: n = 0       # U et V contiennent S(2n) et S(2n+1)
sage: while U-V >= 1.0e-6:
....:    n = n+1              # n += 1 est équivalent
....:    U = V + 1/(2*n)^3    # passage de S(2n-1) à S(2n)
....:    V = U - 1/(2*n+1)^3  # passage de S(2n) à S(2n+1)
sage: V, U
```

(-0.901543155458595, -0.901542184868447)

La boucle principale du programme modifie la valeur de n pour passer à l'indice suivant tant que les deux valeurs S_{2n} et S_{2n+1} ne sont pas assez proches l'une de l'autre. Les deux variables U et V mémorisent ces deux termes successifs ; le corps de la boucle détermine à partir de S_{2n-1} successivement S_{2n} et S_{2n+1}, d'où les affectations croisées à U et à V.

Le programme se termine lorsque deux termes consécutifs S_{2n+1} et S_{2n} qui encadrent la limite sont suffisamment proches l'un de l'autre, l'erreur d'approximation (sans tenir compte des erreurs d'arrondi) vérifie alors $0 \leqslant a_{2n+1} = S_{2n} - S_{2n+1} \leqslant 10^{-6}$.

La programmation de ces quatre séries alternées est similaire :

$$\sum_{n \geqslant 2} \frac{(-1)^n}{\log n}, \qquad \sum_{n \geqslant 1} \frac{(-1)^n}{n}, \qquad \sum_{n \geqslant 1} \frac{(-1)^n}{n^2},$$

$$\sum_{n \geqslant 1} \frac{(-1)^n}{n^4}, \qquad \sum_{n \geqslant 1} (-1)^n e^{-n \ln n} = \sum_{n \geqslant 1} \frac{(-1)^n}{n^n}.$$

Les termes généraux de ces séries tendent plus ou moins vite vers 0 et les approximations des limites demandent, selon les cas, plus ou moins de calculs.

La recherche d'une précision de 3, 10, 20 ou 100 décimales sur les limites de ces séries consiste à résoudre les inéquations suivantes :

$$1/\log n \leqslant 10^{-3} \iff n \geqslant e^{(10^3)} \approx 1.97\ 10^{434}$$

$$1/n \leqslant 10^{-3} \iff n \geqslant 10^3 \qquad\qquad 1/n \leqslant 10^{-10} \iff n \geqslant 10^{10}$$

$$1/n^2 \leqslant 10^{-3} \iff n \geqslant \sqrt{10^3} \approx 32 \qquad 1/n^2 \leqslant 10^{-10} \iff n \geqslant 10^5$$

$$1/n^4 \leqslant 10^{-3} \iff n \geqslant (10^3)^{1/4} \approx 6 \qquad 1/n^4 \leqslant 10^{-10} \iff n \geqslant 317$$

$$e^{-n \log n} \leqslant 10^{-3} \iff n \geqslant 5 \qquad\qquad e^{-n \log n} \leqslant 10^{-10} \iff n \geqslant 10$$

$$1/n^2 \leqslant 10^{-20} \iff n \geqslant 10^{10} \qquad\qquad 1/n^2 \leqslant 10^{-100} \iff n \geqslant 10^{50}$$

$$1/n^4 \leqslant 10^{-20} \iff n \geqslant 10^5 \qquad\qquad 1/n^4 \leqslant 10^{-100} \iff n \geqslant 10^{25}$$

$$e^{-n \log n} \leqslant 10^{-20} \iff n \geqslant 17 \qquad\qquad e^{-n \log n} \leqslant 10^{-100} \iff n \geqslant 57$$

Dans les cas les plus simples la résolution de ces inéquations détermine donc un indice n à partir duquel la valeur S_n permet approcher la limite ℓ de la série, ainsi une boucle d'énumération for est aussi possible. Au contraire une boucle while est nécessaire dès que la résolution algébrique en n de l'inéquation $a_n \leqslant 10^{-p}$ s'avère impossible.

Certaines approximations des limites précédentes demandent trop de calculs pour être obtenues directement, notamment dès que l'indice n dépasse un ordre de grandeur de 10^{10} ou 10^{12}. Une étude mathématique plus approfondie peut parfois permettre de déterminer la limite ou de l'approcher par d'autres méthodes ; ainsi en est-il des séries de Riemann :

$$\lim_{n \to +\infty} \sum_{k=1}^{n} \frac{(-1)^k}{k^3} = -\frac{3}{4}\, \zeta(3), \qquad \text{avec } \zeta(p) = \lim_{n \to +\infty} \sum_{k=1}^{n} \frac{1}{k^p},$$

$$\lim_{n\to+\infty}\sum_{k=1}^{n}\frac{(-1)^k}{k} = -\log 2, \qquad \lim_{n\to+\infty}\sum_{k=1}^{n}\frac{(-1)^k}{k^2} = -\frac{\pi^2}{12},$$

$$\lim_{n\to+\infty}\sum_{k=1}^{n}\frac{(-1)^k}{k^4} = -\frac{7\pi^4}{6!}.$$

Par ailleurs Sage peut calculer formellement certaines de ces séries et déterminer une approximation de $\zeta(3)$ avec 1200 décimales en quelques secondes en effectuant bien moins d'opérations que les 10^{400} nécessaires par l'application directe de la définition :

```
sage: k = var('k') ;            sum((-1)^k/k, k, 1, +oo)
-log(2)
sage: sum((-1)^k/k^2, k, 1, +oo),  sum((-1)^k/k^3, k, 1, +oo)
(-1/12*pi^2, -3/4*zeta(3))
sage: -3/4 * zeta (N(3, digits = 1200))
-0.9015426773696957140498036211335874930737397192553741613441\
2036665063786543397348176398419052070014436096493683464455391\
5638689969990049624103322976279059251210904563372120200500391\
...
0199954926528892970698040801518083359081534373107053599192711\
7989701514061635603285245024246050605197744213902891450545381\
9019612163591468378139165980642866722553438177035397601703062621
```

3.2.2   Les tests

L'autre instruction composée importante est le test : les instructions exécutées dépendent de la valeur booléenne d'une condition. La structure et deux syntaxes possibles de cette instruction sont les suivantes :

```
if une condition:              if une condition:
    une suite d'instructions       une suite d'instructions
                               else:
                                   sinon d'autres instructions
```

La suite de Syracuse est définie selon une condition de parité :

$$u_0 \in \mathbb{N}^* \qquad u_{n+1} = \begin{cases} u_n/2 & \text{si } u_n \text{ est pair,} \\ 3u_n + 1 & \text{si } u_n \text{ est impair.} \end{cases}$$

La « conjecture tchèque » énonce — sans preuve connue en 2012 — que pour toutes les valeurs initiales $u_0 \in \mathbb{N}^*$ il existe un rang n pour lequel $u_n = 1$. Les termes suivants sont alors 4, 2, 1, 4, 2, etc. Calculer chaque terme de cette suite se fait par l'intermédiaire d'un test. Ce test est placé à l'intérieur d'une boucle *tant que* qui détermine la plus petite valeur de $n \in \mathbb{N}$ vérifiant $u_n = 1$:

```
sage: u = 6 ; n = 0
```

```
sage: while u != 1:     # test "différent de" <> aussi possible
....:    if u % 2 == 0: # l'opérateur % donne le reste euclidien
....:        u = u//2    # // : quotient de la division euclidienne
....:    else:
....:        u = 3*u+1
....:    n = n+1
sage: n
8
```

Tester si u_n est pair se fait en comparant à 0 le reste de la division par 2 de u_n. Le nombre d'itérations effectuées est la valeur de la variable n à la fin du bloc. Cette boucle se termine dès que la valeur calculée de u_n est 1 ; par exemple si $u_0 = 6$ alors $u_8 = 1$ et $8 = \min\{p \in \mathbb{N}^* | u_p = 1\}$:

$$
\begin{array}{ccccccccccccc}
p = & 0 & 1 & 2 & 3 & 4 & 5 & 6 & 7 & 8 & 9 & 10 & \cdots \\
u_p = & 6 & 3 & 10 & 5 & 16 & 8 & 4 & 2 & 1 & 4 & 2 & \cdots
\end{array}
$$

La vérification pas-à-pas du bon fonctionnement de ces lignes peut se faire par un *print-espion* de la forme `print u, n` placé dans le corps de la boucle.

L'instruction `if` permet en outre des tests imbriqués dans la branche `else` à l'aide du mot-clef `elif`. Ces deux structures sont équivalentes :

```
if une condition cond1:                     if cond1:
    une suite d'instructions inst1              inst1
else:                                       elif cond2:
    if une condition cond2:                     inst2
        une suite d'instructions inst2      elif cond3:
    else:                                       inst3
        if une condition cond3:             else:
            une suite d'instructions inst3      instn
        else:
            dans les autres cas instn
```

Comme pour les boucles, les instructions simples associées aux tests peuvent être placées à la suite des deux-points et non dans un bloc en dessous.

3.2.3   Les procédures et les fonctions

Syntaxe générale.   Comme bien d'autres langages informatiques, Sage permet à l'utilisateur de définir des fonctions ou des instructions *sur mesure*. La commande `def` dont la syntaxe est détaillée ci-dessous autorise la définition de *procédures* et de *fonctions*, c'est-à-dire de sous-programmes (respectivement qui ne renvoient pas de résultat et qui en renvoient un), avec un ou plusieurs arguments. Ce premier exemple définit la fonction $(x, y) \mapsto x^2 + y^2$:

```
sage: def fct2 (x, y):
....:    return x^2 + y^2
sage: a = var('a')
sage: fct2 (a, 2*a)
```

```
5*a^2
```

L'évaluation de la fonction se termine par la commande **return** dont l'argument, ici $x^2 + y^2$, est le résultat de la fonction.

Une procédure est définie de la même façon sans renvoyer explicitement de résultat, et en l'absence de l'instruction **return** le bloc d'instructions définissant le programme est évalué jusqu'au bout. En fait la procédure renvoie la valeur **None** qui veut bien dire ce qu'elle veut dire.

Par défaut, Sage considère que toutes les variables intervenant dans une fonction sont locales. Ces variables sont créées à chaque appel de la fonction, détruites à la fin, et sont indépendantes d'autres variables de même nom pouvant déjà exister. Les variables globales ne sont pas modifiées par l'évaluation d'une fonction ayant des variables locales du même nom :

```
sage: def essai (u):
....:    t = u^2
....:    return t*(t+1)
sage: t = 1 ; u = 2
sage: essai(3), t, u
(90, 1, 2)
```

Pour modifier une variable globale depuis une fonction, il faut la déclarer explicitement grâce au mot-clé **global** :

```
sage: a = b = 1
sage: def f(): global a; a = b = 2
sage: f(); a, b
(2, 1)
```

L'exemple suivant reprend le calcul de la moyenne arithmético-harmonique de deux nombres supposés strictement positifs :

```
sage: def MoyAH (u, v):
....:    u, v = min(u, v), max(u, v)
....:    while v-u > 2.0e-8:
....:        u, v = 2*u*v/(u+v), (u+v)/2
....:    return (u+v) / 2

sage: MoyAH (1., 2.)
1.41421...
sage: MoyAH                      # correspond à une fonction
   <function MoyAH at ...>
```

La fonction MoyAH comporte deux paramètres notés u et v qui sont des variables locales dont les valeurs initiales sont fixées lors de l'appel de cette fonction ; par exemple MoyAH(1., 2.) débute l'exécution de cette fonction avec les valeurs 1. et 2. des variables u et v.

La programmation structurée conseille de définir une fonction de façon à ce que **return** soit la dernière instruction du bloc de celle-ci. Placée au milieu du bloc d'instructions d'une fonction, cette commande **return** termine l'exécution de la fonction en interrompant avant la fin l'évaluation complète de ce bloc ; en outre il peut y en avoir plusieurs dans différentes branches des tests.

La traduction informatique de l'état d'esprit des mathématiques suggère de programmer des fonctions renvoyant chacune un résultat à partir de leurs arguments, plutôt que des procédures affichant ces résultats par une commande `print`. Le système de calcul formel Sage repose d'ailleurs sur de très nombreuses fonctions, par exemple `exp` ou `solve`, qui renvoient toutes un résultat, par exemple un nombre, une expression, une liste de solutions, etc.

Méthode itérative et méthode récursive. Une fonction définie par l'utilisateur est construite comme une suite d'instructions. Une fonction est dite récursive lorsque son évaluation nécessite dans certains cas d'exécuter cette même fonction avec d'autres paramètres. La suite factorielle $(n!)_{n \in \mathbb{N}}$ en est un exemple simple :

$$0! = 1, \qquad (n+1)! = (n+1)\, n! \quad \text{pour tout } n \in \mathbb{N}.$$

Les deux fonctions suivantes aboutissent au même résultat à partir d'un argument entier naturel n ; la première fonction utilise la méthode itérative avec une boucle `for`, et la seconde la méthode récursive traduisant *mot pour mot* la définition récurrente précédente :

```
sage: def fact1 (n):
....:     res = 1
....:     for k in [1..n]: res = res*k
....:     return res

sage: def fact2 (n):
....:     if n == 0: return 1
....:     else: return n*fact2(n-1)
```

La suite de Fibonacci est une suite récurrente d'ordre 2 car la valeur de u_{n+2} dépend uniquement de celles de u_n et de u_{n+1} :

$$u_0 = 0, \qquad u_1 = 1, \qquad u_{n+2} = u_{n+1} + u_n \quad \text{pour tout } n \in \mathbb{N}.$$

La fonction `fib1` ci-dessous applique une méthode de calcul itératif des termes de la suite de Fibonacci en utilisant deux variables intermédiaires U et V pour mémoriser les deux valeurs précédentes de la suite avant de passer au terme suivant :

```
sage: def fib1 (n):
....:     if n == 0 or n == 1: return n
....:     else:
....:         U = 0 ; V = 1 # les termes initiaux u0 et u1
....:         for k in [2..n]: W = U+V ; U = V ; V = W
....:         return V
sage: fib1(8)
21
```

La boucle applique à partir de $n = 2$ la relation $u_n = u_{n-1} + u_{n-2}$. Par ailleurs l'affectation parallèle U,V = V,U+V à la place de W=U+V ; U=V ; V=W évite l'utilisation de la variable W et traduit l'itération de la suite vectorielle $X_n = (u_n, u_{n+1})$ récurrente d'ordre 1 définie par $X_{n+1} = f(X_n)$ quand $f(a, b) = (b, a + b)$. Ces méthodes itératives sont efficaces mais leur programmation doit transformer la définition de la suite de façon à l'adapter aux manipulations des variables.

Au contraire la fonction récursive fib2 suit de beaucoup plus près la définition mathématique de cette suite, ce qui facilite sa programmation et sa compréhension :

```
sage: def fib2 (n):
....:     if 0 <= n <= 1: return n      # pour n = 0 ou n = 1
....:     else: return fib2(n-1) + fib2(n-2)
```

Le résultat de cette fonction est la valeur renvoyée par l'instruction conditionnelle : 0 et 1 respectivement pour $n = 0$ et $n = 1$, et la somme fib2(n-1)+fib2(n-2) sinon ; chaque branche du test comporte une instruction **return**.

Cette méthode est cependant moins efficace car beaucoup de calculs sont inutilement répétés. Par exemple fib2(5) évalue fib2(3) et fib2(4) qui sont eux aussi calculés de la même manière. Ainsi Sage évalue deux fois fib2(3) et trois fois fib2(2). Ce processus se termine lors de l'évaluation de fib2(0) ou de fib2(1), de valeur 0 ou 1, et l'évaluation de fib2(n) consiste à calculer finalement u_n en additionnant u_n uns et u_{n-1} zéros. Le nombre total d'additions effectuées pour déterminer u_n est donc égal à $u_{n+1} - 1$; ce nombre est considérable et croît très rapidement. Aucun ordinateur, aussi rapide soit-il, ne peut calculer de cette manière u_{100}.

D'autres méthodes sont aussi possibles, par exemple mémoriser les calculs intermédiaires grâce au décorateur @cached_function, ou exploiter une propriété des puissances de matrices : le paragraphe suivant sur l'exponentiation rapide montre comment calculer le millionième terme de cette suite.

3.2.4   Exemple : exponentiation rapide

Une méthode naïve de calcul de a^n consiste à effectuer $n \in \mathbb{N}$ multiplications par a dans une boucle for :

```
sage: a = 2; n = 6; res = 1       # 1 est le neutre du produit
sage: for k in [1..n]: res = res*a
sage: res                # La valeur de res est 2^6
64
```

Les puissances entières interviennent sous de très nombreux aspects en mathématique et en informatique ; ce paragraphe étudie une méthode générale de calcul d'une puissance entière a^n plus rapide que celle ci-dessus. La suite $(u_n)_{n \in \mathbb{N}}$ définie ci-après vérifie $u_n = a^n$; ce résultat se démontre par récurrence à partir des égalités $a^{2k} = \left(a^k\right)^2$ et $a^{k+1} = a\,a^k$:

$$u_n = \begin{cases} 1 & \text{si } n = 0, \\ u_{n/2}^2 & \text{si } n \text{ est pair et strictement positif,} \\ a\,u_{n-1} & \text{si } n \text{ est impair.} \end{cases} \qquad (3.1)$$

Par exemple, pour u_{11} :

$$u_{11} = a\,u_{10}, \quad u_{10} = u_5^2, \quad u_5 = a\,u_4, \quad u_4 = u_2^2,$$
$$u_2 = u_1^2, \quad u_1 = a\,u_0 = a\,;$$

ainsi :

$$u_2 = a^2, \quad u_4 = u_2^2 = a^4, \quad u_5 = a\,a^4 = a^5,$$
$$u_{10} = u_5^2 = a^{10}, \quad u_{11} = a\,a^{10} = a^{11}.$$

Le calcul de u_n ne fait intervenir que des termes u_k avec $k \in \{0 \cdots n-1\}$, et donc celui-ci est bien décrit en un nombre fini d'opérations.

En outre cet exemple montre que la valeur de u_{11} est obtenue par l'évaluation des 6 termes u_{10}, u_5, u_4, u_2, u_1 et u_0, et effectue uniquement 6 multiplications. Le calcul de u_n nécessite entre $\log n\,/\log 2$ et $2\log n\,/\log 2$ multiplications car après une ou deux étapes — selon que n est pair ou impair — u_n s'exprime en fonction de u_k, avec $k \leqslant n/2$. Cette méthode est donc incomparablement plus rapide que la méthode naïve quand n est grand ; une vingtaine de termes pour $n = 10^4$ et non 10^4 produits :

indices traités :	10 000	5 000	2 500	1 250	625	624	312	156	78
	39	38	19	18	9	8	4	2	1

Cette méthode n'est cependant pas toujours la plus rapide ; les calculs suivants sur b, c, d et f effectuent 5 produits pour calculer a^{15}, alors que par cette méthode les opérations sur u, v, w, x et y nécessitent 6 multiplications sans compter le produit par 1 :

$$b = a^2 \quad c = ab = a^3 \quad d = c^2 = a^6 \quad f = cd = a^9 \quad df = a^{15} \quad : 5 \text{ produits} ;$$
$$u = a^2 \quad v = au = a^3 \quad w = v^2 = a^6$$
$$x = aw = a^7 \quad y = x^2 = a^{14} \quad ay = a^{15} \qquad\qquad : 6 \text{ produits.}$$

La fonction récursive `puiss1` calcule la suite récurrente (3.1) avec uniquement des multiplications pour programmer l'opérateur d'élévation à une puissance :

```
sage: def puiss1 (a, n):
....:     if n == 0: return 1
....:     elif n % 2 == 0: b = puiss1 (a, n//2); return b*b
....:     else: return a * puiss1(a, n-1)

sage: puiss1 (2, 11)            # a pour résultat 2^11
2048
```

Le nombre d'opérations effectuées par cette fonction est le même que celui fait par un calcul à la main en reprenant les résultats déjà calculés. Au contraire si les instructions b = puiss(a, n//2);return b*b faites après le test de parité de n étaient remplacées par puiss1(a, n//2)*puiss1(a, n//2) Sage effectuerait beaucoup plus de calculs car, comme pour la fonction récursive fib2 calculant la suite de Fibonacci, certaines opérations seraient inutilement répétées. Il y aurait en définitive de l'ordre de n multiplications, autant que via la méthode naïve.

Par ailleurs la commande return puiss1(a*a, n//2) peut remplacer de façon équivalente ces deux instructions.

Le programme ci-dessous effectue le même calcul par une méthode itérative :

```
sage: def puiss2 (u, k):
....:     v = 1
....:     while k != 0:
....:         if k % 2 == 0: u = u*u ; k = k//2
....:         else: v = v*u ; k = k-1
....:     return v

sage: puiss2 (2, 10)              # a pour résultat 2^10
1024
```

Le fait que la valeur de puiss2(a, n) est a^n se démontre en vérifiant qu'itération après itération les valeurs des variables u, v et k sont liées par l'égalité $v\,u^k = a^n$, que l'entier k soit pair ou impair. À la première itération $v = 1$, $u = a$ et $k = n$; après la dernière itération $k = 0$, donc $v = a^n$.

Les valeurs successives de la variable k sont entières et positives, et elles forment une suite strictement décroissante. Cette variable ne peut donc prendre qu'un nombre fini de valeurs avant d'être nulle et de terminer ainsi l'instruction de boucle.

En dépit des apparences — la fonction puiss1 est programmée récursivement, et puiss2 de façon itérative — ces deux fonctions traduisent presque le même algorithme : la seule différence est que la première évalue a^{2k} par $\left(a^k\right)^2$ alors que la seconde calcule a^{2k} par $\left(a^2\right)^k$ lors de la modification de la variable u.

Cette méthode ne se limite pas au calcul des puissances positives de nombres à partir de la multiplication, mais s'adapte à toute loi de composition interne associative. Cette loi doit être associative afin de vérifier les propriétés usuelles des produits itérés. Ainsi en remplaçant le nombre 1 par la matrice unité $\mathbf{1}_n$ les deux fonctions précédentes évalueraient les puissances positives de matrices carrées. Ces fonctions illustrent comment programmer efficacement l'opérateur puissance « ^ » à partir de la multiplication, et ressemblent à la méthode implantée dans Sage.

Par exemple une puissance de matrice permet d'obtenir des termes d'indices encore plus grands que précédemment de la suite de Fibonacci :

$$A = \begin{pmatrix} 0 & 1 \\ 1 & 1 \end{pmatrix}, \qquad X_n = \begin{pmatrix} u_n \\ u_{n+1} \end{pmatrix}, \qquad AX_n = X_{n+1} \qquad A^n X_0 = X_n.$$

Le programme Sage correspondant tient en deux lignes, et le résultat recherché est la première coordonnée du produit matriciel $A^n X_0$, ce qui fonctionne effectivement même pour $n = 10^7$; ces deux programmes sont équivalents et leur efficacité provient du fait que Sage applique essentiellement une méthode d'exponentiation rapide :

```
sage: def fib3 (n):
....:     A = matrix ([[0, 1], [1, 1]]) ; X0 = vector ([0, 1])
....:     return (A^n*X0)[0]

sage: def fib4 (n):
....:     return (matrix([[0,1], [1,1]])^n * vector([0,1]))[0]
```

3.2.5 Affichage et saisie

L'instruction **print** est la principale commande d'affichage. Par défaut, les arguments sont affichés les uns à la suite des autres séparés par un espace ; Sage passe automatiquement à la ligne à la fin de la commande :

```
sage: print 2^2, 3^3, 4^4 ; print 5^5, 6^6
4 27 256
3125 46656
```

Une virgule à la fin de la commande **print** omet ce passage à la ligne, et la prochaine instruction **print** continue sur la même ligne :

```
sage: for k in [1..10]: print '+', k,
+ 1 + 2 + 3 + 4 + 5 + 6 + 7 + 8 + 9 + 10
```

Il est possible d'afficher des résultats sans espace intermédiaire en transformant ceux-ci en une chaîne de caractères par la fonction **str(..)**, et en effectuant la concaténation des chaînes de caractères par l'opérateur « + » :

```
sage: print 10, 0.5 ; print 10+0.5 ; print 10.0, 5
10 0.500000000000000
10.5000000000000
10.0000000000000 5
sage: print 10+0, 5 ; print str(10)+str(0.5)
10 5
100.500000000000000
```

La dernière section de ce chapitre sur les listes et les structures présente les chaînes de caractères de manière plus approfondie.

La commande **print** permet aussi de formater l'affichage des nombres pour les présenter en tableaux, l'exemple suivant à partir du motif %.d et de l'opérateur % affiche la table des puissances quatrièmes les unes sous les autres :

```
sage: for k in [1..6]: print '%2d^4 = %4d' % (k, k^4)
 1^4 =    1
 2^4 =   16
 3^4 =   81
 4^4 =  256
 5^4 =  625
 6^4 = 1296
```

L'opérateur % insère les nombres placés à sa droite dans la chaîne de caractères à sa gauche à la place des signes de conversion comme %2d ou %.4f. Dans l'exemple précédent le terme %4d complète à gauche par des espaces la chaîne de caractères représentant l'entier k^4 de façon à occuper au minimum quatre caractères. De même le motif %.4f dans 'pi = %.4f' % n(pi) affiche pi = 3.1416 avec quatre chiffres après le séparateur décimal.

Dans un terminal, la fonction raw_input('message') affiche le texte message, attend une saisie au clavier validée par un passage à la ligne, et renvoie la chaîne de caractères correspondante.

3.3 Listes et structures composées

Cette section détaille les structures de données composées de Sage : les chaînes de caractères, les listes — de type modifiable ou immuable —, les ensembles et les dictionnaires.

3.3.1 Définition des listes et accès aux éléments

La notion de liste en informatique et celle de n-uplet en mathématiques permettent l'énumération d'objets mathématiques. Cette notion de couple — avec $(a, b) \neq (b, a)$ — et de n-uplet précise la position de chaque élément au contraire de la notion d'ensemble.

On définit une liste en plaçant ses éléments entre crochets [...] séparés par des virgules. L'affectation du triplet $(10, 20, 30)$ à la variable L s'effectue de la manière suivante, et la liste vide, sans élément, est simplement définie ainsi :

```
sage: L = [10, 20, 30]
sage: L
[10, 20, 30]
sage: []                    # [] est la liste vide
[]
```

Les coordonnées des listes sont énumérées dans l'ordre à partir de l'indice 0, puis 1, 2, etc. L'accès à la coordonnée de rang k d'une liste L s'effectue par L[k], mathématiquement ceci correspond à la projection canonique de la liste considérée comme un élément d'un produit cartésien sur la coordonnée d'ordre k. La fonction len renvoie le nombre d'éléments d'une liste[6] :

```
sage: L[1], len(L), len([])
(20, 3, 0)
```

La modification d'une coordonnée est obtenue de la même manière, par affectation de la coordonnée correspondante. Ainsi la commande suivante modifie le troisième terme de la liste indicé par 2 :

```
sage: L[2] = 33
```

---

6. Le résultat de la fonction len est de type int propre à Python, la composition Integer(len(..)) renvoie un entier Integer de Sage.

```
sage: L
[10, 20, 33]
```

Les indices négatifs accèdent aux éléments de la liste comptés à partir du dernier terme :

```
sage: L = [11, 22, 33]
sage: L[-1], L[-2], L[-3]
(33, 22, 11)
```

La commande `L[p:q]` extrait la sous-liste `[L[p]`, `L[p+1]`, $\ldots$, `L[q-1]]` qui est vide si $q \leqslant p$. Des indices négatifs permettent d'extraire les derniers termes de la liste ; enfin la référence `L[p:]` construit la sous-liste `L[p:len(L)]` à partir de l'indice p jusqu'à la fin, et `L[:q]` = `L[0:q]` énumère les éléments à partir du début jusqu'à l'indice q exclu :

```
sage: L = [0, 11, 22, 33, 44, 55]
sage: L[2:4]
[22, 33]
sage: L[-4:4]
[22, 33]
sage: L[2:-2]
[22, 33]
sage: L[:4]
[0, 11, 22, 33]
sage: L[4:]
[44, 55]
```

De la même manière que la commande `L[n]` = ... modifie un élément de la liste, l'affectation `L[p:q]` = `[...]` remplace la sous-liste entre les indices p compris et q exclu :

```
sage: L = [0, 11, 22, 33, 44, 55, 66, 77]
sage: L[2:6] = [12, 13, 14]          # remplace [22, 33, 44, 55]
```

Ainsi `L[:1]` = `[]` et `L[-1:]` = `[]` suppriment respectivement le premier et le dernier terme d'une liste, et réciproquement `L[:0]` = `[a]` et `L[len(L):]` = `[a]` insèrent un élément a respectivement en tête et à la fin de la liste. Plus généralement les termes d'une liste vérifient ces égalités :

$$L = [\ell_0, \ell_1, \ell_2, \ldots, \ell_{n-1}] = [\ell_{-n}, \ell_{1-n}, \ldots \ell_{-2}, \ell_{-1}] \quad \text{avec } n = \text{len(L)},$$
$$\ell_k = \ell_{k-n} \quad \text{pour } 0 \leqslant k < n, \qquad \ell_j = \ell_{n+j} \quad \text{pour } -n \leqslant j < 0.$$

L'opérateur `in` teste l'appartenance d'un élément à une liste. Sage effectue le test d'égalité de deux listes par « == » qui compare les éléments un par un. Ces deux sous-listes avec des indices positifs ou négatifs sont égales :

```
sage: L = [1, 3, 5, 7, 9, 11, 13, 15, 17, 19]
sage: L[3:len(L)-5] == L[3-len(L):-5]
True
sage: [5 in L, 6 in L]
```

```
[True, False]
```

Les exemples ci-dessus concernent des listes d'entiers, mais les éléments des listes peuvent être n'importe quels objets Sage, nombres, expressions, autres listes, etc.

3.3.2 Opérations globales sur les listes

L'opérateur d'addition « + » effectue la concaténation de deux listes, et l'opérateur de multiplication « * » associé à un entier itère cette concaténation :

```
sage: L = [1, 2, 3] ; L + [10, 20, 30]
[1, 2, 3, 10, 20, 30]
sage: 4 * [1, 2, 3]
[1, 2, 3, 1, 2, 3, 1, 2, 3, 1, 2, 3]
```

La concaténation des deux sous-listes L[:k] et L[k:] reconstruit la liste initiale. Ceci explique pourquoi la borne gauche d'indice p d'une sous-liste L[p:q] est comprise, alors que la borne droite d'indice q est exclue :

$$L = L[:k] + L[k:] = [\ell_0, \ell_1, \ell_2, \ldots, \ell_{n-1}]$$
$$= [\ell_0, \ell_1, \ell_2, \ldots, \ell_{k-1}] + [\ell_k, \ell_{k+1}, \ell_{k+2}, \ldots, \ell_{n-1}].$$

L'exemple suivant illustre cette propriété :

```
sage: L = 5*[10, 20, 30] ; L[:3]+L[3:] == L
True
```

L'opérateur composé de deux points « .. » automatise la construction des listes d'entiers sans énumérer explicitement tous leurs éléments. L'exemple suivant construit une liste faite d'énumérations d'entiers et d'éléments isolés :

```
sage: [1..3, 7, 10..13]
[1, 2, 3, 7, 10, 11, 12, 13]
```

La suite de ce paragraphe décrit comment construire l'image d'une liste par une application et une sous-liste d'une liste. Les fonctions associées sont map et filter, et la construction [..for..x..in..]. Les mathématiques font souvent intervenir des listes constituées des images par une application f de ses éléments :

$$(a_0, a_1, a_2, \ldots, a_{n-1}) \mapsto (f(a_0), f(a_1), \ldots, f(a_{n-1})).$$

La commande map construit cette image ; l'exemple suivant applique la fonction trigonométrique cos à une liste d'angles usuels :

```
sage: map (cos, [0, pi/6, pi/4, pi/3, pi/2])
[1, 1/2*sqrt(3), 1/2*sqrt(2), 1/2, 0]
```

Il est aussi possible d'utiliser une fonction de l'utilisateur définie par def, ou de déclarer directement une fonction par lambda ; la commande ci-dessous est équivalente à la précédente et applique la fonction définie par $t \mapsto \cos t$:

```
sage: map (lambda t: cos(t), [0, pi/6, pi/4, pi/3, pi/2])
[1, 1/2*sqrt(3), 1/2*sqrt(2), 1/2, 0]
```

La commande `lambda` est suivie de la déclaration du ou des paramètres séparés par des virgules, et ne peut comporter après le deux-points qu'une et une seule expression qui est le résultat de la fonction, sans utiliser l'instruction `return`.

Cette fonction `lambda` peut aussi comporter un test ; les codes suivants sont équivalents :

```
fctTest1 = lambda x: res1 if cond else res2
def fctTest2 (x):
    if cond: return res1
    else: return res2
```

Les trois commandes `map` suivantes sont équivalentes, la composition des applications $N \circ \cos$ étant effectuée d'une façon ou d'une autre :

```
sage: map (lambda t: N(cos(t)), [0, pi/6, pi/4, pi/3, pi/2])
[1.00000000000000, 0.866025403784439, 0.707106781186548,
0.500000000000000, 0.000000000000000]
```

```
sage: map (N, map (cos, [0, pi/6, pi/4, pi/3, pi/2]))
[1.00000000000000, 0.866025403784439, 0.707106781186548,
0.500000000000000, 0.000000000000000]
```

```
sage: map (compose(N, cos), [0, pi/6, pi/4, pi/3, pi/2])
[1.00000000000000, 0.866025403784439, 0.707106781186548,
0.500000000000000, 0.000000000000000]
```

La commande `filter` construit une sous-liste des éléments vérifiant une condition. Cet exemple applique le test de primalité `is_prime` aux entiers $1, ..., 55$:

```
sage: filter (is_prime, [1..55])
[2, 3, 5, 7, 11, 13, 17, 19, 23, 29, 31, 37, 41, 43, 47, 53]
```

La fonction de test peut aussi être définie à l'intérieur de la commande `filter`. L'exemple ci-dessous, par des essais exhaustifs, détermine toutes les racines quatrièmes de 7 modulo le nombre premier 37 ; cette équation comporte quatre solutions 3, 18, 19 et 34 :

```
sage: p = 37 ; filter (lambda n: n^4 % p == 7, [0..p-1])
[3, 18, 19, 34]
```

Par ailleurs, la commande `[..for..x..in..]` construit par compréhension une liste ; ces deux commandes énumèrent de façon équivalente les entiers impairs de 1 à 31 :

```
sage: map(lambda n:2*n+1, [0..15])
[1, 3, 5, 7, 9, 11, 13, 15, 17, 19, 21, 23, 25, 27, 29, 31]
sage: [2*n+1 for n in [0..15]]
[1, 3, 5, 7, 9, 11, 13, 15, 17, 19, 21, 23, 25, 27, 29, 31]
```

Cette commande est indépendante de la commande de boucle `for`. La condition `if` associée à `for` aboutit à cette construction équivalente à la fonction `filter` :

```
sage: filter (is_prime, [1..55])
[2, 3, 5, 7, 11, 13, 17, 19, 23, 29, 31, 37, 41, 43, 47, 53]
sage: [p for p in [1..55] if is_prime(p)]
[2, 3, 5, 7, 11, 13, 17, 19, 23, 29, 31, 37, 41, 43, 47, 53]
```

Les deux exemples suivants combinent les tests `if` et `filter` avec `for` pour déterminer une liste de nombres premiers qui sont congrus à 1 modulo 4, puis une liste de carrés de nombres premiers :

```
sage: filter (is_prime, [4*n+1 for n in [0..20]])
[5, 13, 17, 29, 37, 41, 53, 61, 73]
sage: [n^2 for n in [1..20] if is_prime(n)]
[4, 9, 25, 49, 121, 169, 289, 361]
```

Dans le premier cas le test `is_prime` est effectué après le calcul $4n + 1$ alors que dans le second le test est effectué avant le calcul du carré n^2.

La fonction `reduce` opère par associativité de la gauche vers la droite sur les éléments d'une liste. Définissons ainsi la loi de composition interne $\star$:

$$x \star y = 10x + y, \qquad \text{alors } ((1 \star 2) \star 3) \star 4 = (12 \star 3) \star 4 = 1234.$$

Le premier argument de `reduce` est une fonction à deux paramètres et le deuxième est la liste des arguments :

```
sage: reduce (lambda x, y: 10*x+y, [1, 2, 3, 4])
1234
```

Un troisième argument optionnel donne le résultat sur une liste vide :

```
sage: reduce (lambda x, y: 10*x+y, [9, 8, 7, 6], 1)
19876
```

Il correspond généralement à l'élément neutre de l'opération appliquée. Ainsi, l'exemple ci-dessous calcule un produit d'entiers impairs :

```
sage: L = [2*n+1 for n in [0..9]]
sage: reduce (lambda x, y: x*y, L, 1)
654729075
```

Les fonctions `add`[7] et `prod` de Sage appliquent directement l'opérateur `reduce` pour calculer des sommes et des produits ; le résultat est le même dans les trois exemples ci-dessous, et la commande sur une liste autorise en outre d'ajouter un second terme optionnel représentant l'élément neutre, 1 pour le produit et 0 pour la somme, ou une matrice unité pour un produit matriciel :

```
sage: prod ([2*n+1 for n in [0..9]], 1) # une liste avec for
654729075
sage: prod ( 2*n+1 for n in [0..9])      # sans liste
654729075
sage: prod (n for n in [0..19] if n%2 == 1)
654729075
```

---

7. À ne pas confondre avec `sum`, qui cherche une expression symbolique pour une somme.

La fonction **any** associée à l'opérateur **or** et la fonction **all** à l'opérateur **and** sont de principe et de syntaxe équivalents. Cependant l'évaluation se termine dès que le résultat **True** ou **False** d'un des termes impose ce résultat sans effectuer l'évaluation des termes suivants :

```
sage: def fct (x): return 4/x == 2
sage: all (fct(x) for x in [2, 1, 0])
False
sage: any (fct(x) for x in [2, 1, 0])
True
```

En revanche la construction de la liste [fct(x) for x in [2, 1, 0]] et la commande all([fct(x) for x in [2, 1, 0]]) provoquent des erreurs car tous les termes sont évalués, y compris le dernier avec $x = 0$.

L'imbrication de plusieurs commandes **for** permet de construire le produit cartésien de deux listes ou de définir des listes de listes. L'exemple suivant montre que si l'on combine plusieurs opérateurs **for** dans la même définition par compréhension, le plus à gauche correspond à la boucle la plus extérieure :

```
sage: [[x, y] for x in [1..2] for y in [6..8]]
[[1, 6], [1, 7], [1, 8], [2, 6], [2, 7], [2, 8]]
```

L'ordre d'itération est donc différent de celui obtenu en imbriquant plusieurs définitions par compréhension :

```
sage: [[[x, y] for x in [1..2]] for y in [6..8]]
[[[1, 6], [2, 6]], [[1, 7], [2, 7]], [[1, 8], [2, 8]]]
```

La commande **map** avec plusieurs listes en argument avance de façon synchronisée dans ces listes.

```
sage: map (lambda x, y: [x, y], [1..3], [6..8])
[[1, 6], [2, 7], [3, 8]]
```

Enfin la commande **flatten** permet de concaténer des listes sur un ou plusieurs niveaux :

```
sage: L = [[1, 2, [3]], [4, [5, 6]], [7, [8, [9]]]]
sage: flatten (L, max_level = 1)
[1, 2, [3], 4, [5, 6], 7, [8, [9]]]
sage: flatten (L, max_level = 2)
[1, 2, 3, 4, 5, 6, 7, 8, [9]]
sage: flatten (L)              # équivaut à flatten (L, max_level = 3)
[1, 2, 3, 4, 5, 6, 7, 8, 9]
```

Ces manipulations élémentaires de listes interviennent de façon très utile dans les autres branches de Sage ; l'exemple suivant calcule les premières dérivées itérées de $x\,e^x$; le premier argument de **diff** est l'expression à dériver, et le ou les suivants correspondent à la variable de dérivation, ces paramètres pouvant aussi être la liste des variables par rapport auxquelles les dérivations sont effectuées :

```
sage: x = var('x')
```

```
sage: factor(diff(x*exp(x), [x, x]))
(x + 2)*e^x
sage: map(lambda n: factor(diff(x*exp(x), n*[x])), [0..6])
[x*e^x, (x + 1)*e^x, (x + 2)*e^x, (x + 3)*e^x, (x + 4)*e^x,
(x + 5)*e^x, (x + 6)*e^x]
sage: [factor (diff (x*exp(x), n*[x])) for n in [0..6]]
[x*e^x, (x + 1)*e^x, (x + 2)*e^x, (x + 3)*e^x, (x + 4)*e^x,
(x + 5)*e^x, (x + 6)*e^x]
```

La commande diff possède plusieurs syntaxes. Les paramètres suivant la fonction f peuvent aussi bien être la liste des variables de dérivation que l'énumération de ces variables, ou l'ordre de la dérivée :

$$\text{diff(f(x), x, x, x),}\quad \text{diff(f(x), [x, x, x]),}\quad \text{diff(f(x), x, 3).}$$

On peut aussi employer diff(f(x), 3) pour les fonctions à une seule variable. Ces résultats se vérifient directement par la formule de Leibniz de dérivée itérée d'un produit de deux termes où les dérivées d'ordre 2 ou plus de x sont nulles :

$$(xe^x)^{(n)} = \sum_{k=0}^{n} \binom{n}{k} x^{(k)} (e^x)^{(n-k)} = (x+n)e^x.$$

3.3.3 Principales méthodes sur les listes

La méthode **reverse** renverse l'ordre des éléments d'une liste, et la méthode sort transforme la liste initiale en une liste triée :

```
sage: L = [1, 8, 5, 2, 9] ; L.reverse() ; L
[9, 2, 5, 8, 1]
sage: L.sort() ; L
[1, 2, 5, 8, 9]
sage: L.sort(reverse = True) ; L
[9, 8, 5, 2, 1]
```

Ces deux méthodes modifient la liste L, et l'ancienne valeur est perdue.

Un premier argument optionnel à **sort** permet de choisir la relation d'ordre appliquée sous la forme d'une fonction Ordre(x, y) à deux paramètres. Le résultat doit être du type **int** des entiers Python ; il est strictement négatif, nul ou positif, par exemple -1, 0 ou 1, selon que $x \prec y$, $x = y$ ou $x \succ y$. La liste transformée $(x_0, x_1, \ldots, x_{n-1})$ vérifie $x_0 \preceq x_1 \preceq \cdots \preceq x_{n-1}$.

L'ordre lexicographique de deux listes de nombres de même longueur est similaire à l'ordre alphabétique et est défini par cette équivalence en ignorant les premiers termes lorsqu'ils sont égaux deux à deux :

$$P = (p_0, p_1, \ldots p_{n-1}) \prec_{\text{lex}} Q = (q_0, q_1, \ldots q_{n-1})$$
$$\iff \exists r \in \{0, \ldots, n-1\} \quad (p_0, p_1, \ldots, p_{r-1}) = (q_0, q_1, \ldots, q_{r-1}) \text{ et } p_r < q_r.$$

La fonction suivante compare deux listes supposées de même longueur. Malgré la boucle *a priori* sans fin while True, les commandes return sortent directement de cette boucle et terminent la fonction. Le résultat est -1, 0 ou 1 selon que $P \prec_{\text{lex}} Q$, $P = Q$ ou $P \succ_{\text{lex}} Q$:

```
sage: def alpha (P, Q):    # len(P) = len(Q) par hypothèse
....:    i = 0
....:    while True:
....:        if i == len(P): return int(0)
....:        elif P[i] < Q[i]: return int(-1)
....:        elif P[i] > Q[i]: return int(1)
....:        else: i = i+1
sage: alpha ([2, 3, 4, 6, 5], [2, 3, 4, 5, 6])
1
```

La commande suivante trie une liste de listes de même longueur en suivant l'ordre lexicographique. Cette fonction correspond par ailleurs à l'ordre implanté dans Sage pour comparer deux listes ; la commande L.sort() sans paramètre optionnel est équivalente :

```
sage: L = [[2, 2, 5], [2, 3, 4], [3, 2, 4], [3, 3, 3],\
....: [1, 1, 2], [1, 2, 7]]
sage: L.sort (cmp = alpha) ; L
[[1, 1, 2], [1, 2, 7], [2, 2, 5], [2, 3, 4], [3, 2, 4], [3, 3, 3]]
```

La définition de l'ordre lexicographique homogène consiste d'abord à comparer les termes de même poids avant d'appliquer l'ordre lexicographique, où le poids est la somme des coefficients :

$$P = (p_0, p_1, \ldots p_{n-1}) \prec_{\text{lexH}} Q = (q_0, q_1, \ldots q_{n-1})$$
$$\iff \sum_{k=0}^{n-1} p_k < \sum_{k=0}^{n-1} q_k \text{ ou } \left(\sum_{k=0}^{n-1} p_k = \sum_{k=0}^{n-1} q_k \text{ et } P \prec_{\text{lex}} Q \right)$$

Le code ci-dessous implante cet ordre homogène :

```
sage: def homogLex (P, Q):
....:    sp = sum (P) ; sq = sum (Q)
....:    if sp < sq: return int(-1)
....:    elif sp > sq: return int(1)
....:    else: return alpha (P, Q)

sage: homogLex ([2, 3, 4, 6, 4], [2, 3, 4, 5, 6])
-1
```

La fonction sorted de Sage est une fonction au sens mathématique du terme ; elle prend une liste comme premier argument et, sans la modifier, renvoie comme résultat une liste triée, contrairement à la méthode sort qui modifie la liste en place.

Sage propose d'autres méthodes sur les listes, insertion d'un élément en fin de liste, concaténation en fin de liste, et dénombrement du nombre de répétitions d'un élément :

```
L.append(x)    est équivalent à L[len(L):] = [x]
L.extend(L1)   est équivalent à L[len(L):] = L1
L.insert(i, x) est équivalent à L[i:i] = [x]
L.count(x)     est équivalent à len (select (lambda t : t == x, L))
```

Les commandes L.pop(i) et L.pop() suppriment l'élément d'indice i ou le dernier élément d'une liste, et renvoient la valeur de cet élément; les deux fonctions ci-dessous décrivent leur fonctionnement respectif :

```
def pop1 (L, i):              def pop2 (L):
    a = L[i]                      return pop1 (L, len(L)-1)
    L[i:i+1] = []
    return a
```

Par ailleurs L.index(x) renvoie l'indice du premier terme égal à x, et L.remove(x) supprime le premier élément de valeur x de la liste. Ces commandes provoquent une erreur si x n'appartient pas à la liste. Enfin la commande del L[p:q] est équivalente à L[p:q] = [], et del L[i] supprime l'élément d'indice i.

Contrairement à ce qu'il se produit dans de nombreux autres langages informatiques, ces fonctions modifient la liste L sans créer de nouvelle liste.

3.3.4   Exemples de manipulation de listes

L'exemple suivant construit la liste des termes pairs et celle des termes impairs d'une liste donnée. Cette première solution parcourt deux fois la liste et effectue deux fois ces tests :

```
sage: def fct1(L):
....:     return [filter (lambda n: n % 2 == 0, L),
....:             filter (lambda n: n % 2 == 1, L)]

sage: fct1([1..10])
[[2, 4, 6, 8, 10], [1, 3, 5, 7, 9]]
```

Cette deuxième solution parcourt une seule fois la liste initiale et construit petit à petit ces deux listes résultats :

```
sage: def fct2 (L):
....:     res0 = [] ; res1 = []
....:     for k in L:
....:         if k%2 == 0: res0.append(k) # ou res0[len(res0):] = [k]
....:         else: res1.append(k)        # ou res1[len(res1):] = [k]
....:     return [res0, res1]
```

Ce programme remplace la boucle for et les variables auxiliaires par un appel récursif et un paramètre supplémentaire :

```
sage: def fct3a (L, res0, res1):
....:    if L == []: return [res0, res1]
....:    elif L[0]%2 == 0: return fct3a(L[1:], res0+[L[0]], res1)
....:    else: return fct3a (L[1:], res0, res1+[L[0]])

sage: def fct3 (L): return fct3a (L, [], [])
```

Les paramètres **res0** et **res1** contiennent les premiers éléments déjà triés, et la liste paramètre L perd un terme à chaque appel récursif.

Le deuxième exemple ci-dessous extrait toutes les suites croissantes d'une liste de nombres. Trois variables sont utilisées, la première **res** mémorise les suites croissantes déjà obtenues, la variable **debut** indique la position où la suite croissante en cours commence, et la variable **k** est l'indice de boucle :

```
sage: def sousSuites (L):
....:    if L == []: return []
....:    res = [] ; debut = 0 ; k = 1
....:    while k < len(L):    # 2 termes consécutifs sont définis
....:       if L[k-1] > L[k]:
....:          res.append (L[debut:k]) ; debut = k
....:       k = k+1
....:    res.append (L[debut:k])
....:    return res

sage: sousSuites([1, 4, 1, 5])
[[1, 4], [1, 5]]
sage: sousSuites([4, 1, 5, 1])
[[4], [1, 5], [1]]
```

Le corps de la boucle permet de passer au terme suivant de la liste. Si le test est vérifié, alors la sous-suite croissante en cours se termine, et il faut passer à une nouvelle sous-suite, sinon elle se prolonge au terme suivant.

L'instruction après la boucle ajoute au résultat final la sous-suite croissante en cours de parcours qui possède au moins un élément.

3.3.5   Chaînes de caractères

Les chaînes de caractères sont délimitées par des guillemets anglais droits, simples '...' ou doubles "...". Les chaînes délimitées par des guillemets simples peuvent contenir des guillemets doubles, et réciproquement. Les chaînes peuvent aussi être délimitées par des triples guillemets '''...''' et, dans ce cas peuvent être saisies sur plusieurs lignes et contenir des guillemets simples ou doubles.

```
sage: S = 'Ceci est une chaîne de caractères.'
```

Le caractère d'échappement est le signe \, il permet d'inclure des passages à la ligne par \n, des guillemets par \" ou par \', le caractère de tabulation par \t, le signe d'échappement par \\. Les chaînes de caractères peuvent contenir des caractères accentués, et plus généralement des caractères Unicode quelconques :

```
sage: S = 'Ceci est une chaîne de caractères.'; S
'Ceci est une cha\xc3\xaene de caract\xc3\xa8res.'
sage: print S
Ceci est une chaîne de caractères.
```

La comparaison des chaînes de caractères s'effectue en fonction du code interne de chaque caractère. La longueur d'une chaîne est obtenue par la fonction `len`, et la concaténation de chaînes se fait par les signes d'addition « + » et de multiplication « * ».

L'accès à une sous-chaîne de caractères de S s'effectue comme pour les listes par des crochets `S[n]`, `S[p:q]`, `S[p:]` et `S[:q]`, et le résultat est une chaîne de caractères. Le langage ne permet pas de modifier la chaîne initiale par une affectation de cette forme, pour cette raison le type chaîne de caractères est dit *immuable*.

La fonction `str` convertit son argument en une chaîne de caractères. La méthode `split` découpe une chaîne de caractères en listes de sous-chaînes au niveau des espaces :

```
sage: S='un deux trois quatre cinq six sept'; L=S.split(); L
['un', 'deux', 'trois', 'quatre', 'cinq', 'six', 'sept']
```

La bibliothèque très complète `re` des expressions régulières de Python peut aussi être utilisée pour la recherche des sous-chaînes et la reconnaissance de motifs et de mots.

3.3.6 Structure partagée ou dupliquée

Une liste entre crochets `[...]` peut être modifiée par des affectations sur ses éléments, par un changement du nombre de termes de la liste, ou des méthodes comme le tri `sort` ou le renversement `reverse`.

L'affectation d'une liste à une variable ne duplique pas la structure mais partage les mêmes données. Dans l'exemple suivant les listes L1 et L2 restent identiques ; elles correspondent à deux *alias* du même objet, et la modification de l'une est visible sur l'autre :

```
sage: L1 = [11, 22, 33] ; L2 = L1
sage: L1[1] = 222 ; L2.sort() ; L1, L2
([11, 33, 222], [11, 33, 222])
sage: L1[2:3] = []; L2[0:0] = [6, 7, 8]
sage: L1, L2
([6, 7, 8, 11, 33], [6, 7, 8, 11, 33])
```

Au contraire les images de listes par `map`, les constructions de sous-listes par `L[p:q]`, `filter` ou `[..for..if..]`, la concaténation par + et *, et l'aplatissement de listes par `flatten` dupliquent la structure des données.

Dans l'exemple précédent remplacer sur la première ligne `L2 = L1` par l'une des six commandes ci-après change complètement les résultats suivants car les modifications d'une liste ne se propagent pas à l'autre. Les deux structures deviennent indépendantes, les deux listes sont distinctes même si elles ont la même valeur ; ainsi l'affectation L2 = L1[:] recopie la sous-liste de L1 du premier au dernier terme, et donc duplique la structure complète de L1 :

```
L2 = [11, 22, 33]   L2 = copy(L1)   L2 = L1[:]
L2 = []+L1          L2 = L1+[]      L2 = 1*L1
```

Le test du partage des structures de Sage s'effectue par l'opérateur binaire is ; si la réponse au test est vraie, alors toutes les modifications portent sur les deux variables à la fois :

```
sage: L1 = [11, 22, 33] ; L2 = L1 ; L3 = L1[:]
sage: [L1 is L2, L2 is L1, L1 is L3, L1 == L3]
[True, True, False, True]
```

Les opérations de copie opèrent sur un seul niveau de listes. Ainsi la modification à l'intérieur d'une liste de listes se propage malgré la copie de la structure au premier niveau :

```
sage: La = [1, 2, 3] ; L1 = [1, La] ; L2 = copy(L1)
sage: L1[1][0] = 5        # [1, [5, 2, 3]] pour L1 et L2
sage: [L1 == L2, L1 is L2, L1[1] is L2[1]]
[True, False, True]
```

L'instruction suivante recopie la structure sur deux niveaux :

```
sage: map (copy, L)
```

alors que la fonction copyRec duplique récursivement les listes à tous les niveaux :

```
sage: def copyRec (L):
....:     if type (L) == list: return map (copyRec, L)
....:     else: return L
```

L'ordre lexicographique inverse est défini à partir de l'ordre lexicographique sur des n-uplets énumérés à l'envers en renversant l'ordre appliqué à chaque élément :

$$P = (p_0, p_1, \ldots p_{n-1}) \prec_{\text{lexInv}} Q = (q_0, q_1, \ldots q_{n-1})$$
$$\iff \exists r \in \{0, \ldots, n-1\}, \quad (p_{r+1}, \ldots, p_{n-1}) = (q_{r+1}, \ldots, q_{n-1}) \text{ et } p_r > q_r.$$

La programmation de l'ordre lexicographique inverse peut se faire à partir de la fonction alpha définie précédemment qui implante l'ordre lexicographique. La recopie des listes P et Q est nécessaire pour effectuer l'inversion sans modifier les données. Plus précisément la fonction lexInverse renverse l'ordre des n-uplets par reverse et renverse l'ordre final par le résultat renvoyé $-(P_1 \prec_{\text{lex}} Q_1)$:

```
sage: def lexInverse (P, Q):
....:     P1 = copy(P) ; P1.reverse()
....:     Q1 = copy(Q) ; Q1.reverse()
....:     return - alpha (P1, Q1)
```

Les modifications sur une liste passée en argument d'une fonction se répercutent de façon globale sur la liste car les fonctions ne recopient pas les structures de listes passées en argument. Ainsi une fonction effectuant uniquement `P.reverse()` à la place de `P1 = copy(P)` et `P1.reverse()` modifie définitivement la liste P ; cet effet, appelé *effet de bord*, n'est généralement pas souhaité.

La variable P est une variable locale de la fonction indépendamment de tout autre variable globale de même nom P, mais cela est sans rapport avec les modifications apportées à l'intérieur d'une liste passée en argument.

Les listes — terme employé dans Python et Sage — sont en fait implantées dans ces systèmes sous la forme de tableau dynamique, et n'ont pas la même structure que celles du Lisp et d'Ocaml définies par un élément de tête t et une liste de queue Q. La commande Lisp élémentaire `cons(t,Q)` renvoie une liste avec le terme t en tête sans modifier la liste Q ; au contraire ajouter un élément e à un tableau T par `T.append(e)` en Python modifie le tableau T. Les deux représentations de données ont chacune leurs avantages et le passage d'une représentation des données à l'autre est possible, mais l'efficacité des algorithmes n'est pas la même dans les deux cas.

3.3.7   Données modifiables ou immuables

Les listes permettent de structurer et de manipuler des données pouvant être modifiées. Pour cette raison ces structures sont qualifiées de modifiables ou de mutables.

Au contraire, Python permet aussi de définir des données figées ou immuables. La structure immuable correspondant aux listes est appelée séquence ou tuple d'après son nom anglais, et est notée avec des parenthèses (...) à la place des crochets [...]. Une séquence à un seul argument est définie en plaçant explicitement une virgule après son argument.

```
sage: S0 = (); S1 = (1, ); S2 = (1, 2)
sage: [1 in S1, 1 == (1)]
[True, True]
```

Les opérations d'accès aux séquences sont essentiellement les mêmes que celles sur les listes, par exemple la construction d'image de séquence par `map` ou d'extraction de sous-séquence par `filter`. Dans tous les cas le résultat est une liste, et cette commande `for` transforme une séquence en liste :

```
sage: S1 = (1, 4, 9, 16, 25); [k for k in S1]
[1, 4, 9, 16, 25]
```

La commande `zip` regroupe terme à terme plusieurs listes ou séquences de façon équivalente à la commande `map` suivante :

```
sage: L1 = [0..4]; L2 = [5..9]
sage: zip(L1, L2)
[(0, 5), (1, 6), (2, 7), (3, 8), (4, 9)]
sage: map(lambda x, y:(x, y), L1, L2)
[(0, 5), (1, 6), (2, 7), (3, 8), (4, 9)]
```

3.3.8 Ensembles finis

Contrairement aux listes, la notion d'ensemble tient uniquement compte de la présence ou non d'un élément, sans définir sa position ni le nombre de répétitions de cet élément. Sage manipule les ensembles de cardinal fini à partir de la fonction Set appliquée à la liste des éléments. Le résultat est affiché entre accolades :

```
sage: E = Set([1, 2, 4, 8, 2, 2, 2]); F = Set([7, 5, 3, 1]); E, F
({8, 1, 2, 4}, {1, 3, 5, 7})
```

L'opérateur d'appartenance in teste l'appartenance d'un élément à un ensemble, et Sage autorise les opérations de réunion d'ensembles par + ou |, d'intersection par &, de différence par -, et de différence symétrique par ^^ :

```
sage: E = Set([1, 2, 4, 8, 2, 2, 2]); F = Set([7, 5, 3, 1])
sage: 5 in E, 5 in F, E + F == F | E
(False, True, True)
sage: E & F, E - F, E ^^ F
({1}, {8, 2, 4}, {2, 3, 4, 5, 7, 8})
```

La fonction len(E) renvoie le cardinal d'un tel ensemble fini. Les opérations map, filter et for..if... s'appliquent aux ensembles comme aux séquences, et les résultats sont des listes. L'accès à un élément s'effectue par E[k]. Les deux commandes ci-dessous construisent de façon équivalente la liste des éléments d'un ensemble :

```
sage: E = Set([1, 2, 4, 8, 2, 2, 2])
sage: [E[k] for k in [0..len(E)-1]], [t for t in E]
([8, 1, 2, 4], [8, 1, 2, 4])
```

La fonction suivante teste l'inclusion d'un ensemble E dans F à partir de la réunion :

```
sage: def inclus (E, F): return E+F == F
```

Contrairement aux listes, les ensembles sont de type immuable et ne sont donc pas modifiables ; leurs éléments doivent aussi être immuables. Les ensembles de tuples et les ensembles d'ensembles sont donc possibles mais on ne peut pas construire des ensembles de listes :

```
sage: Set([Set([]), Set([1]), Set([2]), Set([1, 2])])
{{1, 2}, {}, {2}, {1}}
sage: Set([    (),     (1, ),    (2, ),    (1, 2) ])
{(1, 2), (2,), (), (1,)}
```

Cette fonction énumère tous les sous-ensembles d'un ensemble par une méthode récursive :

```
sage: def Parties (EE):
....:     if EE == Set([]): return Set([EE])
....:     else:
....:         return avecOuSansElt (EE[0], Parties(Set(EE[1:])))
```

```
sage: def avecOuSansElt (a, E):
....:    return Set (map (lambda F: Set([a])+F, E)) + E

sage: Parties(Set([1, 2, 3]))
{{3}, {1, 2}, {}, {2, 3}, {1}, {1, 3}, {1, 2, 3}, {2}}
```

La fonction `avecOuSansElt(a, E)` prend un ensemble E de sous-ensembles, et construit l'ensemble ayant deux fois plus d'éléments qui sont ces mêmes sous-ensembles et ceux auxquels l'élément a a été ajouté. La construction récursive commence avec l'ensemble à un élément $E = \{\emptyset\}$.

3.3.9 Dictionnaires

Enfin Python, et donc Sage, intègre la notion de dictionnaire. Comme un annuaire, un dictionnaire associe une valeur à chaque entrée.

Les entrées d'un dictionnaire sont de n'importe quel type immuable, nombres, chaînes de caractères, séquences, etc. La syntaxe est comparable à celle des listes par des affectations à partir du dictionnaire vide `dict()` pouvant être abrégé en `{}` :

```
sage: D={}; D['un']=1; D['deux']=2; D['trois']=3; D['dix']=10
sage: D['deux'] + D['trois']
5
```

L'exemple précédent détaille donc comment ajouter une entrée dans un dictionnaire, et comment accéder à un champ par `D[...]`.

L'opérateur `in` teste si une entrée fait partie d'un dictionnaire, et les commandes `del D[x]` ou `D.pop(x)` effacent l'entrée x de ce dictionnaire.

L'exemple suivant indique comment un dictionnaire peut représenter une application sur un ensemble fini :

$$E = \{a_0, a_1, a_2, a_3, a_4, a_5\}, \quad f(a_0) = b_0, \quad f(a_1) = b_1, \quad f(a_2) = b_2,$$
$$f(a_3) = b_0, \quad f(a_4) = b_3, \quad f(a_5) = b_3.$$

Les méthodes sur les dictionnaires sont comparables à celles portant sur les autres structures énumérées. Le code ci-dessous implante la fonction précédente et construit l'ensemble de départ E et l'ensemble image $\text{Im} f = f(E)$ par les méthodes `keys` et `values` :

```
sage: D = {'a0':'b0', 'a1':'b1', 'a2':'b2', 'a3':'b0',\
....:    'a4':'b3', 'a5':'b3'}
sage: E  = Set(D.keys()) ; Imf = Set(D.values())
sage: Imf == Set(map (lambda t:D[t], E))     # est équivalent
True
```

Cette dernière commande traduit directement la définition mathématique $\text{Im} f = \{f(x) | x \in E\}$. Les dictionnaires peuvent aussi être construits à partir de listes ou de couples [*clé*, *valeur*] par la commande suivante :

```
dict(['a0', 'b0'], ['a1', 'b1'], ...)
```

Les deux commandes suivantes appliquées aux entrées du dictionnaire ou au dictionnaire lui-même sont, par construction, équivalentes à la méthode D.values() :

```
map (lambda t:D[t], D)    map (lambda t:D[t], D.keys())
```

Le test suivant sur le nombre d'éléments détermine si l'application représentée par D est injective, len(D) étant le nombre d'entrées dans le dictionnaire :

```
sage: def injective(D):
....:    return len(D) == len (Set(D.values()))
```

Les deux premières commandes ci-dessous construisent l'image directe $f(F)$ et l'image réciproque $f^{-1}(G)$ des sous-ensembles F et G d'une application définie par le dictionnaire D ; la dernière définit un dictionnaire DR correspondant à l'application réciproque f^{-1} d'une application f supposée bijective :

```
sage: Set([D[t] for t in F])
sage: Set([t for t in D if D[t] in G])
sage: DR = dict((D[t], t) for t in D)
```

4

Graphiques

La visualisation de fonctions d'une ou deux variables, d'une série de données, facilite la perception de phénomènes mathématiques ou physiques et permet de conjecturer des résultats efficacement. Dans ce chapitre, on illustre sur des exemples les capacités graphiques de Sage.

4.1 Courbes en 2D

Une courbe plane peut être définie de plusieurs façons : comme graphe d'une fonction d'une variable, par un système d'équations paramétriques, par une équation en coordonnées polaires, ou par une équation implicite. Nous présentons ces quatre cas, puis donnons quelques exemples de tracés de données.

4.1.1 Représentation graphique de fonctions

Pour tracer le graphe d'une fonction symbolique ou d'une fonction Python sur un intervalle $[a, b]$, on dispose de deux syntaxes : `plot(f(x), a, b)` ou `plot(f(x), x, a, b)`.

```
sage: plot(x * sin(1/x), x, -2, 2, plot_points=500)
```

Parmi les nombreuses options de la fonction `plot`, citons :

- `plot_points` (valeur par défaut 200) : nombre minimal de points calculés ;
- `xmin` et `xmax` : bornes de l'intervalle sur lequel est tracée la fonction ;
- `color` : couleur du tracé, un triplet RGB, une chaîne de caractères (par ex. `'blue'`), ou une couleur HTML (par ex. `'#aaff0b'`) ;

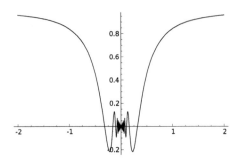

FIGURE 4.1 – Graphe de $x \mapsto x\sin\frac{1}{x}$.

- **detect_poles** (valeur par défaut **False**) : permet de tracer ou non l'asymptote verticale aux pôles d'une fonction ;
- **alpha** : transparence du trait ;
- **thickness** : épaisseur du trait ;
- **linestyle** : nature du trait, tracé en pointillés (`':'`), traits et pointillés (`'-.'`), trait continu (`'-'`), qui est la valeur par défaut.

Pour visualiser le tracé, on peut placer l'objet graphique dans une variable, disons g, puis utiliser la commande **show**, en précisant par exemple les valeurs minimales et maximales de l'ordonnée (g.show(ymin=-1, ymax=3)) ou alors en choisissant le rapport d'affinité (g.show(aspect_ratio=1) pour un tracé en repère orthonormé).

La figure produite peut être exportée grâce à la commande **save** vers différents formats indiqués par les suffixes .pdf, .png, .ps, .eps, .svg et .sobj :

    g.save(nom, aspect_ratio=1, xmin=-1, xmax=3, ymin=-1, ymax=3)

Pour inclure une telle figure dans un document LATEX à l'aide de la commande **includegraphics**, on choisit l'extension **eps** (PostScript encapsulé) si le document est compilé avec **latex**, et l'extension **pdf** (à préférer à **png**, pour obtenir une meilleure résolution) si le document est compilé avec **pdflatex**.

Traçons sur un même graphique la fonction sinus et ses premiers polynômes de Taylor en 0.

```
sage: def p(x, n):
....:     return(taylor(sin(x), x, 0, n))
sage: xmax = 15 ; n = 15
sage: g = plot(sin(x), x, -xmax, xmax)
sage: for d in range(n):
....:     g += plot(p(x, 2 * d + 1), x, -xmax, xmax,\
....:         color=(1.7*d/(2*n), 1.5*d/(2*n), 1-3*d/(4*n)))
sage: g.show(ymin=-2, ymax=2)
```

On aurait également pu effectuer une animation, pour observer comment le polynôme de Taylor approche de mieux en mieux la fonction sinus lorsque le degré augmente. Si l'on souhaite sauvegarder l'animation, il suffit de l'enregistrer au format **gif**.

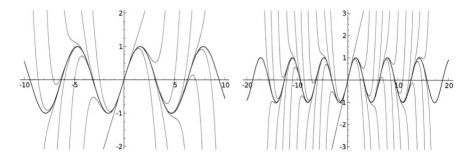

FIGURE 4.2 – Quelques polynômes de Taylor de sinus en 0.

```
sage: a = animate([[sin(x), taylor(sin(x), x, 0, 2*k+1)]\
....:     for k in range(0, 14)], xmin=-14, xmax=14,\
....:     ymin=-3, ymax=3, figsize=[8, 4])
sage: a.show(); a.save('chemin/animation.gif')
```

Revenons à la fonction `plot` pour observer, par exemple, le phénomène de Gibbs. Traçons la somme partielle d'ordre 20 de la série de Fourier de la fonction créneau.

```
sage: f2(x) = 1; f1(x) = -1
sage: f = piecewise([[(-pi,0),f1],[(0,pi),f2]])
sage: S = f.fourier_series_partial_sum(20,pi)
sage: g = plot(S, x, -8, 8, color='blue')
sage: scie(x) = x - 2 * pi * floor((x + pi) / (2 * pi))
sage: g += plot(scie(x) / abs(scie(x)), x, -8, 8, color='red')
sage: g
```

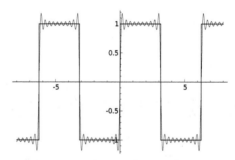

FIGURE 4.3 – Décomposition de la fonction créneau en série de Fourier.

Dans le code ci-dessus, `f` est une fonction par morceaux définie sur $[-\pi; \pi]$ à l'aide de l'instruction `piecewise`. Pour représenter le prolongement de `f` par 2π-périodicité, le plus simple est d'en chercher une expression valable pour tout réel (en l'occurrence `scie/abs(scie)`). La somme des 20 premiers termes de la série de Fourier vaut :

$$S = \frac{4}{\pi}\left(\sin(x) + \frac{\sin(3x)}{3} + \frac{\sin(5x)}{5} + \cdots + \frac{\sin(19\pi)}{19}\right).$$

4.1.2   Courbe paramétrée

Les tracés de courbes paramétrées $(x = f(t),\ y = g(t))$ sont réalisés par la commande `parametric_plot((f(t), g(t)), (t, a, b))` où $[a, b]$ est l'intervalle parcouru par le paramètre.

Représentons par exemple la courbe paramétrée d'équations :

$$\begin{cases} x(t) = \cos(t) + \dfrac{1}{2}\cos(7t) + \dfrac{1}{3}\sin(17t), \\[2mm] y(t) = \sin(t) + \dfrac{1}{2}\sin(7t) + \dfrac{1}{3}\cos(17t). \end{cases}$$

```
sage: t = var('t')
sage: x = cos(t) + cos(7*t)/2 + sin(17*t)/3
sage: y = sin(t) + sin(7*t)/2 + cos(17*t)/3
sage: g = parametric_plot((x, y), (t, 0, 2*pi))
sage: g.show(aspect_ratio=1)
```

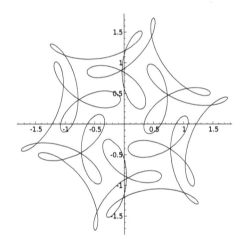

FIGURE 4.4 – Courbe paramétrée d'équation $x(t) = \cos(t) + \frac{1}{2}\cos(7t) + \frac{1}{3}\sin(17t)$, $y(t) = \sin(t) + \frac{1}{2}\sin(7t) + \frac{1}{3}\cos(17t)$.

4.1.3   Courbe en coordonnées polaires

Les tracés de courbes en coordonnées polaires $\rho = f(\theta)$ sont réalisés par la commande `polar_plot(rho(theta),(theta,a,b))` où $[a, b]$ est l'intervalle parcouru par le paramètre.

Représentons par exemple les conchoïdes de rosace d'équation polaire $\rho(\theta) = 1 + e \cdot \cos n\theta$ lorsque $n = 20/19$ et $e \in \{2, 1/3\}$.

```
sage: t = var('t'); n = 20/19
sage: g1 = polar_plot(1+2*cos(n*t),(t,0,n*36*pi),plot_points=5000)
```

```
sage: g2 = polar_plot(1+1/3*cos(n*t),(t,0,n*36*pi),plot_points=5000)
sage: g1.show(aspect_ratio=1); g2.show(aspect_ratio=1)
```

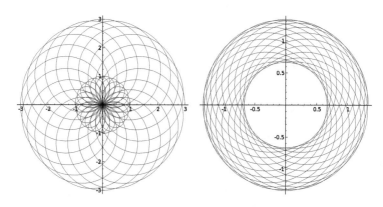

FIGURE 4.5 – Rosaces d'équation $\rho(\theta) = 1 + e \cdot \cos n\theta$.

Exercice 12. Représenter la famille de conchoïdes de Pascal d'équation polaire $\rho(\theta) = a + \cos\theta$ en faisant varier le paramètre a de 0 à 2 avec un pas de 0.1.

4.1.4 Courbe définie par une équation implicite

Pour représenter une courbe donnée par une équation implicite, on utilise la fonction `implicit_plot(f(x, y), (x, a, b), (y, c, d))`; cependant, on peut aussi utiliser la commande `complex_plot` qui permet de visualiser en couleur les lignes de niveau d'une fonction à deux variables. Représentons la courbe donnée par l'équation implicite $\mathcal{C} = \left\{ z \in \mathbb{C}, \; \left| \cos(z^4) \right| = 1 \right\}$.

```
sage: z = var('z')
sage: g1 = complex_plot(abs(cos(z^4))-1,
....:                    (-3,3), (-3,3), plot_points=400)
sage: f = lambda x, y : (abs(cos((x + I * y) ** 4)) - 1)
sage: g2 = implicit_plot(f, (-3, 3), (-3, 3), plot_points=400)
sage: g1.show(aspect_ratio=1); g2.show(aspect_ratio=1)
```

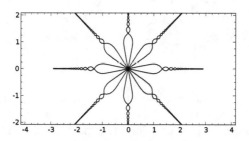

FIGURE 4.6 – Courbe définie par l'équation $\left| \cos(z^4) \right| = 1$.

4.1.5   Tracé de données

Pour tracer un diagramme en rectangles, on dispose de deux fonctions assez différentes. Tout d'abord, la commande `bar_chart` prend en argument une liste d'entiers et trace simplement des barres verticales dont la hauteur est donnée par les éléments de la liste (dans leur ordre d'apparition dans la liste). Notons que l'option `width` permet de choisir la largeur des rectangles.

```
sage: bar_chart([randrange(15) for i in range(20)])
sage: bar_chart([x^2 for x in range(1,20)], width=0.2)
```

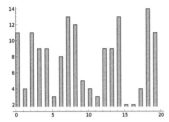 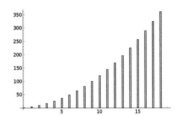

FIGURE 4.7 – Diagrammes en rectangles.

En revanche, pour tracer l'histogramme des fréquences d'une donnée aléatoire à partir d'une liste de flottants, on utilise la fonction `plot_histogram` : les valeurs de la liste sont triées et réparties dans des intervalles (le nombre d'intervalles étant fixé par la variable `bins` dont la valeur par défaut vaut 50) ; la hauteur de la barre pour chaque intervalle étant égale à la fréquence correspondante.

```
sage: liste = [10 + floor(10*sin(i)) for i in range(100)]
sage: bar_chart(liste)
sage: finance.TimeSeries(liste).plot_histogram(bins=20)
```

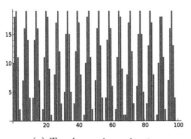 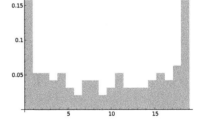

(a) Tracé avec `bar_chart`.   (b) Tracé avec `plot_histogram`.

Il est fréquent que la liste statistique à étudier soit stockée dans une feuille de calcul obtenue à l'aide d'un tableur. Le module `csv` de Python permet alors d'importer les données depuis un fichier enregistré au format `csv`. Par exemple, supposons que l'on souhaite tracer l'histogramme des notes d'une classe se trouvant dans la colonne 3 du fichier nommé `ds01.csv`. Pour extraire les notes de cette colonne, on utilise les instructions suivantes (en général les premières lignes comportent du texte d'où la nécessité de gérer les erreurs éventuelles lors de la conversion en flottant grâce à l'instruction `try`) :

```
sage: import csv
sage: reader = csv.reader(open("ds01.csv"))
sage: notes = []; liste = []
sage: for ligne in reader:
....:     notes.append(ligne[3])
....: for i in notes:
....:     try:
....:         f = float(i)
....:     except ValueError:
....:         pass
....:     else:
....:         liste.append(f)
sage: finance.TimeSeries(liste).plot_histogram(bins=20)
```

Pour tracer une liste de points reliés (resp. un nuage de points), on utilise la commande `line(p)` (resp. `point(p)`), p désignant une liste de listes à deux éléments donnant abscisse et ordonnée des points à tracer.

EXEMPLE. (*Marche aléatoire*) Partant d'un point origine O, une particule se déplace d'une longueur ℓ, à intervalles de temps réguliers t, à chaque fois dans une direction quelconque, indépendante des directions précédentes. Représentons un exemple de trajectoire pour une telle particule. Le segment en pointillés relie la position initiale à la position finale.

```
sage: from random import *
sage: n, l, x, y = 10000, 1, 0, 0; p = [[0, 0]]
sage: for k in range(n):
....:     theta = (2 * pi * random()).n(digits=5)
....:     x, y = x + l * cos(theta), y + l * sin(theta)
....:     p.append([x, y])
sage: g1 = line([p[n], [0, 0]], color='red', thickness=2)
sage: g1 += line(p, thickness=.4); g1.show(aspect_ratio=1)
```

EXEMPLE. (*Suites équiréparties*) Étant donnée une suite réelle $(u_n)_{n\in\mathbb{N}^*}$, on construit la ligne polygonale dont les sommets successifs sont les points d'affixe

$$z_N = \sum_{n\leqslant N} e^{2i\pi u_n}.$$

Si la suite est équirépartie modulo 1, la ligne brisée ne s'éloigne pas trop rapidement de l'origine. On peut alors conjecturer la régularité de la répartition de la suite à partir du tracé de la ligne brisée. Traçons la ligne polygonale dans les cas suivants :

- $u_n = n\sqrt{2}$ et $N = 200$,
- $u_n = n\ln(n)\sqrt{2}$ et $N = 10000$,
- $u_n = \mathrm{E}(n\ln(n))\sqrt{2}$ et $N = 10000$ (où E désigne la partie entière),
- $u_n = p_n\sqrt{2}$ et $N = 10000$ (ici p_n est le n-ième nombre premier).

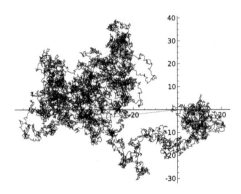

FIGURE 4.8 – Marche aléatoire.

La figure 4.9 s'obtient de la manière suivante (ici pour $u_n = n\sqrt{2}$) :

```
sage: length = 200; n = var('n')
sage: u = lambda n: n * sqrt(2)
sage: z = lambda n: exp(2 * I * pi * u(n)).n()
sage: vertices = [CC(0, 0)]
sage: for n in range(1, length):
....:     vertices.append(vertices[n - 1] + CC(z(n)))
sage: line(vertices).show(aspect_ratio=1)
```

On remarque que la courbe 4.9a est particulièrement régulière, ce qui permet de prévoir que l'équirépartition de $n\sqrt{2}$ est de nature déterministe. Dans le cas de la suite $u_n = n\ln(n)\sqrt{2}$, l'examen des valeurs prises donne l'impression d'un engendrement aléatoire. Cependant, la courbe associée 4.9b est remarquablement bien structurée. La courbe 4.9c présente le même type de structures que la deuxième. Enfin, le tracé de la courbe 4.9d fait apparaître la nature profondément différente de la répartition modulo $1/\sqrt{2}$ de la suite des nombres premiers : les spirales ont disparu et l'allure ressemble à la courbe que l'on obtient dans le cas d'une suite de nombres aléatoires u_n (figure 4.8). Il semble donc que « les nombres premiers occupent tout le hasard qui leur est imparti... »

Pour une interprétation détaillée des courbes obtenues, on se reportera au « Que sais-je ? » *Les nombres premiers* de Gérald Tenenbaum et Michel Mendès France [TMF00].

Exercice 13 (Tracé des termes d'une suite récurrente). On considère la suite $(u_n)_{n\in\mathbb{N}}$ définie par :
$$\begin{cases} u_0 = a, \\ \forall n \in \mathbb{N}, \ u_{n+1} = \left| u_n^2 - \frac{1}{4} \right|. \end{cases}$$
Représenter graphiquement le comportement de la suite en construisant une liste formée des points $\big[[u_0, 0], [u_0, u_1], [u_1, u_1], [u_1, u_2], [u_2, u_2], \dots\big]$, avec $a \in \{-0.4, 1.1, 1.3\}$.

4.1.6   Tracé de solution d'équation différentielle

On peut combiner les commandes précédentes pour tracer des solutions d'équations ou de systèmes différentiels. Pour résoudre symboliquement une équation

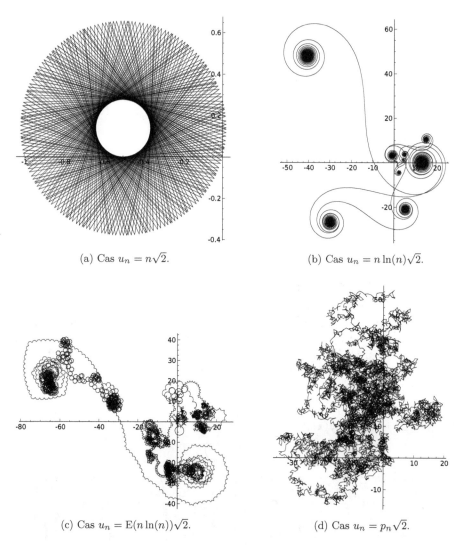

(a) Cas $u_n = n\sqrt{2}$.

(b) Cas $u_n = n\ln(n)\sqrt{2}$.

(c) Cas $u_n = \mathrm{E}(n\ln(n))\sqrt{2}$.

(d) Cas $u_n = p_n\sqrt{2}$.

FIGURE 4.9 – Suites équiréparties.

différentielle ordinaire, on utilise la fonction `desolve` dont l'étude fait l'objet
du chapitre 10. Pour résoudre numériquement une équation différentielle, Sage
nous fournit plusieurs outils : `desolve_rk4` (qui utilise la même syntaxe que la
fonction `desolve` et qui suffit pour résoudre les équations différentielles ordinaires
rencontrées en licence), `odeint` (qui utilise le module SciPy) et enfin `ode_solver`
(qui appelle la bibliothèque GSL dont l'utilisation est détaillée dans la section
14.2). Les fonctions `desolve_rk4` et `odeint` renvoient une liste de points qu'il est
alors aisé de tracer à l'aide de la commande `line` ; c'est celles que nous utiliserons
dans cette section pour tracer des solutions numériques.

EXEMPLE. (*Équation différentielle linéaire, du premier ordre, non résolue*)
Traçons les courbes intégrales de l'équation différentielle $xy' - 2y = x^3$.

```
sage: x = var('x'); y = function('y')
sage: DE = x*diff(y(x), x) == 2*y(x) + x^3
sage: desolve(DE, [y(x),x])
(c + x)*x^2
sage: sol = []
sage: for i in srange(-2, 2, 0.2):
....:     sol.append(desolve(DE, [y(x), x], ics=[1, i]))
....:     sol.append(desolve(DE, [y(x), x], ics=[-1, i]))
sage: g = plot(sol, x, -2, 2)
sage: y = var('y')
sage: g += plot_vector_field((x, 2*y+x^3), (x,-2,2), (y,-1,1))
sage: g.show(ymin=-1, ymax=1)
```

Pour diminuer le temps de calcul, il serait préférable ici de saisir « à la main »
la solution générale de l'équation et de créer une liste de solutions particulières
(comme cela est fait dans la correction de l'exercice 14) plutôt que de résoudre plusieurs fois de suite l'équation différentielle avec des conditions initiales différentes.
On aurait également pu effectuer une résolution numérique de cette équation (à
l'aide de la fonction `desolve_rk4`) pour en tracer les courbes intégrales :

```
sage: x = var('x'); y = function('y')
sage: DE = x*diff(y(x), x) == 2*y(x) + x^3
```

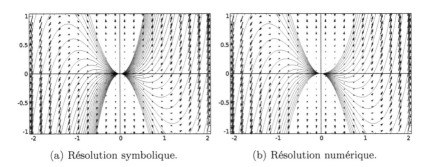

(a) Résolution symbolique.   (b) Résolution numérique.

FIGURE 4.10 – Tracé des courbes intégrales de $xy' - 2y = x^3$.

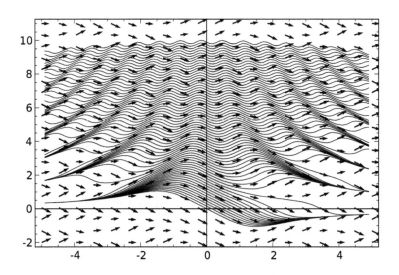

FIGURE 4.11 – Tracé des courbes intégrales de $y'(t) + \cos(y(t) \cdot t) = 0$.

```
sage: g = Graphics()                # crée un graphique vide
sage: for i in srange(-2, 2, 0.2):
....:     g += line(desolve_rk4(DE, y(x), ics=[1, i],\
....:                      step=0.05, end_points=[0,2]))
....:     g += line(desolve_rk4(DE, y(x), ics=[-1, i],\
....:                      step=0.05, end_points=[-2,0]))
sage: y = var('y')
sage: g += plot_vector_field((x, 2*y+x^3), (x,-2,2), (y,-1,1))
sage: g.show(ymin=-1, ymax=1)
```

Comme on le voit sur l'exemple précédent, la fonction `desolve_rk4` prend en argument une équation différentielle (ou le membre de droite f de l'équation écrite sous forme résolue $y' = f(y,x)$), le nom de la fonction inconnue, la condition initiale, le pas et l'intervalle de résolution. L'argument optionnel `output` permet de préciser la sortie de la fonction : la valeur par défaut `'list'` renvoie une liste (ce qui est utile si on veut superposer des graphiques comme dans notre exemple), `'plot'` affiche le tracé de la solution et `'slope_field'` y ajoute le tracé des pentes des courbes intégrales.

Exercice 14. Tracer les courbes intégrales de l'équation $x^2 y' - y = 0$, pour $-3 \leqslant x \leqslant 3$ et $-5 \leqslant y \leqslant 5$.

Donnons à présent un exemple d'utilisation de la fonction `odeint` du module SciPy.

EXEMPLE. (*Équation différentielle non linéaire, résolue, du premier ordre*) Traçons les courbes intégrales de l'équation $y'(t) + \cos(y(t) \cdot t) = 0$.

```
sage: import scipy; from scipy import integrate
sage: f = lambda y, t: - cos(y * t)
sage: t = srange(0, 5, 0.1); p = Graphics()
```

```
sage: for k in srange(0, 10, 0.15):
....:        y = integrate.odeint(f, k, t)
....:        p += line(zip(t, flatten(y)))
sage: t = srange(0, -5, -0.1); q = Graphics()
sage: for k in srange(0, 10, 0.15):
....:        y = integrate.odeint(f, k, t)
....:        q += line(zip(t, flatten(y)))
sage: y = var('y')
sage: v = plot_vector_field((1, -cos(x*y)), (x,-5,5), (y,-2,11))
sage: g = p + q + v; g.show()
```

La fonction **odeint** prend en argument le second membre de l'équation différentielle (écrite sous forme résolue), une ou plusieurs conditions initiales, et enfin l'intervalle de résolution ; elle renvoie ensuite un tableau du type **numpy.ndarray** que l'on aplatit à l'aide de la commande **flatten**[1] déjà vue au §3.3.2 et que l'on réunit avec le tableau **t** grâce à la commande **zip** avant d'effectuer le tracé de la solution approchée. Pour ajouter le champ des vecteurs tangents aux courbes intégrales, on a utilisé la commande **plot_vector_field**.

EXEMPLE. (*Modèle proie-prédateur de Lokta-Volterra*) On souhaite représenter graphiquement l'évolution d'une population de proies et de prédateurs évoluant suivant un système d'équations du type Lokta-Volterra :

$$\begin{cases} \dfrac{du}{dt} = au - buv, \\ \dfrac{dv}{dt} = -cv + dbuv, \end{cases}$$

où u désigne le nombre de proies (par ex. des lapins), v le nombre de prédateurs (par ex. des renards). De plus, a, b, c, d sont des paramètres qui décrivent l'évolution des populations : a caractérise la croissance naturelle du nombre de lapins en l'absence de renards, b la décroissance du nombre de lapins due à la présence de prédateurs, c la décroissance du nombre de renards en l'absence de proies, enfin d indique combien il faut de lapins pour qu'apparaisse un nouveau renard.

```
sage: import scipy; from scipy import integrate
sage: a, b, c, d = 1., 0.1, 1.5, 0.75
sage: def dX_dt(X, t=0):          # renvoie l'augmentation des populations
....:        return [a*X[0] - b*X[0]*X[1], -c*X[1] + d*b*X[0]*X[1]]
sage: t = srange(0, 15, .01)                       # échelle de temps
sage: X0 = [10, 5]          # conditions initiales : 10 lapins et 5 renards
sage: X = integrate.odeint(dX_dt, X0, t)           # résolution numérique
sage: lapins, renards = X.T                 # raccourci de X.transpose()
sage: p = line(zip(t, lapins), color='red')  # tracé du nombre de lapins
sage: p += text("Lapins",(12,37), fontsize=10, color='red')
sage: p += line(zip(t, renards), color='blue')  # idem pour les renards
```

---

1. On aurait pu utiliser également la fonction **ravel** de NumPy qui évite de créer un nouvel objet liste et donc optimise l'utilisation de la mémoire.

```
sage: p += text("Renards",(12,7), fontsize=10, color='blue')
sage: p.axes_labels(["temps", "population"]); p.show(gridlines=True)
```

Les instructions ci-dessus tracent l'évolution du nombre de lapins et de renards en fonction du temps (figure 4.12 gauche), et celles ci-dessous le champ de vecteurs (figure 4.12 droite) :

```
sage: n = 11; L = srange(6, 18, 12 / n); R = srange(3, 9, 6 / n)
sage: CI = zip(L, R)                   # liste des conditions initiales
sage: def g(x,y):
....:     v = vector(dX_dt([x, y]))    # pour un tracé plus lisible,
....:     return v/v.norm()            # on norme le champ de vecteurs
sage: x, y = var('x, y')
sage: q = plot_vector_field(g(x, y), (x, 0, 60), (y, 0, 36))
sage: for j in range(n):
....:     X = integrate.odeint(dX_dt, CI[j], t)      # résolution
....:     q += line(X, color=hue(.8-float(j)/(1.8*n))) # graphique
sage: q.axes_labels(["lapins","renards"]); q.show()
```

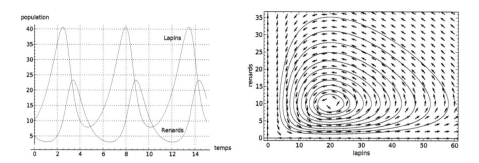

FIGURE 4.12 – Étude d'un système proies-prédateurs.

Exercice 15 (Modèle proie prédateur). Refaire le graphe de gauche de la figure 4.12 en utilisant `desolve_system_rk4` à la place de `odeint`.

Exercice 16 (Un système différentiel autonome). Tracer les courbes intégrales du système différentiel suivant :
$$\begin{cases} \dot{x} = y, \\ \dot{y} = 0.5y - x - y^3. \end{cases}$$

Exercice 17 (Écoulement autour d'un cylindre avec effet Magnus). On superpose à un écoulement simple autour d'un cylindre de rayon a, un vortex de paramètre α, ce qui modifie la composante orthoradiale de vitesse. On se place dans un repère centré sur le cylindre, et on travaille en coordonnées cylindriques dans le plan $z = 0$, autrement dit en coordonnées polaires. Les composantes de la vitesse sont alors :

$$v_r = v_0 \cos(\theta)\left(1 - \frac{a^2}{r^2}\right) \quad \text{et} \quad v_\theta = -v_0 \sin(\theta)\left(1 + \frac{a^2}{r^2}\right) + 2\frac{\alpha a v_0}{r}.$$

Les lignes de courant (confondues avec les trajectoires, car l'écoulement est stationnaire) sont parallèles à la vitesse. On cherche une expression paramétrée des lignes de champs ; il faut alors résoudre le système différentiel :

$$\frac{dr}{dt} = v_r \quad \text{et} \quad \frac{d\theta}{dt} = \frac{v_\theta}{r}.$$

On utilise des coordonnées non dimensionnées, c'est-à-dire rapportées à a, rayon du cylindre, ce qui revient à supposer $a = 1$. Tracer les lignes de courant de cet écoulement pour $\alpha \in \{0.1, 0.5, 1, 1.25\}$.

L'utilisation de l'effet Magnus a été proposé pour mettre au point des systèmes de propulsion composés de gros cylindres verticaux en rotation capables de produire une poussée longitudinale lorsque le vent est sur le côté du navire (ce fut le cas du navire Baden-Baden mis au point par Anton Flettner qui traversa l'Atlantique en 1926).

4.1.7   Développée d'une courbe

On donne à présent un exemple de tracé de développée d'un arc paramétré (on rappelle que la développée est l'enveloppe des normales ou, de manière équivalente, le lieu des centres de courbure de la courbe).

EXEMPLE. (*Développée de la parabole*) Trouvons l'équation de la développée de la parabole $\mathcal{P}$ d'équation $y = x^2/4$ et traçons sur un même graphique la parabole $\mathcal{P}$, quelques normales à $\mathcal{P}$ et sa développée.

Pour déterminer un système d'équations paramétriques $(x(t), y(t))$ de l'enveloppe d'une famille de droites Δ_t définies par des équations cartésiennes de la forme $\alpha(t)X + \beta(t)Y = \gamma(t)$, on exprime le fait que la droite Δ_t est tangente à l'enveloppe au point $(x(t), y(t))$:

$$\alpha(t)x(t) + \beta(t)y(t) = \gamma(t), \tag{4.1}$$

$$\alpha(t)x'(t) + \beta(t)y'(t) = 0. \tag{4.2}$$

On dérive l'équation (4.1) et en combinant avec (4.2), on obtient le système :

$$\alpha(t)\, x(t) + \beta(t)\, y(t) = \gamma(t), \tag{4.1}$$

$$\alpha'(t)x(t) + \beta'(t)y(t) = \gamma'(t). \tag{4.3}$$

Dans notre cas, la normale (N_t) à la parabole $\mathcal{P}$ en $M(t, t^2/4)$ a pour vecteur normal $\vec{v} = (1, t/2)$ (qui est le vecteur tangent à la parabole) ; elle a donc pour équation :

$$\begin{pmatrix} x - t \\ y - t^2/4 \end{pmatrix} \cdot \begin{pmatrix} 1 \\ t/2 \end{pmatrix} = 0 \iff x + \frac{t}{2}y = t + \frac{t^3}{8},$$

autrement dit, $(\alpha(t), \beta(t), \gamma(t)) = (1, t/2, t + t^3/8)$. On peut alors résoudre le système précédent avec la fonction solve :

```
sage: x, y, t = var('x, y, t')
sage: alpha(t) = 1; beta(t) = t / 2; gamma(t) = t + t^3 / 8
sage: env = solve([alpha(t) * x + beta(t) * y == gamma(t),\
....:     diff(alpha(t), t) * x + diff(beta(t), t) * y == \
....:     diff(gamma(t), t)], [x,y])
```

$$\left[\left[x = -\frac{1}{4}t^3, y = \frac{3}{4}t^2 + 2\right]\right]$$

D'où une représentation paramétrique de l'enveloppe des normales :

$$\begin{cases} x(t) = -\frac{1}{4}t^3, \\ y(t) = 2 + \frac{3}{4}t^2. \end{cases}$$

On peut alors effectuer le tracé demandé, en traçant quelques normales à la parabole (plus précisément, on trace des segments $[M, M + 18\overrightarrow{n}]$ où $M(u, u^2/4)$ est un point de $\mathcal{P}$ et $\overrightarrow{n} = (-u/2, 1)$ un vecteur normal à $\mathcal{P}$) :

```
sage: f(x) = x^2 / 4
sage: p = plot(f, -8, 8, rgbcolor=(0.2,0.2,0.4)) # la parabole
sage: for u in srange(0, 8, 0.1):     # normales à la parabole
....:     p += line([[u, f(u)], [-8*u, f(u) + 18]], thickness=.3)
....:     p += line([[-u, f(u)], [8*u, f(u) + 18]], thickness=.3)
sage: p += parametric_plot((env[0][0].rhs(),env[0][1].rhs()),\
....:     (t, -8, 8),color='red')       # trace la développée
sage: p.show(xmin=-8, xmax=8, ymin=-1, ymax=12, aspect_ratio=1)
```

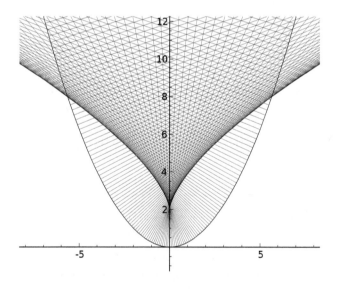

FIGURE 4.13 – La développée de la parabole.

Comme rappelé plus haut, la développée d'une courbe est aussi le lieu de ses centres de courbures. À l'aide de la fonction `circle` traçons quelques cercles osculateurs à la parabole. On rappelle que le centre de courbure Ω en un point $M_t = (x(t), y(t))$ de la courbe a pour coordonnées :

$$x_\Omega = x + -y' \frac{x'^2 + y'^2}{x'y'' - x''y'}, \qquad \text{et} \qquad y_\Omega = y + x' \frac{x'^2 + y'^2}{x'y'' - x''y'},$$

et que le rayon de courbure en M_t vaut :

$$R = \frac{(x'^2 + y'^2)^{\frac{3}{2}}}{x'y'' - x''y'}.$$

```
sage: t = var('t'); p = 2
sage: x(t) = t; y(t) = t^2 / (2 * p); f(t) = [x(t), y(t)]
sage: df(t) = [x(t).diff(t), y(t).diff(t)]
sage: d2f(t) = [x(t).diff(t, 2), y(t).diff(t, 2)]
sage: T(t) = [df(t)[0] / df(t).norm(), df[1](t) / df(t).norm()]
sage: N(t) = [-df(t)[1] / df(t).norm(), df[0](t) / df(t).norm()]
sage: R(t) = (df(t).norm())^3 / (df(t)[0]*d2f(t)[1]-df(t)[1]*d2f(t)[0])
sage: Omega(t) = [f(t)[0] + R(t)*N(t)[0], f(t)[1] + R(t)*N(t)[1]]
sage: g = parametric_plot(f(t), (t,-8,8), color='green',thickness=2)
sage: for u in srange(.4, 4, .2):
....:     g += line([f(t=u), Omega(t=u)], color='red', alpha = .5)
....:     g += circle(Omega(t=u), R(t=u), color='blue')
sage: g.show(aspect_ratio=1,xmin=-12,xmax=7,ymin=-3,ymax=12)
```

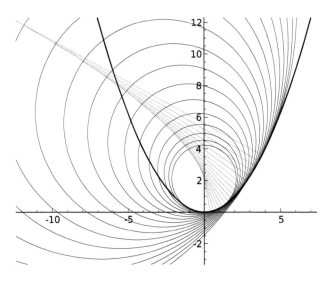

FIGURE 4.14 – Cercles osculateurs à la parabole.

Le tableau 4.1 résume les fonctions utilisées dans cette section. On y signale de plus la commande text qui permet de placer une chaîne de caractère dans un graphique, ainsi que la commande polygon qui permet de tracer des polygones.

4.2   Courbes en 3D

On dispose de la commande plot3d(f(x,y),(x,a,b),(y,c,d)) pour le tracé de surfaces en trois dimensions. La surface obtenue est alors visualisée par défaut

Type de tracé	
Courbe représentative d'une fonction	`plot`
Courbe paramétrée	`parametric_plot`
Courbe définie par une équation polaire	`polar_plot`
Courbe définie par une équation implicite	`implicit_plot`
Lignes de niveau d'une fonction complexe	`complex_plot`
Objet graphique vide	`Graphics()`
Courbes intégrales d'équation différentielle	`odeint, desolve_rk4`
Diagramme en bâtonnets	`bar_chart`
Diagramme des fréquences d'une série statistique	`plot_histogram`
Tracé d'une ligne brisée	`line`
Tracé d'un nuage de points	`points`
Cercle	`circle`
Polygone	`polygon`
Texte	`text`

TABLEAU 4.1 – Récapitulatif des fonctions graphiques 2D.

grâce à l'application *Jmol*; cependant, on peut également utiliser le *Tachyon 3D Ray Tracer* grâce à l'argument optionnel `viewer='tachyon'` de la commande `show`. Voici un premier exemple de tracé d'une surface paramétrée (figure 4.15) :

```
sage: u, v = var('u, v')
sage: h = lambda u,v: u^2 + 2*v^2
sage: f = plot3d(h, (u,-1,1), (v,-1,1), aspect_ratio=[1,1,1])
```

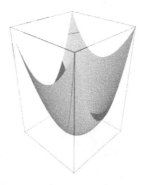

FIGURE 4.15 – La surface paramétrée par $(u, v) \mapsto u^2 + 2v^2$.

La visualisation de la surface représentative d'une fonction de deux variables permet de guider l'étude d'une telle fonction, comme nous allons le voir dans l'exemple suivant.

EXEMPLE. (*Une fonction discontinue dont les dérivées directionnelles existent partout !*) Étudier l'existence en $(0, 0)$ des dérivées directionnelles et la continuité de l'application f de $\mathbb{R}^2$ dans $\mathbb{R}$ définie par :

$$f(x, y) = \begin{cases} \frac{x^2 y}{x^4 + y^2} & \text{si } (x, y) \neq (0, 0), \\ 0 & \text{si } (x, y) = (0, 0). \end{cases}$$

Pour $H = \left(\begin{smallmatrix} \cos\theta \\ \sin\theta \end{smallmatrix}\right)$, l'application $\varphi(t) = f(tH) = f(t\cos\theta, t\sin\theta)$ est dérivable en $t = 0$ pour toute valeur de θ ; en effet,

```
sage: f(x, y) = x^2 * y / (x^4 + y^2)
sage: t, theta = var('t, theta')
sage: limit(f(t * cos(theta), t * sin(theta)) / t, t=0)
cos(theta)^2/sin(theta)
```

Donc f admet en $(0,0)$ des dérivées directionnelles suivant n'importe quel vecteur. Pour mieux se représenter la surface représentative de f, on peut commencer par chercher quelques lignes de niveau ; par exemple la ligne de niveau associée à la valeur $\frac{1}{2}$:

```
sage: solve(f(x,y) == 1/2, y)
[y == x^2]
sage: a = var('a'); h = f(x, a*x^2).simplify_rational(); h
a/(a^2 + 1)
```

Le long de la parabole d'équation $y = ax^2$ privée de l'origine, f est constante et vaut $f(x, ax^2) = \frac{a}{1+a^2}$. On trace alors la fonction $h\colon a \longmapsto \frac{a}{1+a^2}$:

```
sage: plot(h, a, -4, 4)
```

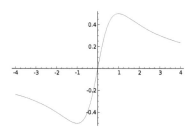

FIGURE 4.16 – Une coupe verticale de la surface étudiée.

La fonction h atteint son maximum en $a = 1$ et son minimum en $a = -1$. La restriction de f à la parabole d'équation $y = x^2$ correspond à la « ligne de crête » qui se trouve à l'altitude $\frac{1}{2}$; quant à la restriction de f à la parabole d'équation $y = -x^2$, elle correspond au fond du « thalweg » qui se trouve à l'altitude $-\frac{1}{2}$. En conclusion, aussi proche que l'on soit de $(0,0)$, on peut trouver des points en lesquels f prend respectivement les valeurs $\frac{1}{2}$ et $-\frac{1}{2}$. Par conséquent, la fonction n'est pas continue à l'origine.

```
sage: p = plot3d(f(x,y),(x,-2,2),(y,-2,2),plot_points=[150,150])
```

On aurait également pu tracer des plans horizontaux pour visualiser les lignes de niveau de cette fonction en exécutant :

```
sage: for i in range(1,4):
....:     p += plot3d(-0.5 + i / 4, (x, -2, 2), (y, -2, 2),\
....:                 color=hue(i / 10), opacity=.1)
```

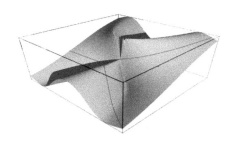

FIGURE 4.17 – La surface représentative de $f \colon (x,y) \mapsto \frac{x^2 y}{x^4 + y^2}$.

Parmi les autres commandes de tracé 3D, citons `implicit_plot3d` qui permet de tracer des surfaces définies par une équation implicite de la forme $f(x, y, z) = 0$. Traçons par exemple la surface de Cassini (figure 4.18a) définie par l'équation implicite : $\left(a^2 + x^2 + y^2\right)^2 = 4\,a^2 x^2 + z^4$.

```
sage: x, y, z = var('x, y, z'); a = 1
sage: h = lambda x, y, z:(a^2 + x^2 + y^2)^2 - 4*a^2*x^2-z^4
sage: f = implicit_plot3d(h, (x,-3,3), (y,-3,3), (z,-2,2),\
....:                     plot_points=100, adaptive=True)
```

Enfin donnons un exemple de tracé de courbe dans l'espace (figure 4.18b) à l'aide de la commande `line3d` :

```
sage: g1 = line3d([(-10*cos(t)-2*cos(5*t)+15*sin(2*t),\
....:     -15*cos(2*t)+10*sin(t)-2*sin(5*t),\
....:     10*cos(3*t)) for t in srange(0,6.4,.1)],radius=.5)
```

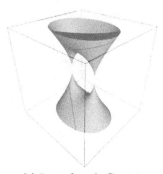

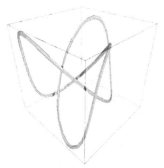

(a) La surface de Cassini.   (b) Un nœud dans l'espace.

FIGURE 4.18 – Surface et courbe dans l'espace.

5

Domaines de calcul

L'écriture des mathématiques sur papier ou au tableau noir requiert, de manière essentielle, la recherche d'un bon compromis entre souplesse, légèreté des notations et rigueur. Cela n'est pas différent pour l'usage au quotidien d'un système de calcul. Sage essaye de laisser le choix de ce compromis à l'utilisateur, en particulier en permettant à celui-ci de spécifier, plus ou moins rigoureusement, le domaine de calcul : quelle est la nature des objets considérés, dans quel ensemble vivent-ils, quelles opérations peut-on leur appliquer ?

5.1 Sage est orienté objet

Python et Sage utilisent fortement la programmation orientée objet. Même si cela reste relativement transparent pour l'utilisation ordinaire, il est utile d'en savoir un minimum, d'autant que celle-ci est très naturelle dans un contexte mathématique.

5.1.1 Objets, classes et méthodes

La programmation orientée objet repose sur l'idée de modéliser chaque entité physique ou abstraite que l'on souhaite manipuler dans un programme par une construction du langage de programmation appelée un *objet*. Le plus souvent, et c'est le cas en Python, chaque objet est instance d'une *classe*. Ainsi, le nombre rationnel 12/35 est modélisé par un objet qui est une instance de la classe `Rational` :

```
sage: o = 12/35
sage: print type(o)
```

```
<type 'sage.rings.rational.Rational'>
```

Notons que cette classe est vraiment associée à l'objet 12/35, et non à la variable o qui le contient :

```
sage: print type(12/35)
<type 'sage.rings.rational.Rational'>
```

Précisons les définitions. Un *objet* est une portion de la mémoire de l'ordinateur qui contient l'information nécessaire pour représenter l'entité qu'il modélise. La *classe* quant à elle définit deux choses :

1. la *structure de données* d'un objet, c'est-à-dire comment l'information est organisée dans le bloc mémoire. Par exemple, la classe `Rational` spécifie qu'un nombre rationnel comme 12/35 est représenté par deux nombres entiers : son numérateur et son dénominateur ;

2. *son comportement*, et en particulier les *opérations* sur cet objet : par exemple comment on extrait le numérateur d'un nombre rationnel, comment on calcule sa valeur absolue, comment on multiplie ou additionne deux nombres rationnels. Chacune de ces opérations est implantée par une *méthode* (ici respectivement `numer`, `abs`, `__mult__`, `__add__`).

Pour factoriser un nombre entier, on va donc appeler la méthode `factor` avec la syntaxe suivante [1] :

```
sage: o = 720
sage: o.factor()
2^4 * 3^2 * 5
```

que l'on peut lire comme : « prendre la valeur de o et lui appliquer la méthode `factor` sans autre argument ». Sous le capot, Python effectue le calcul suivant :

```
sage: type(o).factor(o)
2^4 * 3^2 * 5
```

De gauche à droite : « demander à la classe de o (`type(o)`) la méthode appropriée de factorisation (`type(o).factor`), et l'appliquer à o ».

Notons au passage que l'on peut appliquer une méthode à une valeur sans passer par une variable :

```
sage: 720.factor()
2^4 * 3^2 * 5
```

et donc en particulier enchaîner les opérations, de la gauche vers la droite. Ici, on prend le numérateur d'un nombre rationnel, que l'on factorise ensuite :

```
sage: o = 720 / 133
sage: o.numerator().factor()
2^4 * 3^2 * 5
```

---

1. Pour le confort de l'utilisateur, Sage fournit aussi une fonction `factor`, de sorte que `factor(o)` est un raccourci pour `o.factor()`. Il en est de même pour bon nombre de fonctions d'usage courant, et il est tout à fait possible d'ajouter ses propres raccourcis.

5.1.2 Objets et polymorphisme

En quoi cela nous concerne-t-il ? Tout d'abord, presque toutes les opérations en Sage sont *polymorphes*, c'est-à-dire qu'elles peuvent s'appliquer à différents types d'objets. Ainsi, quelle que soit la nature de l'objet o que l'on veut « factoriser », on utilise la même notation o.factor() (ou son raccourci factor(o)). Les opérations à effectuer ne sont pourtant pas les mêmes dans le cas d'un entier et d'un polynôme ! Elles diffèrent d'ailleurs aussi selon que le polynôme est à coefficients rationnels ou à coefficients dans un corps fini. C'est la classe de l'objet qui détermine quelle version de factor sera finalement exécutée.

De même, calquant les notations mathématiques usuelles, le produit de deux objets a et b peut toujours être noté a*b même si l'algorithme utilisé dans chaque cas est différent [2]. Voici un produit de deux nombres entiers :

```
sage: 3 * 7
21
```

un produit de deux nombres rationnels, obtenu par produit des numérateurs et dénominateurs puis réduction :

```
sage: (2/3) * (6/5)
4/5
```

un produit de deux nombres complexes, utilisant la relation $i^2 = -1$:

```
sage: (1 + I)  *  (1 - I)
2
```

des produits commutatifs formels de deux expressions :

```
sage: (x + 2) * (x + 1)
(x + 1)*(x + 2)
sage: (x + 1) * (x + 2)
(x + 1)*(x + 2)
```

Outre la simplicité de notation, cette forme de polymorphisme permet d'écrire des programmes *génériques* qui s'appliquent à tout objet admettant les opérations utilisées (ici la multiplication) :

```
sage: def puissance_quatre(a):
....:     a = a * a
....:     a = a * a
....:     return a

sage: puissance_quatre(2)
16
sage: puissance_quatre(3/2)
```

---

2. Pour une opération arithmétique binaire comme le produit, la procédure de sélection de la méthode appropriée est un peu plus compliquée que ce qui a été décrit précédemment. En effet, elle doit gérer des opérations mixtes comme la somme $2 + 3/4$ d'un entier et d'un nombre rationnel. En l'occurrence, 2 sera converti en nombre rationnel 2/1 avant l'addition. Les règles qui servent à choisir quels opérandes convertir, et comment, s'appellent le *modèle de coercition*.

```
81/16
sage: puissance_quatre(I)
1
sage: puissance_quatre(x+1)
(x + 1)^4
sage: M = matrix([[0,-1],[1,0]]); M
[ 0 -1]
[ 1  0]
sage: puissance_quatre(M)
[1 0]
[0 1]
```

5.1.3   Introspection

Les objets Python, et donc Sage, ont des fonctionnalités d'*introspection*. Cela signifie que l'on peut, à l'exécution, « interroger » un objet sur sa classe, ses méthodes, etc., et manipuler les informations obtenues via les constructions habituelles du langage de programmation. Ainsi, la classe d'un objet o est elle-même un objet Python (presque) comme les autres, que l'on peut récupérer avec type(o) :

```
sage: t = type(5/1); print t
<type 'sage.rings.rational.Rational'>
sage: t == type(5)
False
```

Nous voyons ici que l'expression 5/1 construit le rationnel 5, qui est un objet différent de l'entier 5 !

Ce sont aussi les outils d'introspection qui permettent d'accéder à l'aide en ligne spécifique à la factorisation des nombres entiers à partir d'un objet de type entier :

```
sage: o = 720
sage: o.factor?
...
Definition: o.factor(self, algorithm='pari', proof=None, ...)
Docstring:
     Return the prime factorization of this integer as a formal
     Factorization object.
...
```

voire au code source de cette fonction :

```
sage: o.factor??
...
def factor(self, algorithm='pari', proof=None, ...)
     ...
     if algorithm == 'pari':
          ...
```

```
    elif algorithm in ['kash', 'magma']:
        ...
```

En passant au-dessus des détails techniques, on distingue qu'ici Sage délègue le gros du calcul à d'autres logiciels (PARI, Kash, voire Magma).

Dans le même ordre d'idée, on peut utiliser la complétion automatique pour « demander » interactivement à un objet o toutes les opérations que l'on peut lui appliquer. Ici, il y en a beaucoup ; voici celles qui commencent par n :

```
sage: o.n<tab>
o.n                 o.nbits                 o.ndigits
o.next_prime        o.next_probable_prime   o.nth_root
o.numerator         o.numerical_approx
```

Il s'agit encore d'une forme d'introspection.

5.2 Éléments, parents, catégories

5.2.1 Éléments et parents

Dans la section précédente, nous avons vu la notion de *classe* d'un objet. Dans la pratique, il est suffisant de savoir que cette notion existe ; on a rarement besoin de regarder explicitement le type d'un objet. En revanche Sage introduit une contrepartie plus conceptuelle de cette notion que nous allons aborder maintenant : celle de *parent* d'un objet.

Supposons par exemple que l'on veuille déterminer si un élément a est *inversible*. La réponse ne va pas seulement dépendre de l'élément lui-même, mais aussi de l'ensemble A auquel il est considéré appartenir (ainsi que son inverse potentiel). Par exemple, le nombre 5 n'est pas inversible dans l'ensemble $\mathbb{Z}$ des entiers, son inverse $1/5$ n'étant pas un entier :

```
sage: a = 5; a
5
sage: a.is_unit()
False
```

En revanche, il est inversible dans l'ensemble des rationnels :

```
sage: a = 5/1; a
5
sage: a.is_unit()
True
```

Sage répond différemment à ces deux questions car, comme nous l'avons vu dans la section précédente, les éléments 5 et 5/1 sont des instances de classes différentes.

Dans certains systèmes de calcul formel orientés objets, tels MuPAD ou Axiom, l'ensemble X auquel x est considéré appartenir (ici $\mathbb{Z}$ ou $\mathbb{Q}$) est simplement modélisé par la classe de x. Sage suit l'approche de Magma et modélise X par un objet supplémentaire associé à x, appelé son *parent* :

```
sage: parent(5)
Integer Ring
sage: parent(5/1)
Rational Field
```

On peut retrouver ces deux ensembles avec les raccourcis :

```
sage: ZZ
Integer Ring
sage: QQ
Rational Field
```

et les utiliser pour *convertir* aisément un élément de l'un à l'autre lorsque cela a un sens :

```
sage: QQ(5).parent()
Rational Field
sage: ZZ(5/1).parent()
Integer Ring
sage: ZZ(1/5)
Traceback (most recent call last):
  ...
TypeError: no conversion of this rational to integer
```

D'une manière générale, la syntaxe P(x) où P est un parent tente de convertir l'objet x en un élément de P. Voici 1 en tant qu'entier $1 \in \mathbb{Z}$, en tant que nombre rationnel $1 \in \mathbb{Q}$, et en tant qu'approximation flottante réelle $1,0 \in \mathbb{R}$ ou complexe $1,0 + 0,0i \in \mathbb{C}$:

```
sage: ZZ(1), QQ(1), RR(1), CC(1)
(1, 1, 1.00000000000000, 1.00000000000000)
```

Exercice 18. Quelle est la classe de l'anneau des entiers relatifs $\mathbb{Z}$?

5.2.2   Constructions

Les parents étant eux-mêmes des objets, on peut leur appliquer des opérations. Ainsi, on peut construire le produit cartésien $\mathbb{Q}^2$:

```
sage: cartesian_product([QQ, QQ])
The cartesian product of (Rational Field, Rational Field)
```

retrouver $\mathbb{Q}$ comme corps des fractions de $\mathbb{Z}$:

```
sage: ZZ.fraction_field()
Rational Field
```

construire l'anneau des polynômes en x à coefficients dans $\mathbb{Z}$:

```
sage: ZZ['x']
Univariate Polynomial Ring in x over Integer Ring
```

Par empilements successifs, on peut construire des structures algébriques complexes comme l'espace des matrices 3×3 à coefficients polynomiaux sur un corps fini :

```
sage: Z5 = GF(5); Z5
Finite Field of size 5
sage: P = Z5['x']; P
Univariate Polynomial Ring in x over Finite Field of size 5
sage: M = MatrixSpace(P, 3, 3); M
Full MatrixSpace of 3 by 3 dense matrices over
Univariate Polynomial Ring in x over Finite Field of size 5
```

dont voici un élément :

```
sage: M.random_element()
[2*x^2 + 3*x + 4 4*x^2 + 2*x + 2      4*x^2 + 2*x]
[           3*x    2*x^2 + x + 3      3*x^2 + 4*x]
[     4*x^2 + 3 3*x^2 + 2*x + 4          2*x + 4]
```

5.2.3 Complément : catégories

Un parent n'a, en général, pas lui-même un parent, mais une *catégorie* qui indique ses propriétés :

```
sage: QQ.category()
Category of quotient fields
```

De fait Sage sait que $\mathbb{Q}$ est un corps :

```
sage: QQ in Fields()
True
```

et donc, par exemple, un groupe additif commutatif (voir figure 5.1) :

```
sage: QQ in CommutativeAdditiveGroups()
True
```

Il en déduit que $\mathbb{Q}[x]$ est un anneau euclidien :

```
sage: QQ['x'] in EuclideanDomains()
True
```

Toutes ces propriétés sont utilisées pour calculer rigoureusement et plus efficacement sur les éléments de ces ensembles.

5.3   Domaines de calcul à représentation normale

Passons maintenant en revue quelques-uns des parents que l'on trouve dans Sage.

Nous avons observé en §2.1 l'importance pour le calcul symbolique des formes normales, qui permettent de distinguer si deux objets sont mathématiquement

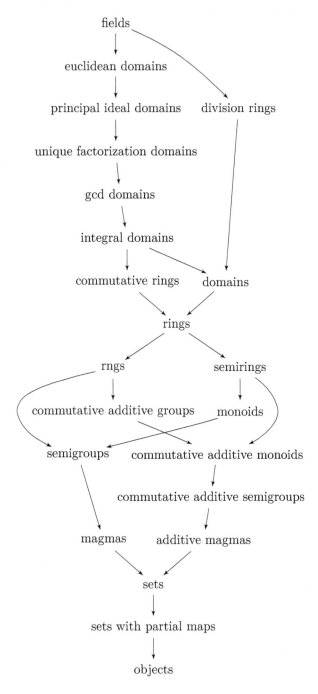

FIGURE 5.1 – Un petit morceau du graphe des catégories dans Sage.

Quelques types de base de Python	
Entiers Python	`int`
Flottants Python	`float`
Booléens (*vrai, faux*)	`bool`
Chaînes de caractères	`str`

Domaines numériques de base	
Entiers $\mathbb{Z}$	`ZZ` *ou* `IntegerRing()`
Rationnels $\mathbb{Q}$	`QQ` *ou* `RationalField()`
Flottants à précision p	`Reals(p)` *ou* `RealField(p)`
Flottants complexes à précision p	`Complexes(p)` *ou* `ComplexField(p)`

Anneaux et corps finis	
Résidus modulo n, $\mathbb{Z}/n\mathbb{Z}$	`Integers(n)` *ou* `IntegerModRing(n)`
Corps fini $\mathbb{F}_q$	`GF(q)` *ou* `FiniteField(q)`

Nombres algébriques	
Nombres algébriques $\bar{\mathbb{Q}}$	`QQbar` *ou* `AlgebraicField()`
Nombres algébriques réels	`AA` *ou* `AlgebraicRealField()`
Corps de nombres $\mathbb{Q}[x]/\langle p \rangle$	`NumberField(p)`

Calcul symbolique	
Matrices $m \times n$ à coefficients dans A	`MatrixSpace(A, m, n)`
Polynômes $A[x,y]$	`A['x,y']` *ou* `PolynomialRing(A, 'x,y')`
Séries $A[[x]]$	`A[['x']]` *ou* `PowerSeriesRing(A, 'x')`
Expressions symboliques	`SR`

TABLEAU 5.1 – Principaux domaines de calcul et parents.

égaux en comparant leurs représentations. Chacun des parents fondamentaux présentés ci-dessous correspond à un *domaine de calcul à forme normale*, c'est-à-dire un ensemble d'objets mathématiques qui admettent une forme normale. Cela permet à Sage de représenter sans ambiguïté les éléments de chacun de ces parents[3].

5.3.1 Domaines de calcul élémentaires

Nous appelons *domaines de calcul élémentaires* les ensembles classiques de constantes ne faisant pas intervenir de variable : entiers, rationnels, nombres flottants, booléens, résidus modulo n...

Entiers. Les entiers sont représentés en base deux (en interne) et en base dix (à l'écran). Comme nous l'avons vu, les entiers Sage sont des objets de classe `Integer`. Leur parent est l'anneau $\mathbb{Z}$:

---

3. La plupart des autres parents disponibles dans Sage correspondent à des domaines de calcul à forme normale, mais ce n'est pas le cas de tous. Il arrive aussi que, pour des raisons d'efficacité, Sage ne *représente* les éléments sous forme normale que sur demande explicite.

```
sage: 5.parent()
Integer Ring
```

Les entiers sont représentés sous forme normale ; l'égalité est donc facile à tester. Aussi, pour pouvoir représenter des entiers sous forme factorisée, la commande `factor` utilise une classe spécifique :

```
sage: print type(factor(4))
<class 'sage.structure.factorization_integer.IntegerFactorization'>
```

La classe `Integer` est propre à Sage : par défaut, Python utilise des entiers de type `int`. En général la conversion de l'un vers l'autre est automatique, mais il peut être nécessaire d'indiquer explicitement cette conversion par

```
sage: int(5)
5
sage: print type(int(5))
<type 'int'>
```

ou inversement

```
sage: Integer(5)
5
sage: print type(Integer(5))
<type 'sage.rings.integer.Integer'>
```

Rationnels. La propriété de forme normale s'étend aux nombres rationnels, éléments de `QQ`, qui sont toujours représentés sous forme réduite. Ainsi, dans la commande

```
sage: factorial(99) / factorial(100) - 1 / 50
-1/100
```

les factorielles sont d'abord évaluées, puis la fraction $1/100$ obtenue est mise sous forme irréductible. Sage construit ensuite le rationnel $1/50$, effectue la soustraction, puis réduit à nouveau le résultat (il n'y a rien à faire en l'occurrence).

Flottants. Les nombres réels ne peuvent pas être représentés exactement. Leurs valeurs numériques approchées sont représentées sous forme de nombres à virgule flottante, appelés aussi simplement flottants, présentés en détail au chapitre 11. Dans Sage, les flottants sont exprimés en base deux. Une conséquence est que le flottant dénoté par une constante décimale comme `0.1` n'est pas exactement égal à $1/10$, car $1/10$ n'est pas représentable exactement en base deux ! Chaque flottant a sa propre précision. Le parent des flottants avec p bits significatifs est noté `Reals(p)`. Celui des flottants à la précision par défaut ($p = 53$) s'appelle aussi `RR`. Comme dans le cas des entiers, les flottants Sage diffèrent de leurs analogues Python.

Lorsqu'ils interviennent dans une somme, un produit ou un quotient faisant intervenir par ailleurs des entiers ou rationnels, les flottants sont « contagieux » : toute l'expression est alors calculée en virgule flottante :

```
sage: 72/53 - 5/3 * 2.7
-3.14150943396227
```

De même, lorsque l'argument d'une fonction usuelle est un flottant, le résultat est encore un flottant :

```
sage: cos(1), cos(1.)
(cos(1), 0.540302305868140)
```

La méthode `numerical_approx` (ou son alias `n`) sert à évaluer numériquement les autres expressions. Un argument optionnel permet de préciser le nombre de chiffres significatifs utilisés lors du calcul. Voici par exemple π avec 50 chiffres significatifs :

```
sage: pi.n(digits=50)    # variante: n(pi,digits=50)
3.1415926535897932384626433832795028841971693993751
```

Nombres complexes. De même, les approximations en virgule flottante de nombres complexes à précision p sont éléments de `Complexes(p)`, ou `CC` à la précision par défaut. On peut construire un flottant complexe et calculer son argument par

```
sage: z = CC(1,2); z.arg()
1.10714871779409
```

Expressions symboliques complexes

L'unité imaginaire i (notée `I` ou `i`) déjà rencontrée dans les chapitres précédents n'est pas un élément de `CC`, mais une expression symbolique (voir §5.4.1) :

```
sage: I.parent()
Symbolic Ring
```

On peut l'utiliser pour noter un flottant complexe moyennant une conversion explicite :

```
sage: (1.+2.*I).parent()
Symbolic Ring
sage: CC(1.+2.*I).parent()
Complex Field with 53 bits of precision
```

Dans le monde des expressions symboliques, les méthodes `real`, `imag` et `abs` donnent respectivement la partie réelle, la partie imaginaire et le module d'un nombre complexe :

```
sage: z = 3 * exp(I*pi/4)
sage: z.real(), z.imag(), z.abs().simplify_exp()
(3/2*sqrt(2), 3/2*sqrt(2), 3)
```

Booléens.   Les expressions logiques forment aussi un domaine de calcul à forme normale, mais la classe des valeurs de vérité, ou booléens, est un type de base de Python sans parent Sage associé. Les deux formes normales sont `True` et `False` :

```
sage: a, b, c = 0, 2, 3
sage: a == 1 or (b == 2 and c == 3)
True
```

Dans les tests et les boucles, les conditions composées à l'aide des opérateurs **or** et **and** sont évaluées de façon paresseuse de la gauche vers la droite. Ceci signifie que l'évaluation d'une condition composée par **or** se termine après le premier prédicat de valeur `True`, sans évaluer les termes placés plus à droite ; de même avec **and** et `False`. Ainsi le test ci-dessous décrit la divisibilité a|b sur les entiers et ne provoque aucune erreur même si $a = 0$:

```
sage: a = 0; b = 12; (a == 0) and (b == 0) or (a != 0) and (b%a == 0)
```

L'opérateur **not** est prioritaire sur **and** qui est lui-même prioritaire sur **or**, les tests d'égalité et de comparaison étant quant à eux prioritaires sur tous les opérateurs booléens. Les deux tests suivants sont donc équivalents au précédent :

```
sage: ((a == 0) and (b == 0)) or ((a != 0) and (b%a == 0))
sage: a == 0 and b == 0 or not a == 0 and b%a == 0
```

En outre, Sage autorise les tests d'encadrement et d'égalités multiples de la même façon qu'ils sont écrits en mathématiques :

$$x \leqslant y < z \leqslant t \quad \text{codé par} \quad \texttt{x <= y < z <= t}$$
$$x = y = z \neq t \qquad\qquad\quad \texttt{x == y == z != t}$$

Dans les cas simples, ces tests sont effectués directement ; sinon il faut faire appel à la commande `bool` pour forcer l'évaluation :

```
sage: x, y = var('x, y')
sage: bool( (x-y)*(x+y) == x^2-y^2 )
True
```

Résidus modulo n.   Pour définir un entier modulaire, on commence par construire son parent, l'anneau $\mathbb{Z}/n\mathbb{Z}$:

```
sage: Z4 = IntegerModRing(4); Z4
Ring of integers modulo 4
sage: m = Z4(7); m
3
```

Comme dans le cas des flottants, les calculs faisant intervenir m seront faits modulo 4 via des conversions automatiques. Ainsi, dans l'exemple suivant, 3 et 1 sont automatiquement convertis en éléments de $\mathbb{Z}/4\mathbb{Z}$:

```
sage: 3 * m + 1
2
```

Lorsque p est premier, on peut aussi choisir de construire $\mathbb{Z}/p\mathbb{Z}$ en tant que corps :

```
sage: Z3 = GF(3); Z3
Finite Field of size 3
```

Il s'agit dans les deux cas de domaines à représentation normale : les réductions modulo n ou p sont effectuées automatiquement à chaque création d'un élément. Les calculs dans les anneaux et les corps finis sont détaillés au chapitre 6.

5.3.2   Domaines composés

À partir de constantes bien définies, des classes d'objets symboliques faisant intervenir des variables et admettant une forme normale peuvent être construites. Les plus importantes sont les matrices, les polynômes, les fractions rationnelles et les séries tronquées (développements limités).

Les parents correspondants sont paramétrés par le domaine des coefficients. Ainsi, par exemple, les matrices à coefficients entiers diffèrent des matrices à coefficients dans $\mathbb{Z}/n\mathbb{Z}$, et les règles de calcul adéquates sont appliquées automatiquement, sans qu'il y ait besoin de faire appel explicitement à une fonction de réduction modulo n.

La partie II de ce livre est consacrée principalement à ces objets.

Matrices.   La forme normale d'une matrice est obtenue lorsque tous ses coefficients sont eux-mêmes sous forme normale. Aussi, toute matrice sur un corps ou un anneau à représentation normale est automatiquement sous forme normale :

```
sage: a = matrix(QQ, [[1,2,3],[2,4,8],[3,9,27]])
sage: (a^2 + 1) * a^(-1)
[  -5 13/2  7/3]
[   7    1 25/3]
[   2 19/2   27]
```

L'appel à la fonction `matrix` est un raccourci. En interne, Sage construit le parent correspondant, à savoir l'espace des matrices 3×3 à coefficients dans $\mathbb{Q}$ (qui est à représentation normale), puis l'utilise pour fabriquer la matrice :

```
sage: M = MatrixSpace(QQ,3,3); M
Full MatrixSpace of 3 by 3 dense matrices over Rational Field
sage: a = M([[1,2,3],[2,4,8],[3,9,27]])
sage: (a^2 + 1) * a^(-1)
[  -5 13/2  7/3]
[   7    1 25/3]
[   2 19/2   27]
```

Les opérations sur les matrices symboliques sont décrites au chapitre 8, l'algèbre linéaire numérique au chapitre 13.

Polynômes et fractions rationnelles.   Tout comme les matrices, les polynômes de Sage « connaissent » le type de leurs coefficients. Leurs parents sont les anneaux de polynômes comme $\mathbb{Z}[x]$ ou $\mathbb{C}[x, y, z]$, présentés en détail dans les chapitres 7 et 9 de ce livre, et que l'on peut construire comme suit :

```
sage: P = ZZ['x']; P
Univariate Polynomial Ring in x over Integer Ring
sage: F = P.fraction_field(); F
Fraction Field of Univariate Polynomial Ring in x over Integer Ring
sage: p = P(x+1) * P(x); p
x^2 + x
sage: p + 1/p
(x^4 + 2*x^3 + x^2 + 1)/(x^2 + x)
sage: parent(p + 1/p)
Fraction Field of Univariate Polynomial Ring in x over Integer Ring
```

Comme nous le verrons en §5.4.2, il n'y a pas une représentation idéale pour les polynômes et les fractions rationnelles. Les éléments des anneaux de polynômes sont représentés sous forme développée. Ces anneaux sont donc à représentation normale dès que les coefficients sont eux-mêmes dans un domaine de calcul à représentation normale.

Ces polynômes diffèrent des expressions polynomiales que nous avons rencontrées au chapitre 2, qui n'ont pas de type bien défini de coefficients ni de parent qui reflète ce type. Celles-ci représentent une alternative aux « vrais » polynômes qui peut être utile, par exemple, pour mélanger polynômes et autres expressions mathématiques. Soulignons qu'à l'inverse de ce qu'il se passe avec les éléments des anneaux de polynômes, quand on travaille avec ces expressions, il faut appeler explicitement une *commande de réduction* comme **expand** pour les mettre en forme normale.

Séries.   Les séries tronquées sont des objets de la forme

$$a_0 + a_1\, x + a_2\, x^2 + \cdots + a_n\, x^n + \mathcal{O}(x^{n+1})$$

utilisés par exemple pour représenter des développements limités et dont la manipulation avec Sage est décrite en §7.5. Le parent des séries en x tronquées à précision n, à coefficients dans A, est l'anneau $A[[x]]$, construit par **PowerSeries Ring(A, 'x', n)**.

Comme les polynômes, les séries tronquées ont un analogue dans le monde des expressions symboliques. La commande de réduction en forme normale associée est **series**.

```
sage: f = cos(x).series(x == 0, 6); 1 / f
```

$$\frac{1}{1+(-\frac{1}{2})x^2+\frac{1}{24}x^4+O(x^6)}$$

```
sage: (1 / f).series(x == 0, 6)
```

$$1 + \tfrac{1}{2}x^2 + \tfrac{5}{24}x^4 + O\left(x^6\right)$$

Nombres algébriques. Un nombre algébrique est défini comme racine d'un polynôme. Lorsque le degré du polynôme est 5 ou plus, il n'est, en général, pas possible d'en écrire explicitement les racines à l'aide des opérations $+, -, \times, /, \sqrt{\cdot}$. Cependant, de nombreux calculs sur les racines peuvent être menés à bien sans autre information que le polynôme lui-même.

```
sage: k.<a> = NumberField(x^3 + x + 1); a^3; a^4+3*a
-a - 1
-a^2 + 2*a
```

La manipulation de nombres algébriques avec Sage n'est pas traitée en détail dans ce livre, mais on en trouvera plusieurs exemples dans les chapitres 7 et 9.

5.4 Expressions versus domaines de calcul

Plusieurs approches sont donc possibles pour manipuler avec Sage des objets comme les polynômes. On peut soit les voir comme des expressions formelles particulières, comme nous l'avons fait dans les premiers chapitres de ce livre, soit introduire un anneau de polynômes particulier et calculer avec ses éléments. Pour conclure ce chapitre, nous décrivons brièvement le parent des expressions formelles, le domaine SR, puis nous illustrons à travers quelques exemples l'importance de contrôler le domaine de calcul et les différences entre les deux approches.

5.4.1 Les expressions comme domaine de calcul

Les expressions symboliques constituent elles-mêmes un domaine de calcul ! Dans Sage, leur parent est l'*anneau symbolique* :

```
sage: parent(sin(x))
Symbolic Ring
```

que l'on peut aussi obtenir avec :

```
sage: SR
Symbolic Ring
```

Les propriétés de cet anneau sont assez floues ; il est commutatif :

```
sage: SR.category()
Category of commutative rings
```

et les règles de calcul font en gros l'hypothèse que toutes les variables symboliques sont à valeur dans $\mathbb{C}$.

La forme des expressions que l'on manipule dans SR (expressions polynomiales, rationnelles, trigonométriques) n'étant pas apparente dans leur classe ou leur parent, le résultat d'un calcul nécessite le plus souvent des transformations manuelles pour être mis sous la forme désirée (voir §2.1), en utilisant par exemple **expand**, **combine**, **collect** et **simplify**. Pour bien utiliser ces fonctions, il faut savoir quel type de transformations elles effectuent, à quelles *sous-classes*[4] d'expressions formelles ces transformations s'appliquent, et lesquelles de ces sous-classes constituent des domaines de calcul à forme normale. Ainsi, l'usage aveugle de la fonction `simplify` peut conduire à des résultats faux. Des variantes de `simplify` permettent alors de préciser la simplification à effectuer.

5.4.2   Exemples : polynômes et formes normales

Construisons l'anneau $\mathbb{Q}[x_1, x_2, x_3, x_4]$ des polynômes en 4 variables :

```
sage: R = QQ['x1,x2,x3,x4']; R
Multivariate Polynomial Ring in x1, x2, x3, x4 over Rational Field
sage: x1, x2, x3, x4 = R.gens()
```

Les éléments de R sont automatiquement représentés sous forme développée :

```
sage: x1 * (x2 - x3)
x1*x2 - x1*x3
```

qui, comme nous l'avons vu, est une forme normale. En particulier, le test à zéro dans R est immédiat :

```
sage: (x1+x2)*(x1-x2) - (x1^2 - x2^2)
0
```

Ce n'est pas toujours un avantage. Par exemple, si l'on construit le déterminant de Vandermonde $\prod_{1 \leqslant i < j \leqslant n}(x_i - x_j)$:

```
sage: prod( (a-b) for (a,b) in Subsets([x1,x2,x3,x4],2) )
x1^3*x2^2*x3 - x1^2*x2^3*x3 - x1^3*x2*x3^2 + x1*x2^3*x3^2
 + x1^2*x2*x3^3 - x1*x2^2*x3^3 - x1^3*x2^2*x4 + x1^2*x2^3*x4
 + x1^3*x3^2*x4 - x2^3*x3^2*x4 - x1^2*x3^3*x4 + x2^2*x3^3*x4
 + x1^3*x2*x4^2 - x1*x2^3*x4^2 - x1^3*x3*x4^2 + x2^3*x3*x4^2
 + x1*x3^3*x4^2 - x2*x3^3*x4^2 - x1^2*x2*x4^3 + x1*x2^2*x4^3
 + x1^2*x3*x4^3 - x2^2*x3*x4^3 - x1*x3^2*x4^3 + x2*x3^2*x4^3
```

on obtient $4! = 24$ termes. La même construction avec une expression reste sous forme factorisée, et est beaucoup plus compacte et lisible :

```
sage: x1, x2, x3, x4 = SR.var('x1, x2, x3, x4')
sage: prod( (a-b) for (a,b) in Subsets([x1,x2,x3,x4],2) )
(x3 - x4)*(x2 - x4)*(x2 - x3)*(x1 - x4)*(x1 - x3)*(x1 - x2)
```

De même, une représentation factorisée ou partiellement factorisée permet des calculs de pgcd plus rapides. Mais il ne serait pas judicieux non plus de mettre automatiquement tout polynôme sous forme factorisée, même s'il s'agit aussi d'une forme normale, car la factorisation est coûteuse en temps de calcul et rend compliquées les additions.

De manière générale, selon le type de calcul voulu, la représentation idéale d'un élément n'est pas toujours sa forme normale. Cela amène les systèmes de calcul

---

4. Au sens de familles, et non de classes d'objets Python.

formel à un compromis avec les expressions. Un certain nombre de simplifications basiques, comme la réduction des rationnels ou la multiplication par zéro, y sont effectuées automatiquement ; les autres transformations sont laissées à l'initiative de l'utilisateur auquel des commandes spécialisées sont proposées.

5.4.3 Exemple : factorisation des polynômes

Considérons la factorisation de l'expression polynomiale suivante :

```
sage: x = var('x')
sage: p = 54*x^4+36*x^3-102*x^2-72*x-12
sage: factor(p)
6*(3*x + 1)^2*(x^2 - 2)
```

Cette réponse est-elle satisfaisante ? Il s'agit bien d'une factorisation de p, mais son optimalité dépend fortement du contexte ! Pour le moment Sage considère p comme une expression symbolique, qui se trouve être polynomiale. Il ne peut pas savoir si l'on souhaite factoriser p en tant que produit de polynômes à coefficients entiers ou à coefficients rationnels (par exemple).

Pour prendre le contrôle, nous allons préciser dans quel ensemble (domaine de calcul) nous souhaitons considérer p. Pour commencer, nous allons considérer p comme un polynôme à coefficients entiers. Nous définissons donc l'anneau $R = \mathbb{Z}[x]$ de ces polynômes :

```
sage: R = ZZ['x']; R
Univariate Polynomial Ring in x over Integer Ring
```

Puis nous convertissons p dans cet anneau :

```
sage: q = R(p); q
54*x^4 + 36*x^3 - 102*x^2 - 72*x - 12
```

À l'affichage on ne voit pas de différence, mais q sait qu'il est un élément de R :

```
sage: parent(q)
Univariate Polynomial Ring in x over Integer Ring
```

Du coup, sa factorisation est sans ambiguïté :

```
sage: factor(q)
2 * 3 * (3*x + 1)^2 * (x^2 - 2)
```

On procède de même sur le corps des rationnels :

```
sage: R = QQ['x']; R
Univariate Polynomial Ring in x over Rational Field
sage: q = R(p); q
54*x^4 + 36*x^3 - 102*x^2 - 72*x - 12
sage: factor(q)
(54) * (x + 1/3)^2 * (x^2 - 2)
```

Dans ce nouveau contexte, la factorisation est encore non ambiguë, mais différente de la précédente.

Cherchons maintenant une factorisation complète sur les nombres complexes. Une première option est de s'autoriser une approximation numérique des nombres complexes avec 16 bits de précision :

```
sage: R = ComplexField(16)['x']; R
Univariate Polynomial Ring in x over Complex Field
with 16 bits of precision
sage: q = R(p); q
54.00*x^4 + 36.00*x^3 - 102.0*x^2 - 72.00*x - 12.00
sage: factor(q)
(54.00) * (x - 1.414) * (x + 0.3333)^2 * (x + 1.414)
```

Une autre est d'agrandir un peu le corps des rationnels ; ici, on va ajouter $\sqrt{2}$.

```
sage: R = QQ[sqrt(2)]['x']; R
Univariate Polynomial Ring in x over Number Field in sqrt2
with defining polynomial x^2 - 2
sage: q = R(p); q
54*x^4 + 36*x^3 - 102*x^2 - 72*x - 12
sage: factor(q)
(54) * (x - sqrt2) * (x + sqrt2) * (x + 1/3)^2
```

Enfin, peut-être souhaite-t-on que les coefficients soient considérés modulo 5 ?

```
sage: R = GF(5)['x']; R
Univariate Polynomial Ring in x over Finite Field of size 5
sage: q = R(p); q
4*x^4 + x^3 + 3*x^2 + 3*x + 3
sage: factor(q)
(4) * (x + 2)^2 * (x^2 + 3)
```

5.4.4 Synthèse

Dans les exemples précédents, nous avons illustré comment l'utilisateur peut contrôler le niveau de rigueur dans ses calculs.

D'un côté il peut utiliser les expressions symboliques. Ces expressions vivent dans l'anneau SR. Elles offrent de nombreuses méthodes (présentées au chapitre 2) qui s'appliquent bien à certaines sous-classes d'expressions, telles que les expressions polynomiales. Reconnaître qu'une expression appartient à telle ou telle classe permet de savoir quelles fonctions il est pertinent de lui appliquer. Un problème pour lequel cette reconnaissance est essentielle est celui de la simplification d'expressions. C'est autour de ce problème que sont définies les principales classes d'expressions des systèmes de calcul formel, et c'est l'approche que nous privilégierons le plus souvent dans la suite de cet ouvrage.

D'un autre côté, l'utilisateur peut *construire* un parent qui va spécifier explicitement le domaine de calcul. C'est particulièrement intéressant lorsque ce parent est à *forme normale* : c'est-à-dire que deux objets éléments sont mathématiquement égaux si et seulement s'ils ont la même représentation.

Pour résumer, la souplesse est l'avantage principal des expressions : pas de déclaration explicite du domaine de calcul, ajout au vol de nouvelles variables ou fonctions symboliques, changement au vol du domaine de calcul (par exemple lorsque l'on prend le sinus d'une expression polynomiale), utilisation de toute la gamme des outils d'analyse (intégration, etc.). Les avantages de la déclaration explicite du domaine de calcul sont ses vertus pédagogiques, souvent une plus grande rigueur [5], la mise sous forme normale automatique (qui peut aussi être un inconvénient !), ainsi que la possibilité de constructions avancées qui seraient délicates avec des expressions (calculs sur un corps fini ou une extension algébrique de $\mathbb{Q}$, dans un anneau non commutatif, etc.).

---

5. Sage n'est pas un système de calcul *certifié* ; il peut donc toujours y avoir un bogue informatique ; mais il n'y aura pas d'utilisation d'hypothèse implicite.

Deuxième partie

Algèbre et calcul formel

Dieu a créé les nombres entiers, tout le reste est fabriqué par l'homme.

Leopold KRONECKER (1823 - 1891)

6

Corps finis et théorie élémentaire des nombres

Ce chapitre décrit l'utilisation de Sage en théorie élémentaire des nombres, pour manipuler des objets sur des anneaux ou corps finis (§6.1), pour tester la primalité (§6.2) ou factoriser un entier (§6.3) ; enfin nous discutons quelques applications (§6.4).

6.1 Anneaux et corps finis

Les anneaux et corps finis sont un objet fondamental en théorie des nombres, et en calcul symbolique en général. En effet, de nombreux algorithmes de calcul formel se ramènent à des calculs sur des corps finis, puis on exploite l'information obtenue via des techniques comme la remontée de Hensel ou la reconstruction par les restes chinois. Citons par exemple l'algorithme de Cantor-Zassenhaus pour la factorisation de polynôme univarié à coefficients entiers, qui commence par factoriser le polynôme donné sur un corps fini.

6.1.1 Anneau des entiers modulo n

En Sage, l'anneau $\mathbb{Z}/n\mathbb{Z}$ des entiers modulo n se définit à l'aide du constructeur `IntegerModRing` (ou plus simplement `Integers`). Tous les objets construits à partir de ce constructeur et leurs dérivés sont systématiquement réduits modulo n, et ont donc une forme canonique, c'est-à-dire que deux variables représentant la même valeur modulo n ont la même représentation interne. Dans certains cas bien particuliers, il est plus efficace de retarder les réductions modulo n, par exemple si on multiplie des matrices avec de tels coefficients ; on préfèrera alors

travailler avec des entiers, et effectuer les réductions modulo n « à la main »
via a % n. Attention, le module n n'apparaît pas explicitement dans la valeur
affichée :

```
sage: a = IntegerModRing(15)(3); b = IntegerModRing(17)(3); a, b
(3, 3)
sage: a == b
False
```

Une conséquence est que si l'on « copie-colle » des entiers modulo n, on perd
l'information sur n. Étant donnée une variable contenant un entier modulo n, on
retrouve l'information sur n via les méthodes base_ring ou parent, et la valeur
de n via la méthode characteristic :

```
sage: R = a.base_ring(); R
Ring of integers modulo 15
sage: R.characteristic()
15
```

Les opérateurs de base (addition, soustraction, multiplication) sont surchargés
pour les entiers modulo n, et appellent les fonctions correspondantes, de même
que les entiers sont automatiquement convertis, dès lors qu'un des opérandes est
un entier modulo n :

```
sage: a + a, a - 17, a * a + 1, a^3
(6, 1, 10, 12)
```

Quant à l'inversion $1/a \bmod n$ ou la division $b/a \bmod n$, Sage l'effectue quand
elle est possible, sinon il renvoie une erreur ZeroDivisionError, i.e., quand a et
n ont un pgcd non-trivial :

```
sage: 1/(a+1)
4
sage: 1/a
Traceback (most recent call last):
  ...
ZeroDivisionError: Inverse does not exist.
```

Pour obtenir la valeur de a — en tant qu'entier — à partir du résidu $a \bmod n$,
on peut utiliser la méthode lift ou bien ZZ :

```
sage: z = lift(a); y = ZZ(a); print y, type(y), y == z
3 <type 'sage.rings.integer.Integer'> True
```

L'*ordre additif* de a modulo n est le plus petit entier $k > 0$ tel que $ka =
0 \bmod n$. Il vaut $k = n/g$ où $g = \mathrm{pgcd}(a, n)$, et est donné par la méthode
additive_order (on voit au passage qu'on peut aussi utiliser Mod ou mod pour
définir les entiers modulo n) :

```
sage: [Mod(x,15).additive_order() for x in range(0,15)]
[1, 15, 15, 5, 15, 3, 5, 15, 15, 5, 3, 15, 5, 15, 15]
```

L'*ordre multiplicatif* de a modulo n, pour a premier avec n, est le plus petit entier $k > 0$ tel que $a^k = 1 \bmod n$. (Si a a un diviseur commun p avec n, alors $a^k \bmod n$ est un multiple de p quel que soit k.) Si cet ordre multiplicatif égale $\varphi(n)$, à savoir l'ordre du groupe multiplicatif modulo n, on dit que a est un *générateur* de ce groupe. Ainsi pour $n = 15$, il n'y a pas de générateur, puisque l'ordre maximal est $4 < 8 = \varphi(15)$:

```
sage: [[x, Mod(x,15).multiplicative_order()]
....:     for x in range(1,15) if gcd(x,15) == 1]
[[1, 1], [2, 4], [4, 2], [7, 4], [8, 4], [11, 2], [13, 4], [14, 2]]
```

Voici un exemple avec $n = p$ premier, où 3 est générateur :

```
sage: p = 10^20 + 39; mod(2,p).multiplicative_order()
50000000000000000000019
sage: mod(3,p).multiplicative_order()
100000000000000000000038
```

Une opération importante sur $\mathbb{Z}/n\mathbb{Z}$ est l'*exponentiation modulaire*, qui consiste à calculer $a^e \bmod n$. Le crypto-système RSA repose sur cette opération. Pour calculer efficacement $a^e \bmod n$, les algorithmes les plus efficaces nécessitent de l'ordre de $\log e$ multiplications ou carrés modulo n. Il est crucial de réduire systématiquement tous les calculs modulo n, au lieu de calculer d'abord a^e en tant qu'entier, comme le montre l'exemple suivant :

```
sage: n = 3^100000; a = n-1; e = 100
sage: %timeit (a^e) % n
5 loops, best of 3: 387 ms per loop
sage: %timeit power_mod(a,e,n)
125 loops, best of 3: 3.46 ms per loop
```

6.1.2 Corps finis

Les corps finis [1] se définissent à l'aide du constructeur `FiniteField` (ou plus simplement `GF`). On peut aussi bien construire les *corps premiers* `GF(p)` avec p premier que les corps composés `GF(q)` avec $q = p^k$, p premier et $k > 1$ un entier. Comme pour les anneaux, les objets créés dans un tel corps ont une forme canonique, par conséquent une réduction est effectuée à chaque opération. Les corps finis jouissent des mêmes propriétés que les anneaux (§6.1.1), avec en plus la possibilité d'inverser un élément non nul :

```
sage: R = GF(17); [1/R(x) for x in range(1,17)]
[1, 9, 6, 13, 7, 3, 5, 15, 2, 12, 14, 10, 4, 11, 8, 16]
```

Un corps non premier $\mathbb{F}_{p^k}$ avec p premier et $k > 1$ est isomorphe à l'anneau quotient des polynômes de $\mathbb{F}_p[x]$ modulo un polynôme f unitaire et irréductible de degré k. Dans ce cas, Sage demande un nom pour le *générateur* du corps, c'est-à-dire la variable x :

---

1. En français, le corps fini à q éléments est noté usuellement $\mathbb{F}_q$, alors qu'en anglais on utilise plutôt GF(q). On utilise ici la notation française pour désigner le concept mathématique, et la notation anglaise pour désigner du code Sage.

```
sage: R = GF(9,name='x'); R
Finite Field in x of size 3^2
```

Ici, Sage a choisi automatiquement le polynôme f :

```
sage: R.polynomial()
x^2 + 2*x + 2
```

Les éléments du corps sont alors représentés par des polynômes $a_{k-1}x^{k-1} + \cdots + a_1 x + a_0$, où les a_i sont des éléments de $\mathbb{F}_p$:

```
sage: Set([r for r in R])
{0, 1, 2, x, x + 1, x + 2, 2*x, 2*x + 1, 2*x + 2}
```

On peut aussi imposer à Sage le polynôme irréductible f :

```
sage: Q.<x> = PolynomialRing(GF(3))
sage: R2 = GF(9, name='x', modulus=x^2+1); R2
Finite Field in x of size 3^2
```

Attention cependant, car si les deux instances R et R2 créées ci-dessus sont isomorphes à $\mathbb{F}_9$, l'isomorphisme n'est pas explicite :

```
sage: p = R(x+1); R2(p)
Traceback (most recent call last):
  ...
TypeError: unable to coerce from a finite field other than the prime
    subfield
```

6.1.3   Reconstruction rationnelle

Le problème de la *reconstruction rationnelle* constitue une jolie application des calculs modulaires. Étant donné un résidu a modulo m, il s'agit de trouver un « petit » rationnel x/y tel que $x/y \equiv a \bmod m$. Si on sait qu'un tel petit rationnel existe, au lieu de calculer directement x/y en tant que rationnel, on calcule x/y modulo m, ce qui donne le résidu a, puis on retrouve x/y par reconstruction rationnelle. Cette seconde approche est souvent plus efficace, car on remplace des calculs rationnels — faisant intervenir de coûteux pgcds — par des calculs modulaires.

LEMME. Soient $a, m \in \mathbb{N}$, avec $0 < a < m$. Il existe au plus une paire d'entiers $x, y \in \mathbb{Z}$ premiers entre eux tels que $x/y \equiv a \bmod m$ avec $0 < |x|, y \leqslant \sqrt{m/2}$.

Il n'existe pas toujours de telle paire x, y, par exemple pour $a = 2$ et $m = 5$. L'algorithme de reconstruction rationnelle est basé sur l'algorithme de pgcd étendu. Le pgcd étendu de m et a calcule une suite d'entiers $a_i = \alpha_i m + \beta_i a$, où les entiers a_i décroissent, et les coefficients α_i, β_i croissent en valeur absolue. Il suffit donc de s'arrêter dès que $|a_i|, |\beta_i| \leqslant \sqrt{m/2}$, et la solution est alors $x/y = a_i/\beta_i$. Cet algorithme est disponible via la fonction `rational_reconstruction` de Sage, qui renvoie x/y lorsqu'une telle solution existe, et une erreur sinon :

```
sage: rational_reconstruction(411,1000)
-13/17
```

```
sage: rational_reconstruction(409,1000)
Traceback (most recent call last):
  ...
ValueError: Rational reconstruction of 409 (mod 1000) does not exist.
```

Pour illustrer la reconstruction rationnelle, considérons le calcul du nombre harmonique $H_n = 1 + 1/2 + \cdots + 1/n$. Le calcul naïf avec des nombres rationnels est le suivant :

```
sage: def harmonic(n):
....:     return add([1/x for x in range(1,n+1)])
```

Or nous savons que H_n peut s'écrire sous la forme p_n/q_n avec p_n, q_n entiers, où q_n est le ppcm de $1, 2, \ldots, n$. On sait par ailleurs que $H_n \leqslant \log n + 1$, ce qui permet de borner p_n. On en déduit la fonction suivante qui détermine H_n par calcul modulaire et reconstruction rationnelle :

```
sage: def harmonic_mod(n,m):
....:     return add([1/x % m for x in range(1,n+1)])
sage: def harmonic2(n):
....:     q = lcm(range(1,n+1))
....:     pmax = RR(q*(log(n)+1))
....:     m = ZZ(2*pmax^2)
....:     m = ceil(m/q)*q + 1
....:     a = harmonic_mod(n,m)
....:     return rational_reconstruction(a,m)
```

La ligne `m = ZZ(2*pmax^2)` garantit que la reconstruction rationnelle va trouver $p \leqslant \sqrt{m/2}$, tandis que la ligne suivante garantit que m est premier avec $x = 1, 2, \ldots, n$, sinon $1/x \bmod n$ provoquerait une erreur.

```
sage: harmonic(100) == harmonic2(100)
True
```

Sur cet exemple, la fonction `harmonic2` n'est pas plus efficace que la fonction `harmonic`, mais elle illustre bien notre propos. Il n'est pas toujours nécessaire de connaître une borne rigoureuse sur x et y, une estimation « à la louche » suffit si on peut vérifier facilement par ailleurs que x/y est la solution cherchée.

On peut généraliser la reconstruction rationnelle avec un numérateur x et un dénominateur y de tailles différentes (voir par exemple la section 5.10 du livre [vzGG03]).

6.1.4 Restes chinois

Une autre application utile des calculs modulaires est ce qu'on appelle communément les « restes chinois ». Étant donnés deux modules m et n premiers entre eux, soit x un entier inconnu tel que $x \equiv a \bmod m$ et $x \equiv b \bmod n$. Alors le *théorème des restes chinois* permet de reconstruire de façon unique la valeur de x modulo le produit mn. En effet, on déduit de $x \equiv a \bmod m$ que x s'écrit sous la forme $x = a + \lambda m$ avec $\lambda \in \mathbb{Z}$. En remplaçant cette valeur dans $x \equiv b \bmod n$, on obtient $\lambda \equiv \lambda_0 \bmod n$, où $\lambda_0 = (b-a)/m \bmod n$. Il en résulte $x = x_0 + \mu n m$, où $x_0 = a + \lambda_0 m$, et μ est un entier quelconque.

On a décrit ici la variante la plus simple des « restes chinois ». On peut également considérer le cas de plusieurs moduli $m_1, m_2, \ldots, m_k$. La commande Sage pour trouver x_0 à partir de a, b, m, n est `crt(a,b,m,n)` :

```
sage: a = 2; b = 3; m = 5; n = 7; lambda0 = (b-a)/m % n; a + lambda0 * m
17
sage: crt(2,3,5,7)
17
```

Reprenons l'exemple du calcul de H_n. Calculons d'abord $H_n \bmod m_i$ pour $i = 1, 2, \ldots, k$, ensuite nous déduisons $H_n \bmod (m_1 \cdots m_k)$ par restes chinois, enfin nous retrouvons H_n par reconstruction rationnelle :

```
sage: def harmonic3(n):
....:     q = lcm(range(1,n+1))
....:     pmax = RR(q*(log(n)+1))
....:     B = ZZ(2*pmax^2)
....:     a = 0; m = 1; p = 2^63
....:     while m < B:
....:         p = next_prime(p)
....:         b = harmonic_mod(n,p)
....:         a = crt(a,b,m,p)
....:         m = m*p
....:     return rational_reconstruction(a,m)
sage: harmonic(100) == harmonic3(100)
True
```

La fonction `crt` de Sage fonctionne aussi quand les moduli m et n ne sont pas premiers entre eux. Soit $g = \gcd(m, n)$, il y a une solution si et seulement si $a \bmod g \equiv b \bmod g$:

```
sage: crt(15,1,30,4)
45
sage: crt(15,2,30,4)
Traceback (most recent call last):
    ...
ValueError: No solution to crt problem since gcd(30,4) does not divide
    15-2
```

Une application plus complexe des restes chinois est présentée dans l'exercice 22.

6.2   Primalité

Tester si un entier est premier est une des opérations fondamentales d'un logiciel de calcul symbolique. Même si l'utilisateur ne s'en rend pas compte, de tels tests sont effectués plusieurs milliers de fois par seconde par le logiciel. Par

Commandes les plus utiles	
Anneau des entiers modulo n	`IntegerModRing(`n`)`
Corps fini à q éléments	`GF(`q`)`
Test de pseudo-primalité	`is_pseudoprime(`n`)`
Test de primalité	`is_prime(`n`)`

TABLEAU 6.1 – Récapitulatif.

exemple pour factoriser un polynôme de $\mathbb{Z}[x]$ on commence par le factoriser dans $\mathbb{F}_p[x]$ pour un nombre premier p, il faut donc trouver un tel p.

Deux grandes classes de tests de primalité existent. Les plus efficaces sont des tests de *pseudo-primalité*, et sont en général basés sur des variantes du petit théorème de Fermat, qui dit que si p est premier, alors tout entier $0 < a < p$ est un générateur du groupe multiplicatif $(\mathbb{Z}/p\mathbb{Z})^*$, donc $a^{p-1} \equiv 1 \bmod p$. On utilise en général une petite valeur de a $(2, 3, \ldots)$ pour accélérer le calcul de $a^{p-1} \bmod p$. Si $a^{p-1} \not\equiv 1 \bmod p$, p n'est certainement pas premier. Si $a^{p-1} \equiv 1 \bmod p$, on ne peut rien conclure : on dit alors que p est pseudo-premier en base a. L'intuition est qu'un entier p qui est pseudo-premier pour plusieurs bases a de grandes chances d'être premier (voir cependant ci-dessous). Les tests de pseudo-primalité ont en commun que quand ils renvoient **False**, le nombre est certainement composé, par contre quand ils renvoient **True**, on ne peut rien conclure.

La seconde classe est constituée des tests de *vraie primalité*. Ces tests renvoient toujours une réponse correcte, mais peuvent être moins efficaces que les tests de pseudo-primalité, notamment pour les nombres qui sont pseudo-premiers en de nombreuses bases, et en particulier pour les nombres vraiment premiers. De nombreux logiciels ne fournissent qu'un test de pseudo-primalité, voire pire le nom de la fonction correspondante (`isprime` par exemple) laisse croire à l'utilisateur que c'est un test de (vraie) primalité. Sage fournit deux fonctions distinctes : `is_pseudoprime` pour la pseudo-primalité, et `is_prime` pour la primalité :

```
sage: p = previous_prime(2^400)
sage: %timeit is_pseudoprime(p)
625 loops, best of 3: 1.07 ms per loop
sage: %timeit is_prime(p)
5 loops, best of 3: 485 ms per loop
```

Nous voyons sur cet exemple que le test de primalité est bien plus coûteux ; quand c'est possible, on préférera `is_pseudoprime`.

Certains algorithmes de primalité fournissent un *certificat*, qui peut être vérifié indépendamment, souvent de manière plus efficace que le test lui-même. Sage ne fournit pas de tel certificat dans la version actuelle, mais on peut en fabriquer un avec le théorème de Pocklington :

THÉORÈME. Soit $n > 1$ un entier tel que $n - 1 = FR$, avec $F \geqslant \sqrt{n}$. Si pour tout facteur premier p de F, il existe a tel que $a^{n-1} \equiv 1 \bmod n$ et $a^{(n-1)/p} - 1$ est premier avec n, alors n est premier.

Soit par exemple $n = 2^{31} - 1$. La factorisation de $n-1$ est $2 \cdot 3^2 \cdot 7 \cdot 11 \cdot 31 \cdot 151 \cdot 331$. On peut prendre $F = 151 \cdot 331$; $a = 3$ convient pour les deux facteurs $p = 151$ et $p = 331$. Il suffit ensuite de prouver la primalité de 151 et 331. Ce test utilise de manière intensive l'exponentiation modulaire.

Nombres de Carmichael

Les *nombres de Carmichael* sont des entiers composés qui sont pseudo-premiers dans toutes les bases. Le petit théorème de Fermat ne permet donc pas de les distinguer des nombres premiers, quel que soit le nombre de bases essayées. Le plus petit nombre de Carmichael est $561 = 3 \cdot 11 \cdot 17$. Un nombre de Carmichael a au moins trois facteurs premiers. En effet, supposons que $n = pq$ soit un nombre de Carmichael, avec p, q premiers, $p < q$; par définition des nombres de Carmichael, on a pour tout $1 \leqslant a < q$ l'égalité $a^{n-1} \equiv 1$ modulo n, et par suite modulo q, ce qui implique que $n-1$ est multiple de $q-1$. L'entier n est nécessairement de la forme $q + \lambda q(q-1)$, puisqu'il est multiple de q, et $n-1$ est multiple de $q-1$, ce qui est incompatible avec $n = pq$ puisque $p < q$. Si $n = pqr$, alors il suffit que $a^{n-1} \equiv 1 \bmod p$ — et de même pour q et r, puisque par restes chinois on aura alors $a^{n-1} \equiv 1 \bmod n$. Une condition suffisante est que $n-1$ soit multiple de $p-1$, $q-1$ et $r-1$:

```
sage: [560 % (x-1) for x in [3,11,17]]
[0, 0, 0]
```

Exercice 19. Écrire une fonction Sage comptant les nombres de Carmichael $n = pqr \leqslant N$, avec p, q, r premiers impairs distincts. Combien trouvez-vous pour $N = 10^4, 10^5, 10^6, 10^7$? (Richard Pinch a compté 20138200 nombres de Carmichael inférieurs à 10^{21}.)

Enfin, pour itérer une opération sur des nombres premiers dans un intervalle, il vaut mieux utiliser la construction `prime_range`, qui construit une table via un crible, plutôt qu'une boucle avec `next_probable_prime` ou `next_prime` :

```
sage: def count_primes1(n):
....:     return add([1 for p in range(n+1) if is_prime(p)])
sage: %timeit count_primes1(10^5)
5 loops, best of 3: 674 ms per loop
```

La fonction est plus rapide en utilisant `is_pseudoprime` au lieu de `is_prime` :

```
sage: def count_primes2(n):
....:     return add([1 for p in range(n+1) if is_pseudoprime(p)])
sage: %timeit count_primes2(10^5)
5 loops, best of 3: 256 ms per loop
```

Sur cet exemple il vaut mieux utiliser une boucle qui évite de construire une liste de 10^5 éléments, et là encore `is_pseudoprime` est plus rapide que `is_prime` :

```
sage: def count_primes3(n):
....:     s = 0; p = 2
....:     while p <= n: s += 1; p = next_prime(p)
....:     return s
sage: %timeit count_primes3(10^5)
5 loops, best of 3: 49.2 ms per loop
sage: def count_primes4(n):
....:     s = 0; p = 2
....:     while p <= n: s += 1; p = next_probable_prime(p)
....:     return s
sage: %timeit count_primes4(10^5)
5 loops, best of 3: 48.6 ms per loop
```

L'itérateur `prime_range` est quant à lui bien plus rapide :

```
sage: def count_primes5(n):
....:     s = 0
....:     for p in prime_range(n): s += 1
....:     return s
sage: %timeit count_primes5(10^5)
125 loops, best of 3: 2.67 ms per loop
```

6.3 Factorisation et logarithme discret

On dit qu'un entier a est un carré — ou résidu quadratique — modulo n s'il existe x, $0 \leqslant x < n$, tel que $a \equiv x^2 \bmod n$. Sinon, on dit que a est un non-résidu quadratique modulo n. Lorsque $n = p$ est premier, ce test peut se décider efficacement grâce au calcul du symbole de Jacobi de a et p, noté $(a|p)$, qui peut prendre les valeurs $\{-1, 0, 1\}$, où $(a|p) = 0$ signifie que a est multiple de p, et $(a|p) = 1$ (respectivement $(a|p) = -1$) signifie que a est (respectivement n'est pas) un carré modulo p. La complexité du calcul du symbole de Jacobi $(a|n)$ est essentiellement la même que celle du calcul du pgcd de a et n, à savoir $O(M(\ell) \log \ell)$ où ℓ est la taille de n, et $M(\ell)$ est le coût du produit de deux entiers de taille ℓ. Cependant toutes les implantations du symbole de Jacobi — voire du pgcd — n'ont pas cette complexité (`a.jacobi(n)` calcule $(a|n)$) :

```
sage: p = (2^42737+1)//3; a = 3^42737
sage: %timeit a.gcd(p)
125 loops, best of 3: 4.3 ms per loop
sage: %timeit a.jacobi(p)
25 loops, best of 3: 26.1 ms per loop
```

Lorsque n est composé, trouver les solutions de $x^2 \equiv a \bmod n$ est aussi difficile que factoriser n. Toutefois le symbole de Jacobi, qui est relativement facile à calculer, donne une information partielle. En effet, si $(a|n) = -1$, il n'y a pas de solution, car une solution vérifie nécessairement $(a|p) = 1$ pour tous les facteurs premiers p de n, donc $(a|n) = 1$.

Le logarithme discret. Soit n un entier positif, g un *générateur* du groupe multiplicatif modulo n et a premier avec n, $0 < a < n$. Par définition du fait que g est un générateur, il existe un entier x tel que $g^x = a \bmod n$. Le problème du *logarithme discret* consiste à trouver un tel entier x. La méthode `log` permet de résoudre ce problème :

```
sage: p = 10^10+19; a = mod(17,p); a.log(2)
6954104378
sage: mod(2,p)^6954104378
17
```

Les meilleurs algorithmes connus pour calculer un logarithme discret sont de même ordre de complexité — en fonction de la taille de n — que ceux pour factoriser n. Cependant l'implantation actuelle en Sage du logarithme discret est peu efficace :

```
sage: p = 10^20+39; a = mod(17,p)
sage: %time r = a.log(3)
CPU times: user 89.63 s, sys: 1.70 s, total: 91.33 s
```

Suites aliquotes

La *suite aliquote* associée à un entier positif n est la suite (s_k) définie par récurrence : $s_0 = n$ et $s_{k+1} = \sigma(s_k) - s_k$, où $\sigma(s_k)$ est la somme des diviseurs de s_k, i.e., s_{k+1} est la suite des diviseurs *propres* de s_k, c'est-à-dire sans s_k lui-même. On arrête l'itération lorsque $s_k = 1$ — alors s_{k-1} est premier — ou lorsque la suite (s_k) décrit un cycle. Par exemple en partant de $n = 30$ on obtient :

$$30, 42, 54, 66, 78, 90, 144, 259, 45, 33, 15, 9, 4, 3, 1.$$

Lorsque le cycle est de longueur un, on dit que l'entier correspondant est *parfait*, par exemple $6 = 1 + 2 + 3$ et $28 = 1 + 2 + 4 + 7 + 14$ sont parfaits. Lorsque le cycle est de longueur deux, on dit que les deux entiers en question sont *amicaux*, comme 220 et 284. Lorsque le cycle est de longueur trois ou plus, les entiers formant ce cycle sont dits *sociables*.

Exercice 20. Calculer la suite aliquote commençant par 840, afficher les 5 premiers et 5 derniers éléments, et tracer le graphe de $\log_{10} s_k$ en fonction de k (on pourra utiliser la fonction `sigma`).

6.4   Applications

6.4.1   La constante δ

La constante δ est une généralisation en dimension deux de la constante γ d'Euler. Elle est définie comme suit :

$$\delta = \lim_{n \to \infty} \left(\sum_{k=2}^{n} \frac{1}{\pi r_k^2} - \log n \right), \tag{6.1}$$

où r_k est le rayon du plus petit disque du plan affine $\mathbb{R}^2$ contenant au moins k points de $\mathbb{Z}^2$. Par exemple $r_2 = 1/2$, $r_3 = r_4 = \sqrt{2}/2$, $r_5 = 1$, $r_6 = \sqrt{5}/2$, $r_7 = 5/4$, $r_8 = r_9 = \sqrt{2}$:

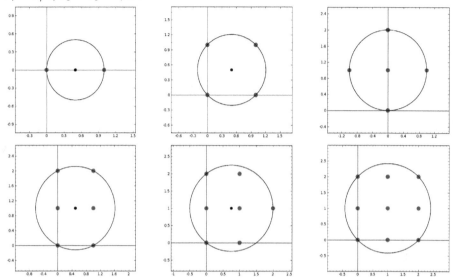

Exercice 21 (Constante de Masser-Gramain). 1. Écrire une fonction qui prend en entrée un entier positif k, et renvoie le rayon r_k et le centre (x_k, y_k) d'un plus petit disque contenant au moins k points de $\mathbb{Z}^2$. On admettra $r_k < \sqrt{k/\pi}$.

2. Écrire une fonction dessinant le cercle de centre (x_k, y_k) et de rayon r_k, avec les $m \geqslant k$ points de $\mathbb{Z}^2$ inclus, comme ci-dessus.

3. En utilisant l'encadrement

$$\frac{\sqrt{\pi(k-6)+2} - \sqrt{2}}{\pi} < r_k < \sqrt{\frac{k-1}{\pi}}, \tag{6.2}$$

calculer une approximation de δ avec une erreur bornée par 0.3.

6.4.2 Calcul d'intégrale multiple via reconstruction rationnelle

Cette application est inspirée de l'article [Bea09]. Soient k et $n_1, n_2, \ldots, n_k$ des entiers positifs ou nuls. On veut calculer l'intégrale

$$I = \int_V x_1^{n_1} x_2^{n_2} \cdots x_k^{n_k}\, \mathrm{d}x_1\, \mathrm{d}x_2 \ldots \mathrm{d}x_k,$$

où le domaine d'intégration est défini par $V = \{x_1 \geqslant x_2 \geqslant \cdots \geqslant x_k \geqslant 0, x_1 + \cdots + x_k \leqslant 1\}$. Par exemple pour $k = 2$, $n_1 = 3$, $n_2 = 5$, on obtient la valeur

$$I = \int_{x_2=0}^{1/2} \int_{x_1=x_2}^{1-x_2} x_1^3 x_2^5\, \mathrm{d}x_1\, \mathrm{d}x_2 = \frac{13}{258048}.$$

Exercice 22. Sachant que I est un nombre rationnel, mettre au point un algorithme utilisant la reconstruction rationnelle et/ou les restes chinois pour calculer I. On implantera cet algorithme en Sage et on l'appliquera au cas où $[n_1, \ldots, n_{31}] =$

$$[9, 7, 8, 11, 6, 3, 7, 6, 6, 4, 3, 4, 1, 2, 2, 1, 1, 1, 2, 0, 0, 0, 3, 0, 0, 0, 0, 1, 0, 0, 0].$$

Polynômes

Ce chapitre est consacré aux polynômes à une indéterminée et aux objets apparentés, essentiellement les fractions rationnelles et les séries formelles. Nous allons y voir tout d'abord comment effectuer avec Sage des manipulations telles que la division euclidienne de polynômes, la décomposition en polynômes irréductibles, la recherche de racines ou la décomposition en éléments simples de fractions rationnelles. Ceci en tenant compte de l'anneau ou du corps où vivent les coefficients des polynômes considérés : Sage nous permet de calculer dans les anneaux de polynômes $A[x]$, leurs quotients $A[x]/\langle P(x)\rangle$, les corps de fractions rationnelles $K(x)$ ou encore les anneaux de séries formelles $A[[x]]$ pour toute une gamme d'anneaux de base.

Mais les opérations sur les polynômes ont des applications plus inattendues. Comment deviner automatiquement le terme suivant de la suite

$$1, 1, 2, 3, 8, 11, 39...?$$

Par exemple, grâce à l'approximation de Padé des fractions rationnelles, présentée en section 7.4.3 ! Comment développer aisément en série les solutions de l'équation $e^{xf(x)} = f(x)$? Réponse en section 7.5.3.

Nous supposons en général que le lecteur a l'habitude de manipuler les polynômes et fractions rationnelles au niveau d'un cours de première année d'université. Nous abordons cependant aussi quelques sujets plus avancés. (Comment prouver que les solutions de l'équation $x^5 - x - 1$ ne s'expriment pas par radicaux ? Il suffit de calculer son groupe de Galois comme expliqué en section 7.3.4.) Les passages correspondants ne sont pas utilisés dans le reste du livre, et le lecteur peut les sauter sans dommage. Enfin, ce chapitre donne une poignée d'exemples de manipulation de nombres algébriques et de nombres p-adiques.

Les polynômes à plusieurs indéterminées font quant à eux l'objet du chapitre 9.

7.1   Anneaux de polynômes

7.1.1   Introduction

Nous avons vu au chapitre 2 comment effectuer des calculs sur des *expressions formelles*, éléments de « l'anneau symbolique » SR. Quelques-unes des méthodes applicables à ces expressions, par exemple degree, sont destinées aux polynômes :

```
sage: x = var('x'); p = (2*x+1)*(x+2)*(x^4-1)
sage: print p, "est de degré", p.degree(x)
(x + 2)*(2*x + 1)*(x^4 - 1) est de degré 6
```

Dans certains systèmes de calcul formel, dont Maple et Maxima, représenter les polynômes comme des expressions formelles particulières est la manière habituelle de les manipuler. À l'image d'Axiom, Magma ou MuPAD, Sage permet aussi de traiter les polynômes de façon plus algébrique, et « sait calculer » dans des anneaux comme $\mathbb{Q}[x]$ ou $\mathbb{Z}/4\mathbb{Z}\,[x, y, z]$.

Ainsi, pour reproduire l'exemple précédent en travaillant dans un anneau de polynômes bien déterminé, on affecte à la variable Python x l'*indéterminée de l'anneau des polynômes en x à coefficients rationnels*, donnée par polygen(QQ, 'x'), au lieu de la *variable symbolique x* renvoyée [1] par var('x') :

```
sage: x = polygen(QQ, 'x'); p = (2*x+1)*(x+2)*(x^4-1)
sage: print p, "est de degré", p.degree()
2*x^6 + 5*x^5 + 2*x^4 - 2*x^2 - 5*x - 2 est de degré 6
```

Observons que le polynôme est automatiquement développé. Les polynômes « algébriques » sont toujours représentés sous forme normale. C'est une différence cruciale par rapport aux polynômes de SR. En particulier, lorsque deux polynômes sont mathématiquement égaux, leur représentation informatique est la même, et une comparaison coefficient par coefficient suffit à tester l'égalité.

Les fonctionnalités de calcul sur les polynômes algébriques sont beaucoup plus étendues et performantes que celles sur les expressions polynomiales.

7.1.2   Construction d'anneaux de polynômes

En Sage, les polynômes, comme beaucoup d'autres objets algébriques, sont en général à coefficients dans un anneau commutatif. C'est le point de vue que nous adoptons, mais la plupart de nos exemples concernent des polynômes sur un corps. Dans tout le chapitre, les lettres A et K désignent respectivement un anneau commutatif et un corps quelconques.

La première étape pour mener un calcul dans une structure algébrique R est souvent de construire R elle-même. On construit $\mathbb{Q}[x]$ par

```
sage: R = PolynomialRing(QQ, 'x')
sage: x = R.gen()
```

---

1. Une petite différence : alors que var('x') a le même effet que x = var('x') en utilisation interactive, polygen(QQ, 'x') sans affectation ne change pas la valeur de la variable Python x.

Manipulation des anneaux de polynômes, $R = A[x]$	
construction (repr. dense)	`R.<x> = A[]` *ou* `R.<x> = PolynomialRing(A, 'x')`
ex. $\mathbb{Z}[x]$, $\mathbb{Q}[x]$, $\mathbb{R}[x]$, $\mathbb{Z}/n\mathbb{Z}[x]$	`ZZ['x']`, `QQ['x']`, `RR['x']`, `Integers(n)['x']`
construction (repr. creuse)	`R.<x> = PolynomialRing(A, 'x', sparse=True)`
accès à l'anneau de base A	`R.base_ring()`
accès à la variable x	`R.gen()` *ou* `R.0`
tests (intègre, nœthérien...)	`R.is_integral_domain()`, `R.is_noetherian()`, ...

TABLEAU 7.1 – Anneaux de polynômes.

Le `'x'` qui apparaît sur la première ligne est une chaîne de caractères, le nom de l'indéterminée, ou *générateur* de l'anneau. Le x de la deuxième ligne est une variable Python dans laquelle on récupère le générateur ; employer le même nom facilite la lecture du code. L'objet ainsi stocké dans la variable x représente le polynôme $x \in \mathbb{Q}[x]$. Il a pour parent (le *parent* d'un objet Sage est la structure algébrique « d'où il est issu », voir §5.1) l'anneau `QQ['x']` :

```
sage: x.parent()
Univariate Polynomial Ring in x over Rational Field
```

Le polynôme $x \in \mathbb{Q}[x]$ est considéré comme différent à la fois des polynômes identité $x \in A[x]$ d'anneau de base $A \neq \mathbb{Q}$ et de ceux, comme $t \in \mathbb{Q}[t]$, dont l'indéterminée porte un autre nom.

L'expression `PolynomialRing(QQ, 't')` s'écrit aussi `QQ['t']`. On combine souvent cette abréviation avec la construction « `S.<g> = ...` », qui affecte simultanément une structure à la variable S et son générateur à la variable g. La construction de l'anneau $\mathbb{Q}[x]$ et de son indéterminée se réduit alors à `R.<x> = QQ['x']`, ou même simplement `R.<x> = QQ[]` en sous-entendant la variable x. La forme `x = polygen(QQ, 'x')` vue en introduction équivaut à

```
sage: x = PolynomialRing(QQ, 'x').gen()
```

Signalons en passant que l'on peut choisir entre plusieurs représentations en mémoire lorsque l'on construit un anneau de polynômes. Les différences entre représentations seront discutées en §7.6.

Exercice 23 (Variables et indéterminées).

1. Comment définir x et y pour observer les résultats suivants ?

```
sage: x^2 + 1
y^2 + 1
sage: (y^2 + 1).parent()
Univariate Polynomial Ring in x over Rational Field
```

2. Après les instructions

```
sage: Q.<x> = QQ[]; p = x + 1; x = 2; p = p + x
```

quelle est la valeur de p ?

Polynômes à coefficients polynomiaux

Nous pouvons définir en Sage des anneaux de polynômes à coefficients dans n'importe quel anneau commutatif, y compris un autre anneau de polynômes. Mais attention, les anneaux du type $A[x][y]$ construits suivant ce procédé sont distincts des véritables anneaux de polynômes à plusieurs indéterminées comme $A[x, y]$. Ces derniers, présentés au chapitre 9, sont mieux adaptés aux calculs courants. En effet, travailler dans $A[x][y][\ldots]$ fait souvent jouer aux indéterminées des rôles trop dissymétriques.

Cependant, on souhaite parfois justement privilégier une variable en voyant les autres comme des paramètres. La méthode `polynomial` des polynômes multivariés permet d'isoler une variable, un peu comme la méthode `collect` des expressions. Voici par exemple comment calculer le polynôme réciproque d'un polynôme donné par rapport à une de ses indéterminées :

```
sage: R.<x,y,z,t> = QQ[]; p = (x+y+z*t)^2
sage: p.polynomial(t).reverse()
(x^2 + 2*x*y + y^2)*t^2 + (2*x*z + 2*y*z)*t + z^2
```

Ici, `p.polynomial(t)` crée un polynôme en la seule indéterminée `t` et à coefficients dans `QQ[x,y,z]`, auquel on applique ensuite la méthode `reverse`.

Les autres conversions entre $A[x, y, \ldots]$ et $A[x][y][\ldots]$ fonctionnent comme on s'y attend :

```
sage: x = polygen(QQ); y = polygen(QQ[x], 'y')
sage: p = x^3 + x*y + y + y^2; p
y^2 + (x + 1)*y + x^3
sage: q = QQ['x,y'](p); q
x^3 + x*y + y^2 + y
sage: QQ['x']['y'](q)
y^2 + (x + 1)*y + x^3
```

7.1.3   Polynômes

Création et arithmétique de base. Après l'instruction `R.<x> = QQ[]`, les expressions construites à partir de `x` et des constantes rationnelles par les opérations `+` et `*` sont des éléments de $\mathbb{Q}[x]$. Par exemple, dans `p = x + 2`, Sage détermine automatiquement que la valeur de la variable `x` et l'entier 2 peuvent tous deux s'interpréter comme des éléments de $\mathbb{Q}[x]$. La routine d'addition des polynômes de $\mathbb{Q}[x]$ est donc appelée ; elle fabrique et renvoie le polynôme $x + 2 \in \mathbb{Q}[x]$.

Une autre façon de créer un polynôme consiste à énumérer ses coefficients :

```
sage: def rook_polynomial(n, var='x'):
....:     return ZZ[var]([binomial(n, k)^2 * factorial(k)
....:                                 for k in (0..n) ])
```

La fonction ci-dessus fabrique des polynômes où le coefficient de x^k s'interprète comme le nombre de façons de placer k tours sur un échiquier $n \times n$ sans qu'elles

Accès aux données, opérations syntaxiques	
indéterminée x	`p.variables()`, `p.variable_name()`
coefficient de x^k	`p[k]`
coefficient dominant	`p.leading_coefficient()`
degré	`p.degree()`
liste des coefficients	`p.coeffs()`
liste des coefficients *non nuls*	`p.coefficients()`
dictionnaire degré $\mapsto$ coefficient	`p.dict()`
tests (unitaire, constant...)	`p.is_monic()`, `p.is_constant()`, ...

Arithmétique de base	
opérations $p+q$, $p-q$, $p \times q$, p^k	`p + q`, `p - q`, `p * q`, `p^k`
substitution $x := a$	`p(a)` *ou* `p.subs(a)`
dérivée	`p.derivative()` *ou* `diff(p)`

Transformations	
transformation des coefficients	`p.map_coefficients(f)`
changement d'anneau de base $A[x] \to B[x]$	`p.change_ring(B)` *ou* `B['x'](p)`
polynôme réciproque	`p.reverse()`

TABLEAU 7.2 – Opérations de base sur les polynômes $p, q \in A[x]$.

se menacent, d'où son nom. Les parenthèses après `ZZ[var]` servent à convertir de force un objet donné en un élément de cet anneau. La conversion d'une liste $[a_0, a_1, \dots]$ en élément de `ZZ['x']` renvoie le polynôme $a_0 + a_1 x + \cdots \in \mathbb{Z}[x]$.

Vue d'ensemble des opérations sur les polynômes. Les éléments d'un anneau de polynômes sont représentés par des objets Python de la classe `Polynomial` ou de classes dérivées. Les principales opérations [2] disponibles sur ces objets sont résumées dans les tableaux 7.2 à 7.5. Ainsi, on récupère le degré d'un polynôme en appelant sa méthode `degree`. De même, `p.subs(a)` ou simplement `p(a)` donne la valeur de p au point a, mais sert aussi à calculer la composée $p \circ a$ lorsque a est lui-même un polynôme, et plus généralement à évaluer un polynôme de $A[x]$ en un élément d'une A-algèbre :

```
sage: p = R.random_element(degree=4) # un polynôme au hasard
sage: p
-4*x^4 - 52*x^3 - 1/6*x^2 - 4/23*x + 1
sage: p.subs(x^2)
-4*x^8 - 52*x^6 - 1/6*x^4 - 4/23*x^2 + 1
sage: p.subs(matrix([[1,2],[3,4]]))
```

---

2. Il y en a beaucoup d'autres. Ces tableaux omettent les fonctionnalités trop pointues, les variantes plus spécialisées de méthodes mentionnées, et de nombreuses méthodes communes à tous les « éléments d'anneaux », voire à tous les objets Sage, qui ne présentent pas d'intérêt particulier sur les polynômes. Notons cependant que les méthodes spécialisées (par exemple `p.rescale(a)`, équivalent à `p(a*x)`) sont souvent plus efficaces que les méthodes plus générales qui peuvent les remplacer.

```
[-375407/138  -273931/69]
[ -273931/46  -598600/69]
```

Nous reviendrons sur le contenu des deux derniers tableaux dans les sections 7.2.1 et 7.3.

Changement d'anneau. La liste exacte des opérations disponibles, leur effet et leur efficacité dépendent fortement de l'anneau de base. Par exemple, les polynômes de `ZZ['x']` possèdent une méthode `content` qui renvoie leur contenu, c'est-à-dire le pgcd de leurs coefficients ; ceux de `QQ['x']` non, l'opération étant triviale. La méthode `factor` existe quant à elle pour tous les polynômes mais déclenche une exception `NotImplementedError` pour un polynôme à coefficients dans SR ou dans $\mathbb{Z}/4\mathbb{Z}$. Cette exception signifie que l'opération n'est pas disponible dans Sage pour ce type d'objet bien qu'elle ait un sens mathématiquement.

Il est donc très utile de pouvoir jongler avec les différents anneaux de coefficients sur lesquels on peut considérer un « même » polynôme. Appliquée à un polynôme de $A[x]$, la méthode `change_ring` renvoie son image dans $B[x]$, quand il y a une façon naturelle de convertir les coefficients. La conversion est souvent donnée par un morphisme canonique de A dans B : notamment, `change_ring` sert à étendre l'anneau de base pour disposer de propriétés algébriques supplémentaires. Ici par exemple, le polynôme p est irréductible sur les entiers, mais se factorise sur $\mathbb{R}$:

```
sage: x = polygen(QQ)
sage: p = x^2 - 16*x + 3
sage: p.factor()
x^2 - 16*x + 3
sage: p.change_ring(RDF).factor()
(x - 15.8102496759) * (x - 0.189750324093)
```

Le domaine RDF est en fait celui des « flottants machine », présenté au chapitre 11. La factorisation obtenue n'est qu'approchée ; elle ne suffit pas à retrouver exactement à coup sûr le polynôme de départ. Pour représenter les racines réelles de polynômes à coefficients entiers d'une manière qui permet les calculs exacts, on utilise le domaine AA des nombres algébriques réels. Nous verrons quelques exemples dans les sections suivantes.

La même méthode `change_ring` permet de réduire un polynôme de $\mathbb{Z}[x]$ modulo un nombre premier :

```
sage: p.change_ring(GF(3))
x^2 + 2*x
```

Inversement, si $B \subset A$ et si les coefficients de p sont en fait dans B, c'est aussi `change_ring` que l'on utilise afin de ramener p dans $B[x]$.

Itération. Plus généralement, on a parfois besoin d'appliquer une transformation à tous les coefficients d'un polynôme. La méthode `map_coefficients` est là pour cela. Appliquée à un polynôme $p \in A[x]$ avec comme paramètre une fonction f, elle renvoie le polynôme obtenu en appliquant f à chacun des coefficients *non nuls* de p. Le plus souvent, f est une fonction anonyme introduite

Divisibilité et division euclidienne	
test de divisibilité $p \mid q$	`p.divides(q)`
multiplicité d'un diviseur $q^k \mid p$	`k = p.valuation(q)`
division euclidienne $p = qd + r$	`q, r = p.quo_rem(d)` *ou* `q = p//d,  r = p%d`
pseudo-division $a^k p = qd + r$	`q, r, k = p.pseudo_divrem(d)`
plus grand commun diviseur	`p.gcd(q), gcd([p1, p2, p3])`
plus petit commun multiple	`p.lcm(q), lcm([p1, p2, p3])`
pgcd étendu $g = up + vq$	`g, u, v = p.xgcd(q)` *ou* `xgcd(p, q)`
« restes chinois » $c \equiv a \bmod p$, $c \equiv b \bmod q$	`c = crt(a, b, p, q)`

Divers	
interpolation $p(x_i) = y_i$	`p = R.lagrange_polynomial([(x1,y1), ...])`
contenu de $p \in \mathbb{Z}[x]$	`p.content()`

TABLEAU 7.3 – Arithmétique des polynômes.

par la construction `lambda` (voir §3.3.2). Voici par exemple comment calculer le conjugué d'un polynôme à coefficients complexes :

```
sage: QQi.<myI> = QQ[I]     # myi est le i de QQi, I celui de SR
sage: R.<x> = QQi[]; p = (x + 2*myI)^3; p
x^3 + 6*I*x^2 - 12*x - 8*I
sage: p.map_coefficients(lambda z: z.conjugate())
x^3 - 6*I*x^2 - 12*x + 8*I
```

Dans le cas présent, on peut aussi écrire `p.map_coefficients(conjugate)`, car `conjugate(z)` a le même effet que `z.conjugate` pour $z \in \mathbb{Q}[i]$. Appeler explicitement une méthode de l'objet `z` est plus sûr : le code fonctionne ainsi avec tous les objets dotés d'une méthode `conjugate()`, et seulement ceux-là.

7.2 Arithmétique euclidienne

Après la somme et le produit, les opérations les plus élémentaires sont ici la division euclidienne et le calcul de plus grand commun diviseur. Les opérateurs et méthodes correspondants (tableau 7.3) rappellent ceux sur les entiers. Bien souvent cependant, ces opérations sont cachées par une couche d'abstraction mathématique supplémentaire : quotient d'anneaux (§7.2.2) où chaque opération arithmétique contient une division euclidienne implicite, fractions rationnelles (§7.4) dont la normalisation passe par des calculs de pgcd...

7.2.1 Divisibilité

Divisions. La division euclidienne fonctionne sur un corps, et plus généralement sur un anneau commutatif si le coefficient dominant du diviseur est inversible, puisque ce coefficient est le seul élément de l'anneau de base par lequel il est nécessaire de diviser lors du calcul :

Opérations sur les anneaux de polynômes

Les parents des objets polynômes, les anneaux $A[x]$, sont eux-mêmes des objets Sage à part entière. Voyons rapidement à quoi ils peuvent servir.

Une première famille de méthodes permet de construire des polynômes remarquables, d'en tirer au hasard, ou encore d'énumérer des familles de polynômes, ici ceux de degré exactement 2 sur $\mathbb{F}_2$:

```
sage: list(GF(2)['x'].polynomials(of_degree=2))
[x^2, x^2 + 1, x^2 + x, x^2 + x + 1]
```

Nous ferons appel à quelques-unes de ces méthodes dans les exemples des sections suivantes pour construire les objets sur lesquels travailler. Le chapitre 15 explique de façon plus générale comment énumérer les éléments d'ensembles finis avec Sage.

Deuxièmement, le système « connaît » quelques faits de base à propos de chaque anneau de polynômes. On peut tester si un objet donné est un anneau, s'il est nœthérien :

```
sage: A = QQ['x']
sage: A.is_ring() and A.is_noetherian()
True
```

ou encore si $\mathbb{Z}$ est sous-anneau de $\mathbb{Q}[x]$ et pour quelles valeurs de n l'anneau $\mathbb{Z}/n\mathbb{Z}$ est intègre :

```
sage: ZZ.is_subring(A)
True
sage: [n for n in range(20)
....:     if Integers(n)['x'].is_integral_domain()]
[0, 2, 3, 5, 7, 11, 13, 17, 19]
```

Ces possibilités reposent largement sur le système de *catégories* de Sage (voir aussi §5.2.3). Les anneaux de polynômes sont membres d'un certain nombre de « catégories », comme la catégorie des ensembles, celle des anneaux euclidiens, et bien d'autres :

```
sage: R.categories()
[Category of euclidean domains,
 Category of principal ideal domains,
 ...
 Category of sets with partial maps, Category of objects]
```

Cela reflète que tout anneau de polynômes est aussi un ensemble, un anneau euclidien, et ainsi de suite. Le système peut ainsi transférer automatiquement aux anneaux de polynômes les propriétés générales des objets de ces différentes catégories.

```
sage: R.<t> = Integers(42)[]; (t^20-1) % (t^5+8*t+7)
22*t^4 + 14*t^3 + 14*t + 6
```

Lorsque le coefficient dominant n'est pas inversible, on peut encore définir une *pseudo-division euclidienne* : soient A un anneau commutatif, $p, d \in A[x]$, et a le coefficient dominant de d. Alors il existe deux polynômes $q, r \in A[x]$, avec $\deg r < \deg d$, et un entier $k \leqslant \deg p - \deg d + 1$ tels que

$$a^k p = qd + r.$$

La pseudo-division euclidienne est donnée par la méthode `pseudo_divrem`.

Pour effectuer une division exacte, on utilise également l'opérateur de quotient euclidien `//`. En effet, diviser par un polynôme non constant avec `/` renvoie un résultat de type fraction rationnelle (voir §7.4), ou échoue lorsque cela n'a pas de sens :

```
sage: ((t^2+t)//t).parent()
Univariate Polynomial Ring in t over Ring of integers modulo 42
sage: (t^2+t)/t
Traceback (most recent call last):
...
TypeError: self must be an integral domain.
```

Exercice 24. Usuellement, en Sage, les polynômes de $\mathbb{Q}[x]$ sont représentés sur la base monomiale $(x^n)_{n\in\mathbb{N}}$. Les polynômes de Tchebycheff T_n, définis par $T_n(\cos\theta) = \cos(n\theta)$, constituent une famille de polynômes orthogonaux et donc une base de $\mathbb{Q}[x]$. Les premiers polynômes de Tchebycheff sont

```
sage: x = polygen(QQ); [chebyshev_T(n, x) for n in (0..4)]
[1, x, 2*x^2 - 1, 4*x^3 - 3*x, 8*x^4 - 8*x^2 + 1]
```

Écrire une fonction qui prend en entrée un élément de $\mathbb{Q}[x]$ et renvoie les coefficients de sa décomposition sur la base $(T_n)_{n\in\mathbb{N}}$.

Exercice 25 (Division suivant les puissances croissantes). Soient $n \in \mathbb{N}$ et $u, v \in A[x]$, avec $v(0)$ inversible. Alors il existe un unique couple (q, r) de polynômes de $A[x]$ avec $\deg q \leqslant n$ tel que $u = qv + x^{n+1}r$. Écrire une fonction qui calcule q et r par un analogue de l'algorithme de division euclidienne. Comment faire ce même calcul le plus simplement possible, à l'aide de fonctions existantes ?

PGCD.   Sage sait calculer le pgcd de polynômes sur un corps, grâce à la structure euclidienne de $K[x]$, mais aussi sur certains autres anneaux, dont les entiers :

```
sage: S.<x> = ZZ[]; p = 2*(x^10-1)*(x^8-1)
sage: p.gcd(p.derivative())
2*x^2 - 2
```

On peut préférer l'expression plus symétrique `gcd(p,q)`, qui donne le même résultat que `p.gcd(q)`. Elle est cependant un peu moins naturelle en Sage car ce n'est pas un mécanisme général : la routine appelée par `gcd(p,q)` est une fonction de deux arguments définie manuellement dans le code source de Sage et qui appelle à son tour `p.gcd`. Seules quelques méthodes usuelles ont ainsi une fonction associée.

Le *pgcd étendu* (en anglais *extended gcd*), c'est-à-dire le calcul d'une relation de Bézout

$$g = \mathrm{pgcd}(p, q) = ap + bq, \qquad g, p, q, a, b \in K[x]$$

est fourni quant à lui par `p.xgcd(q)` :

```
sage: R.<x> = QQ[] ; p = x^5-1; q = x^3-1
sage: print "le pgcd est %s = (%s)*p + (%s)*q" % p.xgcd(q)
le pgcd est x - 1 = (-x)*p + (x^3 + 1)*q
```

La méthode `xgcd` existe aussi pour les polynômes de `ZZ['x']`, mais attention : l'anneau $\mathbb{Z}[x]$ n'étant pas principal, le résultat n'est pas en général une relation de Bézout !

7.2.2   Idéaux et quotients

Idéaux de $A[x]$.   Les idéaux des anneaux de polynômes, et les quotients par ces idéaux, sont représentés par des objets Sage construits à partir de l'anneau de polynômes par les méthodes `ideal` et `quo`. Le produit d'un tuple de polynômes par un anneau de polynômes est interprété comme un idéal :

```
sage: R.<x> = QQ[]
sage: J1 = (x^2 - 2*x + 1, 2*x^2 + x - 3)*R; J1
Principal ideal (x - 1) of Univariate Polynomial Ring in x
over Rational Field
```

On peut multiplier les idéaux, et réduire un polynôme modulo un idéal :

```
sage: J2 = R.ideal(x^5 + 2)
sage: ((3*x+5)*J1*J2).reduce(x^10)
421/81*x^6 - 502/81*x^5 + 842/81*x - 680/81
```

Le polynôme réduit demeure dans ce cas un élément de `QQ['x']`. Une autre possibilité consiste à construire le quotient par un idéal et y projeter des éléments. Le parent du projeté est alors l'anneau quotient. La méthode `lift` des éléments du quotient sert à les relever dans l'anneau de départ.

```
sage: B = R.quo((3*x+5)*J1*J2) # quo nomme automatiquement 'xbar'
sage: B(x^10)                  #    le générateur de B image de x
421/81*xbar^6 - 502/81*xbar^5 + 842/81*xbar - 680/81
sage: B(x^10).lift()
421/81*x^6 - 502/81*x^5 + 842/81*x - 680/81
```

Si K est un corps, l'anneau $K[x]$ est principal : les idéaux sont représentés dans les calculs par un générateur, et tout ceci n'est guère qu'un langage plus algébrique pour les opérations vues en §7.2.1. Son principal mérite est que les anneaux quotients peuvent aisément être utilisés dans de nouvelles constructions, ici celle de $\left(\mathbb{F}_5[t]/\langle t^2 + 3\rangle\right)[x]$:

```
sage: R.<t> = GF(5) [] ; R.quo(t^2+3)['x'].random_element()
```

Construction d'idéaux et d'anneaux quotients $Q = R/J$	
idéal $\langle u, v, w \rangle$	`R.ideal(u, v, w)` *ou* `(u, v, w)*R`
réduction de p modulo J	`J.reduce(p)` *ou* `p.mod(J)`
anneau quotient R/J, $R/\langle p \rangle$	`R.quo(J), R.quo(p)`
anneau quotienté pour obtenir Q	`Q.cover_ring()`
corps de nombres isomorphe	`Q.number_field()`

Éléments de $K[x]/\langle p \rangle$	
relevé (section de $R \twoheadrightarrow R/J$)	`u.lift()`
polynôme minimal	`u.minpoly()`
polynôme caractéristique	`u.charpoly()`
matrice	`u.matrix()`
trace	`u.trace()`

TABLEAU 7.4 – Idéaux et quotients.

```
(3*tbar + 1)*x^2 + (2*tbar + 3)*x + 3*tbar + 4
```

Sage permet aussi de construire des idéaux d'anneaux non principaux comme $\mathbb{Z}[x]$, mais les opérations disponibles sont alors limitées — sauf dans le cas des polynômes à plusieurs indéterminées sur un corps, qui font l'objet du chapitre 9.

Exercice 26. On définit la suite $(u_n)_{n \in \mathbb{N}}$ par les conditions initiales $u_n = n + 7$ pour $0 \leqslant n < 1000$ et la relation de récurrence linéaire

$$u_{n+1000} = 23u_{n+729} - 5u_{n+2} + 12u_{n+1} + 7u_n \qquad (n \geqslant 0).$$

Calculer les cinq derniers chiffres de $u_{10^{10000}}$. *Indication :* on pourra s'inspirer de l'algorithme de §3.2.4. Mais celui-ci prend trop de temps quand l'ordre de la récurrence est élevé. Introduire un quotient d'anneau de polynômes judicieux afin d'éviter ce problème.

Extensions algébriques. Un cas particulier important est le quotient de $K[x]$ par un polynôme irréductible pour réaliser une extension algébrique de K. Les corps de nombres, extensions finies de $\mathbb{Q}$, sont représentés par des objets `NumberField` distincts des quotients de `QQ['x']`. Lorsque cela a un sens, la méthode `number_field` d'un quotient d'anneau de polynômes renvoie le corps de nombres correspondant. L'interface des corps de nombres, plus riche que celle des anneaux quotients, dépasse le cadre de ce livre. Les corps finis composés $\mathbb{F}_{p^k}$, réalisés comme extensions algébriques des corps finis premiers $\mathbb{F}_p$, sont quant à eux décrits en §6.1.

7.3 Factorisation et racines

Un troisième niveau après les opérations élémentaires et l'arithmétique euclidienne concerne la décomposition des polynômes en produit de facteurs irréductibles, ou factorisation. C'est peut-être ici que le calcul formel est le plus utile !

7.3.1   Factorisation

Test d'irréductibilité. Sur le plan algébrique, la question la plus simple concernant la factorisation d'un polynôme est si celui-ci s'écrit comme produit de deux facteurs non triviaux, ou au contraire est irréductible. Naturellement, la réponse dépend de l'anneau de base. La méthode `is_irreducible` indique si un polynôme est irréductible dans son anneau parent. Par exemple, le polynôme $3x^2 - 6$ est irréductible sur $\mathbb{Q}$, mais pas sur $\mathbb{Z}$ (pourquoi?) :

```
sage: R.<x> = QQ[]; p = 3*x^2 - 6
sage: p.is_irreducible(), p.change_ring(ZZ).is_irreducible()
(True, False)
```

Factorisation. Décomposer en facteurs premiers un entier de plusieurs centaines ou milliers de chiffres est un problème très difficile. Factoriser un polynôme de degré 1000 sur $\mathbb{Q}$ ou $\mathbb{F}_p$ ne demande en revanche que quelques secondes de temps processeur [3] :

```
sage: p = QQ['x'].random_element(degree=1000)
sage: %timeit p.factor()
5 loops, best of 3: 32.2 s per loop
```

Ici s'arrête donc la similitude algorithmique entre polynômes et entiers que nous avons pu observer dans les sections précédentes.

Tout comme le test d'irréductibilité, la factorisation a lieu sur l'anneau de base du polynôme. Par exemple, la factorisation d'un polynôme sur les entiers est constituée d'une partie constante, elle-même décomposée en facteurs premiers, et d'un produit de polynômes primitifs, c'est-à-dire dont les coefficients sont premiers entre eux :

```
sage: x = polygen(ZZ); p = 54*x^4+36*x^3-102*x^2-72*x-12
sage: p.factor()
2 * 3 * (3*x + 1)^2 * (x^2 - 2)
```

Sage permet de factoriser sur des anneaux variés — rationnels, complexes (approchés), corps finis et corps de nombres notamment :

```
sage: for A in [QQ, ComplexField(16), GF(5), QQ[sqrt(2)]]:
....:     print A, ":"; print A['x'](p).factor()
Rational Field :
(54) * (x + 1/3)^2 * (x^2 - 2)
Complex Field with 16 bits of precision :
(54.00) * (x - 1.414) * (x + 0.3333)^2 * (x + 1.414)
Finite Field of size 5 :
(4) * (x + 2)^2 * (x^2 + 3)
Number Field in sqrt2 with defining polynomial x^2 - 2 :
(54) * (x - sqrt2) * (x + sqrt2) * (x + 1/3)^2
```

---

3. D'un point de vue théorique, on sait factoriser dans $\mathbb{Q}[x]$ en temps polynomial, et dans $\mathbb{F}_p[x]$ en temps polynomial probabiliste, alors que l'on ignore s'il est possible de factoriser les entiers en temps polynomial.

Factorisation	
test d'irréductibilité	`p.is_irreducible()`
factorisation	`p.factor()`
factorisation sans carré	`p.squarefree_decomposition()`
partie sans carré $p/\gcd(p, p')$	`p.radical()`

Racines	
racines dans A, dans D	`p.roots()`, `p.roots(D)`
racines réelles	`p.roots(RR)`, `p.real_roots()`
racines complexes	`p.roots(CC)`, `p.complex_roots()`
isolation des racines réelles	`p.roots(RIF)`, `p.real_root_intervals()`
isolation des racines complexes	`p.roots(CIF)`
résultant	`p.resultant(q)`
discriminant	`p.discriminant()`
groupe de Galois (p irréductible)	`p.galois_group()`

TABLEAU 7.5 – Factorisation et racines.

Le résultat d'une décomposition en facteurs irréductibles n'est pas un polynôme (puisque les polynômes sont toujours sous forme normale, c'est-à-dire développés!), mais un objet f de type `Factorization`. On peut récupérer le i-ème facteur avec f[i], et on retrouve le polynôme par f.expand(). Les objets `Factorization` disposent aussi de méthodes comme gcd et lcm qui ont le même sens que pour les polynômes mais opèrent sur les formes factorisées.

Décomposition sans carré. Malgré sa bonne complexité théorique et pratique, la factorisation complète d'un polynôme est une opération complexe. La décomposition sans carré constitue une forme plus faible de factorisation, beaucoup plus facile à obtenir — quelques calculs de pgcd suffisent — et qui apporte déjà beaucoup d'information.

Soit $p = \prod_{i=1}^{r} p_i^{m_i} \in K[x]$ un polynôme décomposé en produit de facteurs irréductibles sur un corps K de caractéristique nulle. On dit que p est sans carré (en anglais *squarefree*) si tous les facteurs p_i sont de multiplicité $m_i = 1$, c'est-à-dire si les racines de p dans une clôture algébrique de K sont simples. Une *décomposition sans carré* est une factorisation en produit de facteurs sans carré deux à deux premiers entre eux :

$$ p = f_1 f_2^2 \ldots f_s^s \qquad \text{où} \qquad f_m = \prod_{m_i=m} p_i. $$

La décomposition sans carré sépare donc les facteurs irréductibles de p par multiplicité. La *partie sans carré* $f_1 \ldots f_s = p_1 \ldots p_r$ de p est le polynôme à racines simples qui a les mêmes racines que p aux multiplicités près.

7.3.2 Recherche de racines

Le calcul des racines d'un polynôme admet de nombreuses variantes, suivant que l'on cherche des racines réelles, complexes, ou dans un autre domaine, exactes ou approchées, avec ou sans multiplicités, de façon garantie ou heuristique... La méthode `roots` d'un polynôme renvoie par défaut les racines du polynôme dans son anneau de base, sous la forme d'une liste de couples (racine, multiplicité) :

```
sage: R.<x> = ZZ[]; p = (2*x^2-5*x+2)^2 * (x^4-7); p.roots()
[(2, 2)]
```

Avec un paramètre, `roots(D)` renvoie les racines dans le domaine D, ici les racines rationnelles, puis des approximations des racines ℓ-adiques pour $\ell = 19$:

```
sage: p.roots(QQ)
[(2, 2), (1/2, 2)]
sage: p.roots(Zp(19, print_max_terms=3))
[(2 + 6*19^10 + 9*19^11 + ... + O(19^20), 1),
(7 + 16*19 + 17*19^2 + ... + O(19^20), 1),
(10 + 9*19 + 9*19^2 + ... + O(19^20), 1),
(10 + 9*19 + 9*19^2 + ... + O(19^20), 1),
(12 + 2*19 + 19^2 + ... + O(19^20), 1),
(2 + 13*19^10 + 9*19^11 + ... + O(19^20), 1)]
```

Cela fonctionne pour une grande variété de domaines, avec une efficacité variable.

En particulier, choisir pour D le corps des nombres algébriques `QQbar` ou celui des algébriques réels `AA` permet de calculer de façon exacte les racines complexes ou réelles d'un polynôme à coefficients rationnels :

```
sage: racines = p.roots(AA); racines
[(-1.626576561697786?, 1), (0.500000000000000?, 2),
(1.626576561697786?, 1), (2.000000000000000?, 2)]
```

Sage jongle de façon transparente pour l'utilisateur entre diverses représentations des nombres algébriques. L'une consiste par exemple à coder chaque $\alpha \in \bar{\mathbb{Q}}$ via son polynôme minimal couplé à un encadrement suffisamment précis pour distinguer α des autres racines. Ainsi, malgré leur affichage, les racines renvoyées ne sont pas de simples valeurs approchées. Elles peuvent être réutilisées dans des calculs exacts :

```
sage: a = racines[0][0]^4; a.simplify(); a
7
```

Ici, on a élevé la première des racines trouvées à la puissance quatrième, puis forcé Sage à simplifier suffisamment le résultat pour rendre manifeste qu'il s'agit de l'entier 7.

Une variante de la résolution exacte consiste à simplement *isoler* les racines, c'est-à-dire calculer des intervalles contenant chacun exactement une racine, en passant comme domaine D celui des intervalles réels `RIF` ou complexes `CIF`. Parmi les autres domaines utiles dans le cas d'un polynôme à coefficients rationnels, citons `RR`, `CC`, `RDF`, `CDF`, qui correspondent tous à des racines approchées, cherchées numériquement, ainsi que les corps de nombres `QQ[alpha]`. Les méthodes spécifiques `real_roots`, `complex_roots` et (pour certains anneaux de base) `real_root_intervals` offrent des options supplémentaires ou donnent des résultats légèrement différents des appels correspondant à `roots`. La recherche et l'isolation de racines numériques sont traitées plus en détail en §12.2.

7.3.3   Résultant

Sur tout anneau factoriel, l'existence d'un facteur commun non constant à deux polynômes se caractérise par l'annulation de leur *résultant* $\text{Res}(p, q)$, qui est un polynôme en leurs coefficients. Un intérêt majeur du résultant par rapport au pgcd est qu'il se *spécialise* bien par morphismes d'anneaux. Par exemple, les polynômes $x - 12$ et $x - 20$ sont premiers entre eux dans $\mathbb{Z}[x]$, mais l'annulation de leur résultant

```
sage: x = polygen(ZZ); (x-12).resultant(x-20)
-8
```

modulo n montre qu'ils ont une racine commune dans $\mathbb{Z}/n\mathbb{Z}$ si et seulement n divise 8.

Soient $p = \sum_{i=0}^{m} p_i x^i$ et $q = \sum_{i=0}^{n} q_i x^i$ deux polynômes non constants de $A[x]$, avec $p_m, q_n \neq 0$. Le résultant de p et q est défini par

$$\text{Res}(p, q) = \begin{vmatrix} p_m & \cdots & & \cdots & p_0 & & & \\ & \ddots & & & & \ddots & & \\ & & p_m & \cdots & & \cdots & p_0 \\ q_n & \cdots & & q_0 & & & & \\ & \ddots & & & \ddots & & & \\ & & \ddots & & & \ddots & & \\ & & & q_n & \cdots & & q_0 \end{vmatrix}. \tag{7.1}$$

C'est le déterminant, dans des bases convenables, de l'application linéaire

$$\begin{array}{ccc} A_{n-1}[x] \times A_{m-1}[x] & \to & A_{m+n-1}[x] \\ u, v & \mapsto & up + vq \end{array}$$

où $A_k[x] \subset A[x]$ désigne le sous-module des polynômes de degré au plus k. Si p et q sont scindés, leur résultant s'écrit aussi en fonction des différences de leurs racines :

$$\text{Res}(p, q) = p_m^n q_n^m \prod_{i,j} (\alpha_i - \beta_j), \quad \begin{cases} p = p_m(x - \alpha_1) \ldots (x - \alpha_m) \\ q = q_n(x - \beta_1) \ldots (x - \beta_n). \end{cases}$$

La propriété de spécialisation mentionnée plus haut se déduit de la définition (7.1) : si $\varphi : A \to A'$ est un morphisme d'anneaux dont l'application à p et à q ne fait pas chuter leurs degrés, autrement dit tel que $\varphi(p_m) \neq 0$ et $\varphi(q_n) \neq 0$, alors on a

$$\text{Res}(\varphi(p), \varphi(q)) = \varphi(\text{Res}(p, q)).$$

Ainsi, $\varphi(\text{Res}(p, q))$ s'annule lorsque $\varphi(p)$ et $\varphi(q)$ ont un facteur commun. Nous avons vu un exemple de ce phénomène un peu plus haut, avec pour φ la projection canonique de $\mathbb{Z}$ dans $\mathbb{Z}/n\mathbb{Z}$.

Mais l'utilisation la plus commune du résultant concerne le cas où l'anneau de base est lui-même un anneau de polynômes : $p, q \in A[x]$ avec $A = K[a_1, \ldots, a_k]$. En particulier, soient $\alpha_1, \ldots, \alpha_k \in K$, et considérons la spécialisation

$$\varphi : \quad \begin{aligned} B[a_1, \ldots, a_k] &\to K \\ q(a_1, \ldots, a_k) &\mapsto q(\alpha_1, \ldots, \alpha_k). \end{aligned}$$

On voit alors que le résultant $\mathrm{Res}(p, q)$ s'annule en $(\alpha_1, \ldots, \alpha_k)$ si et seulement si les spécialisations $\varphi(p), \varphi(q) \in K[x]$ ont un facteur commun, *sous réserve que* l'un des termes dominants de p et q soit différent de zéro en $(\alpha_1, \ldots, \alpha_k)$.

Par exemple, le discriminant de p est défini par

$$\mathrm{disc}(p) = (-1)^{d(d-1)/2} \mathrm{Res}(p, p')/p_m.$$

Cette définition généralise les discriminants classiques des polynômes de degré deux ou trois :

```
sage: R.<a,b,c,d> = QQ[]; x = polygen(R); p = a*x^2+b*x+c
sage: p.resultant(p.derivative())
-a*b^2 + 4*a^2*c
sage: p.discriminant()
b^2 - 4*a*c
sage: (a*x^3 + b*x^2 + c*x + d).discriminant()
b^2*c^2 - 4*a*c^3 - 4*b^3*d + 18*a*b*c*d - 27*a^2*d^2
```

Comme le discriminant de p est, à une normalisation près, le résultant de p et de sa dérivée, il s'annule si et seulement si p a une racine multiple.

7.3.4 Groupe de Galois

Le groupe de Galois d'un polynôme irréductible $p \in \mathbb{Q}[x]$ est un objet algébrique qui décrit certaines « symétries » des racines de p. Il s'agit d'un objet central de la théorie des équations algébriques. Notamment, l'équation $p(x) = 0$ est résoluble par radicaux, c'est-à-dire que ses solutions s'expriment à partir des coefficients de p au moyen des quatre opérations et de l'extraction de racine n-ième, si et seulement si le groupe de Galois de p est *résoluble*.

Sage permet de calculer les groupes de Galois des polynômes à coefficients rationnels de degré modéré, et d'effectuer toutes sortes d'opérations sur les groupes obtenus. Tant la théorie de Galois que les fonctionnalités de théorie des groupes de Sage dépassent le cadre de ce livre. Bornons-nous à appliquer sans plus d'explications le théorème de Galois sur la résolubilité par radicaux. Le calcul suivant[4] montre que les racines de $x^5 - x - 1$ ne s'expriment pas par radicaux :

```
sage: x = polygen(QQ); G = (x^5 - x - 1).galois_group(); G
Transitive group number 5 of degree 5
```

---

4. Ce calcul nécessite une table de groupes finis qui ne fait pas partie de l'installation de base de Sage, mais que l'on peut télécharger et installer automatiquement par la commande `install_package("database_gap")` (il peut être nécessaire de redémarrer Sage après l'installation).

```
sage: G.is_solvable()
False
```

Il s'agit d'un des exemples les plus simples dans ce cas, puisque les polynômes de degré inférieur ou égal à 4 sont toujours résolubles par radicaux, de même évidemment que ceux de la forme $x^5 - a$. En examinant les générateurs de G vu comme un groupe de permutations, on reconnaît que $G \simeq \mathfrak{S}_5$, ce que l'on vérifie facilement :

```
sage: G.gens()
[(1,2,3,4,5), (1,2)]
sage: G.is_isomorphic(SymmetricGroup(5))
True
```

7.4 Fractions rationnelles

7.4.1 Construction et propriétés élémentaires

La division de deux polynômes (sur un anneau intègre) produit une fraction rationnelle. Son parent est le corps des fractions de l'anneau de polynômes, qui peut s'obtenir par `Frac(R)` :

```
sage: x = polygen(RR); r = (1 + x)/(1 - x^2); r.parent()
Fraction Field of Univariate Polynomial Ring in x over Real
Field with 53 bits of precision
sage: r
(x + 1.00000000000000)/(-x^2 + 1.00000000000000)
```

On observe que la simplification n'est pas automatique. C'est parce que `RR` est un anneau *inexact*, c'est-à-dire dont les éléments s'interprètent comme des approximations d'objets mathématiques. La méthode `reduce` met la fraction sous forme réduite. Elle ne renvoie pas de nouvel objet, mais modifie la fraction rationnelle existante :

```
sage: r.reduce(); r
1.00000000000000/(-x + 1.00000000000000)
```

Sur un anneau exact, en revanche, les fractions rationnelles sont automatiquement réduites.

Les opérations sur les fractions rationnelles sont analogues à celles sur les polynômes. Celles qui ont un sens dans les deux cas (substitution, dérivée, factorisation...) s'utilisent de la même façon. Le tableau 7.6 énumère quelques autres méthodes utiles. La décomposition en éléments simples et surtout la reconstruction rationnelle méritent quelques explications.

7.4.2 Décomposition en éléments simples

Sage calcule la décomposition en éléments simples d'une fraction rationnelle a/b de `Frac(K['x'])` à partir de la factorisation de b dans `K['x']`. Il s'agit donc

Fractions rationnelles	
corps des fractions $K(x)$	`Frac(K['x'])`
numérateur	`r.numerator()`
dénominateur	`r.denominator()`
simplification (modifie r)	`r.reduce()`
décomposition en éléments simples	`r.partial_fraction_decomposition()`
reconstruction rationnelle de $s \bmod m$	`s.rational_reconstruct(m)`

Séries tronquées	
anneau $A[[t]]$	`PowerSeriesRing(A, 'x', default_prec=n)`
anneau $A((t))$	`LaurentSeriesRing(A, 'x', default_prec=n)`
coefficient $[x^k]\, f(x)$	`f[k]`
troncature	`x + O(x^n)`
précision	`f.prec()`
dérivée, primitive (nulle en 0)	`f.derivative(), f.integral()`
opérations usuelles $\sqrt{f}$, $\exp f$, …	`f.sqrt(), f.exp(), ...`
réciproque ($f \circ g = g \circ f = x$)	`g = f.reversion()`
solution de $y' = ay + b$	`a.solve_linear_de(precision, b)`

TABLEAU 7.6 – Objets construits à partir des polynômes.

de la décomposition en éléments simples sur K. Le résultat est formé d'une partie polynomiale p et d'une liste de fractions rationnelles dont les dénominateurs sont des puissances de facteurs irréductibles de b :

```
sage: R.<x> = QQ[] ; r = x^10 / ((x^2-1)^2 * (x^2+3))
sage: poly, parts = r.partial_fraction_decomposition()
sage: poly
x^4 - x^2 + 6
sage: for part in parts: part.factor()
(17/32) * (x - 1)^-2 * (x - 15/17)
(-17/32) * (x + 1)^-2 * (x + 15/17)
(-243/16) * (x^2 + 3)^-1
```

On a ainsi obtenu la décomposition en éléments simples sur les rationnels

$$r = \frac{x^{10}}{(x^2-1)^2(x^2+3)} = x^4 - x^2 + 6 + \frac{\frac{17}{32}x - \frac{15}{32}}{(x-1)^2} + \frac{-\frac{17}{32}x - \frac{15}{32}}{(x+1)^2} + \frac{-\frac{243}{16}}{x^2+3}.$$

Il n'est pas difficile de voir que c'est aussi la décomposition de r sur les réels.

Sur les complexes en revanche, le dénominateur du dernier terme n'est pas irréductible, et donc la fraction rationnelle peut encore se décomposer. On peut calculer la décomposition en éléments simples sur les réels ou les complexes numériquement :

```
sage: C = ComplexField(15)
sage: Frac(C['x'])(r).partial_fraction_decomposition()
(x^4 - x^2 + 6.000, [(0.5312*x - 0.4688)/(x^2 - 2.000*x + 1.000),
4.384*I/(x - 1.732*I), (-4.384*I)/(x + 1.732*I),
(-0.5312*x - 0.4688)/(x^2 + 2.000*x + 1.000)])
```

La décomposition exacte sur $\mathbb{C}$ s'obtient de la même façon, en remplaçant C par QQbar. En faisant le calcul sur AA, on aurait la décomposition sur les réels même quand toutes les racines réelles du dénominateur ne sont pas rationnelles.

7.4.3 Reconstruction rationnelle

Un analogue de la reconstruction rationnelle présentée en §6.1.3 existe pour les polynômes à coefficients dans $A = \mathbb{Z}/n\mathbb{Z}$. Étant donnés $m, s \in A[x]$, la commande

```
sage: s.rational_reconstruct(m, dp, dq)
```

calcule lorsque c'est possible des polynômes $p, q \in A[x]$ tels que

$$qs \equiv p \mod m, \qquad \deg p \leqslant d_p, \quad \deg q \leqslant d_q.$$

Restreignons-nous pour simplifier au cas où n est premier. Une telle relation avec q et m premiers entre eux entraîne $p/q = s$ dans $A[x]/\langle m \rangle$, d'où le nom de reconstruction rationnelle.

Le problème de reconstruction rationnelle se traduit par un système linéaire sur les coefficients de p et q, et un simple argument de dimension montre qu'il admet une solution non triviale dès que $d_p + d_q \geqslant \deg m - 1$. Il n'y a pas toujours de solution avec q et m premiers entre eux (par exemple, les solutions de $p \equiv qx$ mod x^2 avec $\deg p \leqslant 0$, $\deg q \leqslant 1$ sont les multiples constants de $(p, q) = (0, x)$), mais rational_reconstruct cherche en priorité les solutions q premières avec m.

Approximants de Padé. Le cas $m = x^n$ est appelé approximation de Padé. Un approximant de Padé de type $(k, n - k)$ d'une série formelle $f \in K[[x]]$ est une fraction rationnelle $p/q \in K(x)$ telle que $\deg p \leqslant k - 1$, $\deg q \leqslant n - k$, $q(0) = 1$, et $p/q = f + O(x^n)$. On a alors $p/q \equiv f \mod x^n$.

Commençons par un exemple purement formel. Les commandes suivantes calculent un approximant de Padé de la série $f = \sum_{i=0}^{\infty} (i+1)^2 x^i$ à coefficients dans $\mathbb{Z}/101\mathbb{Z}$:

```
sage: A = Integers(101); R.<x> = A[]
sage: f6 = sum( (i+1)^2 * x^i for i in (0..5) ); f6
36*x^5 + 25*x^4 + 16*x^3 + 9*x^2 + 4*x + 1
sage: num, den = f6.rational_reconstruct(x^6, 1, 3); num/den
(100*x + 100)/(x^3 + 98*x^2 + 3*x + 100)
```

En développant à nouveau en série la fraction rationnelle trouvée, on observe que non seulement les développements coïncident jusqu'à l'ordre 6, mais le terme suivant aussi « est juste » !

```
sage: S = PowerSeriesRing(A, 'x', 7); S(num)/S(den)
1 + 4*x + 9*x^2 + 16*x^3 + 25*x^4 + 36*x^5 + 49*x^6 + O(x^7)
```

En effet, f est elle-même une fraction rationnelle : on a $f = (1 + x)/(1 - x)^3$. Le développement tronqué f6, accompagné de bornes sur les degrés du numérateur et du dénominateur, suffit à la représenter sans ambiguïté. De ce point de vue, le calcul d'approximants de Padé est l'inverse du développement en série des fractions rationnelles : il permet de repasser de cette représentation alternative à la représentation habituelle comme quotient de deux polynômes.

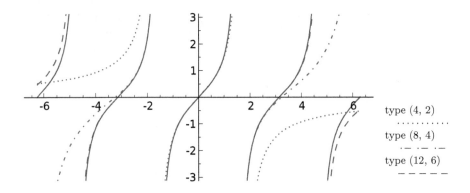

FIGURE 7.1 – La fonction tangente et quelques approximants de Padé sur $[-2\pi, 2\pi]$.

Un exemple analytique. Historiquement, les approximants de Padé ne sont pas nés de ce genre de considérations formelles, mais de la théorie de l'approximation des fonctions analytiques. En effet, les approximants de Padé du développement en série d'une fonction analytique approchent souvent mieux la fonction que les troncatures de la série. Quand le degré du dénominateur est assez grand, ils peuvent même fournir de bonnes approximations même en-dehors du disque de convergence de la série. On dit parfois qu'ils « avalent les pôles ». La figure 7.1, qui montre la convergence des approximants de type $(2k, k)$ de la fonction tangente au voisinage de 0, illustre ce phénomène.

Bien que `rational_reconstruct` soit limité aux polynômes sur $\mathbb{Z}/n\mathbb{Z}$, il est possible de s'en servir pour calculer des approximants de Padé à coefficients rationnels, et aboutir à cette figure. Le plus simple est de commencer par effectuer la reconstruction rationnelle modulo un nombre premier assez grand :

```
sage: x = var('x'); s = tan(x).taylor(x, 0, 20)
sage: p = previous_prime(2^30); ZpZx = Integers(p)['x']
sage: Qx = QQ['x']

sage: num, den = ZpZx(s).rational_reconstruct(ZpZx(x)^10,4,5)
sage: num/den
(1073741779*x^3 + 105*x)/(x^4 + 1073741744*x^2 + 105)
```

puis de relever la solution trouvée. La fonction suivante relève un élément a de $\mathbb{Z}/p\mathbb{Z}$ en un entier de valeur absolue au plus $p/2$.

```
sage: def lift_sym(a):
....:     m = a.parent().defining_ideal().gen()
....:     n = a.lift()
....:     if n <= m // 2: return n
....:     else: return n - m
```

On obtient :

```
sage: Qx(map(lift_sym, num))/Qx(map(lift_sym, den))
```

```
(-10*x^3 + 105*x)/(x^4 - 45*x^2 + 105)
```

Lorsque les coefficients cherchés sont trop grands pour cette technique, on peut faire le calcul modulo plusieurs premiers, et appliquer le « théorème chinois » afin de retrouver une solution à coefficients entiers, comme expliqué en §6.1.4. Une autre possibilité est de calculer une relation de récurrence à coefficients constants satisfaite par les coefficients de la série. Ce calcul est presque équivalent à celui d'un approximant de Padé (voir exercice 27), mais la fonction `berlekamp_massey` de Sage permet de le faire sur un corps quelconque.

Systématisons un peu le calcul précédent, en écrivant une fonction qui calcule directement l'approximant à coefficients rationnels, sous des hypothèses suffisamment favorables :

```
sage: def mypade(pol, n, k):
....:     x = ZpZx.gen();
....:     n,d = ZpZx(pol).rational_reconstruct(x^n, k-1, n-k)
....:     return Qx(map(lift_sym, n))/Qx(map(lift_sym, d))
```

Il n'y a plus alors qu'à appeler `plot` sur les résultats de cette fonction (convertis en éléments de `SR`, car `plot` ne permet pas de tracer directement le graphe d'une fraction rationnelle « algébrique ») pour obtenir le graphique de la figure 7.1 :

```
sage: add(
....:     plot(expr, -2*pi, 2*pi, ymin=-3, ymax=3,
....:             linestyle=sty, detect_poles=True, aspect_ratio=1)
....:     for (expr, sty) in [
....:         (tan(x), '-'),
....:         (SR(mypade(s, 4,  2)), ':' ),
....:         (SR(mypade(s, 8,  4)), '-.'),
....:         (SR(mypade(s, 12, 6)), '--') ])
```

Les exercices suivants présentent deux autres applications classiques de la reconstruction rationnelle.

Exercice 27.   1. Montrer que si $(u_n)_{n\in\mathbb{N}}$ satisfait une récurrence linéaire à coefficients constants, la série formelle $\sum_{n\in\mathbb{N}} u_n z^n$ est une fraction rationnelle. Comment s'interprètent le numérateur et le dénominateur ?

2. Deviner les termes suivants de la suite

$$1, 1, 2, 3, 8, 11, 34, 39, 148, 127, 662, 339, 3056, 371, 14602, -4257, \ldots,$$

en utilisant `rational_reconstruct`. Retrouver le résultat à l'aide de la fonction `berlekamp_massey`.

Exercice 28 (Interpolation de Cauchy). Trouver une fraction rationnelle $r = p/q \in \mathbb{F}_{17}(x)$ telle que $r(0) = -1$, $r(1) = 0$, $r(2) = 7$, $r(3) = 5$, avec p de degré minimal.

7.5   Séries formelles

Une série formelle est une série entière vue comme une simple suite de coefficients, sans considération de convergence. Plus précisément, si A est un anneau commutatif, on appelle séries formelles (en anglais *formal power series*) d'indéterminée x à coefficients dans A les sommes formelles $\sum_{n=0}^{\infty} a_n x^n$ où (a_n) est une suite quelconque d'éléments de A. Munies des opérations d'addition et de multiplication naturelles

$$\sum_{n=0}^{\infty} a_n x^n + \sum_{n=0}^{\infty} b_n x^n = \sum_{n=0}^{\infty} (a_n + b_n) x^n,$$

$$\left(\sum_{n=0}^{\infty} a_n x^n\right)\left(\sum_{n=0}^{\infty} b_n x^n\right) = \sum_{n=0}^{\infty} \left(\sum_{i+j=n} a_i b_j\right) x^n,$$

les séries formelles forment un anneau noté $A[[x]]$.

Dans un système de calcul formel, ces séries sont utiles pour représenter des fonctions analytiques dont on n'a pas d'écriture exacte. Comme toujours, l'ordinateur fait les calculs, mais c'est à l'utilisateur de leur donner un sens mathématique. À lui par exemple de s'assurer que les séries qu'il manipule sont convergentes.

Les séries formelles interviennent aussi abondamment en combinatoire, en tant que séries génératrices. Nous verrons un exemple de ce type en §15.1.2.

7.5.1   Opérations sur les séries tronquées

L'anneau de séries formelles $\mathbb{Q}[[x]]$ s'obtient par

```
sage: R.<x> = PowerSeriesRing(QQ)
```

ou en abrégé R.<x> = QQ[[]] [5]. Les éléments de A[['x']] sont des séries tronquées, c'est-à-dire des objets de la forme

$$f = f_0 + f_1 x + \cdots + f_{n-1} x^{n-1} + O(x^n).$$

Ils jouent le rôle d'approximations des séries « mathématiques » infinies, tout comme les éléments de RR représentent des approximations de réels. L'anneau A[['x']] est donc un anneau inexact.

Chaque série possède son propre ordre de troncature [6], et la précision est suivie automatiquement au cours des calculs :

```
sage: R.<x> = QQ[[]]
sage: f = 1 + x + O(x^2); g = x + 2*x^2 + O(x^4)
sage: f + g
1 + 2*x + O(x^2)
sage: f * g
x + 3*x^2 + O(x^3)
```

Il existe des séries de précision infinie, qui correspondent exactement aux polynômes :

---

5. Ou à partir de $\mathbb{Q}[x]$, par QQ['x'].completion('x').

6. D'un certain point de vue, c'est la principale différence entre un polynôme modulo x^n et une série tronquée à l'ordre n : les opérations sur ces deux sortes d'objets sont analogues, mais les éléments de $A[[x]]/\langle x^n \rangle$ ont, eux, tous la même « précision ».

```
sage: (1 + x^3).prec()
+Infinity
```

Une précision par défaut est utilisée quand il est nécessaire de tronquer un résultat exact. Elle se règle à la création de l'anneau, ou ensuite par la méthode `set_default_prec` :

```
sage: R.<x> = PowerSeriesRing(Reals(24), default_prec=4)
sage: 1/(1 + RR.pi() * x)^2
1.00000 - 6.28319*x + 29.6088*x^2 - 124.025*x^3 + O(x^4)
```

Tout cela entraîne qu'il n'est pas possible de tester l'égalité mathématique de deux séries. C'est une différence conceptuelle importante entre celles-ci et les autres classes d'objets vues dans ce chapitre. Sage considère donc deux éléments de `A[['x']]` comme égaux dès qu'ils coïncident jusqu'à la *plus faible* de leurs précisions :

```
sage: R.<x> = QQ[[]]
sage: 1 + x + O(x^2) == 1 + x + x^2 + O(x^3)
True
```

Attention : cela implique par exemple que le test `O(x^2) == 0` renvoie vrai, puisque la série nulle a une précision infinie.

Les opérations arithmétiques de base sur les séries fonctionnent comme sur les polynômes. On dispose aussi de quelques fonctions usuelles, par exemple `f.exp()` lorsque $f(0) = 0$, ainsi que des opérations de dérivation et d'intégration. Ainsi, un développement asymptotique quand $x \to 0$ de

$$\frac{1}{x^2} \exp\left(\int_0^x \sqrt{\frac{1}{1+t}} \, \mathrm{d}t \right)$$

est donné par

```
sage: (1/(1+x)).sqrt().integral().exp() / x^2 + O(x^4)
x^-2 + x^-1 + 1/4 + 1/24*x - 1/192*x^2 + 11/1920*x^3 + O(x^4)
```

Ici, même si seuls quatre termes apparaissent dans le résultat, chaque opération est effectuée à la précision par défaut 20, qui suffit largement pour obtenir un reste final en $O(x^4)$. Pour obtenir plus de vingt termes, il faudrait augmenter la précision des calculs intermédiaires.

Cet exemple montre aussi que si $f, g \in \mathbb{K}[[x]]$ et $g(0) = 0$, le quotient f/g renvoie un objet *série de Laurent* formelle. Contrairement aux séries de Laurent de l'analyse complexe, de la forme $\sum_{n=-\infty}^{\infty} a_n x^n$, les séries de Laurent formelles sont des sommes du type $\sum_{n=-N}^{\infty} a_n x^n$, avec un nombre fini de termes d'exposant négatif. Cette restriction est nécessaire pour donner un sens au produit de deux séries formelles : sans celle-ci, chaque coefficient du produit s'exprime comme une somme de série infinie.

7.5.2   Développement de solutions d'équations

Face à une équation différentielle dont les solutions exactes sont trop compliquées à calculer ou à exploiter une fois calculées, ou tout simplement qui n'admet pas de solution en forme close, un recours fréquent consiste à chercher des solutions sous forme de séries. On commence habituellement par déterminer les solutions de l'équation dans l'espace des séries formelles, et si nécessaire, on conclut ensuite par un argument de convergence que les solutions formelles construites ont un sens analytique. Sage peut être d'une aide précieuse pour la première étape.

Considérons par exemple l'équation différentielle

$$y'(x) = \sqrt{1+x^2}\, y(x) + \exp(x), \qquad y(0) = 1.$$

Cette équation admet une unique solution en série formelle, dont on peut calculer les premiers termes par

```
sage: (1+x^2).sqrt().solve_linear_de(prec=6, b=x.exp())
1 + 2*x + 3/2*x^2 + 5/6*x^3 + 1/2*x^4 + 7/30*x^5 + O(x^6)
```

De plus, le théorème de Cauchy d'existence de solutions d'équations différentielles linéaires à coefficients analytiques assure que cette série converge pour $|x| < 1$: sa somme fournit donc une solution analytique sur le disque unité complexe.

Cette approche n'est pas limitée aux équations différentielles. L'équation fonctionnelle $e^{xf(x)} = f(x)$ est plus compliquée, ne serait-ce que parce qu'elle n'est pas linéaire. Mais c'est une équation de point fixe, nous pouvons essayer de raffiner une solution (formelle) par itération :

```
sage: S.<x> = PowerSeriesRing(QQ, default_prec=5)
sage: f = S(1)
sage: for i in range(5):
....:     f = (x*f).exp()
....:     print f
1 + x + 1/2*x^2 + 1/6*x^3 + 1/24*x^4 + O(x^5)
1 + x + 3/2*x^2 + 5/3*x^3 + 41/24*x^4 + O(x^5)
1 + x + 3/2*x^2 + 8/3*x^3 + 101/24*x^4 + O(x^5)
1 + x + 3/2*x^2 + 8/3*x^3 + 125/24*x^4 + O(x^5)
1 + x + 3/2*x^2 + 8/3*x^3 + 125/24*x^4 + O(x^5)
```

Que se passe-t-il ici ? Les solutions de $e^{xf(x)} = f(x)$ dans $\mathbb{Q}[[x]]$ sont les points fixes de la transformation $\Phi : f \mapsto e^{xf}$. Si une suite d'itérés de la forme $\Phi^n(a)$ converge, sa limite est nécessairement solution de l'équation. Inversement, posons $f(x) = \sum_{n=0}^{\infty} f_n x^n$, et développons en série les deux membres : il vient

$$\sum_{n=0}^{\infty} f_n x^n = \sum_{k=0}^{\infty} \frac{1}{k!} \left(x \sum_{j=0}^{\infty} f_j x^j \right)^k$$

$$= \sum_{n=0}^{\infty} \left(\sum_{k=0}^{\infty} \frac{1}{k!} \sum_{\substack{j_1,\dots,j_k \in \mathbb{N} \\ j_1+\cdots+j_k=n-k}} f_{j_1} f_{j_2} \cdots f_{j_k} \right) x^n. \tag{7.2}$$

Peu importent les détails de la formule ; l'essentiel est que f_n se calcule en fonction des coefficients précédents $f_0, \ldots, f_{n-1}$, comme on le voit en identifiant les coefficients des deux membres. Chaque itération de Φ fournit donc un nouveau terme correct.

Exercice 29. Calculer le développement limité à l'ordre 15 de $\tan x$ au voisinage de zéro à partir de l'équation différentielle $\tan' = 1 + \tan^2$.

7.5.3   Séries paresseuses

Le phénomène de point fixe motive l'introduction d'une autre sorte de séries formelles appelées séries paresseuses (en anglais *lazy*). Ce ne sont pas des séries tronquées, mais bien des séries infinies ; l'adjectif paresseux signifie que les coefficients ne sont calculés que quand ils sont explicitement demandés. En contrepartie, on ne peut représenter que des séries dont on sait calculer les coefficients : essentiellement, des combinaisons de séries de base et certaines solutions d'équations pour lesquelles existent des relations comme (7.2). Par exemple, la série paresseuse `lazy_exp` définie par

```
sage: L.<x> = LazyPowerSeriesRing(QQ)
sage: lazy_exp = x.exponential(); lazy_exp
O(1)
```

est un objet qui contient dans sa représentation interne toutes les informations nécessaires pour calculer le développement en série de $\exp x$ à n'importe quel ordre. Elle s'affiche initialement comme `O(1)` car aucun coefficient n'a encore été calculé. Tenter d'accéder au coefficient de x^5 déclenche le calcul, et les coefficients calculés sont alors mémorisés :

```
sage: lazy_exp[5]
1/120
sage: lazy_exp
1 + x + 1/2*x^2 + 1/6*x^3 + 1/24*x^4 + 1/120*x^5 + O(x^6)
```

Reprenons l'exemple de l'équation $e^{xf(x)} = f(x)$ pour voir comment il se traite avec des séries paresseuses. Nous pouvons d'abord essayer de reproduire le calcul fait plus haut dans l'anneau `QQ[['x']]` :

```
sage: f = L(1)  # la série paresseuse constante 1
sage: for i in range(5):
....:     f = (x*f).exponential()
....:     f.compute_coefficients(5)  # force le calcul des
....:     print f                    # premiers coefficients
1 + x + 1/2*x^2 + 1/6*x^3 + 1/24*x^4 + 1/120*x^5 + O(x^6)
1 + x + 3/2*x^2 + 5/3*x^3 + 41/24*x^4 + 49/30*x^5 + O(x^6)
1 + x + 3/2*x^2 + 8/3*x^3 + 101/24*x^4 + 63/10*x^5 + O(x^6)
1 + x + 3/2*x^2 + 8/3*x^3 + 125/24*x^4 + 49/5*x^5 + O(x^6)
1 + x + 3/2*x^2 + 8/3*x^3 + 125/24*x^4 + 54/5*x^5 + O(x^6)
```

Les développements obtenus sont bien sûr les mêmes que précédemment [7]. Mais la valeur de f à chaque itération est maintenant une série infinie, dont on peut calculer des coefficients à la demande. Toutes ces séries intermédiaires sont conservées en mémoire. Le calcul de chacune d'entre elles est automatiquement poussé à la précision requise de manière à fournir, par exemple, le coefficient de x^7 dans le dernier itéré lorsque l'on tente d'y accéder :

```
sage: f[7]
28673/630
```

Avec le code de la §7.5.2, l'accès à f[7] aurait provoqué une erreur, l'indice 7 étant supérieur à l'ordre de troncature de la série f.

Cependant, la valeur renvoyée par f[7] n'est que le coefficient de x^7 dans l'itéré $\Phi^5(1)$, et non dans la solution. La force des séries paresseuses est la possibilité de passer directement à la limite, en codant f elle-même comme une série paresseuse :

```
sage: from sage.combinat.species.series import LazyPowerSeries
sage: f = LazyPowerSeries(L, name='f')
sage: f.define((x*f).exponential())
sage: f.coefficients(8)
[1, 1, 3/2, 8/3, 125/24, 54/5, 16807/720, 16384/315]
```

Ce qui « faisait marcher » le calcul itératif est la relation (7.2). En coulisses, Sage déduit de la définition récursive f.define((x*f).exponential()) une formule du même genre, qui permet de calculer les coefficients par récurrence.

7.6   Représentation informatique des polynômes

Un même objet mathématique — le polynôme p, à coefficients dans A — peut se coder sur ordinateur de façons très différentes. Si le résultat mathématique d'une opération sur p est bien sûr indépendant de la représentation, il en va autrement du comportement des objets Sage correspondants. Le choix de la représentation influe sur les opérations possibles, la forme exacte de leurs résultats, et particulièrement l'efficacité des calculs.

Représentation dense et représentation creuse.   Il existe deux façons principales de représenter les polynômes. En représentation *dense*, les coefficients de $p = \sum_{i=0}^{n} p_i\, x^i$ sont stockés dans un tableau $[p_0, \dots, p_n]$ indexé par les exposants. Une représentation *creuse* ne stocke que les coefficients non nuls : le polynôme est codé par un ensemble de paires exposant-coefficient (i, p_i), regroupées dans une liste, ou mieux, dans un dictionnaire indexé par les exposants (voir §3.3.9).

Pour des polynômes qui sont effectivement denses, c'est-à-dire dont la plupart des coefficients sont non nuls, la représentation dense occupe moins de mémoire et

---

7. On constate cependant que Sage emploie parfois des conventions incohérentes : la méthode qui s'appelait exp pour les séries tronquées s'appelle ici exponential, et compute_coefficients(5) calcule les coefficients jusqu'à l'ordre 5 inclus tandis que default_prec=5 donnait des séries tronquées après le coefficient de x^4.

permet des calculs plus rapides. Elle économise le stockage des exposants et des structures de données internes du dictionnaire : ne reste que le strict nécessaire, les coefficients. De plus, l'accès à un élément ou l'itération sur les éléments sont plus rapides dans un tableau que dans un dictionnaire. Inversement, la représentation creuse permet de calculer efficacement sur des polynômes qui ne tiendraient même pas en mémoire en représentation dense :

```
sage: R = PolynomialRing(ZZ, 'x', sparse=True)
sage: p = R.cyclotomic_polynomial(2^50); p, p.derivative()
(x^562949953421312 + 1, 562949953421312*x^562949953421311)
```

Comme l'illustre l'exemple précédent, la représentation est une caractéristique de l'anneau de polynômes, que l'on choisit à sa construction. Le polynôme « dense » $x \in \mathbb{Q}[x]$ et le polynôme « creux » $x \in \mathbb{Q}[x]$ n'ont donc pas le même [8] parent. La représentation par défaut des polynômes à une indéterminée est dense. L'option `sparse=True` de `PolynomialRing` sert à construire un anneau de polynômes creux.

Certains détails de représentation varient de plus suivant la nature des coefficients des polynômes. Il en va de même du code utilisé pour effectuer les opérations fondamentales. Sage offre en effet, outre une implémentation *générique* des polynômes qui fonctionne sur tout anneau commutatif, plusieurs variantes optimisées pour un type particulier de coefficients. Celles-ci apportent quelques fonctionnalités supplémentaires, et surtout sont considérablement plus efficaces que la version générique. Elles s'appuient pour cela sur des bibliothèques externes spécialisées, par exemple FLINT ou NTL dans le cas de $\mathbb{Z}[x]$.

Pour mener à bien de très gros calculs, il est crucial de travailler autant que possible dans des anneaux de polynômes disposant d'implémentations efficaces. La page d'aide affichée par `p?` pour un polynôme `p` indique quelle implémentation il utilise. Le choix de l'implémentation découle le plus souvent de ceux de l'anneau de base et de la représentation. L'option `implementation` de `PolynomialRing` permet de préciser une implémentation quand plusieurs choix sont possibles.

Expressions symboliques. Les expressions symboliques décrites dans les chapitres 1 et 2 (c'est-à-dire les éléments de `SR`) fournissent une troisième représentation des polynômes. Elles constituent un choix naturel quand un calcul mêle polynômes et expressions plus complexes, comme c'est souvent le cas en analyse. Mais la souplesse de représentation qu'elles offrent est parfois utile même dans un contexte plus algébrique. Par exemple, le polynôme $(x+1)^{10^{10}}$, une fois développé, est dense, mais il n'est pas nécessaire (ni souhaitable!) de le développer pour le dériver ou l'évaluer numériquement.

Attention cependant : contrairement aux polynômes algébriques, les polynômes symboliques (de `SR`) ne sont pas rattachés à un anneau de coefficients particulier et ne sont pas manipulés sous forme canonique. Un même polynôme a un grand nombre d'écritures différentes, entre lesquelles c'est à l'utilisateur d'expliciter

---

8. Pourtant, `QQ['x'] == PolynomialRing(QQ, 'x', sparse=True)` renvoie vrai : les deux parents sont *égaux*, car ils représentent le même objet mathématique. Naturellement, le test correspondant avec `is` renvoie faux.

Un peu de théorie

Pour tirer le meilleur parti des opérations rapides sur les polynômes, il est bon d'avoir une idée de leur complexité algorithmique. En voici un bref aperçu à l'intention du lecteur connaissant un peu d'algorithmique. Nous nous limitons au cas des polynômes denses.

Additions, soustractions et autres manipulations directes des coefficients se font facilement en temps linéaire en les degrés des polynômes en jeu. Leur rapidité en pratique dépend donc essentiellement de la possibilité d'accéder rapidement aux coefficients, et donc de la structure de données.

L'opération cruciale est la multiplication. En effet, non seulement c'est une opération arithmétique de base, mais aussi d'autres opérations utilisent des algorithmes dont la complexité dépend essentiellement de celle de la multiplication. Par exemple, on peut calculer la division euclidienne de deux polynômes de degré au plus n pour le coût de $O(1)$ multiplications, ou encore leur pgcd pour celui de $O(\log n)$ multiplications.

Bonne nouvelle : on sait multiplier les polynômes en temps presque linéaire. Précisément, la meilleure complexité connue sur un anneau quelconque est de $O(n \log n \log \log n)$ opérations dans l'anneau de base. Elle repose sur des généralisations du célèbre algorithme de Schönhage-Strassen, qui atteint la même complexité pour la multiplication d'entiers. En comparaison, la méthode que l'on utilise à la main pour multiplier les polynômes demande un nombre d'opérations de l'ordre de n^2.

Les algorithmes de multiplication rapide sont compétitifs en pratique pour les polynômes de degré suffisamment grand, de même que les méthodes qui en dérivent pour la division. Les bibliothèques sur lesquelles s'appuie Sage pour certains types de coefficients font appel à ce genre d'algorithmes avancés : c'est ainsi que Sage est capable de travailler efficacement avec des polynômes de degré astronomique sur certains anneaux de coefficients.

les conversions nécessaires. Dans le même ordre d'idées, le domaine SR regroupe toutes les expressions symboliques, sans distinction entre les polynômes et les autres, mais on peut tester explicitement si une expression symbolique `f` est polynomiale en une variable `x` par `f.is_polynomial(x)`.

Mathematics is the art of reducing any problem to linear algebra.

William STEIN

8

Algèbre linéaire

Ce chapitre traite de l'algèbre linéaire exacte et symbolique, c'est-à-dire sur des anneaux propres au calcul formel, tels que $\mathbb{Z}$, des corps finis, des anneaux de polynômes... L'algèbre linéaire numérique est traitée quant à elle au chapitre 13. Nous présentons les constructions sur les matrices et leurs espaces ainsi que les opérations de base (§8.1), puis les différents calculs possibles sur ces matrices, regroupés en deux thèmes : ceux liés à l'élimination de Gauss et aux transformations par équivalence à gauche (§8.2.1 et §8.2.2), et ceux liés aux valeurs et espaces propres et aux transformations de similitude (§8.2.3). On peut trouver dans les ouvrages de Gantmacher [Gan90], de von zur Gathen et Gerhard [vzGG03], de Lombardi et Journaïdi [LA04] un traitement approfondi des notions abordées dans ce chapitre.

8.1 Constructions et manipulations élémentaires

8.1.1 Espaces de vecteurs, de matrices

De la même façon que pour les polynômes, les vecteurs et les matrices sont manipulés comme des objets algébriques appartenant à un espace. Si les coefficients appartiennent à un corps K, c'est un espace vectoriel sur K ; s'ils appartiennent à un anneau, c'est un K-module libre.

On construit ainsi l'espace $\mathcal{M}_{2,3}(\mathbb{Z})$ et l'espace vectoriel $(\mathbb{F}_{3^2})^3$ par

```
sage: MS = MatrixSpace(ZZ,2,3); MS
Full MatrixSpace of 2 by 3 dense matrices over Integer Ring
sage: VS = VectorSpace(GF(3^2,'x'),3); VS
```

Espaces de matrices	
construction	MS = MatrixSpace(K, nrows, ncols)
construction (mat. creuses)	MS = MatrixSpace(K, nrows, ncols, sparse = True)
anneau de base K	MS.base_ring()
extension de l'anneau	MS.base_extend(B)
changement de l'anneau	MS.change_ring(B)
groupe engendré	MatrixGroup([A,B])
base de l'espace	MS.basis() ou MS.gens()

Construction de matrices	
matrice nulle	MS() ou MS.zero() ou matrix(K,nrows,ncols)
matrice avec coefficients	MS([1,2,3,4] ou matrix(K,2,2,[1,2,3,4]) ou matrix(K,[[1,2],[3,4]])
matrice identité	MS.one() ou MS.identity_matrix() ou identity_matrix(K,n)
matrice aléatoire	MS.random_element() ou random_matrix(K,nrows,ncols)
bloc de Jordan	jordan_block(x,n)
matrice par blocs	block_matrix([A,1,B,0]) ou block_diagonal_matrix

Manipulations de base	
accès à un coefficient	A[2,3]
accès à une ligne, colonne	A[-1,:], A[:,2]
accès aux colonnes paires	A[:,0:8:2]
sous-matrices	A[3:4,2:5], A[:,2:5], A[:4,2:5] A.matrix_from_rows([1,3]), A.matrix_from_columns([2,5]), A.matrix_from_rows_and_columns([1,3],[2,5]) A.submatrix(i,j,nrows,ncols)
concaténation par lignes	A.stack(B)
concaténation par colonnes	A.augment(B)

TABLEAU 8.1 – Constructeurs de matrices et de leurs espaces.

```
Vector space of dimension 3 over Finite Field in x of size 3^2
```

Un système générateur pour ces espaces est donné par la base canonique ; elle peut être obtenue indifféremment par les méthodes MS.gens() ou MS.basis().

```
sage: MatrixSpace(ZZ,2,3).basis()
```
$$\left[\begin{pmatrix} 1 & 0 & 0 \\ 0 & 0 & 0 \end{pmatrix}, \begin{pmatrix} 0 & 1 & 0 \\ 0 & 0 & 0 \end{pmatrix}, \begin{pmatrix} 0 & 0 & 1 \\ 0 & 0 & 0 \end{pmatrix}, \begin{pmatrix} 0 & 0 & 0 \\ 1 & 0 & 0 \end{pmatrix}, \begin{pmatrix} 0 & 0 & 0 \\ 0 & 1 & 0 \end{pmatrix}, \begin{pmatrix} 0 & 0 & 0 \\ 0 & 0 & 1 \end{pmatrix} \right]$$

Groupes de matrices.   On pourra par ailleurs définir des sous-groupes de l'espace total des matrices. Ainsi le constructeur MatrixGroup([A,B,...]) renvoie le groupe engendré par les matrices passées en argument, qui doivent être inversibles.

```
sage: A = matrix(GF(11), 2, 2, [1,0,0,2])
sage: B = matrix(GF(11), 2, 2, [0,1,1,0])
sage: MG = MatrixGroup([A,B])
```

```
sage: MG.cardinality()
200
sage: identity_matrix(GF(11),2) in MG
True
```

Le groupe général linéaire de degré n sur un corps K, noté $\mathrm{GL}_n(K)$, est le groupe formé par les matrices $n \times n$ inversibles de $\mathcal{M}_{n,n}(K)$. Il se construit naturellement en Sage avec la commande GL(n,K). Le groupe spécial linéaire $\mathrm{SL}_n(K)$ des éléments de $\mathrm{GL}_n(K)$ de déterminant 1 se construit avec la commande SL(n,K).

8.1.2 Construction des matrices et des vecteurs

Les matrices et les vecteurs peuvent naturellement être générés comme des éléments d'un espace en fournissant la liste des coefficients en arguments. Pour les matrices, ceux-ci seront lus *par ligne* :

```
sage: MS = MatrixSpace(ZZ,2,3); A = MS([1,2,3,4,5,6]); A
```
$$\begin{pmatrix} 1 & 2 & 3 \\ 4 & 5 & 6 \end{pmatrix}$$

Le constructeur vide MS() renvoie une matrice nulle, tout comme la méthode MS.zero(). Plusieurs constructeurs spécialisés permettent de produire les matrices usuelles, comme random_matrix, identity_matrix, jordan_block (voir tableau 8.1). En particulier on pourra construire des matrices et des vecteurs avec les constructeurs matrix et vector, sans devoir construire l'espace associé préalablement. Par défaut une matrice est construite sur l'anneau des entiers $\mathbb{Z}$ et a pour dimensions 0×0.

```
sage: a = matrix(); a.parent()
Full MatrixSpace of 0 by 0 dense matrices over Integer Ring
```

On peut naturellement spécifier un domaine pour les coefficients ainsi que les dimensions, pour créer ainsi une matrice nulle, ou remplie d'une liste de coefficients passée en argument.

```
sage: a = matrix(GF(8,'x'),3,4); a.parent()
Full MatrixSpace of 3 by 4 dense matrices over Finite Field
in x of size 2^3
```

Le constructeur matrix accepte aussi comme argument des objets admettant une transformation naturelle en matrice. Ainsi, il peut être utilisé pour obtenir la matrice d'adjacence d'un graphe, sous la forme d'une matrice à coefficients dans $\mathbb{Z}$.

```
sage: g = graphs.PetersenGraph()
sage: m = matrix(g); m; m.parent()
[0 1 0 0 1 1 0 0 0 0]
[1 0 1 0 0 0 1 0 0 0]
[0 1 0 1 0 0 0 1 0 0]
[0 0 1 0 1 0 0 0 1 0]
```

```
[1 0 0 1 0 0 0 0 0 1]
[1 0 0 0 0 0 0 1 1 0]
[0 1 0 0 0 0 0 0 1 1]
[0 0 1 0 0 1 0 0 0 1]
[0 0 0 1 0 1 1 0 0 0]
[0 0 0 0 1 0 1 1 0 0]
Full MatrixSpace of 10 by 10 dense matrices over Integer Ring
```

Matrices par blocs. Pour construire une matrice par blocs à partir de sous-matrices, on peut utiliser la fonction `block_matrix`.

```
sage: A = matrix([[1,2],[3,4]])
sage: block_matrix([[A,-A],[2*A, A^2]])
```

$$\begin{pmatrix} 1 & 2 & -1 & -2 \\ 3 & 4 & -3 & -4 \\ \hline 2 & 4 & 7 & 10 \\ 6 & 8 & 15 & 22 \end{pmatrix}$$

La structure est carrée par blocs par défaut mais le nombre de blocs ligne ou colonne peut être spécifié par les arguments optionnels `ncols` et `nrows`. Lorsque cela est possible, un coefficient comme 0 ou 1 est interprété comme un bloc diagonal (ici zéro ou identité) de dimension appropriée.

```
sage: A = matrix([[1,2,3],[4,5,6]])
sage: block_matrix([1,A,0,0,-A,2], ncols=3)
```

$$\begin{pmatrix} 1 & 0 & 1 & 2 & 3 & 0 & 0 \\ 0 & 1 & 4 & 5 & 6 & 0 & 0 \\ \hline 0 & 0 & -1 & -2 & -3 & 2 & 0 \\ 0 & 0 & -4 & -5 & -6 & 0 & 2 \end{pmatrix}$$

Pour le cas particulier des matrices diagonales par blocs, on passe simplement la liste des blocs diagonaux au constructeur `block_diagonal_matrix`.

```
sage: A = matrix([[1,2,3],[0,1,0]])
sage: block_diagonal_matrix(A, A.transpose())
```

$$\begin{pmatrix} 1 & 2 & 3 & 0 & 0 \\ 0 & 1 & 0 & 0 & 0 \\ \hline 0 & 0 & 0 & 1 & 0 \\ 0 & 0 & 0 & 2 & 1 \\ 0 & 0 & 0 & 3 & 0 \end{pmatrix}$$

La structure par blocs n'est qu'une commodité d'affichage, et Sage traite la matrice comme toute autre matrice. On peut par ailleurs désactiver cet affichage en ajoutant l'argument `subdivide=False` au constructeur `block_matrix`.

8.1.3 Manipulations de base et arithmétique sur les matrices

Indices et accès aux coefficients. L'accès aux coefficients ainsi qu'à des sous-matrices extraites se fait de façon unifiée par l'opérateur crochet `A[i,j]`, selon les conventions usuelles de Python. Les indices de ligne i et de colonne j peuvent être des entiers (pour l'accès à des coefficients) ou des intervalles sous la forme 1:3 (on rappelle que par convention, en Python les indices commencent à 0, et les intervalles sont toujours inclusifs pour la borne inférieure et exclusifs pour la borne supérieure). L'intervalle « : » sans bornes correspond à la totalité des indices possibles dans la dimension considérée. La notation a:b:k permet d'accéder aux indices compris entre a et $b-1$ par pas de k. Enfin, les indices négatifs sont aussi valides, et permettent de parcourir les indices à partir de la fin. Ainsi A[-2,:] correspond à l'avant dernière ligne. L'accès à ces sous-matrices se fait aussi bien en lecture qu'en écriture. On peut par exemple modifier une colonne donnée de la façon suivante :

```
sage: A = matrix(3,3,range(9))
sage: A[:,1] = vector([1,1,1]); A
```

$$\begin{pmatrix} 0 & 1 & 2 \\ 3 & 1 & 5 \\ 6 & 1 & 8 \end{pmatrix}$$

L'indice de pas k peut aussi être négatif, indiquant un parcours par valeurs décroissantes.

```
sage: A[::-1], A[:,::-1], A[::2,-1]
```

$$\left(\begin{pmatrix} 6 & 1 & 8 \\ 3 & 1 & 5 \\ 0 & 1 & 2 \end{pmatrix}, \begin{pmatrix} 2 & 1 & 0 \\ 5 & 1 & 3 \\ 8 & 1 & 6 \end{pmatrix}, \begin{pmatrix} 2 \\ 8 \end{pmatrix} \right)$$

Extraction de sous-matrices. Pour extraire une matrice à partir d'une liste d'indices de ligne ou de colonne non nécessairement contigus, on utilise les méthodes A.matrix_from_rows, A.matrix_from_columns, ou dans le cas général la méthode A.matrix_from_rows_and_columns.

```
sage: A = matrix(ZZ,4,4,range(16)); A
```

$$\begin{pmatrix} 0 & 1 & 2 & 3 \\ 4 & 5 & 6 & 7 \\ 8 & 9 & 10 & 11 \\ 12 & 13 & 14 & 15 \end{pmatrix}$$

```
sage: A.matrix_from_rows_and_columns([0,2,3],[1,2])
```

$$\begin{pmatrix} 1 & 2 \\ 9 & 10 \\ 13 & 14 \end{pmatrix}$$

Pour extraire une sous-matrice de lignes et de colonnes contiguës, on pourra aussi utiliser la méthode submatrix(i,j,m,n) formant la sous-matrice de dimension $m \times n$ dont le coefficient supérieur gauche se trouve en position (i,j).

Plongements et extensions. Lorsque l'on veut plonger un espace de matrices dans l'espace des matrices de même dimension mais à coefficients dans une extension de l'anneau de base, on pourra utiliser la méthode `base_extend` de l'espace de matrice. Cette opération n'est toutefois valide que pour les opérations d'extension de corps ou d'anneau. Pour effectuer le changement de l'anneau de base suivant un morphisme (lorsqu'il existe), on utilise plutôt la méthode `change_ring`.

```
sage: MS = MatrixSpace(GF(3),2,3)
sage: MS.base_extend(GF(9,'x'))
Full MatrixSpace of 2 by 3 dense matrices over Finite Field
in x of size 3^2
sage: MS = MatrixSpace(ZZ,2,3)
sage: MS.change_ring(GF(3))
Full MatrixSpace of 2 by 3 dense matrices over Finite Field of size 3
```

Mutabilité et mise en cache. Les objets représentant les matrices sont par défaut mutables, c'est-à-dire que l'on peut librement en modifier leurs membres (ici leurs coefficients) après leur construction. Si on souhaite protéger la matrice contre les modifications, on utilise la fonction `A.set_immutable()`. Il est alors toujours possible d'en tirer des copies mutables par la fonction `copy(A)`. À noter que le mécanisme de mise en cache des résultats calculés (tels que le rang, le déterminant...) reste toujours fonctionnel, quel que soit l'état de mutabilité.

8.1.4   Opérations de base sur les matrices

Les opérations arithmétiques sur les matrices se font avec les opérateurs usuels `+,-,*,^`. L'inverse d'une matrice `A` peut s'écrire aussi bien `A^-1` que `~A`. Lorsque a est un scalaire et A une matrice, l'opération `a*A` correspond à la multiplication externe de l'espace de matrices. Pour les autres opérations où un scalaire `a` est fourni en lieu et place d'une matrice (par exemple l'opération `a+A`), il est considéré comme la matrice scalaire correspondante aI_n si $a \neq 0$ et les dimensions le permettent. Le produit élément par élément de deux matrices s'effectue avec l'opération `elementwise_product`.

8.2   Calculs sur les matrices

En algèbre linéaire, les matrices peuvent être utilisées pour représenter aussi bien des familles de vecteurs, des systèmes d'équations linéaires, des applications linéaires ou des sous-espaces. Ainsi, le calcul d'une propriété comme le rang d'une famille, la solution d'un système, les espaces propres d'une application linéaire, ou la dimension d'un sous-espace se ramènent à des transformations sur ces matrices révélant cette propriété.

Ces transformations correspondent à des changements de base, vus au niveau matriciel comme des transformations d'équivalence : $B = PAQ^{-1}$, où P et Q sont des matrices inversibles. Deux matrices sont dites équivalentes s'il existe une telle

Opérations de base	
transposée, conjuguée	`A.tranpose()`, `A.conjugate()`
produit externe	`a*A`
somme, produit, puissance k-ième, inverse	`A + B`, `A * B`, `A^k`, `A^-1` *ou* `~A`

TABLEAU 8.2 – Opérations de base et arithmétique sur les matrices.

transformation pour passer de l'une à l'autre. On peut ainsi former des classes d'équivalence pour cette relation, et l'on définit des formes normales, permettant de caractériser de manière unique chaque classe d'équivalence. Dans ce qui suit, nous présentons l'essentiel des calculs sur les matrices disponibles avec Sage, sous l'angle de deux cas particuliers de ces transformations :

- Les transformations d'équivalence à gauche, de la forme $B = UA$, qui révèlent les propriétés caractéristiques pour les familles de vecteurs, telles que le rang (nombre de vecteurs linéairement indépendants), le déterminant (volume du parallélépipède décrit par la famille de vecteurs), le profil de rang (premier sous-ensemble de vecteurs formant une base), ... L'élimination de Gauss est l'outil central pour ces transformations, et la forme échelonnée réduite (forme de Gauss-Jordan dans un corps ou forme de Hermite dans $\mathbb{Z}$) est la forme normale. En outre, ces transformations servent à la résolution des systèmes linéaires.

- Les transformations de similitude, de la forme $B = UAU^{-1}$, qui révèlent les propriétés caractéristiques des matrices représentant des endomorphismes, comme les valeurs propres, les espaces propres, les polynômes minimal et caractéristique, ... La forme de Jordan ou la forme de Frobenius, selon les domaines de calcul, seront les formes normales pour ces transformations.

La forme de Gram-Schmidt est une autre décomposition basée sur les transformations d'équivalence à gauche, transformant une matrice en un ensemble de vecteurs orthogonaux.

8.2.1 Élimination de Gauss, forme échelonnée

Élimination de Gauss et équivalence à gauche. L'élimination de Gauss est l'une des opérations fondamentales en algèbre linéaire car elle permet d'accéder à une représentation de la matrice à la fois plus adaptée au calcul, comme la résolution de systèmes, et révélant certaines de ses propriétés fondamentales, comme le rang, le déterminant, le profil de rang, etc. Les opérations de base pour l'élimination sont les opérations élémentaires sur les lignes :

- permutation de deux lignes : $L_i \leftrightarrow L_j$,

- ajout d'un multiple d'une ligne à une autre : $L_i \leftarrow L_i + sL_j$.

Au niveau matriciel, ces transformations correspondent à la multiplication à gauche respectivement par les matrices de transposition $T_{i,j}$ et par les matrices

Élimination de Gauss et applications	
transvection sur les lignes	`add_multiple_of_row(i,j,s)`
transvection sur les colonnes	`add_multiple_of_column(i,j,s)`
transposition de lignes, colonnes	`swap_rows(i1,i2)`, `swap_columns(j1,j2)`
forme de Gauss-Jordan, immuable	`echelon_form`
forme de Gauss-Jordan en place	`echelonize`
facteurs invariants	`elementary_divisors`
forme normale de Smith	`smith_form`
déterminant, rang	`det`, `rank`
mineurs d'ordre k	`minors(k)`
profil de rang en colonne, en ligne	`pivots`, `pivot_rows`
résolution de système à gauche ($^t x\, A = b$)	`b/A` *ou* `A.solve_left(b)`
résolution de système à droite ($Ax = b$)	`A\b` *ou* `A.solve_right(b)`
espace image	`image`
noyau à gauche	`kernel` *ou* `left_kernel`
noyau à droite	`right_kernel`
noyau dans l'anneau de base	`integer_kernel`

Décomposition spectrale	
polynôme minimal	`minimal_polynomial` *ou* `minpoly`
polynôme caractéristique	`characteristic_polynomial` *ou* `charpoly`
itérés de Krylov à gauche	`maxspin(v)`
valeurs propres	`eigenvalues`
vecteurs propres à gauche, à droite	`eigenvectors_left`, `eigenvectors_right`
espaces propres à gauche, à droite	`eigenspaces_left`, `eigenspaces_right`
diagonalisation	`eigenmatrix_left`, `eigenmatrix_right`
bloc de Jordan $J_{a,k}$	`jordan_block(a,k)`

TABLEAU 8.3 – Calculs sur les matrices.

de transvection $C_{i,j,s}$, données par :

$$
T_{i,j} = \begin{bmatrix} 1 & & & & & & \\ & \ddots & & & & & \\ & & 0 & & 1 & & \\ & & & \ddots & & & \\ & & 1 & & 0 & & \\ & & & & & \ddots & \\ & & & & & & 1 \end{bmatrix}, C_{i,j,s} = \begin{bmatrix} 1 & & & & \\ & \ddots & & & \\ & & 1 & s & \\ & & & \ddots & \\ & & & 1 & \\ & & & & \ddots \end{bmatrix} \begin{matrix} \\ \\ i \\ \\ j \\ \\ \end{matrix}.
$$

Ces matrices ont toutes pour déterminant 1 ou -1. Ainsi toute multiplication à gauche par un produit de ces matrices peut être vue comme un changement de base préservant les volumes et donc en particulier le déterminant (au signe près). En Sage, l'opération de transvection est effectuée par la méthode `add_multiple_of_row(i,j,s)`, et celle de transposition par la méthode `swap_rows(i,j)`.

Étant donné un vecteur colonne $x = \begin{bmatrix} x_1 \\ \vdots \\ x_m \end{bmatrix}$ dont la k-ième composante x_k est inversible, on définit la transformation de Gauss comme la composition des transvections C_{i,k,ℓ_i} pour $i = k+1\ldots m$, avec $\ell_i = -\frac{x_i}{x_k}$ (peu importe l'ordre étant donné qu'elles commutent). La matrice correspondante est la suivante :

$$G_{x,k} = C_{k+1,k,\ell_{k+1}} \times \cdots \times C_{m,k,\ell_m} = \begin{bmatrix} 1 & & & & & & \\ & \ddots & & & & & \\ & & 1 & & & & \\ & & \ell_{k+1} & \ddots & & & \\ & & \ell_{k+2} & & \ddots & & \\ & & \vdots & & & \ddots & \\ & & \ell_m & & & & 1 \end{bmatrix} k$$

Une transformation de Gauss $G_{x,k}$ a pour effet d'éliminer les coefficients du vecteur situés sous le coefficient pivot x_k :

$$G_{x,k} \begin{bmatrix} x_1 \\ \vdots \\ x_k \\ x_{k+1} \\ \vdots \\ x_m \end{bmatrix} = \begin{bmatrix} x_1 \\ \vdots \\ x_k \\ 0 \\ \vdots \\ 0 \end{bmatrix}.$$

Pour une matrice $A = [a_{i,j}]$ de dimension $m \times n$, l'algorithme du pivot de Gauss procède alors itérativement, de la colonne gauche à la colonne droite. En supposant que les $k-1$ premières colonnes ont déjà été traitées, fournissant $p \leqslant k-1$ pivots, la k-ième est alors traitée de la façon suivante :

- trouver la première composante inversible $a_{i,k}$ de la colonne C_k sur une ligne $i > p$. On l'appelle le pivot.
- Si aucun pivot n'est trouvé, passer à la colonne suivante.
- Appliquer la transposition $T_{i,p+1}$ sur les lignes pour placer le pivot en position $(p+1, k)$.
- Appliquer la transformation de Gauss $G_{x,p+1}$, x étant la nouvelle colonne C_k.

Cet algorithme transforme la matrice A en une matrice triangulaire supérieure. Plus précisément elle aura une forme échelonnée, c'est-à-dire telle que le premier coefficient non nul de chaque ligne se trouve plus à droite que celui de la ligne précédente ; de plus, toutes les lignes nulles se trouvent regroupées en bas de la matrice. Voici un exemple de déroulement de cet algorithme.

```
sage: a = matrix(GF(7),4,3,[6,2,2,5,4,4,6,4,5,5,1,3]); a
```

$$\begin{pmatrix} 6 & 2 & 2 \\ 5 & 4 & 4 \\ 6 & 4 & 5 \\ 5 & 1 & 3 \end{pmatrix}$$

```
sage: u = copy(identity_matrix(GF(7),4)); u[1:,0] = -a[1:,0]/a[0,0]
sage: u, u*a
```

$$\left(\begin{pmatrix} 1 & 0 & 0 & 0 \\ 5 & 1 & 0 & 0 \\ 6 & 0 & 1 & 0 \\ 5 & 0 & 0 & 1 \end{pmatrix}, \begin{pmatrix} 6 & 2 & 2 \\ 0 & 0 & 0 \\ 0 & 2 & 3 \\ 0 & 4 & 6 \end{pmatrix} \right)$$

```
sage: v = copy(identity_matrix(GF(7),4)); v.swap_rows(1,2)
sage: b = v*u*a; v, b
```

$$\left(\begin{pmatrix} 1 & 0 & 0 & 0 \\ 0 & 0 & 1 & 0 \\ 0 & 1 & 0 & 0 \\ 0 & 0 & 0 & 1 \end{pmatrix}, \begin{pmatrix} 6 & 2 & 2 \\ 0 & 2 & 3 \\ 0 & 0 & 0 \\ 0 & 4 & 6 \end{pmatrix} \right)$$

```
sage: w = copy(identity_matrix(GF(7),4))
sage: w[2:,1] = -b[2:,1]/b[1,1]; w, w*b
```

$$\left(\begin{pmatrix} 1 & 0 & 0 & 0 \\ 0 & 1 & 0 & 0 \\ 0 & 0 & 1 & 0 \\ 0 & 5 & 0 & 1 \end{pmatrix}, \begin{pmatrix} 6 & 2 & 2 \\ 0 & 2 & 3 \\ 0 & 0 & 0 \\ 0 & 0 & 0 \end{pmatrix} \right)$$

Élimination de Gauss-Jordan. La transformation de Gauss-Jordan est similaire à celle de Gauss, en ajoutant à $G_{x,k}$ les transvections correspondant aux lignes d'indice $i < k$; cela revient à éliminer les coefficients d'une colonne au-dessus et au-dessous du pivot. Si de plus on divise chaque ligne par son pivot, on obtient alors une forme échelonnée dite *réduite* encore appelée forme de Gauss-Jordan. Pour toute classe d'équivalence de matrices, il existe une unique matrice sous cette forme ; il s'agit donc d'une forme normale.

DÉFINITION. Une matrice est dite sous forme échelonnée réduite si :

- toutes les lignes nulles sont en bas de la matrice,
- le coefficient non nul le plus à gauche de chaque ligne non nulle, appelé le pivot, est un 1, et est situé à droite du pivot de la ligne précédente,
- les pivots sont les seuls coefficients non nuls au sein de leur colonne.

THÉORÈME. Pour toute matrice A de dimension $m \times n$ à coefficients dans un corps, il existe une unique matrice R de dimension $m \times n$ sous forme échelonnée réduite et une matrice inversible U de dimension $m \times m$ telles que $UA = R$. Il s'agit de la décomposition de Gauss-Jordan.

En Sage, la forme échelonnée réduite est donnée par les méthodes `echelonize` et `echelon_form`. La première remplace la matrice initiale par sa forme échelonnée réduite alors que la deuxième renvoie une matrice immuable sans modifier la matrice initiale.

```
sage: A = matrix(GF(7),4,5,[4,4,0,2,4,5,1,6,5,4,1,1,0,1,0,5,1,6,6,2])
sage: A, A.echelon_form()
```

$$
\left(
\begin{pmatrix}
4 & 4 & 0 & 2 & 4 \\
5 & 1 & 6 & 5 & 4 \\
1 & 1 & 0 & 1 & 0 \\
5 & 1 & 6 & 6 & 2
\end{pmatrix},
\begin{pmatrix}
1 & 0 & 5 & 0 & 3 \\
0 & 1 & 2 & 0 & 6 \\
0 & 0 & 0 & 1 & 5 \\
0 & 0 & 0 & 0 & 0
\end{pmatrix}
\right)
$$

Plusieurs variantes de l'élimination de Gauss s'interprètent sous la forme de différentes décompositions matricielles, parfois utiles pour le calcul : les décompositions $A = LU$ pour les matrices génériques, $A = LUP$ pour les matrices régulières, $A = LSP$, $A = LQUP$ ou $A = PLUQ$ pour les matrices de rang quelconque. Les matrices L sont triangulaires inférieures (valeurs nulles au-dessus de la diagonale principale, en anglais *Lower triangular*), U triangulaires supérieures (*Upper triangular*), et les matrices P, Q sont des permutations. Si ces variantes sont algorithmiquement moins coûteuses que la forme échelonnée réduite, elles n'offrent pas l'avantage de fournir une forme normale.

Forme échelonnée dans les anneaux euclidiens. Dans un anneau euclidien, les coefficients non nuls ne sont pas nécessairement inversibles, et l'élimination de Gauss consisterait donc à choisir le premier élément inversible de la colonne courante pour pivot. Ainsi certaines colonnes non nulles peuvent ne pas contenir de pivot et l'élimination n'est alors plus possible.

Il est cependant toujours possible de définir une transformation unimodulaire éliminant le coefficient de tête d'une ligne avec celui d'une autre, grâce à l'algorithme d'Euclide étendu.

Soit $A = \begin{bmatrix} a & * \\ b & * \end{bmatrix}$ et soit $g = \mathrm{pgcd}(a, b)$. Soient u et v les coefficients de Bézout fournis par l'algorithme d'Euclide étendu appliqué à a et b (tels que $g = ua + vb$), et $s = -b/g, t = a/g$ tels que

$$
\begin{bmatrix} u & v \\ s & t \end{bmatrix}
\begin{bmatrix} a & * \\ b & * \end{bmatrix}
=
\begin{bmatrix} g & * \\ 0 & * \end{bmatrix}.
$$

Cette transformation est unimodulaire car $\det\left(\begin{bmatrix} u & v \\ s & t \end{bmatrix}\right) = 1$.

Par ailleurs, comme pour Gauss-Jordan, on peut toujours ajouter des multiples de la ligne pivot aux lignes supérieures afin de réduire leurs coefficients dans la même colonne modulo le pivot g. Cette opération effectuée itérativement sur toutes les colonnes de la matrice produit la forme normale de Hermite.

DÉFINITION. Une matrice est dite sous forme de Hermite si

– ses lignes nulles sont en bas,

– le coefficient non nul le plus à gauche de chaque ligne, appelé le pivot, se trouve à droite de celui de la ligne supérieure,

– tous les coefficients au-dessus du pivot sont réduits modulo le pivot.

THÉORÈME. Pour toute matrice A de dimension $m \times n$ à coefficients dans un anneau euclidien, il existe une unique matrice H de dimension $m \times n$ sous forme de Hermite et une matrice U unimodulaire, de dimension $m \times m$, telles que $UA = H$.

Dans le cas d'un corps, la forme de Hermite correspond à la forme échelonnée réduite, ou forme de Gauss-Jordan. En effet, dans ce cas, tous les pivots sont inversibles, chaque ligne peut être divisée par son pivot, et les coefficients au-dessus de celui-ci peuvent être à nouveau éliminés par des transformations de Gauss, produisant ainsi une forme échelonnée réduite. En Sage, il n'y a donc qu'une seule méthode : `echelon_form`, qui renvoie soit la forme de Hermite, soit la forme échelonnée réduite, selon que la matrice est à coefficients dans un anneau ou dans un corps.

Par exemple, pour une matrice à coefficients dans $\mathbb{Z}$, on obtient les deux formes échelonnées différentes, selon que le domaine de base soit $\mathbb{Z}$ ou $\mathbb{Q}$:

```
sage: a = matrix(ZZ, 4, 6, [2,1,2,2,2,-1,1,2,-1,2,1,-1,2,1,-1,\
....:                       -1,2,2,2,1,1,-1,-1,-1]); a.echelon_form()
```

$$
\begin{pmatrix}
1 & 2 & 0 & 5 & 4 & -1 \\
0 & 3 & 0 & 2 & -6 & -7 \\
0 & 0 & 1 & 3 & 3 & 0 \\
0 & 0 & 0 & 6 & 9 & 3
\end{pmatrix}
$$

```
sage: a.base_extend(QQ).echelon_form()
```

$$
\begin{pmatrix}
1 & 0 & 0 & 0 & \frac{5}{2} & \frac{11}{6} \\
0 & 1 & 0 & 0 & -3 & -\frac{8}{3} \\
0 & 0 & 1 & 0 & -\frac{3}{2} & -\frac{3}{2} \\
0 & 0 & 0 & 1 & \frac{3}{2} & \frac{1}{2}
\end{pmatrix}
$$

Pour les matrices sur $\mathbb{Z}$, la forme normale de Hermite est aussi accessible par la fonction `hermite_form`. Pour obtenir la matrice de passage U telle que $UA = H$, on peut utiliser l'option `transformation=True`.

```
sage: A = matrix(ZZ,4,5,[4,4,0,2,4,5,1,6,5,4,1,1,0,1,0,5,1,6,6,2])
sage: H, U = A.echelon_form(transformation=True); H, U
```

$$
\left(
\begin{pmatrix}
1 & 1 & 0 & 0 & 2 \\
0 & 4 & -6 & 0 & -4 \\
0 & 0 & 0 & 1 & -2 \\
0 & 0 & 0 & 0 & 0
\end{pmatrix},
\begin{pmatrix}
0 & 1 & 1 & -1 \\
0 & -1 & 5 & 0 \\
0 & -1 & 0 & 1 \\
1 & -2 & -4 & 2
\end{pmatrix}
\right)
$$

Facteurs invariants et forme normale de Smith. Si l'on s'autorise à éliminer plus avant la forme de Hermite par des transformations unimodulaires à droite (i.e., sur les colonnes), on peut alors obtenir une forme diagonale canonique, appelée forme normale de Smith. Ses coefficients diagonaux sont appelés les *facteurs invariants* (en anglais *elementary divisors*) de la matrice. Ils sont totalement ordonnés pour la divisibilité (i.e., $s_i \mid s_{i+1}$).

THÉORÈME. Pour toute matrice A de dimension $m \times n$ et à coefficients dans un anneau principal, il existe des matrices unimodulaires U et V de dimension $m \times m$ et $n \times n$ et une unique matrice $m \times n$ diagonale S telles que $S = UAV$. Les coefficients $s_i = S_{i,i}$ pour $i \in \{1, \ldots, \min(m,n)\}$ vérifient $s_i \mid s_{i+1}$ et sont appelés les facteurs invariants de A.

En Sage, la méthode `elementary_divisors` renvoie la liste des facteurs invariants. On peut par ailleurs calculer la forme normale de Smith ainsi que les matrices de passages U et V par la commande `smith_form`.

```
sage: A = matrix(ZZ, 4, 5,\
....:            [-1,-1,-1,-2,-2,-2,1,1,-1,2,2,2,2,2,-1,2,2,2,2,2])
sage: S,U,V = A.smith_form(); S,U,V
```

$$\left(\begin{pmatrix} 1 & 0 & 0 & 0 & 0 \\ 0 & 1 & 0 & 0 & 0 \\ 0 & 0 & 3 & 0 & 0 \\ 0 & 0 & 0 & 6 & 0 \end{pmatrix}, \begin{pmatrix} 1 & 0 & 0 & 0 \\ 0 & 0 & 1 & 0 \\ -2 & 1 & 0 & 0 \\ 0 & 0 & -2 & -1 \end{pmatrix}, \begin{pmatrix} 0 & -2 & -1 & -5 & 0 \\ 1 & 0 & 1 & -1 & -1 \\ 0 & 0 & 0 & 0 & 1 \\ -1 & 2 & 0 & 5 & 0 \\ 0 & -1 & 0 & -2 & 0 \end{pmatrix} \right)$$

```
sage: A.elementary_divisors()
[1, 1, 3, 6]
sage: S == U*A*V
True
```

Rang, profil de rang et pivots. L'élimination de Gauss révèle de nombreux invariants de la matrice, tels que son rang et son déterminant (qui peut être lu comme le produit des pivots). Ils sont accessibles par les fonctions `det` et `rank`. Ces valeurs seront mises en cache, et ne seront donc pas recalculées lors d'un deuxième appel.

Plus généralement, la notion de profil de rang est très utile, lorsque l'on considère la matrice comme une séquence de vecteurs.

DÉFINITION. Le profil de rang par colonne d'une matrice $m \times n$ A de rang r est la séquence de r indices lexicographiquement minimale, telle que les colonnes correspondantes dans A sont linéairement indépendantes.

Le profil de rang se lit directement sur la forme échelonnée réduite, comme la séquence des indices des pivots. Il est calculé par la fonction `pivots`. Lorsque la forme échelonnée réduite a déjà été calculée, le profil de rang est aussi mémorisé dans le cache, et peut être obtenu sans calcul supplémentaire.

Le profil de rang par ligne se définit de manière similaire, en considérant la matrice comme une séquence de m vecteurs ligne. Il s'obtient par la commande `pivot_rows` ou comme sous-produit de la forme échelonnée réduite de la matrice transposée.

```
sage: B = matrix(GF(7),5,4,[4,5,1,5,4,1,1,1,0,6,0,6,2,5,1,6,4,4,0,2])
sage: B.transpose().echelon_form()
```

$$\begin{pmatrix} 1 & 0 & 5 & 0 & 3 \\ 0 & 1 & 2 & 0 & 6 \\ 0 & 0 & 0 & 1 & 5 \\ 0 & 0 & 0 & 0 & 0 \end{pmatrix}$$

```
sage: B.pivot_rows()
(0, 1, 3)
sage: B.transpose().pivots() == B.pivot_rows()
True
```

8.2.2 Résolution de systèmes ; image et base du noyau

Résolution de systèmes.   Un système linéaire peut être représenté par une matrice A et un vecteur b soit à droite : $Ax = b$, soit à gauche : ${}^t x\, A = b$. Les fonctions `solve_right` et `solve_left` effectuent leur résolution. On peut aussi utiliser de façon équivalente les opérateurs `A\b` et `b/A`. Lorsque le système est donné par une matrice à coefficients dans un anneau, la résolution est systématiquement effectuée dans le corps des fractions de cet anneau (e.g., $\mathbb{Q}$ pour $\mathbb{Z}$ ou $K(X)$ pour $K[X]$). On verra plus loin comment la résolution peut être faite dans l'anneau lui-même. Le membre de droite dans l'égalité du système peut être aussi bien un vecteur qu'une matrice (ce qui correspond à résoudre plusieurs systèmes linéaires simultanément, avec la même matrice).

Les matrices des systèmes peuvent être rectangulaires et les systèmes peuvent admettre une unique, aucune ou une infinité de solutions. Dans ce dernier cas, les fonctions `solve` renvoient l'une de ces solutions, en mettant à zéro les composantes correspondant aux colonnes linéairement dépendantes du système.

```
sage: R.<x> = PolynomialRing(GF(5),'x')
sage: A = random_matrix(R,2,3); A
```
$$\begin{pmatrix} 3x^2 + x & x^2 + 2x & 2x^2 + 2 \\ x^2 + x + 2 & 2x^2 + 4x + 3 & x^2 + 4x + 3 \end{pmatrix}$$

```
sage: b = random_matrix(R,2,1); b
```
$$\begin{pmatrix} 4x^2 + 1 \\ 3x^2 + 2x \end{pmatrix}$$

```
sage: A.solve_right(b)
```
$$\begin{pmatrix} \frac{4x^3+2x+4}{3x^3+2x^2+2x} \\ \frac{3x^2+4x+3}{x^3+4x^2+4x} \\ 0 \end{pmatrix}$$

```
sage: A.solve_right(b) == A\b
True
```

Image et noyau.   Interprétée comme une application linéaire Φ, une matrice A de dimension $m \times n$ définit deux sous-espaces vectoriels de K^m et K^n, respectivement l'image et le noyau de Φ.

L'image est l'ensemble des vecteurs de K^m obtenus par combinaisons linéaires des colonnes de A. Il s'obtient par la fonction `image` qui renvoie un espace vectoriel dont la base est sous forme échelonnée réduite.

Le noyau est le sous-espace vectoriel de K^n des vecteurs x tels que $Ax = 0$. Obtenir une base de ce sous-espace sert en particulier à décrire l'ensemble des solutions d'un système linéaire, lorsque celui-ci en possède une infinité : si $\overline{x}$ est une solution de $Ax = b$ et V le noyau de A, alors l'ensemble des solutions s'écrit simplement $\overline{x} + V$. Il s'obtient par la fonction `right_kernel` qui renvoie l'espace vectoriel ainsi qu'une base mise sous forme échelonnée réduite. On peut naturellement aussi définir le noyau à gauche (l'ensemble des x dans K^m tels que $^t x\, A = 0$), qui correspond au noyau à droite de la transposée de A (i.e., l'adjoint de Φ). Il s'obtient avec la fonction `left_kernel`. Par convention, la fonction `kernel` renvoie le noyau à gauche. De plus les bases sont données comme des matrices de vecteurs lignes dans les deux cas.

```
sage: a = matrix(QQ,3,5,[2,2,-1,-2,-1,2,-1,1,2,-1/2,2,-2,-1,2,-1/2])
sage: a.image()
Vector space of degree 5 and dimension 3 over Rational Field
Basis matrix:
[    1     0     0   1/4 -11/32]
[    0     1     0    -1  -1/8]
[    0     0     1   1/2  1/16]
sage: a.right_kernel()
Vector space of degree 5 and dimension 2 over Rational Field
Basis matrix:
[    1     0     0  -1/3   8/3]
[    0     1  -1/2 11/12   2/3]
```

La notion de noyau se généralise naturellement au cas où les coefficients ne sont plus dans un corps ; il s'agit alors d'un module libre. En particulier, pour une matrice définie dans un corps de fractions, on obtiendra le noyau dans l'anneau de base par la commande `integer_kernel`. Par exemple, pour une matrice à coefficients dans $\mathbb{Z}$, plongée dans l'espace vectoriel des matrices à coefficients dans $\mathbb{Q}$, on pourra calculer aussi bien son noyau comme un sous-espace vectoriel de $\mathbb{Q}^m$ ou comme un module libre de $\mathbb{Z}^m$.

```
sage: a = matrix(ZZ,5,3,[1,1,122,-1,-2,1,-188,2,1,1,-10,1,-1,-1,-1])
sage: a.kernel()
Free module of degree 5 and rank 2 over Integer Ring
Echelon basis matrix:
[    1   979   -11  -279   811]
[    0  2079   -22  -569  1488]
sage: b = a.base_extend(QQ)
sage: b.kernel()
Vector space of degree 5 and dimension 2 over Rational Field
Basis matrix:
[        1         0  -121/189 -2090/189   6949/63]
[        0         1    -2/189  -569/2079   496/693]
sage: b.integer_kernel()
Free module of degree 5 and rank 2 over Integer Ring
Echelon basis matrix:
```

```
[   1  979  -11 -279  811]
[   0 2079  -22 -569 1488]
```

8.2.3 Valeurs propres, forme de Jordan et transformations de similitude

Lorsque l'on interprète une matrice carrée comme un opérateur linéaire (un endomorphisme), elle n'en est que la représentation dans une base donnée. Tout changement de base correspond à une transformation de similitude $B = U^{-1}AU$ de la matrice. Les deux matrices A et B sont alors dites *semblables*. Ainsi les propriétés de l'opérateur linéaire, qui sont indépendantes de la base, sont révélées par l'étude des invariants de similitude de la matrice.

Parmi ces invariants, les plus simples sont le rang et le déterminant. En effet les matrices U et U^{-1} étant inversibles, le rang de $U^{-1}AU$ égale le rang de A. De plus $\det(U^{-1}AU) = \det(U^{-1})\det(A)\det(U) = \det(U^{-1}U)\det(A) = \det(A)$. De la même façon, le polynôme caractéristique de la matrice A, défini par $\chi_A(x) = \det(x\mathrm{Id} - A)$ est aussi invariant par transformation de similitude :

$$\det(x\mathrm{Id} - U^{-1}AU) = \det(U^{-1}(x\mathrm{Id} - A)U) = \det(x\mathrm{Id} - A).$$

Par conséquent, les valeurs caractéristiques d'une matrice, définies comme les racines du polynôme caractéristique dans son corps de décomposition, sont donc aussi des invariants de similitude. Par définition, un scalaire λ est une valeur propre d'une matrice A s'il existe un vecteur non nul u tel que $Au = \lambda u$. L'espace propre associé à une valeur propre λ est l'ensemble des vecteurs u tels que $Au = \lambda u$. C'est un sous-espace vectoriel défini par $E_\lambda = \mathrm{Ker}(\lambda\mathrm{Id} - A)$.

Les valeurs propres coïncident avec les valeurs caractéristiques :

$$\det(\lambda\mathrm{Id} - A) = 0 \Leftrightarrow \dim(\mathrm{Ker}(\lambda\mathrm{Id} - A)) \geqslant 1 \Leftrightarrow \exists u \neq 0, \lambda u - Au = 0.$$

Ces deux points de vue correspondent respectivement à l'approche algébrique et géométrique des valeurs propres. Dans le point de vue géométrique, on s'intéresse à l'action de l'opérateur linéaire A sur les vecteurs de l'espace avec plus de précision que dans le point de vue algébrique. En particulier on distingue les notions de multiplicité algébrique, correspondant à l'ordre de la racine dans le polynôme caractéristique, de la multiplicité géométrique, correspondant à la dimension du sous-espace propre associé à la valeur propre. Pour les matrices diagonalisables, ces deux notions sont équivalentes. Dans le cas contraire, la multiplicité géométrique est toujours inférieure à la multiplicité algébrique.

Le point de vue géométrique permet de décrire plus en détail la structure de la matrice. Par ailleurs, il donne des algorithmes beaucoup plus rapides pour le calcul des valeurs et espaces propres, et des polynômes caractéristique et minimal.

Espaces invariants cycliques, et forme normale de Frobenius. Soit A une matrice $n \times n$ sur un corps K et u un vecteur de K^n. La famille de vecteurs $u, Au, A^2u, \ldots, A^nu$, appelée suite de Krylov, est liée (comme famille de $n+1$

vecteurs en dimension n). Soit d tel que $A^d u$ soit le premier vecteur de la séquence linéairement dépendant avec ses prédécesseurs $u, Au, \ldots, A^{d-1}u$. On écrira

$$A^d u = \sum_{i=0}^{d-1} \alpha_i A^i u$$

cette relation de dépendance linéaire. Le polynôme $\varphi_{A,u}(x) = x^d - \sum_{i=0}^{d-1} \alpha_i x^i$, qui vérifie $\varphi_{A,u}(A)u = 0$ est donc un polynôme unitaire annulateur de la suite de Krylov et de degré minimal. On l'appelle le *polynôme minimal* du vecteur u (sous entendu, relativement à la matrice A). L'ensemble des polynômes annulateurs de u forme un idéal de $K[X]$, engendré par $\varphi_{A,u}$.

Le polynôme minimal de la matrice A est défini comme le polynôme unitaire $\varphi_A(x)$ de plus petit degré annulant la matrice A : $\varphi_A(A) = 0$. En particulier, en appliquant $\varphi_A(A)$ au vecteur u, on constate que φ_A est un polynôme annulateur de la suite de Krylov. Il est donc nécessairement un multiple du polynôme minimal de u. On peut en outre montrer (cf. exercice 30) qu'il existe un vecteur $\overline{u}$ tel que

$$\varphi_{A,\overline{u}} = \varphi_A. \qquad (8.1)$$

Lorsque le vecteur u est choisi aléatoirement, la probabilité qu'il satisfasse l'équation (8.1) est d'autant plus grande que la taille du corps est grande (on peut montrer qu'elle est au moins de $1 - \frac{n}{|K|}$).

Exercice 30. Montrons qu'il existe toujours un vecteur $\overline{u}$ dont le polynôme minimal coïncide avec le polynôme minimal de la matrice.

1. Soit $(e_1, \ldots, e_n)$ une base de l'espace vectoriel. Montrer que φ_A coïncide avec le ppcm des φ_{A,e_i}.

2. Dans le cas particulier où φ_A est une puissance d'un polynôme irréductible, montrer qu'il existe un indice i_0 tel que $\varphi_A = \varphi_{A,e_{i_0}}$.

3. Montrer que si les polynômes minimaux $\varphi_i = \varphi_{A,e_i}$ et $\varphi_j = \varphi_{A,e_j}$ des vecteurs e_i et e_j sont premiers entre eux, alors $\varphi_{A,e_i+e_j} = \varphi_i \varphi_j$.

4. Montrer que si $\varphi_A = P_1 P_2$ où P_1 et P_2 sont premiers entre eux, alors il existe des vecteurs $x_1 \neq 0$ et $x_2 \neq 0$ tels que P_i soit le polynôme minimal de x_i.

5. Conclure en utilisant la factorisation en polynômes irréductibles $\varphi_A = \varphi_1^{m_1} \ldots \varphi_k^{m_k}$.

6. Illustration : soit $A = \begin{bmatrix} 0 & 0 & 3 & 0 & 0 \\ 1 & 0 & 6 & 0 & 0 \\ 0 & 1 & 5 & 0 & 0 \\ 0 & 0 & 0 & 0 & 5 \\ 0 & 0 & 0 & 1 & 5 \end{bmatrix}$ une matrice dans GF(7). Calculer les degrés du polynôme minimal de A, et des polynômes minimaux des vecteurs de la base canonique $u = e_1$ et $v = e_4$, ainsi que de $u + v$. On peut se servir de la fonction `maxspin(u)` appliquée à la transposée de A, qui renvoie la séquence maximale des itérés de Krylov d'un vecteur u.

Soit $P = x^k + \sum_{i=0}^{k-1} \alpha_i x^i$ un polynôme unitaire de degré k. La matrice compagnon associée au polynôme P est la matrice $k \times k$ définie par

$$C_P = \begin{bmatrix} 0 & & & -\alpha_0 \\ 1 & & & -\alpha_1 \\ & \ddots & & \vdots \\ & & 1 & -\alpha_{k-1} \end{bmatrix}.$$

Cette matrice a la propriété d'avoir P pour polynôme minimal et caractéristique. Elle joue ainsi un grand rôle dans le calcul des polynômes minimal et caractéristique.

PROPOSITION. Soit K_u la matrice formée par les d premiers itérés de Krylov d'un vecteur u. Alors

$$AK_u = K_u C_{\varphi_{A,u}}$$

Ainsi, lorsque $d = n$, la matrice K_u est carrée d'ordre n et inversible. Elle définit une transformation de similitude $K_u^{-1}AK_u = C_{\varphi_{A,u}}$ réduisant la matrice A à une matrice compagnon. Or cette transformation préserve le déterminant, et donc le polynôme caractéristique ; on pourra ainsi lire directement les coefficients du polynôme minimal et caractéristique (ici identiques) sur la matrice compagnon.

```
sage: A = matrix(GF(97), 4, 4,\
....:            [86,1,6,68,34,24,8,35,15,36,68,42,27,1,78,26])
sage: e1 = identity_matrix(GF(97),4)[0]
sage: U = matrix(A.transpose().maxspin(e1)).transpose()
sage: F = U^-1*A*U; F
```

$$\begin{pmatrix} 0 & 0 & 0 & 83 \\ 1 & 0 & 0 & 77 \\ 0 & 1 & 0 & 20 \\ 0 & 0 & 1 & 10 \end{pmatrix}$$

```
sage: K.<x> = GF(97)[]
sage: P = x^4-sum(F[i,3]*x^i for i in range(4)); P
```
$$x^4 + 87x^3 + 77x^2 + 20x + 14$$

```
sage: P == A.charpoly()
True
```

Dans le cas général $(d \leqslant n)$ les vecteurs itérés $u, \ldots, A^{d-1}u$ forment une base d'un sous-espace I invariant sous l'action de la matrice A (i.e., tel que $AI \subseteq I$). Comme chacun de ces vecteurs est obtenu cycliquement en appliquant la matrice A au vecteur précédent, on l'appelle aussi sous-espace cyclique. La dimension maximale d'un tel sous-espace est le degré du polynôme minimal de la matrice. Il est engendré par les itérés de Krylov du vecteur construit dans l'exercice 30, qu'on notera u_1^*. On l'appelle le premier sous-espace invariant. Ce premier espace invariant admet un espace supplémentaire V. En calculant *modulo* le premier espace invariant, c'est-à-dire en considérant que deux vecteurs sont égaux si leur différence appartient au premier sous-espace invariant, on peut définir un second sous-espace invariant pour les vecteurs dans cet espace supplémentaire ainsi qu'un polynôme minimal qui est appelé le second invariant de similitude. On obtiendra alors une relation de la forme :

$$A \begin{bmatrix} K_{u_1^*} & K_{u_2^*} \end{bmatrix} = \begin{bmatrix} K_{u_1^*} & K_{u_2^*} \end{bmatrix} \begin{bmatrix} C_{\varphi_1} & \\ & C_{\varphi_2} \end{bmatrix},$$

où φ_1, φ_2 sont les deux premiers invariants de similitude, et $K_{u_1^*}, K_{u_2^*}$ sont les matrices de Krylov correspondant aux deux espaces cycliques engendrés par les vecteurs u_1^* et u_2^*.

Itérativement, on construit une matrice $K = \begin{bmatrix} K_{u_1^*} & \cdots & K_{u_k^*} \end{bmatrix}$ carrée, inversible, telle que

$$K^{-1}AK = \begin{bmatrix} C_{\varphi_1} & & \\ & \ddots & \\ & & C_{\varphi_k} \end{bmatrix}. \tag{8.2}$$

Comme chaque u_i^* est annulé par les φ_j pour $j \leqslant i$ on en déduit que $\varphi_i \mid \varphi_{i-1}$ pour tout $2 \leqslant i \leqslant k$, autrement dit, la suite des φ_i est totalement ordonnée pour la division. On peut montrer que pour toute matrice, il existe une unique séquence de polynômes invariants $\varphi_1, \ldots, \varphi_k$. Ainsi la matrice diagonale par blocs $\mathrm{Diag}(C_{\varphi_1}, \ldots, C_{\varphi_k})$, semblable à la matrice A et révélant ces polynômes, est une forme normale, appelée forme rationnelle canonique, ou forme normale de Frobenius.

THÉORÈME (Forme normale de Frobenius). Toute matrice carrée A dans un corps est semblable à une unique matrice $F = \begin{bmatrix} C_{\varphi_1} & & \\ & \ddots & \\ & & C_{\varphi_k} \end{bmatrix}$, avec $\varphi_{i+1} \mid \varphi_i$ pour tout $i < k$.

D'après l'équation (8.2), il apparaît qu'on peut lire les bases des sous-espaces invariants sur la matrice de passage K.

REMARQUE. Le théorème de Cayley-Hamilton énonce que le polynôme caractéristique annule sa matrice : $\chi_A(A) = 0$. Il se montre simplement, après l'introduction de cette forme normale de Frobenius. En effet,

$$\begin{aligned} \chi_A(x) &= \det(x\mathrm{Id} - A) = \det(K)\det(x\mathrm{Id} - F)\det(K^{-1}) \\ &= \prod_{i=1}^{k} \det(x\mathrm{Id} - C_{\varphi_i}) = \prod_{i=1}^{k} \varphi_i(x). \end{aligned}$$

Ainsi, le polynôme minimal φ_1 est un diviseur du polynôme caractéristique, qui est donc annulateur de la matrice A.

En Sage, on pourra calculer la forme normale de Frobenius dans $\mathbb{Q}$ de matrices à coefficients dans $\mathbb{Z}$ avec la méthode **frobenius** [1] :

```
sage: A = matrix(ZZ,8,[[6,0,-2,4,0,0,0,-2],[14,-1,0,6,0,-1,-1,1],\
....:        [2,2,0,1,0,0,1,0],[-12,0,5,-8,0,0,0,4],\
....:        [0,4,0,0,0,0,4,0],[0,0,0,0,1,0,0,0],\
....:        [-14,2,0,-6,0,2,2,-1],[-4,0,2,-4,0,0,0,4]])
sage: A.frobenius()
```

----

1. C'est une légère aberration de l'interface actuelle du logiciel : alors que la forme de Frobenius est définie pour toute matrice dans un corps, Sage ne permet de la calculer que pour les matrices à coefficients dans $\mathbb{Z}$, en effectuant implicitement le plongement dans $\mathbb{Q}$.

$$\begin{pmatrix} 0 & 0 & 0 & 4 & 0 & 0 & 0 & 0 \\ 1 & 0 & 0 & 4 & 0 & 0 & 0 & 0 \\ 0 & 1 & 0 & 1 & 0 & 0 & 0 & 0 \\ 0 & 0 & 1 & 0 & 0 & 0 & 0 & 0 \\ 0 & 0 & 0 & 0 & 0 & 0 & 4 & 0 \\ 0 & 0 & 0 & 0 & 1 & 0 & 0 & 0 \\ 0 & 0 & 0 & 0 & 0 & 1 & 1 & 0 \\ 0 & 0 & 0 & 0 & 0 & 0 & 0 & 2 \end{pmatrix}$$

On peut obtenir par ailleurs la liste de polynômes invariants en passant 1 en argument. Pour obtenir l'information sur les espaces invariants associés, on passe l'argument 2 qui produira la matrice de passage K. Elle fournit une base de l'espace total, décomposée en la somme directe des espaces invariants.

```
sage: A.frobenius(1)
```
$$\left[x^4 - x^2 - 4x - 4, x^3 - x^2 - 4, x - 2 \right]$$

```
sage: F,K = A.frobenius(2)
sage: K
```

$$\begin{pmatrix} 1 & -\frac{1}{2} & \frac{1}{16} & \frac{15}{64} & \frac{3}{128} & \frac{7}{64} & -\frac{23}{64} & \frac{43}{128} \\ 0 & 0 & -\frac{5}{64} & -\frac{13}{128} & -\frac{15}{256} & \frac{17}{128} & -\frac{7}{128} & \frac{53}{256} \\ 0 & 0 & \frac{9}{128} & -\frac{11}{128} & -\frac{7}{128} & -\frac{1}{32} & \frac{5}{128} & \frac{5}{32} \\ 0 & 0 & -\frac{5}{128} & 0 & \frac{7}{256} & -\frac{7}{128} & -\frac{1}{64} & \frac{9}{256} \\ 0 & 1 & \frac{1}{16} & \frac{5}{32} & -\frac{17}{64} & -\frac{1}{32} & \frac{31}{32} & -\frac{21}{64} \\ 0 & 0 & \frac{1}{32} & \frac{5}{64} & \frac{31}{128} & -\frac{17}{64} & -\frac{1}{64} & -\frac{21}{128} \\ 0 & 0 & \frac{1}{32} & \frac{5}{64} & -\frac{1}{128} & \frac{15}{64} & -\frac{1}{64} & -\frac{21}{128} \\ 0 & 0 & 1 & \frac{5}{2} & -\frac{1}{4} & -\frac{1}{2} & -\frac{1}{2} & -\frac{21}{4} \end{pmatrix}$$

```
sage: K^-1*F*K == A
True
```

Ces résultats sous-entendent que la matrice A à coefficients dans $\mathbb{Z}$ a été plongée dans son corps de fractions $\mathbb{Q}$. Pour étudier l'action de la matrice A sur le module libre $\mathbb{Z}^n$, et la décomposition du module qu'elle engendre, on utilise la fonction `decomposition`; cependant son étude dépasse le cadre de cet ouvrage.

Facteurs invariants et invariants de similitude. Une propriété importante relie les invariants de similitude et les facteurs invariants vus dans la section 8.2.1.

THÉORÈME. Les invariants de similitude d'une matrice A à coefficients dans un corps correspondent aux facteurs invariants de sa matrice caractéristique $x\mathrm{Id} - A$.

La preuve de ce résultat dépasse le cadre de cet ouvrage et nous nous contentons de l'illustrer sur l'exemple précédent.

```
sage: S.<x> = QQ[]
sage: B = x*identity_matrix(8) - A
```

```
sage: B.elementary_divisors()
```
$$\left[1, 1, 1, 1, 1, x - 2, x^3 - x^2 - 4, x^4 - x^2 - 4x - 4\right]$$

```
sage: A.frobenius(1)
```
$$\left[x^4 - x^2 - 4x - 4, x^3 - x^2 - 4, x - 2\right]$$

Valeurs propres, vecteurs propres. Si l'on décompose le polynôme minimal en facteurs irréductibles, $\varphi_1 = \psi_1^{m_1} \dots \psi_s^{m_s}$, alors tous les facteurs invariants s'écrivent sous la forme $\varphi_i = \psi_1^{m_{i,1}} \dots \psi_s^{m_{i,s}}$, avec des multiplicités $m_{i,j} \leqslant m_j$. On montre que l'on peut alors trouver une transformation de similitude qui change chaque bloc compagnon C_{φ_i} de la forme de Frobenius en un bloc diagonal $\mathrm{Diag}(C_{\psi_1^{m_{i,1}}}, \dots, C_{\psi_s^{m_{i,s}}})$. Cette variante de la forme de Frobenius, que l'on appelle forme intermédiaire, est toujours formée de blocs compagnons, mais cette fois correspondant chacun à une puissance d'un polynôme irréductible.

$$(8.3)$$

Lorsqu'un facteur irréductible ψ_i est de degré 1 et de multiplicité 1, son bloc compagnon est une matrice 1×1 sur la diagonale et correspond ainsi à une valeur propre. Lorsque le polynôme minimal est scindé et sans carré, la matrice est donc diagonalisable.

On obtiendra les valeurs propres par la méthode `eigenvalues`. La liste des vecteurs propres à droite (respectivement à gauche) associés à leur valeur propre et sa multiplicité est donnée par la méthode `eigenvectors_right` (respectivement `eigenvectors_left`). Enfin les espaces propres, ainsi que leur base de vecteurs propres, sont fournis par les méthodes `eigenspaces_right` et `eigenspaces_left`.

```
sage: A = matrix(GF(7),4,[5,5,4,3,0,3,3,4,0,1,5,4,6,0,6,3])
sage: A.eigenvalues()
[4, 1, 2, 2]
sage: A.eigenvectors_right()
[(4, [
(1, 5, 5, 1)
], 1), (1, [
(0, 1, 1, 4)
], 1), (2, [
(1, 3, 0, 1),
```

```
(0, 0, 1, 1)
], 2)]
sage: A.eigenspaces_right()
[
(4, Vector space of degree 4 and dimension 1 over Finite Field
of size 7
User basis matrix:
[1 5 5 1]),
(1, Vector space of degree 4 and dimension 1 over Finite Field
of size 7
User basis matrix:
[0 1 1 4]),
(2, Vector space of degree 4 and dimension 2 over Finite Field
of size 7
User basis matrix:
[1 3 0 1]
[0 0 1 1])
]
```

De façon plus concise, la méthode `eigenmatrix_right` renvoie le couple formé par la matrice diagonalisée et la matrice de ses vecteurs propres à droite. (La méthode `eigenmatrix_left` fait de même avec les vecteurs propres à gauche.)

```
sage: A.eigenmatrix_right()
```

$$\left(\begin{pmatrix} 4 & 0 & 0 & 0 \\ 0 & 1 & 0 & 0 \\ 0 & 0 & 2 & 0 \\ 0 & 0 & 0 & 2 \end{pmatrix}, \begin{pmatrix} 1 & 0 & 1 & 0 \\ 5 & 1 & 3 & 0 \\ 5 & 1 & 0 & 1 \\ 1 & 4 & 1 & 1 \end{pmatrix} \right)$$

Forme de Jordan. Lorsque le polynôme minimal est scindé mais ayant des facteurs avec des multiplicités supérieures à 1, la forme intermédiaire (8.3) n'est pas diagonale. On montre alors qu'il n'existe pas de transformation de similitude la rendant diagonale, la matrice initiale n'est donc pas diagonalisable. On peut en revanche la trigonaliser, c'est-à-dire la rendre triangulaire supérieure, telle que les valeurs propres apparaissent sur la diagonale. Parmi les différentes matrices triangulaires possibles, la plus réduite de toutes est la forme normale de Jordan.

Un bloc de Jordan $J_{\lambda,k}$, associé à la valeur propre λ et l'ordre k, est la matrice $J_{\lambda,k}$ de dimensions $k \times k$ donnée par

$$J_{\lambda,k} = \begin{bmatrix} \lambda & 1 & & \\ & \ddots & \ddots & \\ & & \lambda & 1 \\ & & & \lambda \end{bmatrix}.$$

Cette matrice joue un rôle similaire à celui des blocs compagnons, en révélant plus précisément la multiplicité d'une valeur propre. En effet, son polynôme caractéristique vaut $\chi_{J_{\lambda,k}} = (X - \lambda)^k$. De plus son polynôme minimal vaut aussi

$\varphi_{J_{\lambda,k}} = (X - \lambda)^k$, en effet, il est nécessairement un multiple de $P = X - \lambda$. Or la matrice

$$P(J_{\lambda,k}) = \begin{bmatrix} 0 & 1 & & \\ & \ddots & \ddots & \\ & & 0 & 1 \\ & & & 0 \end{bmatrix}$$

est nilpotente d'ordre k, d'où $\varphi_{J_{\lambda,k}} = \chi_{J_{\lambda,k}} = (X - \lambda)^k$. La forme normale de Jordan correspond à la forme intermédiaire (8.3), où les blocs compagnons des $\psi_j^{m_{i,j}}$ ont été remplacés par les blocs de Jordan $J_{\lambda_j, m_{i,j}}$ (on rappelle que, le polynôme minimal étant scindé, les ψ_j s'écrivent sous la forme $X - \lambda_j$).

Ainsi lorsque son polynôme minimal est scindé, toute matrice est semblable à une matrice de Jordan de la forme

$$J = \begin{bmatrix} \begin{matrix} J_{\lambda_1, m_{1,1}} & & \\ & \ddots & \\ & & J_{\lambda_s, m_{1,s}} \end{matrix} & & & \\ & \begin{matrix} J_{\lambda_1, m_{2,1}} & \\ & \ddots \end{matrix} & & \\ & & \ddots & \\ & & & \begin{matrix} J_{\lambda_1, m_{k,1}} & \\ & \ddots \end{matrix} \end{bmatrix} . \tag{8.4}$$

En particulier, dans tout corps algébriquement clos, comme $\mathbb{C}$, la forme de Jordan d'une matrice est toujours définie.

En Sage, le constructeur `jordan_block(a,k)` produit le bloc de Jordan $J_{a,k}$. On obtiendra la forme normale de Jordan par la méthode `jordan_form`. L'option `transformation=True` permet d'obtenir la matrice de transformation U telle que $U^{-1}AU$ est sous forme de Jordan.

```
sage: A = matrix(ZZ,4,[3,-1,0,-1,0,2,0,-1,1,-1,2,0,1,-1,-1,3])
sage: A.jordan_form()
```

$$\begin{pmatrix} 3 & 0 & 0 & 0 \\ \hline 0 & 3 & 0 & 0 \\ \hline 0 & 0 & 2 & 1 \\ 0 & 0 & 0 & 2 \end{pmatrix}$$

```
sage: J,U = A.jordan_form(transformation=True)
sage: U^-1*A*U == J
True
```

La forme de Jordan est unique à une permutation des blocs de Jordan près. Selon les ouvrages, on peut imposer ou non que leur ordre d'apparition sur la diagonale respecte l'ordre des polynômes invariants, comme dans l'équation (8.4). On remarque dans l'exemple ci-dessus que Sage ne respecte pas cet ordre, puisque le premier polynôme invariant (le polynôme minimal) est le polynôme $(X - 3)(X - 2)^2$.

Forme normale primaire. Pour être complet, il faut mentionner une dernière forme normale qui généralise la forme de Jordan dans le cas quelconque où le polynôme minimal n'est pas scindé. Pour un polynôme irréductible P de degré k, on définit le bloc de Jordan de multiplicité m comme la matrice $J_{P,m}$ de dimension $km \times km$ vérifiant

$$J_{P,m} = \begin{bmatrix} C_P & B & & \\ & \ddots & \ddots & \\ & & C_P & B \\ & & & C_P \end{bmatrix}$$

où B est la matrice $k \times k$ dont le seul coefficient non nul est $B_{k,1} = 1$, et C_P est la matrice compagnon associée au polynôme P (§8.2.3). On note que si $P = X - \lambda$, on retrouve la notion de bloc de Jordan associé à la valeur propre λ. On montre de façon similaire que les polynômes minimal et caractéristique de cette matrice valent

$$\chi_{J_{P,m}} = \varphi_{J_{P,m}} = P^m.$$

Ainsi on montre qu'il existe une transformation de similitude remplaçant chaque bloc compagnon $C_{\psi_j^{m_{i,j}}}$ de la forme intermédiaire (8.3) en un bloc de Jordan $J_{\psi_j, m_{i,j}}$. La matrice ainsi formée est appelée la forme primaire ou encore la deuxième forme de Frobenius. Il s'agit là encore d'une forme normale, c'est-à-dire unique à une permutation des blocs diagonaux près.

L'unicité de ces formes normales permet en particulier de tester si deux matrices sont semblables, et par la même occasion de produire une matrice de passage entre l'une et l'autre.

Exercice 31. Écrire un programme qui détermine si deux matrices A et B sont semblables et renvoie la matrice U de passage telle que $A = U^{-1}BU$ (on pourra renvoyer `None` dans le cas où les matrices ne sont pas semblables).

Systèmes polynomiaux

Ce chapitre prolonge les deux précédents. Les objets sont des systèmes d'équations à plusieurs variables, comme ceux du chapitre 8. Ces équations, dans la lignée du chapitre 7, sont polynomiales. Par rapport aux polynômes à une seule indéterminée, ceux à plusieurs indéterminées présentent une grande richesse mathématique mais aussi des difficultés nouvelles, liées notamment au fait que l'anneau $K[x_1, \ldots, x_n]$ n'est pas principal. La théorie des bases de Gröbner fournit des outils pour contourner cette limitation. Au final, on dispose de méthodes puissantes pour étudier les systèmes polynomiaux, avec d'innombrables applications qui couvrent des domaines variés.

Une bonne partie du chapitre ne présuppose que des connaissances de base sur les polynômes à plusieurs indéterminées. Certains passages sont cependant du niveau d'un cours d'algèbre commutative de L3 ou M1. Pour une introduction moins allusive et en français à la théorie mathématique des systèmes polynomiaux, accessible au niveau licence, le lecteur pourra se reporter au chapitre [FSED09] de Faugère et Safey El Din. On trouvera un traitement plus avancé dans le livre de Elkadi et Mourrain [EM07]. Enfin, en anglais cette fois, le livre de Cox, Little et O'Shea [CLO07] est à la fois accessible et fort complet.

9.1 Polynômes à plusieurs indéterminées

9.1.1 Les anneaux $A[x_1, \ldots, x_n]$

Nous nous intéressons ici aux polynômes à plusieurs indéterminées, dits aussi — anglicisme commun dans le domaine du calcul formel — multivariés.

Comme pour les autres structures algébriques disponibles dans Sage, avant de pouvoir construire des polynômes, il nous faut définir une famille d'indéterminées

vivant toutes dans un même anneau. La syntaxe est pratiquement la même qu'en
une variable (cf. §7.1.1) :

```
sage: R = PolynomialRing(QQ, 'x,y,z')
sage: x,y,z = R.gens() # donne le n-uplet des indéterminées
```

ou en abrégé :

```
sage: R.<x,y,z> = QQ[]
```

(ou encore `R = QQ['x,y,z']`). Le constructeur `PolynomialRing` permet aussi de
créer une famille d'indéterminées de même nom, avec des indices entiers :

```
sage: R = PolynomialRing(QQ, 'x', 10)
```

Placer le n-uplet renvoyé par `gens` lui-même dans la variable x permet alors
d'accéder naturellement à l'indéterminée x_i par `x[i]` :

```
sage: x = R.gens()
sage: sum(x[i] for i in xrange(5))
x0 + x1 + x2 + x3 + x4
```

L'ordre des variables est significatif. La comparaison par `==` de `QQ['x,y']` et
`QQ['y,x']` renvoie faux, et un même polynôme vu comme élément de l'un ou de
l'autre s'affiche différemment :

```
sage: def test_poly(ring, deg=3):
....:     monomials = Subsets(
....:         flatten([(x,)*deg for x in (1,) + ring.gens()]),
....:         deg, submultiset=True)
....:     return add(mul(m) for m in monomials)

sage: test_poly(QQ['x,y'])
x^3 + x^2*y + x*y^2 + y^3 + x^2 + x*y + y^2 + x + y + 1
sage: test_poly(QQ['y,x'])
y^3 + y^2*x + y*x^2 + x^3 + y^2 + y*x + x^2 + y + x + 1
sage: test_poly(QQ['x,y']) == test_poly(QQ['y,x'])
True
```

Exercice 32. Expliquer le fonctionnement de la fonction `test_poly` définie ci-
dessus.

Plus largement, écrire les polynômes sous forme canonique demande de choisir
une façon d'ordonner les termes de la somme. Les trier par degré s'impose
naturellement quand il n'y a qu'une indéterminée, mais dans le cas des polynômes
multivariés, aucun ordre sur les monômes ne couvre tous les besoins. Sage permet
donc de choisir entre plusieurs ordres, grâce à l'option `order` de `PolynomialRing`.
Par exemple, l'ordre noté `deglex` range les monômes par degré total, puis par
ordre lexicographique des degrés des indéterminées en cas d'égalité :

```
sage: test_poly(PolynomialRing(QQ, 'x,y', order='deglex'))
x^3 + x^2*y + x*y^2 + y^3 + x^2 + x*y + y^2 + x + y + 1
```

Construction d'anneaux de polynômes	
anneau $A[x, y]$	`PolynomialRing(A, 'x,y')` *ou* `A['x,y']`
anneau $A[x_0, \ldots, x_{n-1}]$	`PolynomialRing(A, 'x', n)`
anneau $A[x_0, x_1, \ldots, y_0, y_1, \ldots]$	`InfinitePolynomialRing(A, ['x','y'])`
n-uplet des générateurs	`R.gens()`
1er, 2e... générateur	`R.0, R.1, ...`
indéterminées de $R = A[x, y][z][\ldots]$	`R.variable_names_recursive()`
conversion $A[x_1, x_2, y] \rightarrow A[x_1, x_2][y]$	`p.polynomial(y)`

Accès aux coefficients	
support, coefficients non nuls	`p.exponents(), p.coefficients()`
coefficient d'un monôme	`p[x^2*y]` *ou* `p[2,1]`
degré(s) total, en x, partiels	`p.degree(), p.degree(x), p.degrees()`
monôme/coefficient/terme de tête	`p.lm(), p.lc(), p.lt()`

Opérations de base	
transformation des coefficients	`p.map_coefficients(f)`
dérivée partielle d$/$dx	`p.derivative(x)`
évaluation $p(x, y)\big|_{x=a, y=b}$	`p.subs(x=a, y=b)` *ou* `p(x=a, y=b)`
homogénisation	`p.homogenize()`
dénominateur commun ($p \in \mathbb{Q}[x, y, \ldots]$)	`p.denominator()`

TABLEAU 9.1 – Polynômes à plusieurs indéterminées.

Les principaux ordres disponibles sont décrits plus en détail en §9.3.1. Nous verrons que le choix de l'ordre n'est pas qu'une question d'affichage, mais exerce une influence sur certains calculs.

Exercice 33. Définir l'anneau $\mathbb{Q}[x_2, x_3, \ldots, x_{37}]$ dont les indéterminées sont indexées par les nombres premiers inférieurs à 40, ainsi que des variables x2, x3, ..., x37 pour accéder aux indéterminées.

Il peut enfin s'avérer utile, dans quelques cas, de manipuler des polynômes à plusieurs indéterminées en *représentation récursive*, c'est-à-dire comme éléments d'un anneau de polynômes à coefficients eux-mêmes polynomiaux (voir encadré page 134).

9.1.2 Polynômes

Tout comme les polynômes en une variable sont de classe `Polynomial`, ceux en plusieurs variables (dans les anneaux avec un nombre fini d'indéterminées) sont de classe `MPolynomial`[1]. Pour les anneaux de base usuels (comme $\mathbb{Z}$, $\mathbb{Q}$ ou $\mathbb{F}_q$), ils s'appuient sur le logiciel Singular, un système de calcul formel spécialisé dans les calculs rapides sur les polynômes. Dans les autres cas, Sage se rabat sur une implémentation générique beaucoup plus lente.

---

1. Contrairement à `Polynomial`, cette classe n'est pas accessible directement depuis la ligne de commande : il faut utiliser son nom complet. Par exemple, on peut tester si un objet est de type polynôme multivarié par `isinstance(p, sage.rings.polynomial.multi_polynomial.MPolynomial)`.

Les anneaux $A[(x_n, y_n, \dots)_{n \in \mathbb{N}}]$

Il arrive que l'on ne sache pas, au début d'un calcul, combien de variables seront nécessaires. Cela rend l'utilisation de `PolynomialRing` assez pénible : il faut commencer à calculer dans un premier domaine, puis l'étendre et convertir tous les éléments à chaque fois que l'on souhaite introduire une nouvelle variable.

Les anneaux de polynômes en une infinité d'indéterminées offrent une structure de données plus souple. Leurs éléments peuvent contenir des variables prises dans une ou plusieurs familles infinies d'indéterminées. Chaque générateur de l'anneau correspond non pas à une seule variable, mais à une famille de variables indexées par les entiers naturels :

```
sage: R.<x,y> = InfinitePolynomialRing(ZZ, order='lex')
sage: p = mul(x[k] - y[k] for k in range(2)); p
x_1*x_0 - x_1*y_0 - x_0*y_1 + y_1*y_0
sage: p + x[100]
x_100 + x_1*x_0 - x_1*y_0 - x_0*y_1 + y_1*y_0
```

On revient à un anneau de polynômes `PolynomialRing` usuel grâce à la méthode `polynomial`, qui renvoie l'image d'un élément d'un `Infinite PolynomialRing` dans un anneau suffisamment grand pour contenir tous les éléments de l'anneau à une infinité de variables manipulés jusque-là. L'anneau obtenu n'est généralement pas le plus petit avec cette propriété.

En contrepartie de cette souplesse, ces anneaux sont moins efficaces que les anneaux `PolynomialRing`. Par ailleurs, leurs *idéaux* ne se substituent pas à ceux des anneaux de polynômes usuels pour les calculs sur les systèmes polynomiaux, sujet central du présent chapitre.

Les polynômes à plusieurs indéterminées sont toujours codés en représentation creuse[2]. Pourquoi ce choix ? Un polynôme dense à n variables de degré total d compte $\binom{n+d}{d}$ monômes : pour $n = d = 10$, cela fait $184\,756$ coefficients à stocker ! Il est donc très difficile de manipuler de gros polynômes denses comme on le fait en une variable. Par ailleurs, même quand les polynômes sont denses, les supports (les positions des monômes non nuls) rencontrés en pratique ont des formes variées. Or, si par exemple un polynôme à n variables dense jusqu'au degré total $d - 1$ est représenté par un tableau rectangulaire $d \times \cdots \times d$, pour d grand, seul un coefficient sur $n!$ environ est non nul. Au contraire, la représentation creuse par dictionnaire s'adapte à la forme du support ainsi d'ailleurs qu'à l'ordre sur les monômes.

---

2. La représentation récursive (voir encadré page 134) fournit cependant une forme de polynômes multivariés partiellement denses. Dans la représentation en mémoire d'un polynôme de $A[x][y]$, chaque coefficient de y^k occupe (en règle générale) un espace proportionnel à son degré en x, à quoi il faut ajouter une place proportionnelle au degré en y pour le polynôme lui-même.

9.1.3   Opérations de base

Fixons un peu de terminologie. Soit $R = A[x_1, \ldots, x_n]$ un anneau de polynômes. On appelle *monôme* une expression de la forme $x_1^{\alpha_1} x_2^{\alpha_2} \cdots x_n^{\alpha_n}$, c'est-à-dire un produit d'indéterminées, et on le note en abrégé x^{α}. Le n-uplet d'entiers $\alpha = (\alpha_1, \alpha_2, \ldots, \alpha_n)$ est l'*exposant* du monôme x^{α}. Un *terme* est un monôme multiplié par un élément de A, son *coefficient*.

Puisque la façon d'ordonner leurs termes n'est pas unique, les éléments de R n'ont pas, en tant qu'objets mathématiques, de coefficient dominant. Mais une fois un ordre choisi à la construction de l'anneau, il est possible et utile de définir un monôme de tête, le plus à gauche dans l'ordre d'écriture. Les méthodes lm (pour *leading monomial*), lc (*leading coefficient*) et lt (*leading term*) d'un polynôme à plusieurs indéterminées renvoient respectivement son monôme de tête, le coefficient de celui-ci, et le terme qu'ils constituent :

```
sage: R.<x,y,z> = QQ[]
sage: p = 7*y^2*x^2 + 3*y*x^2 + 2*y*z + x^3 + 6
sage: p.lt()
7*x^2*y^2
```

Les opérations arithmétiques +, - et *, de même que les méthodes dict, coefficients, et bien d'autres, s'utilisent comme leurs analogues en une seule variable. Parmi les petites différences, l'opérateur crochets [] d'extraction d'un coefficient accepte comme paramètre soit un monôme, soit son exposant :

```
sage: p[x^2*y] == p[(2,1,0)] == p[2,1,0] == 3
True
```

De même, l'évaluation nécessite de donner des valeurs à toutes les variables ou de préciser celles à substituer :

```
sage: p(0, 3, -1)
0
sage: p.subs(x = 1, z = x^2+1)
2*x^2*y + 7*y^2 + 5*y + 7
```

La méthode subs peut aussi substituer un nombre quelconque de variables en une fois, voir sa documentation pour des exemples d'usages avancés. Le degré se décline quant à lui en degré total et degrés partiels :

```
sage: print "total={d}    (en x)={dx}    partiels={ds}"\
....:    .format(d=p.degree(), dx=p.degree(x), ds=p.degrees())
total=4    (en x)=3    partiels=(3, 2, 1)
```

D'autres constructions subissent des adaptations évidentes, par exemple, la méthode derivative prend en paramètre la variable par rapport à laquelle dériver.

9.1.4   Arithmétique

Au-delà des opérations syntaxiques et arithmétiques élémentaires, les fonctions disponibles dans Sage sont en général limitées aux polynômes sur un corps, et parfois sur $\mathbb{Z}$ ou $\mathbb{Z}/n\mathbb{Z}$. Pour la suite de ce chapitre, et sauf mention contraire explicite, nous nous placerons sur un corps.

La division euclidienne des polynômes n'a de sens qu'en une variable. En Sage, la méthode `quo_rem` et les opérateurs associés `//` et `%` restent pourtant définis pour les polynômes multivariés. La « division avec reste » qu'ils calculent vérifie

$$\text{(p//q)*q + (p\%q) == p}$$

et coïncide avec la division euclidienne lorsque p et q ne dépendent que d'une variable, mais ce n'est pas elle-même une division euclidienne et elle n'a rien de canonique. Elle s'avère tout de même utile lorsque la division est exacte ou lorsque le diviseur est un monôme. Dans les autres cas, on préférera à `quo_rem` et ses variantes la méthode `mod`, décrite en §9.2.3, qui réduit un polynôme modulo un idéal en tenant compte du choix d'ordre monomial de l'anneau :

```
sage: R.<x,y> = QQ[]; p = x^2 + y^2; q = x + y
sage: print("({quo})*({q}) + ({rem}) == {p}".format( \
....:          quo=p//q, q=q, rem=p%q, p=p//q*q+p%q))
(-x + y)*(x + y) + (2*x^2) == x^2 + y^2
sage: p.mod(q)   # n'est PAS équivalent à p%q
2*y^2
```

Les méthodes `divides`, `gcd`, `lcm` ou encore `factor` ont le même sens qu'en une seule variable. Faute de division euclidienne, les premières ne sont pas disponibles pour des coefficients de n'importe quel type ; mais elles fonctionnent sur divers corps usuels, par exemple les corps de nombres :

```
sage: R.<x,y> = QQ[exp(2*I*pi/5)][]
sage: (x^10 + y^5).gcd(x^4 - y^2)
x^2 + y
sage: (x^10 + y^5).factor()
(x^2 + (a^2)*y) * (x^2 + (a)*y) * (x^2 + (a^3)*y) *
(x^2 + (-a^3 - a^2 - a - 1)*y) * (x^2 + y)
```

9.2   Systèmes polynomiaux et idéaux

Nous abordons à présent le sujet central de ce chapitre. Les sections 9.2.1 et 9.2.2 offrent un panorama des manières de trouver et de comprendre les solutions d'un système d'équations polynomiales avec l'aide de Sage. La section 9.2.3 est consacrée aux idéaux associés à ces systèmes. Les sections suivantes reviennent de façon plus détaillée sur les outils d'élimination algébrique et de résolution de systèmes.

9.2.1   Un premier exemple

Considérons une variante du système polynomial de la section 2.2,

$$\begin{cases} x^2yz = 18 \\ xy^3z = 24 \\ xyz^4 = 6. \end{cases} \qquad (9.1)$$

Opérations sur les polynômes à plusieurs indéterminées	
divisibilité $p \mid q$	`p.divides(q)`
factorisation	`p.factor()`
pgcd, ppcm	`p.gcd(q)`, `p.lcm(q)`
test p sans facteur carré	`p.is_squarefree()`
résultant $\mathrm{Res}_x(p, q)$	`p.resultant(q, x)`

TABLEAU 9.2 – Arithmétique.

La fonction `solve()` de Sage ne nous avait permis de trouver les solutions que numériquement. Voyons maintenant comment Sage parvient à résoudre le système de façon exacte, et, avec un peu d'aide de l'utilisateur, à trouver des formes closes simples pour toutes les solutions[3].

Énumérer les solutions. Commençons par traduire le problème en termes plus algébriques, en construisant l'idéal de $\mathbb{Q}[x, y, z]$ engendré par les équations :

```
sage: R.<x,y,z> = QQ[]
sage: J = R.ideal(x^2 * y * z - 18,
....:             x * y^3 * z - 24,
....:             x * y * z^4 - 6)
```

Comme nous le verrons dans la section 9.2.3, la commande suivante nous permet de vérifier que l'idéal J est de dimension zéro, c'est-à-dire que le système (9.1) possède un nombre fini de solutions dans $\mathbb{C}^3$:

```
sage: J.dimension()
0
```

Ceci établi, le premier réflexe est d'utiliser la méthode `variety`, qui calcule toutes les solutions du système. Sans paramètre, elle donne les solutions dans le corps de base de l'anneau de polynômes :

```
sage: J.variety()
[{y: 2, z: 1, x: 3}]
```

La solution $(3, 2, 1)$ déjà trouvée est donc l'unique solution rationnelle.

L'étape suivante est d'énumérer les solutions complexes. Afin de le faire de façon exacte, nous travaillons dans le corps des nombres algébriques. Nous retrouvons les 17 solutions :

```
sage: V = J.variety(QQbar)
sage: len(V)
17
```

Explicitement, les trois dernières ont l'allure suivante :

```
sage: V[-3:]
```

---

3. Le propos étant d'illustrer les outils de résolution de systèmes polynomiaux, nous négligeons la possibilité de ramener (9.1) à des équations linéaires en passant au logarithme!

```
[{z: 0.9324722294043558? - 0.3612416661871530?*I,
  y: -1.700434271459229? + 1.052864325754712?*I,
  x: 1.337215067329615? - 2.685489874065187?*I},
 {z: 0.9324722294043558? + 0.3612416661871530?*I,
  y: -1.700434271459229? - 1.052864325754712?*I,
  x: 1.337215067329615? + 2.685489874065187?*I},
 {z: 1, y: 2, x: 3}]
```

Chaque point solution est donné par un dictionnaire dont les clés sont les générateurs de `QQbar['x,y,z']` (et non de `QQ['x,y,z']`, d'où un petit détour pour y
accéder ci-dessous), et les valeurs associées, les coordonnées du point. Hors celle
de la solution rationnelle identifiée précédemment, les premières coordonnées sont
toutes des nombres algébriques de degré 16 :

```
sage: (xx, yy, zz) = QQbar['x,y,z'].gens()
sage: [ pt[xx].degree() for pt in V ]
[16, 16, 16, 16, 16, 16, 16, 16, 16, 16, 16, 16, 16, 16, 16, 1]
```

Calculer avec les solutions et identifier leur structure. Nous avons obtenu
une représentation exacte des solutions complexes du système (9.1), mais cette
représentation n'est pas franchement explicite. Ce n'est pas grave : disposer des
coordonnées comme éléments de `QQbar` suffit à poursuivre les calculs exacts dessus.

Par exemple, il n'est pas difficile de voir que si (x, y, z) est solution du
système (9.1), alors $(|x|, |y|, |z|)$ aussi. Construisons l'ensemble des $(|x|, |y|, |z|)$
pour (x, y, z) solution :

```
sage: Set(tuple(abs(pt[i]) for i in (xx,yy,zz)) for pt in V)
{(3, 2, 1)}
```

Toutes les valeurs de x (resp. y, z) sont donc de même module. Mieux, on peut
vérifier que la substitution

$$(x, y, z) \mapsto (\omega x, \omega^9 y, \omega^6 z) \qquad \text{où} \quad \omega = e^{2\pi i/17} \tag{9.2}$$

laisse le système invariant. En particulier, les dernières coordonnées des solutions
sont exactement les racines dix-septièmes de l'unité, ce dont on s'assure à nouveau
grâce à la possibilité de calculer exactement sur les nombres algébriques :

```
sage: w = QQbar.zeta(17); w   # racine primitive de 1
0.9324722294043558? + 0.3612416661871530?*I
sage: Set(pt[zz] for pt in V) == Set(w^i for i in range(17))
True
```

Les solutions du système sont donc les triplets $(3\omega, 2\omega^9, \omega^6)$ pour $\omega^{17} = 1$. Voilà
qui est plus parlant !

Exercice 34. Chercher les solutions réelles (et non seulement rationnelles) de (9.1),
pour vérifier directement qu'il n'y a que $(3, 2, 1)$. Retrouver la substitution (9.2), y
compris la valeur 17 pour l'ordre de ω comme racine de l'unité, par un calcul avec Sage.

Nous aurions pu arriver au même résultat en examinant les polynômes minimaux des coordonnées des points de V. On observe en effet qu'une même coordonnée a le même polynôme minimal pour tous les points solutions autres que $(3, 2, 1)$. Le polynôme minimal commun de leur troisième coordonnée n'est autre que le polynôme cyclotomique Φ_{17} :

```
sage: set(pt[zz].minpoly() for pt in V[:-1])
set([x^16 + x^15 + x^14 + x^13 + x^12 + x^11 + x^10 + x^9 +
x^8 + x^7 + x^6 + x^5 + x^4 + x^3 + x^2 + x + 1])
```

Ceux des première et deuxième coordonnées sont respectivement $3^{16} \cdot \Phi_{17}(x/3)$ et $2^{16} \cdot \Phi_{17}(x/2)$.

Des formules closes. Une expression explicite des solutions est donc possible en ayant recours à la notation exponentielle des complexes :

```
sage: def polar_form(z):
....:     rho = z.abs(); rho.simplify()
....:     theta = 2 * pi * z.rational_argument()
....:     return (SR(rho) * exp(I*theta))
sage: [tuple(polar_form(pt[i]) for i in [xx,yy,zz]) for pt in V[-3:]]
[(3*e^(-6/17*I*pi), 2*e^(14/17*I*pi), e^(-2/17*I*pi)),
(3*e^(6/17*I*pi), 2*e^(-14/17*I*pi), e^(2/17*I*pi)), (3, 2, 1)]
```

Naturellement, si nous avions eu l'idée d'écrire les éléments de V en notation exponentielle, cela aurait suffi à conclure.

Simplifier le système. Une approche différente est possible. Plutôt que de chercher les solutions, essayons de calculer une forme plus simple du système lui-même. Les outils fondamentaux qu'offre Sage pour ce faire sont la décomposition triangulaire et les bases de Gröbner. Nous verrons plus loin ce qu'ils calculent exactement ; essayons déjà de les utiliser sur cet exemple :

```
sage: J.triangular_decomposition()
[Ideal (z^17 - 1, y - 2*z^10, x - 3*z^3) of Multivariate
Polynomial Ring in x, y, z over Rational Field]
sage: J.transformed_basis()
[z^17 - 1, -2*z^10 + y, -3*z^3 + x]
```

On obtient dans un cas comme dans l'autre le système équivalent

$$z^{17} = 1 \qquad y = 2z^{10} \qquad x = 3z^3,$$

soit $V = \{(3\omega^3, 2\omega^{10}, \omega) \mid \omega^{17} = 1\}$. C'est un reparamétrage immédiat de la description compacte des solutions trouvée manuellement plus haut.

9.2.2   Qu'est-ce que résoudre ?

Un système polynomial qui possède des solutions en a souvent une infinité. L'équation toute simple $x^2 - y = 0$ admet une infinité de solutions dans $\mathbb{Q}^2$, sans parler de $\mathbb{R}^2$ ou $\mathbb{C}^2$. Il n'est donc pas question de les énumérer. Le mieux qu'on puisse faire est décrire l'ensemble des solutions « aussi explicitement que possible », c'est-à-dire en calculer une représentation dont on puisse facilement extraire des informations intéressantes. La situation est analogue à celle des systèmes linéaires, pour lesquels (dans le cas homogène) une base du noyau du système est une bonne description de l'espace des solutions.

Dans le cas particulier où les solutions sont en nombre fini il devient possible de « les calculer ». Mais même dans ce cas, cherche-t-on à énumérer les solutions dans $\mathbb{Q}$, ou encore dans un corps fini $\mathbb{F}_q$? À trouver des approximations numériques des solutions réelles ou complexes ? Ou encore, comme dans l'exemple de la section précédente, à représenter ces dernières à l'aide de nombres algébriques, c'est-à-dire par exemple à calculer les polynômes minimaux de leurs coordonnées ?

Ce même exemple illustre que d'autres représentations de l'ensemble des solutions peuvent être bien plus parlantes qu'une simple liste de points, surtout quand les solutions sont nombreuses. Ainsi, les énumérer n'est pas forcément la chose la plus pertinente à faire même quand c'est possible. *In fine*, on ne cherche pas tant à calculer les solutions qu'à calculer *avec* les solutions, pour en déduire ensuite, suivant le problème, les informations auxquelles on s'intéresse vraiment. La suite de ce chapitre explore différents outils utiles pour ce faire.

9.2.3   Idéaux et systèmes

Si s polynômes $p_1, \ldots, p_s \in K[\boldsymbol{x}]$ s'annulent en un point $\boldsymbol{x}$ à coordonnées dans K ou dans une extension de K, tout élément de l'idéal qu'ils engendrent s'annule aussi en $\boldsymbol{x}$. Il est donc naturel d'associer au système polynomial

$$p_1(\boldsymbol{x}) = p_2(\boldsymbol{x}) = \cdots = p_s(\boldsymbol{x}) = 0$$

l'idéal $J = \langle p_1, \ldots, p_s \rangle \subset K[\boldsymbol{x}]$. Deux systèmes polynomiaux qui engendrent le même idéal sont équivalents au sens où ils ont les mêmes solutions. Si L est un corps contenant K, on appelle *sous-variété algébrique* de L^n associée à J l'ensemble

$$V_L(J) = \{ \boldsymbol{x} \in L^n \mid \forall p \in J, p(\boldsymbol{x}) = 0 \} = \{ \boldsymbol{x} \in L^n \mid p_1(\boldsymbol{x}) = \cdots = p_s(\boldsymbol{x}) = 0 \}$$

des solutions à coordonnées dans L du système. Des idéaux différents peuvent avoir la même variété associée. Par exemple, les équations $x = 0$ et $x^2 = 0$ admettent la même unique solution dans $\mathbb{C}$, alors que l'on a $\langle x^2 \rangle \subsetneq \langle x \rangle$. Ce que l'idéal engendré par un système polynomial capture est plutôt la notion intuitive de « solutions avec multiplicités ».

Ainsi, les deux systèmes suivants expriment chacun l'intersection du cercle unité et d'une courbe d'équation $\alpha\, x^2 y^2 = 1$, réunion de deux hyperboles équila-

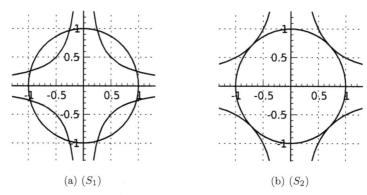

(a) (S_1) (b) (S_2)

```
sage: opts = {'axes':True, 'gridlines':True, 'frame':False,
....:     'aspect_ratio':1, 'axes_pad':0, 'fontsize':8,
....:     'xmin':-1.3, 'xmax':1.3, 'ymin':-1.3, 'ymax':1.3}
sage: (ideal(J.0).plot() + ideal(J.1).plot()).show(**opts)
```

FIGURE 9.1 – Intersection de deux courbes planes, voir systèmes (9.3).

tères (voir figure 9.1) :

$$(S_1) \begin{cases} x^2 + y^2 = 1 \\ 16\,x^2 y^2 = 1 \end{cases} \qquad (S_2) \begin{cases} x^2 + y^2 = 1 \\ 4\,x^2 y^2 = 1. \end{cases} \tag{9.3}$$

Le système (S_1) possède huit solutions dans $\mathbb{C}$, toutes à coordonnées réelles. Quand on le déforme en (S_2) en faisant varier le paramètre α, les deux solutions sur chaque branche de l'hyperbole se rapprochent jusqu'à être confondues. Le système (S_2) n'a plus que quatre solutions, chacune en un certain sens « de multiplicité deux ». En diminuant encore α, il n'y aurait plus de solution réelle, mais huit solutions complexes.

Calcul modulo un idéal. Comme dans le cas des polynômes à une seule indéterminée, Sage permet de définir des idéaux [4] $J \subset K[\boldsymbol{x}]$, des anneaux quotients $K[\boldsymbol{x}]/J$, et de calculer naturellement avec les éléments de ces anneaux quotients. L'idéal J_1 associé à (S_1) se construit par :

```
sage: R.<x,y> = QQ[]
sage: J = R.ideal(x^2 + y^2 - 1, 16*x^2*y^2 - 1)
```

On peut ensuite effectuer le quotient de $K[\boldsymbol{x}]$ par J_1, y projeter des polynômes, calculer avec les classes d'équivalence modulo J_1, et les « remonter » en des représentants :

---

4. Attention : les objets `InfinitePolynomialRing` ont aussi une méthode `ideal`, mais celle-ci n'a pas le même sens que pour les anneaux de polynômes usuels. (Un idéal quelconque de $K[(x_n)_{n\in\mathbb{N}}]$ n'a aucune raison d'être finiment engendré !) La suite du chapitre ne s'applique pas à ces objets.

```
sage: ybar2 = R.quo(J)(y^2)
sage: [ybar2^i for i in range(3)]
[1, ybar^2, ybar^2 - 1/16]
sage: ((ybar2 + 1)^2).lift()
3*y^2 + 15/16
```

Il y a ici une difficulté théorique. Les éléments de $K[\boldsymbol{x}]/J$ sont représentés sous forme normale, ce qui est nécessaire pour pouvoir tester l'égalité de deux éléments. Or cette forme normale n'est pas évidente à définir, pour la raison déjà mentionnée en §9.1.4 : la division d'un représentant d'une classe d'équivalence $p + J$ par un générateur principal de J, utilisée pour calculer dans $K[x]/J$, n'a pas d'analogue direct en plusieurs variables. Bornons-nous pour l'instant à admettre qu'il existe néanmoins une forme normale, qui dépend de l'ordre sur les éléments choisi à la construction de l'anneau et repose sur un système de générateurs de J particulier appelé base de Gröbner. La section 9.3 à la fin de ce chapitre est consacrée à définir les bases de Gröbner et montrer comment on peut les utiliser dans les calculs. Sage calcule automatiquement des bases de Gröbner lorsque c'est nécessaire ; mais ces calculs sont parfois très coûteux, en particulier quand le nombre de variables est grand, de sorte que calculer dans un anneau quotient peut être difficile.

Revenons à l'utilisation de Sage. Lorsque $p \in J$, la commande p.lift(J) écrit p comme combinaison linéaire à coefficients polynomiaux des générateurs de J :

```
sage: u = (16*y^4 - 16*y^2 + 1).lift(J); u
[16*y^2, -1]
sage: u[0]*J.0 + u[1]*J.1
16*y^4 - 16*y^2 + 1
```

Pour un polynôme quelconque, l'expression p.mod(J) donne la forme normale de p modulo J, vue comme élément de $K[\boldsymbol{x}]$:

```
sage: (y^4).mod(J)
y^2 - 1/16
```

Attention : si J.reduce(p) est équivalent à p.mod(J), en revanche, la variante p.reduce([p1, p2, ...]) renvoie un représentant de $p + J$ qui n'est pas forcément la forme normale (voir §9.3.2) :

```
sage: (y^4).reduce([x^2 + y^2 - 1, 16*x^2*y^2 - 1])
y^4
```

En combinant p.mod(J) et p.lift(J), on peut décomposer un polynôme p en une combinaison linéaire à coefficients polynomiaux de générateurs de J, plus un reste qui est nul si et seulement si $p \in J$.

Radical d'un idéal et solutions. Le point essentiel de la correspondance entre idéaux et variétés est le théorème des zéros de Hilbert, ou *Nullstellensatz*. Soit $\bar{K}$ une clôture algébrique de K.

THÉORÈME (*Nullstellensatz*). Soient $p_1, \ldots, p_s \in K[\boldsymbol{x}]$, et soit $Z \subset \bar{K}^n$ l'ensemble des zéros communs des p_i. Un polynôme $p \in \mathbb{K}[\boldsymbol{x}]$ s'annule identiquement sur Z si et seulement s'il existe un entier k tel que $p^k \in \langle p_1, \ldots, p_s \rangle$.

Idéaux	
idéal $\langle p_1, p_2 \rangle \subset R$	`R.ideal(p1, p2)` *ou* `(p1, p2)*R`
somme, produit, puissance	`I + J, I * J, I^k`
intersection $I \cap J$	`I.intersection(J)`
quotient $I : J = \{p \mid pJ \subset I\}$	`I.quotient(J)`
radical $\sqrt{J}$	`J.radical()`
réduction modulo J	`J.reduce(p)` *ou* `p.mod(J)`
section de $R \twoheadrightarrow R/J$	`p.lift(J)`
anneau quotient R/J	`R.quo(J)`
idéal homogénéisé	`J.homogenize()`

Quelques idéaux prédéfinis	
« *irrelevant ideal* » $\langle x_1, \dots, x_n \rangle$	`R.irrelevant_ideal()`
idéal jacobien $\langle \partial p / \partial x_i \rangle_i$	`p.jacobian_ideal()`
« racines cycliques » (9.11)	`sage.rings.ideal.Cyclic(R)`
équations de corps $x_i^q = x_i$	`sage.rings.ideal.FieldIdeal(GF(q)['x1,x2'])`

TABLEAU 9.3 – Idéaux.

Ce résultat donne un critère algébrique pour tester si un système polynomial admet des solutions. Le polynôme constant 1 s'annule identiquement sur Z si et seulement si Z est vide, donc le système $p_1(\boldsymbol{x}) = \cdots = p_s(\boldsymbol{x}) = 0$ a des solutions dans $\bar{K}$ si et seulement si l'idéal $\langle p_1, \dots, p_s \rangle$ ne contient pas 1. Par exemple, les cercles de rayon 1 centrés en $(0, 0)$ et en $(4, 0)$ ont une intersection complexe :

```
sage: 1 in ideal(x^2+y^2-1, (x-4)^2+y^2-1)
False
```

En revanche, en ajoutant la condition $x = y$, le système n'a plus de solution. On peut donner une preuve triviale à vérifier qu'il est alors contradictoire en exhibant comme *certificat* une combinaison des équations qui se réduit à $1 = 0$ si elles sont satisfaites. Le calcul

```
sage: R(1).lift(ideal(x^2+y^2-1, (x-4)^2+y^2-1, x-y))
[-1/28*y + 1/14, 1/28*y + 1/14, -1/7*x + 1/7*y + 4/7]
```

fournit dans notre cas la relation

$$\frac{1}{28}\Big((-y+2)(x^2+y^2-1) + (y+2)\big((x-4)^2+y^2-1\big)$$
$$+ (-4x+4y+16)(x-y)\Big) = 1.$$

En termes d'idéaux, le *Nullstellensatz* affirme que l'ensemble des polynômes qui s'annulent identiquement sur la variété $V_{\bar{K}}(J)$ associée à un idéal J est le *radical* de cet idéal, défini par

$$\sqrt{J} = \{p \in K[\boldsymbol{x}] \mid \exists k \in \mathbb{N}, p^k \in J\}.$$

On a

$$V(\sqrt{J}) = V(J)$$

mais intuitivement, le passage au radical « oublie les multiplicités ». Ainsi, l'idéal J_1 est son propre radical (on dit qu'il est radical), tandis que l'idéal J_2 associé à (S_2) vérifie $J_2 \subsetneq \sqrt{J_2}$:

```
sage: J1 = (x^2 + y^2 - 1, 16*x^2*y^2 - 1)*R
sage: J2 = (x^2 + y^2 - 1,  4*x^2*y^2 - 1)*R
sage: J1.radical() == J1
True
sage: J2.radical()
Ideal (2*y^2 - 1, 2*x^2 - 1) of Multivariate Polynomial
Ring in x, y over Rational Field
sage: 2*y^2 - 1 in J2
False
```

Systèmes, idéaux et cryptographie

Des modules spécifiques, `sage.rings.polynomial.multi_polynomial_sequence` et `sage.crypto.mq`, offrent des outils pour manipuler les systèmes polynomiaux en tenant compte de la forme particulière des équations, et non seulement de l'idéal qu'elles engendrent. Cela est utile pour travailler avec de gros systèmes structurés, comme ceux issus de la cryptographie. Le module `sage.crypto` définit aussi plusieurs systèmes polynomiaux associés à des constructions cryptographiques classiques.

Opérations sur les idéaux. Il est aussi possible de calculer sur les idéaux eux-mêmes. Rappelons que la somme de deux idéaux est définie par

$$I + J = \{p + q \mid p \in I \text{ et } q \in J\} = \langle I \cup J \rangle.$$

Elle correspond géométriquement à l'intersection des variétés :

$$V(I + J) = V(I) \cap V(J).$$

Ainsi, l'idéal J_1 associé à (S_1) s'écrit comme la somme de $C = \langle x^2 + y^2 - 1 \rangle$ et $H = \langle 16\, x^2 y^2 - 1 \rangle$, qui définissent respectivement le cercle et la double hyperbole. En Sage :

```
sage: C = ideal(x^2 + y^2 - 1); H = ideal(16*x^2*y^2 - 1)
sage: C + H == J1
True
```

Ce test d'égalité s'appuie lui aussi sur un calcul de base de Gröbner.

De même, l'intersection, le produit et le quotient d'idéaux satisfont

$$I \cap J = \{p \mid p \in I \text{ et } p \in J\} \qquad\qquad V(I \cap J) = V(I) \cup V(J)$$
$$I \cdot J = \langle pq \mid p \in I, q \in J \rangle \qquad\qquad V(I \cdot J) = V(I) \cup V(J)$$
$$I : J = \{p \mid pJ \subset I\} \qquad\qquad V(I : J) = \overline{V(I) \setminus V(J)}$$

et se calculent comme indiqué dans le tableau 9.3. La notation $\bar{X}$ désigne ici la *fermeture de Zariski* de X, c'est-à-dire la plus petite sous-variété algébrique contenant X. Par exemple, la courbe de la figure 9.1a est l'ensemble des zéros des polynômes de $C \cap H$, et le quotient $(C \cap H) : \langle 4xy - 1 \rangle$ correspond à la réunion du cercle avec une des deux hyperboles :

```
sage: CH = C.intersection(H).quotient(ideal(4*x*y-1)); CH
Ideal (4*x^3*y + 4*x*y^3 + x^2 - 4*x*y + y^2 - 1) of
Multivariate Polynomial Ring in x, y over Rational Field
sage: CH.gen(0).factor()
(4*x*y + 1) * (x^2 + y^2 - 1)
```

En revanche, la courbe obtenue en retirant à $V(H)$ un nombre fini de points n'est pas une sous-variété algébrique, de sorte que :

```
sage: H.quotient(C) == H
True
```

Dimension. À tout idéal de $J \subset K[\boldsymbol{x}]$ est aussi associée une *dimension* qui correspond intuitivement à la « dimension » maximale des « composantes » de la variété $V(J)$ sur un corps algébriquement clos [5]. On a par exemple :

```
sage: [J.dimension() for J in [J1, J2, C, H, H*J2, J1+J2]]
[0, 0, 1, 1, 1, -1]
```

En effet, $V(J_1)$ et $V(J_2)$ sont formées d'un nombre fini de points, $V(C)$ et $V(H)$ sont des courbes, $V(H \cdot J_2)$ est réunion de courbes et de points isolés, et $V(J_1 + J_2)$ est vide. Les systèmes *de dimension zéro*, c'est-à-dire ceux qui engendrent un idéal de dimension zéro, ou encore (pour les systèmes à coefficients rationnels) qui ne possèdent qu'un nombre fini de solutions, auront une importance particulière dans la suite du chapitre puisque ce sont ceux que l'on peut « résoudre » le plus explicitement.

9.2.4 Élimination

Éliminer une variable dans un système d'équations, c'est trouver des « conséquences », ou mieux « toutes les conséquences » du système indépendantes de cette variable. Autrement dit, il s'agit de trouver des équations vérifiées par toute solution, mais qui ne font pas intervenir la variable éliminée, ce qui les rend souvent plus faciles à analyser.

Par exemple, on peut éliminer x du système linéaire

$$\begin{cases} 2x + y - 2z = 0 \\ 2x + 2y + z = 1 \end{cases} \tag{9.4}$$

en retranchant la première équation à la deuxième. Il vient $y + 3z = 1$, ce qui montre que tout triplet (x, y, z) solution de (9.4) est de la forme $(x, 1 - 3z, z)$.

---

5. Nous donnons en §9.3.3 une définition plus rigoureuse, mais pas forcément plus éclairante. Voir les références mentionnées en début de chapitre pour un traitement plus satisfaisant.

Systèmes polynomiaux généraux : élimination, géométrie	
idéal d'élimination $J \cap A[z,t] \subset K[x,y,z,t]$	`J.elimination_ideal(x, y)`
résultant $\mathrm{Res}_x(p,q)$	`p.resultant(q, x)`
dimension	`J.dimension()`
genre	`J.genus()`

Dimension zéro (ensemble fini de solutions)	
solutions dans $L \supseteq K$	`J.variety(L)`
dimension sur K du quotient	`J.vector_space_dimension()`
base du quotient	`J.normal_basis()`
décomposition triangulaire	`J.triangular_decomposition()`

TABLEAU 9.4 – Résolution de systèmes polynomiaux.

On peut ensuite vérifier que toute « solution partielle » $(1 - 3z, z)$ s'étend en une (unique) solution $(\frac{5z-1}{2}, 1 - 3z, z)$ de (9.4). Cela illustre que l'algorithme du pivot de Gauss résout les systèmes linéaires par élimination, contrairement par exemple aux formules de Cramer.

Idéaux d'élimination. Dans le contexte des systèmes polynomiaux, les « conséquences » des équations $p_1(\boldsymbol{x}) = \cdots = p_s(\boldsymbol{x}) = 0$ sont les éléments de l'idéal $\langle p_1, \ldots, p_s \rangle$. Si J est un idéal de $K[x_1, \ldots, x_n]$, on appelle k-ième *idéal d'élimination* de J l'ensemble

$$J_k = J \cap K[x_{k+1}, \ldots, x_n] \tag{9.5}$$

des éléments de J qui ne font intervenir que les $n - k$ dernières variables. C'est un idéal de $K[x_{k+1}, \ldots, x_n]$.

En Sage, la méthode `elimination_ideal` prend la liste des variables à éliminer. Attention : elle ne renvoie pas $J_k \subset K[x_{k+1}, \ldots, x_n]$, mais l'idéal $\langle J_k \rangle$ de $K[x_1, \ldots, x_n]$ engendré par celui-ci. Dans le cas du système linéaire (9.4), on trouve

```
sage: R.<x,y,z> = QQ[]
sage: J = ideal(2*x+y-2*z, 2*x+2*y+z-1)
sage: J.elimination_ideal(x)
Ideal (y + 3*z - 1) of Multivariate Polynomial Ring in x, y, z
over Rational Field
sage: J.elimination_ideal([x,y])
Ideal (0) of Multivariate Polynomial Ring in x, y, z over Rational Field
```

Mathématiquement, ces résultats s'interprètent ainsi : on a $J \cap \mathbb{Q}[y,z] = \langle y + 3z - 1 \rangle \subset \mathbb{Q}[y,z]$ et $J \cap \mathbb{Q}[z] = \mathbb{Q}[z]$, c'est-à-dire $\mathbb{Q}[z] \subset J$. (En effet, l'idéal $\langle 0 \rangle$ correspond au système réduit à la seule équation triviale $0 = 0$, dont tout polynôme est solution.) Ce n'est certes pas une façon recommandable de résoudre les systèmes linéaires : les outils spécifiques discutés au chapitre 8 sont bien plus efficaces !

Pour un exemple un peu moins trivial, reprenons le système (S_1) de la section 9.2.3 (voir figure 9.1a) :

```
sage: J1.gens()
[x^2 + y^2 - 1, 16*x^2*y^2 - 1]
```

L'élimination de y fournit un idéal de $\mathbb{Q}[x]$ — donc principal — engendré par un polynôme g dont les racines sont les abscisses

$$\frac{\pm\sqrt{2 \pm \sqrt{3}}}{2}$$

des huit solutions de (S_1) :

```
sage: g = J1.elimination_ideal(y).gens(); g
[16*x^4 - 16*x^2 + 1]
sage: SR(g[0]).solve(SR(x)) # résout par radicaux
[x == -1/2*sqrt(sqrt(3) + 2), x == 1/2*sqrt(sqrt(3) + 2),
x == -1/2*sqrt(-sqrt(3) + 2), x == 1/2*sqrt(-sqrt(3) + 2)]
```

En réinjectant chacune des valeurs de x trouvées dans (S_1), on obtient un système (redondant) d'équations en y seulement qui permet de calculer les deux valeurs de y correspondantes.

Éliminer = projeter. L'exemple précédent illustre que l'élimination de y d'un système correspond géométriquement à la *projection* π de la variété solution sur un hyperplan d'équation y = constante. Mais considérons maintenant séparément les idéaux $C = \langle x^2 + y^2 - 1 \rangle$ et $H = \langle 16\,x^2y^2 - 1 \rangle$ dont J_1 est la somme, et à nouveau, éliminons y :

```
sage: C.elimination_ideal(y).gens()
[0]
sage: H.elimination_ideal(y).gens()
[0]
```

Concernant C, rien de bien surprenant. Le cercle $\{(x, y) \in \mathbb{R}^2 \mid x^2 + y^2 = 1\}$ se projette certes sur $[-1;1]$, mais il est clair que n'importe quelle valeur de x peut être « réinjectée » dans l'unique équation $x^2 + y^2 - 1 = 0$ et que l'équation en y obtenue a des solutions *complexes*. Ce que traduit l'élimination de y dans C est la projection sur la première coordonnée du cercle complexe $\{(x, y) \in \mathbb{C}^2 \mid x^2 + y^2 = 1\}$, qui est $\mathbb{C}$ tout entier.

La situation de H est un petit peu plus compliquée. L'équation $16\,x^2y^2 = 1$ n'a pas de solution, même complexe, pour $x = 0$. On a cette fois

$$V_{\mathbb{C}}(H \cap \mathbb{Q}[x]) = \mathbb{C} \subsetneqq \pi(V_{\mathbb{C}}(H)) = \mathbb{C} \setminus \{0\}.$$

En effet, le projeté de l'hyperbole, $\mathbb{C} \setminus \{0\}$, n'est pas une sous-variété algébrique. Moralité : l'élimination correspond bien à la projection (sur un corps algébriquement clos), mais elle ne calcule pas le projeté exact d'une variété affine, seulement la fermeture de Zariski de celui-ci.

FIGURE 9.2 – Une portion de la courbe en (x, y, t) définie par (9.6) et sa projection sur le plan $t = 0$.

Applications : un peu de géométrie plane. Si $X \subset \mathbb{C}^k$ est donné par une paramétrisation rationnelle

$$X = \{\big(f_1(t), f_2(t), \ldots, f_k(t)\big)\}, \qquad f_1, \ldots, f_k \in \mathbb{Q}(t_1, \ldots, t_n),$$

trouver une équation implicite pour X revient à projeter la partie de $\mathbb{C}^{k+n}$ définie par les équations $x_i = f_i(t)$ sur le sous-espace $(x_1, \ldots, x_k) \simeq \mathbb{C}^k$. C'est un problème d'élimination. Considérons la paramétrisation classique du cercle

$$x = \frac{1 - t^2}{1 + t^2} \qquad y = \frac{2t}{1 + t^2} \tag{9.6}$$

associée à l'expression de $(\sin\theta, \cos\theta)$ en fonction de $\tan(\theta/2)$. Elle se traduit par des relations polynomiales qui définissent un idéal de $\mathbb{Q}[x, y, t]$:

```
sage: R.<x,y,t> = QQ[]
sage: Param = R.ideal((1-t^2)-(1+t^2)*x, 2*t-(1+t^2)*y)
```

Éliminons t :

```
sage: Param.elimination_ideal(t).gens()
[x^2 + y^2 - 1]
```

On obtient une équation du cercle. On peut remarquer que cette équation s'annule en $(x, y) = (-1, 0)$, bien que la paramétrisation (9.6) n'atteigne pas ce point, car le cercle privé d'un point n'est pas une sous-variété algébrique.

Un autre exemple : traçons quelques-uns des cercles $(\mathcal{C}_t)$ d'équation

$$\mathcal{C}_t : \qquad x^2 + (y - t)^2 = \frac{t^2 + 1}{2} \tag{9.7}$$

au moyen des commandes Sage (voir figure 9.3) :

```
sage: R.<x,y,t> = QQ[]
sage: eq = x^2 + (y-t)^2 - 1/2*(t^2+1)
```

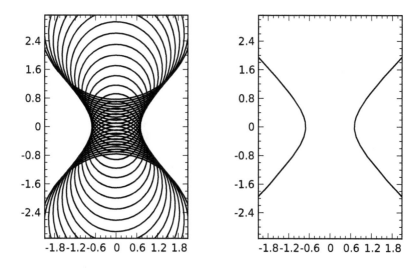

FIGURE 9.3 – Une famille de cercles et son enveloppe.

```
sage: fig = add((eq(t=k/5)*QQ[x,y]).plot() for k in (-15..15))
sage: fig.show(aspect_ratio=1, xmin=-2, xmax=2, ymin=-3, ymax=3)
```

On voit apparaître l'*enveloppe* de la famille de cercles $(\mathcal{C}_t)$, une « courbe limite » tangente à tous les $\mathcal{C}_t$, que l'on peut décrire informellement comme l'ensemble des « points d'intersection de cercles infiniment proches » de la famille.

Plus précisément, si f est une fonction différentiable et si la courbe $\mathcal{C}_t$ a pour équation $f(x, y, t) = 0$ pour tout t, l'enveloppe de $(\mathcal{C}_t)$ est l'ensemble des (x, y) tels que

$$\exists t, \qquad f(x, y, t) = 0 \qquad \text{et} \qquad \frac{\partial f}{\partial t}(x, y, t) = 0. \tag{9.8}$$

Dans le cas des cercles (9.7), la fonction $f(x, y, t)$ est un polynôme. Leur enveloppe est le projeté sur le plan (x, y) des solutions de (9.8), donc on peut en déterminer une équation par le calcul d'idéal d'élimination suivant :

```
sage: env = ideal(eq, eq.derivative(t)).elimination_ideal(t)
sage: env.gens()
[2*x^2 - 2*y^2 - 1]
```

Il n'y a plus qu'à tracer la courbe trouvée :

```
sage: env.change_ring(QQ[x,y]).plot()
```

Résultant et élimination. Les opérations d'élimination des exemples précédents s'appuient implicitement sur des bases de Gröbner calculées automatiquement par Sage. Mais nous avons rencontré auparavant dans ce livre un autre outil d'élimination : le résultant.

Considérons deux polynômes non constants $p, q \in K[x_1, \ldots, x_n, y]$. On note $\mathrm{Res}_y(p, q)$ le résultant de p et q vus comme des polynômes en une indéterminée y

Inégalités

Considérons un triangle de sommets $A = (0,0)$, $B = (1,0)$ et $C = (x, y)$. Supposons les angles $\widehat{BAC}$ et $\widehat{CBA}$ égaux, et tentons de prouver par le calcul que le triangle est alors isocèle. En introduisant le paramètre $t = \tan \hat{A} = \tan \hat{B}$, la situation est codée par les équations $y = tx = t(1 - x)$, et il s'agit de montrer qu'elles entraînent

$$x^2 + y^2 = (1 - x)^2 + y^2.$$

Avec Sage, on obtient :

```
sage: R.<x,y,t> = QQ[]
sage: J = (y-t*x, y-t*(1-x))*R
sage: (x^2+y^2) - ((1-x)^2+y^2) in J
False
```

Et pour cause : lorsque $x = y = t = 0$, les hypothèses sont satisfaites, mais la conclusion est fausse ! Géométriquement, on doit exclure le cas des triangles plats, qui peuvent avoir deux angles égaux sans être isocèles.

Comment coder, disons, la contrainte $t \neq 0$? L'astuce est d'introduire une variable auxiliaire u, et d'imposer $tu = 1$. Le calcul devient :

```
sage: R.<x,y,t,u> = QQ[]
sage: J = (y-t*x, y-t*(1-x), t*u-1)*R
sage: (x^2+y^2) - ((1-x)^2+y^2) in J
True
```

et l'on a cette fois le résultat attendu. Observons en passant que l'on peut forcer plusieurs expressions à la fois à ne pas s'annuler avec une seule variable auxiliaire, *via* une équation du type $t_1 t_2 \cdots t_n u = 1$.

à coefficients dans $K[x_1, \ldots, x_n]$. Nous avons vu en §7.3.3 que c'est un polynôme de $K[x_1, \ldots, x_n]$ qui s'annule en $\boldsymbol{u} \in K^n$ si et seulement si $p(u_1, \ldots, u_n, y)$ et $q(u_1, \ldots, u_n, y)$ (qui sont deux polynômes de $K[y]$) ont un zéro commun, sauf peut-être lorsque les coefficients dominants (en y) de p et q s'annulent eux-mêmes en $\boldsymbol{u}$. On peut dire un petit peu plus : en fait, $\mathrm{Res}_y(p, q)$ engendre l'idéal d'élimination[6] $\langle p, q \rangle \cap K[x_1, \ldots, x_n]$.

Ainsi, tous les calculs d'élimination que nous avons faits entre deux polynômes peuvent être remplacés par des résultants. Par exemple, l'équation de l'enveloppe des cercles (9.7) est

```
sage: eq.derivative(t).resultant(eq, t)
x^2 - y^2 - 1/2
```

---

6. Les points d'annulation des coefficients dominants où la propriété de spécialisation du résultant ne tient pas sont ceux ajoutés par le passage à la fermeture de Zariski lors de la projection.

Nous nous en tiendrons ici au cas de deux polynômes. Il est possible d'utiliser le résultant ou des généralisations du résultant pour des problèmes d'élimination plus généraux, mais la théorie est plus compliquée, et les outils correspondants ne sont pas encore disponibles dans Sage.

9.2.5 Systèmes de dimension zéro

On peut traiter bien des problèmes à partir du seul calcul d'idéaux d'élimination, et Sage n'offre guère d'autre outil « boîte noire » pour résoudre des systèmes polynomiaux généraux. La situation est différente en ce qui concerne les systèmes de dimension zéro.

Un idéal $J \subset K[x]$ est dit de dimension zéro lorsque le quotient $K[x]/J$ est un espace vectoriel de dimension finie. *Sur un corps algébriquement clos*, cela équivaut à dire que la variété $V(J)$ est formée d'un nombre fini de points. Ainsi, les systèmes (9.1) et (9.3) engendrent des idéaux de dimension zéro — on dit aussi qu'ils sont eux-mêmes de dimension zéro. En revanche, l'idéal $\langle (x^2+y^2)(x^2+y^2+1)\rangle$ de $\mathbb{Q}[x, y]$ est de dimension 1 bien que sa seule solution réelle soit $(0,0)$:

```
sage: R.<x,y> = QQ[]
sage: ((x^2 + y^2)*(x^2 + y^2 + 1)*R).dimension()
1
```

Les systèmes de dimension zéro se résolvent de façon plus explicite que ce qu'autorisent les outils généraux de la section précédente. Nous avons déjà vu plusieurs de ces possibilités à l'œuvre sur l'exemple de la section 9.2.1.

Énumérer les solutions. Tout d'abord, le fait de n'avoir qu'un nombre fini de solutions permet de les énumérer, exactement ou approximativement.

L'expression Sage J.variety(L) sert à calculer la variété $V_L(J)$. Elle déclenche une erreur si J n'est pas de dimension zéro. Par défaut, elle cherche les solutions du système à coordonnées dans le corps de base de l'anneau de polynômes ambiant. Par exemple, la sous-variété de $\mathbb{Q}^n$ définie par J_1 est vide :

```
sage: J1 = (x^2 + y^2 - 1, 16*x^2*y^2 - 1)*R
sage: J1.variety()
[]
```

Mais tout comme la méthode **roots** des polynômes à une seule indéterminée, **variety** fonctionne pour toutes sortes de domaines L. Le plus important pour nous ici est le corps des nombres algébriques. On peut en effet montrer que les solutions d'un système de dimension zéro à coefficients dans K sont à coordonnées dans la clôture algébrique de K. Ainsi, il est possible de calculer exactement la variété complexe $V_{\mathbb{C}}(J) = V_{\overline{\mathbb{Q}}}(J)$ associée à un idéal $J \subset \mathbb{Q}[x]$:

```
sage: J1.variety(QQbar)[0:2]
[{y: -0.9659258262890683?, x: -0.2588190451025208?},
 {y: -0.96592582628906683?, x: 0.2588190451025208?}]
```

Exercice 35. Montrer que les solutions de (S_1) sont à coordonnées dans $\mathbb{Q}[\sqrt{2 - \sqrt{3}}]$ et les exprimer par radicaux.

Décomposition triangulaire. En interne, J.variety(L) passe par le calcul d'une *décomposition triangulaire* de l'idéal J. Cette décomposition est intéressante en elle-même car elle donne parfois une description de la variété $V(J)$ plus commode pour la suite des calculs, voire plus facile à interpréter que la sortie de variety (voir §9.2.1), particulièrement quand les solutions sont nombreuses.

Un système polynomial est dit triangulaire s'il est de la forme

$$\begin{cases} p_1(x_1) & := & x_1^{d_1} + a_{1,d_1-1}\, x_1^{d_1-1} + \cdots + a_{1,0} & = & 0 \\ p_2(x_1,x_2) & := & x_2^{d_2} + a_{2,d_2-1}(x_1)\, x_2^{d_2-1} + \cdots + a_{2,0}(x_1) & = & 0 \\ & \vdots & \\ p_n(x_1,\ldots,x_n) & := & x_n^{d_n} + a_{n,d_n-1}(x_1,\ldots,x_{n-1})\, x_n^{d_n-1} + \cdots & = & 0 \end{cases}$$

autrement dit si chaque polynôme p_i ne fait intervenir que les variables $x_1,\ldots,x_i$ et est unitaire en la variable x_i. Quand un système de dimension zéro est de cette forme, sa résolution se ramène à un nombre fini de résolutions d'équations polynomiales à une seule variable : il suffit de trouver les racines x_1 de p_1, les reporter dans p_2, chercher alors les racines x_2 de ce dernier, et ainsi de suite. Cette stratégie fonctionne que l'on cherche les solutions exactement ou numériquement.

Tout système n'est pas équivalent à un système triangulaire. Soit par exemple J l'idéal défini par :

```
sage: R.<x,y> = PolynomialRing(QQ, order='lex')
sage: C = ideal(x^2+y^2-1)
sage: D = ideal((x+y-1)*(x+y+1))
sage: J = C + D
```

En image (voir figure 9.4) :

```
sage: opts = {'axes':True, 'gridlines':True, 'frame':False,
....: 'aspect_ratio':1, 'axes_pad':0, 'xmin':-1.3, 'xmax':1.3,
....: 'ymin':-1.3, 'ymax':1.3, 'fontsize': 8}
sage: show(C.plot() + D.plot(), figsize=[2,2], **opts)
```

La variété $V(J)$ contient deux points d'abscisse 0 mais un seul point d'abscisse -1, et de même, un point d'ordonnée -1 contre deux d'ordonnée nulle. L'idéal J ne peut donc être décrit par un système triangulaire.

On peut montrer en revanche que tout idéal de dimension zéro s'écrit comme intersection finie d'idéaux engendrés par des systèmes triangulaires. La méthode triangular_decomposition calcule une telle décomposition :

```
sage: J.triangular_decomposition()
[Ideal (y, x^2 - 1) of Multivariate Polynomial Ring in x, y
over Rational Field,
Ideal (y^2 - 1, x) of Multivariate Polynomial Ring in x, y
over Rational Field]
```

Géométriquement, on obtient une représentation de la variété $V(J)$ comme réunion de variétés associées à des systèmes plus simples, et souvent assez simples pour constituer une bonne description des solutions.

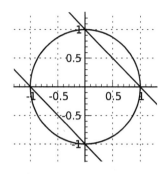 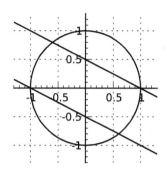

$$\langle x^2 + y^2 - 1, (x + y - 1)(x + y + 1)\rangle \quad \langle x^2 + y^2 - 1, (x + 2y - 1)(x + 2y + 1)\rangle$$

FIGURE 9.4 – Dans chacun des deux cas, la variété associée à l'idéal J du texte est l'intersection d'un cercle et de la réunion de deux droites.

Quelques difficultés. On peut légitimement se demander quel est l'intérêt de la décomposition triangulaire pour énumérer les solutions. Après tout, face à un système de dimension zéro, il est toujours possible de trouver un polynôme à une seule variable dont les racines soient exactement les premières coordonnées des solutions, par un calcul d'idéal d'élimination. En reportant ses racines dans le système d'équations, on diminue le nombre de variables, ce qui permet d'itérer le procédé jusqu'à avoir complètement résolu le système.

Mais la « remontée » dans le système en propageant les résultats partiels peut être délicate. Modifions un peu le système précédent :

```
sage: D = ideal((x+2*y-1)*(x+2*y+1)); J = C + D
sage: J.variety()
[{y: -4/5, x: 3/5}, {y: 0, x: -1}, {y: 0, x: 1}, {y: 4/5, x: -3/5}]
sage: [T.gens() for T in J.triangular_decomposition()]
[[y, x^2 - 1], [25*y^2 - 16, 4*x + 3*y]]
```

La forme de la décomposition triangulaire ne change pas : pour chacune des composantes, on dispose d'une équation en y seulement, et d'une seconde équation qui permet d'exprimer x en fonction de y.

Éliminons donc x, pour avoir de même une équation en y seul, en l'occurrence le produit des deux précédentes :

```
sage: Jy = J.elimination_ideal(x); Jy.gens()
[25*y^3 - 16*y]
```

Il n'y a plus qu'à reporter les racines de cette équation dans les équations qui définissent l'idéal J pour trouver x. Avec la première équation, $x^2 + y^2 - 1 = 0$, il vient :

```
sage: ys = QQ['y'](Jy.0).roots(); ys
[(4/5, 1), (0, 1), (-4/5, 1)]
sage: QQ['x'](J.1(y=ys[0][0])).roots()
[(-3/5, 1), (-13/5, 1)]
```

L'une des deux valeurs obtenues est correcte — on a $(-3/5, 4/5) \in V(J)$ — mais l'autre ne correspond à aucune solution : il faut tester les valeurs trouvées au moyen de la seconde équation de départ, $(x + 2y - 1)(x + 2y + 1)$, pour l'éliminer.

Le problème se corse si l'on résout les équations univariées numériquement, ce qui est parfois nécessaire en raison du coût des opérations sur les nombres algébriques :

```
sage: ys = CDF['y'](Jy.0).roots(); ys
[(-0.8, 1), (0.0, 1), (0.8, 1)]
sage: [CDF['x'](p(y=ys[0][0])).roots() for p in J.gens()]
[[(-0.6 - 1.30624677741e-16*I, 1), (0.6 + 1.30624677741e-16*I, 1)],
 [(0.6 - 3.13499226579e-16*I, 1), (2.6 + 3.13499226579e-16*I, 1)]]
```

Ici, en reportant $y \simeq -0{,}8$ dans les deux générateurs de J, on trouve deux valeurs de x proches de 0,6. Comment s'assurer que ce sont des approximations de la coordonnée x d'une même solution exacte $(x, y) \simeq (0{,}6, -0{,}8)$, et non des racines parasites comme dans l'exemple précédent ? Ces phénomènes s'amplifient quand le nombre de variables et d'équations augmente. Quand le système est triangulaire en revanche, il n'y a à chaque étape de remontée qu'une équation à considérer, et comme elle est toujours unitaire, les approximations numériques n'affectent pas le nombre de solutions.

Continuons dans la même veine. Pour le système suivant, `J.variety()` calcule (exactement) une décomposition triangulaire de J, puis cherche numériquement les solutions réelles du ou des systèmes obtenus. Cela donne une unique solution réelle :

```
sage: R.<x,y> = QQ[]; J = ideal([ x^7-(100*x-1)^2, y-x^7+1 ])
sage: J.variety(RDF)
[{y: 396340.890167, x: 26.612261084}]
```

En menant le calcul exactement jusqu'au bout, on voit pourtant qu'il existe trois solutions réelles, et que la valeur de x dans la solution trouvée numériquement est complètement fausse :

```
sage: J.variety(AA)
[{x: 0.00999999900000035?, y: -0.999999999999990?},
 {x: 0.01000000100000035?, y: -0.999999999999990?},
 {x: 6.305568998641385?, y: 396340.8901665450?}]
```

Moralité : la décomposition triangulaire n'est pas une panacée, et ne dispense pas d'être prudent dans l'interprétation des résultats de calculs approchés.

Il existe un grand nombre d'autres méthodes pour paramétrer et approcher les solutions de systèmes de dimension zéro, plus ou moins adaptées suivant les problèmes, qui ne sont pas implémentées dans Sage. L'exercice 36 donne un aperçu de certaines idées utilisées.

Algèbre quotient. Les quotients par des idéaux de dimension zéro sont beaucoup plus maniables que les quotients d'anneaux de polynômes en général, car les

> **Mathématiques avancées**
>
> Sage dispose aussi d'un grand nombre de fonctions d'algèbre commutative et de géométrie algébrique qui dépassent largement le niveau de ce livre. Le lecteur intéressé est invité à explorer la documentation des idéaux de polynômes ainsi que celle du module `sage.schemes`. D'autres fonctionnalités encore sont accessibles à travers les interfaces aux logiciels spécialisés Singular, CoCoA et Macaulay2.

calculs dans l'algèbre quotient se ramènent à de l'algèbre linéaire en dimension finie.

Si $J \subset K[\boldsymbol{x}]$ est un idéal de dimension zéro, la dimension $\dim_K K[\boldsymbol{x}]/J$ de l'algèbre quotient en tant que K-espace vectoriel est une borne sur le nombre de points de $V(J)$. (En effet, pour tout $u \in V(J)$, il existe un polynôme à coefficients dans K qui vaut 1 en u et 0 en tout autre point de $V(J)$. Deux tels polynômes ne peuvent pas être équivalents modulo J.) On peut penser à cette dimension comme le nombre de solutions « avec multiplicités » du système dans la clôture algébrique de K. Par exemple, nous avons relevé que les quatre solutions du système (S_2) introduit en §9.2.3 sont chacune la « double » intersection de deux courbes. Cela explique que l'on ait :

```
sage: len(J2.variety(QQbar)), J2.vector_space_dimension()
(4, 8)
```

La méthode `normal_basis` calcule une liste de monômes dont les projections dans $K[\boldsymbol{x}]/J$ forment une base :

```
sage: J2.normal_basis()
[x*y^3, y^3, x*y^2, y^2, x*y, y, x, 1]
```

La base renvoyée dépend de l'ordre sur les termes choisi à la construction de l'anneau de polynômes ; nous la décrivons plus précisément en §9.3.3.

Exercice 36. Soit J un idéal de dimension zéro de $\mathbb{Q}[x,y]$. Soit χ_x le polynôme caractéristique de l'application linéaire

$$m_x : \quad \begin{aligned} \mathbb{Q}[x,y]/J &\rightarrow \mathbb{Q}[x,y]/J \\ p+J &\mapsto xp+J. \end{aligned}$$

Calculer χ_x dans le cas $J = J_2 = \langle x^2+y^2-1, 4x^2y^2-1 \rangle$. Montrer que toute racine de χ_x est l'abscisse d'un point de la variété $V_{\mathbb{C}}(J)$.

9.3 Bases de Gröbner

Nous avons jusqu'ici utilisé les fonctionnalités d'élimination algébrique et de résolution de systèmes polynomiaux qu'offre Sage comme des boîtes noires. Cette section introduit quelques-uns des outils mathématiques et algorithmiques sous-jacents. Le but est à la fois d'y recourir directement et de faire un usage avisé des fonctions de plus haut niveau présentées auparavant.

Principaux ordres monomiaux, avec l'exemple de $\mathbb{Q}[x, y, z]$	
lex	$x^\alpha < x^\beta \iff \alpha_1 < \beta_1$ ou $(\alpha_1 = \beta_1$ et $\alpha_2 < \beta_2)$ ou $\ldots$
	ou $(\alpha_1 = \beta_1, \ldots, \alpha_{n-1} = \beta_{n-1}$ et $\alpha_n < \beta_n)$
	$x^3 > x^2y > x^2z > x^2 > xy^2 > xyz > xy > xz^2 > xz > x > y^3$
	$> y^2z > y^2 > yz^2 > yz > y > z^3 > z^2 > z > 1$
invlex	$x^\alpha < x^\beta \iff \alpha_n < \beta_n$ ou $(\alpha_n = \beta_n$ et $\alpha_{n-1} < \beta_{n-1})$ ou $\ldots$
	ou $(\alpha_n = \beta_n, \ldots, \alpha_2 = \beta_2$ et $\alpha_1 < \beta_1)$
	$z^3 > yz^2 > xz^2 > z^2 > y^2z > xyz > yz > x^2z > xz > z > y^3$
	$> xy^2 > y^2 > x^2y > xy > y > x^3 > x^2 > x > 1$
deglex	$x^\alpha < x^\beta \iff |\alpha| < |\beta|$ ou $(|\alpha| = |\beta|$ et $x^\alpha <_{\text{lex}} x^\beta)$
	$x^3 > x^2y > x^2z > xy^2 > xyz > xz^2 > y^3 > y^2z > yz^2 > z^3 > x^2$
	$> xy > xz > y^2 > yz > z^2 > x > y > z > 1$
degrevlex	$x^\alpha < x^\beta \iff |\alpha| < |\beta|$ ou $(|\alpha| = |\beta|$ et $x^\alpha >_{\text{invlex}} x^\beta)$
	$x^3 > x^2y > xy^2 > y^3 > x^2z > xyz > y^2z > xz^2 > yz^2 > z^3 > x^2$
	$> xy > y^2 > xz > yz > z^2 > x > y > z > 1$

Construction d'ordres monomiaux	
objet représentant un ordre prédéfini sur n variables	`TermOrder('nom', n)`
ordre matriciel : $x^\alpha <_M x^\beta \iff M\alpha <_{\text{lex}} M\beta$	`TermOrder(M)`
blocs : $x^\alpha y^\beta < x^\gamma y^\delta \iff \alpha <_1 \gamma$ ou $(\alpha = \gamma$ et $\beta <_2 \delta)$	`T1 + T2`

TABLEAU 9.5 – Ordres monomiaux.

Les techniques employées par Sage pour les calculs sur les idéaux et l'élimination reposent sur la notion de base de Gröbner. On peut voir celle-ci, entre autres, comme une extension à plusieurs indéterminées de la représentation par générateur principal des idéaux de $K[x]$. Le problème central de cette section est de définir et calculer une forme normale pour les éléments des algèbres quotients de $K[\boldsymbol{x}]$. Notre point de vue reste celui de l'utilisateur : nous définissons les bases de Gröbner, montrons comment en obtenir avec Sage et à quoi cela peut servir, mais nous n'abordons pas les algorithmes utilisés pour faire le calcul.

9.3.1   Ordres monomiaux

Un *ordre monomial* ou *ordre admissible* (global) est un ordre total sur les monômes x^α d'un anneau de polynômes $K[\boldsymbol{x}]$ qui satisfait

$$x^\alpha < x^\beta \implies x^{\alpha+\gamma} < x^{\beta+\gamma} \qquad \text{et} \qquad \gamma \neq 0 \implies 1 < x^\gamma \qquad (9.9)$$

pour tous exposants α, β, γ. De façon équivalente, on peut considérer $<$ comme un ordre sur les exposants $\alpha \in \mathbb{N}^n$ ou encore sur les termes $c\, x^\alpha$. Les monôme de tête, coefficient de tête et terme de tête d'un polynôme p (voir §9.1.3) pour l'ordre monomial ambiant sont ceux de plus grand exposant ; on les note respectivement $\text{lm}\, p$, $\text{lc}\, p$ et $\text{lt}\, p$.

La première des conditions (9.9) exprime une contrainte de compatibilité avec la multiplication : le produit par un monôme fixé ne change pas l'ordre. La seconde impose que $<$ soit un bon ordre, c'est-à-dire qu'il n'existe pas de suite infinie strictement décroissante de monômes. Remarquons que le seul ordre admissible sur $K[x]$ est l'ordre usuel $x^n > x^{n-1} > \cdots > 1$.

Nous avons vu en §9.1.1 que Sage permet de sélectionner un ordre lors de la définition d'un anneau de polynômes *via* des constructions comme

```
sage: R.<x,y,z,t> = PolynomialRing(QQ, order='lex')
```

Le tableau 9.5 recense les principaux ordres admissibles prédéfinis [7] : lex est l'ordre lexicographique des exposants, invlex l'ordre lexicographique des exposants lus de droite à gauche, et deglex range les monômes par degré total puis par ordre lexicographique. La définition de degrevlex est un peu plus compliquée : les monômes sont rangés par degré total, puis dans l'ordre lexicographique *décroissant* des exposants *lus à partir de la droite*. Cet ordre surprenant est pourtant celui adopté par défaut quand on omet l'option order, car il est plus efficace que les autres pour certains calculs.

On choisit généralement (mais pas toujours !) conjointement l'ordre des variables de l'anneau et celui des monômes de sorte que $x_1 > x_2 > \cdots > x_n$, et l'on parle alors souvent, par exemple, de « l'ordre lex tel que $x > y > z$ » plutôt que de « l'ordre lex sur $K[x, y, z]$ ». Les ordres prédéfinis lex, deglex et degrevlex obéissent à cette convention ; quant à l'ordre invlex sur $K[x, y, z]$, c'est aussi l'ordre lex tel que $z > y > x$, c'est-à-dire celui sur $K[z, y, x]$.

9.3.2 Division par une famille de polynômes

Un ordre monomial $<$ étant fixé, soit $G = \{g_1, g_2, \ldots, g_s\}$ un ensemble fini de polynômes de $K[\boldsymbol{x}]$. On note $\langle G \rangle = \langle g_1, g_2, \ldots, g_s \rangle$ l'idéal de $K[\boldsymbol{x}]$ engendré par G.

La division d'un polynôme $p \in K[\boldsymbol{x}]$ par G est un analogue multivarié de la division euclidienne dans $K[x]$. Comme cette dernière, elle associe à p un reste, donné en Sage par l'expression p.reduce(G), qui est un polynôme « plus petit » appartenant à la même classe d'équivalence modulo $\langle G \rangle$:

```
sage: ((x+y+z)^2).reduce([x-t, y-t^2, z^2-t])
2*z*t^2 + 2*z*t + t^4 + 2*t^3 + t^2 + t
```

Le reste est obtenu en retranchant à p, tant que c'est possible, des multiples d'éléments de G dont le terme de tête s'annule avec un terme de p lors de la soustraction. À la différence du cas univarié, il arrive que l'on puisse annuler ainsi un terme de p, mais pas celui de tête : on demande donc seulement d'annuler un terme le plus grand possible au sens de l'ordre monomial.

---

7. Sage admet aussi des ordres (dits *locaux*) dans lesquels 1 est le plus grand des monômes au lieu d'être le plus petit. Par exemple, dans l'ordre neglex sur $\mathbb{Q}[x, y, z]$, on a $1 > z > z^2 > z^3 > y > yz > yz^2 > y^2 > y^2z > y^3 > x > xz > xz^2 > xy > xyz > xy^2 > x^2 > x^2z > x^2y > x^3$. Les ordres locaux ne sont pas des ordres admissibles au sens de la définition (9.9), et nous ne les utilisons pas dans ce livre, mais le lecteur intéressé pourra compléter le tableau 9.5 en utilisant la fonction test_poly définie en §9.1.1.

Formellement, pour $p \in K[\boldsymbol{x}]$, notons $\mathrm{lt}_G\, p$ le terme de p d'exposant maximal divisible par un terme de tête d'élément de G. Appelons *réduction élémentaire* toute transformation de la forme

$$p \mapsto \tilde{p} = p - c\,\boldsymbol{x}^\alpha\, g, \qquad \text{où } g \in G \text{ et } \mathrm{lt}_G\, p = c\,\boldsymbol{x}^\alpha\, \mathrm{lt}\, g. \qquad (9.10)$$

Une réduction élémentaire préserve la classe d'équivalence de p modulo $\langle G \rangle$, et fait disparaître le plus grand monôme de p qu'elle affecte : on a

$$\tilde{p} - p \in \langle G \rangle \qquad \text{et} \qquad \mathrm{lt}_G\, \tilde{p} < \mathrm{lt}_G\, p.$$

Comme $<$ est un bon ordre, il n'est pas possible d'appliquer à un polynôme une infinité de réductions élémentaires successives. Toute suite de réductions élémentaires se termine donc sur un polynôme qui ne peut plus être réduit, qui est le reste de la division.

Observons que ce procédé généralise des méthodes familières d'élimination à la fois pour les polynômes à une indéterminée et pour les systèmes linéaires. S'il n'y a qu'une seule variable, la division d'un polynôme p par un singleton $G = \{g\}$ se réduit exactement à la division euclidienne de p par g. Dans l'autre cas extrême de polynômes en plusieurs indéterminées mais dont tous les monômes sont de degré 1, elle devient identique à l'opération élémentaire de réduction de la méthode de Gauss-Jordan.

Mais contrairement à ce qu'il se passe dans ces cas particuliers, en général, le reste dépend du choix des réductions élémentaires. (On dit que le système de règles de réécriture (9.10) n'est pas confluent.) Ainsi, changer l'ordre dans lequel on donne les éléments de G conduit dans l'exemple suivant à des choix de réductions différents :

```
sage: R.<x,y> = PolynomialRing(QQ, order='lex')
sage: (g, h) = (x-y, x-y^2); p = x*y - x
sage: p.reduce([g, h])   # deux réductions par h
y^3 - y^2
sage: p.reduce([h, g])   # deux réductions par g
y^2 - y
```

Quand bien même les éléments de G seraient considérés dans un ordre déterministe (de façon à rendre le résultat unique pour p et G donnés), comment s'assurer, par exemple, que la suite de réductions élémentaires de p par $\{g, h\}$ choisie découvrira la relation suivante qui montre que $p \in \langle g, h \rangle$?

```
sage: p - y*g + h
0
```

9.3.3   Bases de Gröbner

Les limitations de la division multivariée expliquent la difficulté mentionnée en §9.2.3 à obtenir une forme normale pour les éléments des algèbres $K[\boldsymbol{x}]/J$: diviser par les générateurs de l'idéal ne suffit pas... Du moins en général ! Car il existe des systèmes de générateurs particuliers pour lesquels la division est confluente, et calcule une forme normale. Ces systèmes s'appellent des *bases de Gröbner*, ou *bases standard*.

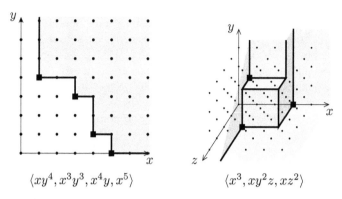

$\langle xy^4, x^3y^3, x^4y, x^5 \rangle$ $\langle x^3, xy^2z, xz^2 \rangle$

FIGURE 9.5 – Escaliers d'idéaux engendrés par des monômes.

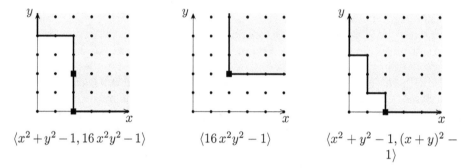

$\langle x^2 + y^2 - 1, 16\,x^2y^2 - 1 \rangle$ $\langle 16\,x^2y^2 - 1 \rangle$ $\langle x^2 + y^2 - 1, (x+y)^2 - 1 \rangle$

FIGURE 9.6 – Escaliers d'idéaux de $\mathbb{Q}[x,y]$ rencontrés dans ce chapitre. Dans ces trois cas, l'escalier et la position des générateurs sont les mêmes pour les ordres lex, deglex et degrevlex.

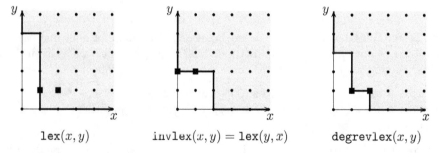

lex(x,y) invlex$(x,y) = $ lex(y,x) degrevlex(x,y)

FIGURE 9.7 – Escaliers de l'idéal $\langle xy + x + y^2 + 1, x^2y + xy^2 + 1 \rangle \subset \mathbb{Q}[x,y]$ relativement à différents ordres monomiaux.

Sur chaque schéma, la zone grisée correspond aux termes de tête des *éléments* de l'idéal. Les carrés noirs donnent la position des *générateurs* utilisés pour le décrire.

Escaliers. Une façon plaisante d'appréhender les bases de Gröbner passe par la notion d'escalier d'un idéal. Attachons chaque polynôme non nul de $K[x_1, \ldots, x_n]$ au point de $\mathbb{N}^n$ donné par son exposant de tête, et dessinons la partie $E \subset \mathbb{N}^n$ ainsi occupée par un idéal J (voir figures 9.5 à 9.7). Le dessin obtenu (qui dépend de l'ordre monomial) est en forme d'escalier : en effet, on a $\boldsymbol{\alpha} + \mathbb{N}^n \subset E$ pour tout $\boldsymbol{\alpha} \in E$. Les éléments de $J \backslash \{0\}$ sont dans la zone grisée, au-dessus de l'escalier ou à sa frontière. Les points strictement « sous l'escalier » correspondent exclusivement à des polynômes de $K[\boldsymbol{x}] \backslash J$, mais tous les polynômes de $K[\boldsymbol{x}] \backslash J$ ne sont pas sous l'escalier.

Par exemple, dans un polynôme de $\langle x^3, xy^2z, xz^2 \rangle$, tout monôme, de tête ou non, est multiple d'un des polynômes x^3, xy^2z et xz^2. Les monômes de tête sont donc exactement les $x^\alpha y^\beta z^\gamma$ vérifiant l'une des inégalités $(\alpha, \beta, \gamma) \geqslant (3, 0, 0)$, $(\alpha, \beta, \gamma) \geqslant (1, 2, 1)$ ou $(\alpha, \beta, \gamma) \geqslant (1, 0, 2)$ composante par composante (figure 9.5). Un polynôme dont l'exposant de tête ne satisfait pas ces conditions, par exemple $x^2 + xz^2$ si l'ordre ambiant est l'ordre lexicographique avec $x > y > z$, ne peut appartenir à l'idéal. Certains polynômes comme $x^3 + x$ ne sont pas non plus dans l'idéal malgré un monôme de tête au-dessus de l'escalier. La situation est analogue pour tout idéal engendré par des monômes.

Pour un idéal quelconque, la structure de l'escalier ne se lit pas facilement sur les générateurs. Ainsi, en notant $\boldsymbol{\delta}_1, \ldots, \boldsymbol{\delta}_s$ les exposants de tête des générateurs, on a $\bigcup_{i=1}^{s} (\boldsymbol{\delta}_i + \mathbb{N}^n) \subsetneq E$ dans tous les exemples des figures 9.6 et 9.7 sauf le deuxième. On peut cependant montrer que E s'écrit toujours comme réunion d'un nombre fini d'ensembles de la forme $\boldsymbol{\alpha} + \mathbb{N}^n$, c'est-à-dire intuitivement que l'escalier n'a qu'un nombre fini de coins. Ce résultat est parfois appelé lemme de Dickson.

Bases de Gröbner. Une base de Gröbner est simplement une famille de générateurs qui capture la forme de l'escalier, et plus précisément qui compte un polynôme à chaque coin de celui-ci.

DÉFINITION. Une base de Gröbner d'un idéal $J \subset K[\boldsymbol{x}]$ relativement à un ordre monomial $<$ est une partie finie G de J telle que pour tout $p \in J$ non nul, il existe $g \in G$ dont le monôme de tête (pour l'ordre $<$) $\operatorname{lm} g$ divise $\operatorname{lm} p$.

Tester si les générateurs par lesquels est défini un idéal forment une base de Gröbner se fait en Sage avec la méthode `basis_is_groebner`. Nous avons déjà observé que tout ensemble de monômes est une base de Gröbner :

```
sage: R.<x,y> = PolynomialRing(QQ, order='lex')
sage: R.ideal(x*y^4, x^2*y^3, x^4*y, x^5).basis_is_groebner()
True
```

En revanche, le système $\{x^2 + y^2 - 1, 16\,x^2y^2 - 1\}$ qui code l'intersection du cercle et des hyperboles de la figure 9.1a n'est pas une base de Gröbner :

```
sage: R.ideal(x^2+y^2-1, 16*x^2*y^2-1).basis_is_groebner()
False
```

D'après la forme de l'escalier (figure 9.6), il lui manque pour cela un polynôme de J_1 de monôme de tête y^4.

L'argument fondé sur le lemme de Dickson esquissé ci-dessus montre que tout idéal admet des bases de Gröbner[8]. Calculons des bases de Gröbner de J_1 et des autres idéaux dont les escaliers sont représentés figure 9.6. Dans le cas de J_1, il vient :

```
sage: R.ideal(x^2+y^2-1, 16*x^2*y^2-1).groebner_basis()
[x^2 + y^2 - 1, y^4 - y^2 + 1/16]
```

On voit apparaître comme prévu les monômes de tête x^2 et y^4. Leur présence explique la façon dont l'escalier se referme sur les axes, dont nous verrons qu'elle est caractéristique des systèmes de dimension zéro. Concernant la double hyperbole seule, on trouve :

```
sage: R.ideal(16*x^2*y^2-1).groebner_basis()
[x^2*y^2 - 1/16]
```

c'est-à-dire un multiple du générateur. De façon générale, tout singleton est une base de Gröbner. Le troisième exemple montre qu'une base de Gröbner peut nécessiter plus de polynômes qu'un système de générateurs quelconque :

```
sage: R.ideal(x^2+y^2-1, (x+y)^2-1).groebner_basis()
[x^2 + y^2 - 1, x*y, y^3 - y]
```

Du fait de la simplicité des exemples précédents, ces trois bases de Gröbner ne dépendent pas ou peu de l'ordre monomial. Il en va bien différemment en général. La figure 9.7 représente les escaliers associés à un même idéal de $\mathbb{Q}[x, y]$ pour trois ordres monomiaux classiques. Des bases de Gröbner correspondantes sont :

```
sage: R_lex.<x,y> = PolynomialRing(QQ, order='lex')
sage: J_lex = (x*y+x+y^2+1, x^2*y+x*y^2+1)*R_lex; J_lex.gens()
[x*y + x + y^2 + 1, x^2*y + x*y^2 + 1]
sage: J_lex.groebner_basis()
[x - 1/2*y^3 + y^2 + 3/2, y^4 - y^3 - 3*y - 1]

sage: R_invlex = PolynomialRing(QQ, 'x,y', order='invlex')
sage: J_invlex = J_lex.change_ring(R_invlex); J_invlex.gens()
[y^2 + x*y + x + 1, x*y^2 + x^2*y + 1]
sage: J_invlex.groebner_basis()
[y^2 + x*y + x + 1, x^2 + x - 1]

sage: R_drl = PolynomialRing(QQ, 'x,y', order='degrevlex')
sage: J_drl = J_lex.change_ring(R_drl); J_drl.gens()
[x*y + y^2 + x + 1, x^2*y + x*y^2 + 1]
sage: J_drl.groebner_basis()
[y^3 - 2*y^2 - 2*x - 3, x^2 + x - 1, x*y + y^2 + x + 1]
```

---

8. On peut voir ce résultat comme une version effective du théorème de nœthérianité de Hilbert, qui affirme que les idéaux de $K[x]$ sont engendrés par un nombre fini d'éléments. Une preuve classique de ce théorème rappelle fortement la construction d'une base de Gröbner pour l'ordre lexicographique.

Réduction	
division multivariée de p par G	p.reduce(G)
générateurs inter-réduits	J.interreduced_basis()

Bases de Gröbner	
test de base de Gröbner	J.basis_is_groebner()
base de Gröbner (réduite)	J.groebner_basis()
changement d'ordre pour lex	J.transformed_basis()
changement d'ordre $R_1 \to R_2$	J.transformed_basis('fglm', other_ring=R2)

TABLEAU 9.6 – Bases de Gröbner.

La base de Gröbner pour l'ordre lex met en évidence la règle de réécriture $x = \frac{1}{2} y^3 - y^2 - \frac{3}{2}$, grâce à laquelle on peut exprimer les éléments de l'algèbre quotient en fonction de la seule variable y. La forme allongée de l'escalier correspondant reflète cette possibilité. De même, la base de Gröbner pour l'ordre invlex indique qu'on peut éliminer les puissances de y *via* l'égalité $y^2 = -xy - x - 1$. Nous y reviendrons à la fin de la section suivante.

9.3.4   Propriétés des bases de Gröbner

Les bases de Gröbner servent à implémenter les opérations étudiées dans la section 9.2. On les utilise notamment afin de calculer des formes normales pour les idéaux d'anneaux de polynômes et les éléments des quotients par ces idéaux, d'éliminer des variables dans les systèmes polynomiaux, ou encore de déterminer des caractéristiques des solutions telles que leur dimension.

Division par une base de Gröbner.   La division par une base de Gröbner G d'un polynôme de $\langle G \rangle$ ne peut s'arrêter sur un élément non nul de $\langle G \rangle$. C'est une conséquence immédiate de la définition : en effet, un tel élément serait au-dessus de l'escalier associé à $\langle G \rangle$, donc encore divisible par G. Tout élément de $\langle G \rangle$ se réduit donc à zéro dans la division par G. En particulier, une base de Gröbner d'un idéal J engendre J.

De même, la division d'un polynôme $p \notin J$ par une base de Gröbner de J ne peut s'arrêter que sur un polynôme « sous l'escalier », or deux polynômes distincts « sous l'escalier » appartiennent à des classes d'équivalence distinctes modulo J (puisque leur différence est encore « sous l'escalier »). La division par une base de Gröbner fournit donc une forme normale pour les éléments du quotient $K[x]/J$, et ce, indépendamment de l'ordre dans lequel on effectue les réductions élémentaires. La forme normale d'une classe d'équivalence $p + J$ est son unique représentant situé sous l'escalier ou nul. C'est cette forme normale que calculent les opérations dans l'algèbre quotient présentées en §9.2.3. Pour poursuivre l'exemple de la figure 9.7, la réduction

```
sage: p = (x + y)^5
sage: J_lex.reduce(p)
```

```
17/2*y^3 - 12*y^2 + 4*y - 49/2
```

se décompose en un calcul de base de Gröbner suivi d'une division :

```
sage: p.reduce(J_lex.groebner_basis())
17/2*y^3 - 12*y^2 + 4*y - 49/2
```

Le résultat d'une projection dans le quotient est essentiellement le même :

```
sage: R_lex.quo(J_lex)(p)
17/2*ybar^3 - 12*ybar^2 + 4*ybar - 49/2
```

Naturellement, changer d'ordre monomial donne lieu à un choix de forme normale différent :

```
sage: R_drl.quo(J_drl)(p)
5*ybar^2 + 17*xbar + 4*ybar + 1
```

Les monômes qui apparaissent dans la forme normale correspondent aux points sous l'escalier.

Ainsi, l'idéal J est de dimension zéro si et seulement si le nombre de points sous son escalier est fini, et ce nombre de points est la dimension du quotient $K[\boldsymbol{x}]/J$. Dans ce cas, la base que renvoie la méthode `normal_basis` décrite en §9.2.5 est simplement l'ensemble des monômes sous l'escalier pour l'ordre monomial ambiant :

```
sage: J_lex.normal_basis()
[y^3, y^2, y, 1]
sage: J_invlex.normal_basis()
[x*y, y, x, 1]
sage: J_drl.normal_basis()
[y^2, y, x, 1]
```

Remarquons en passant que le nombre de monômes sous l'escalier est indépendant de l'ordre monomial.

Dimension. Nous sommes maintenant armés pour donner une définition de la dimension d'un idéal dans le cas général : J est de dimension d lorsque le nombre de points sous l'escalier correspondant à des monômes de degré total au plus t est de l'ordre de t^d quand $t \to \infty$. Par exemple, l'idéal $\langle 16\,x^2y^2 - 1 \rangle$ (figure 9.6) est de dimension 1 :

```
sage: ideal(16*x^2*y^2-1).dimension()
1
```

En effet, le nombre de monômes m sous l'escalier tels que $\deg_x m + \deg_y m \leqslant t$ est égal à $4t - 2$ pour $t \geqslant 3$. De même, les deux idéaux de la figure 9.5 sont respectivement de dimension 1 et de dimension 2. On peut montrer que la valeur de la dimension ne dépend pas de l'ordre monomial, et correspond hors dégénérescences à la dimension « géométrique » de la variété associée à l'idéal.

Bases réduites. Un ensemble fini de polynômes qui contient une base de Gröbner est lui-même une base de Gröbner, donc un idéal non nul a une infinité de bases de Gröbner. Une base de Gröbner $G = \{g_1, \ldots, g_s\}$ est dite réduite lorsque

- les coefficients de tête des g_i valent tous 1 (et $0 \notin G$);
- et aucun des g_i n'est réductible par le reste de la base $G \setminus \{g_i\}$ au sens des règles (9.10).

À ordre monomial fixé, chaque idéal admet une unique base de Gröbner réduite. Par exemple, la base de Gröbner réduite de l'idéal $\langle 1 \rangle$ est le singleton $\{1\}$, quel que soit l'ordre. Les bases de Gröbner réduites fournissent donc une forme normale pour les idéaux de $K[\boldsymbol{x}]$.

Une base de Gröbner réduite est minimale au sens où, si on lui enlève un quelconque élément, ce qui reste n'est plus un système de générateurs de l'idéal. Concrètement, elle comporte exactement un polynôme par « coin » de l'escalier. Elle peut se calculer à partir d'une base de Gröbner quelconque G en remplaçant chaque élément $g \in G$ par son reste dans la division par $G \setminus \{g\}$, et ainsi de suite tant que c'est possible. C'est ce que fait la méthode `interreduced_basis`. Les polynômes qui se réduisent à zéro sont effacés.

Élimination. Les ordres lexicographiques jouissent de la propriété fondamentale suivante : *si G est une base de Gröbner pour l'ordre lexicographique de $J \subset K[x_1, \ldots, x_n]$, alors les $G \cap K[x_{k+1}, \ldots, x_n]$ sont des bases de Gröbner des idéaux d'élimination*[9] $J \cap K[x_{k+1}, \ldots, x_n]$. Une base de Gröbner lexicographique se décompose en blocs dont le dernier ne dépend que de x_n, l'avant-dernier de x_n et x_{n-1}, et ainsi de suite [10] :

```
sage: R.<t,x,y,z> = PolynomialRing(QQ, order='lex')
sage: J = R.ideal(t+x+y+z-1, t^2-x^2-y^2-z^2-1, t-x*y)
sage: [u.polynomial(u.variable(0)) for u in J.groebner_basis()]
[t + x + y + z - 1,
(y + 1)*x + y + z - 1,
(z - 2)*x + y*z - 2*y - 2*z + 1,
(z - 2)*y^2 + (-2*z + 1)*y - z^2 + z - 1]
```

Dans cet exemple, le dernier polynôme de la base ne dépend que de y et z. Viennent auparavant un bloc de deux polynômes en x, y et z, et en premier un polynôme qui fait intervenir toutes les variables. Les idéaux d'élimination successifs s'y lisent immédiatement.

Nous avons vu cependant (§9.2.5) que ces derniers ne fournissent pas une description parfaite de l'idéal. Ici, le bloc des polynômes en z seul est vide, donc toute valeur de z sauf peut-être un nombre fini apparaît comme dernière coordonnée d'une solution. On est tenté d'exprimer les valeurs de y possibles

---

9. Pour un k donné, c'est vrai plus généralement de tout ordre tel que $i \leqslant k < j \implies x_i > x_j$. Un ordre qui satisfait une propriété de ce type est dit par blocs (voir aussi tableau 9.5).

10. C'est donc une « forme triangulaire » du système formé par les générateurs de l'idéal, quoiqu'en un sens plus faible que celui défini en §9.2.5 : on ne peut pas dire grand-chose *a priori* sur le nombre de polynômes de chaque bloc ou leurs termes de tête.

pour chaque z grâce à la dernière équation. Elles sont au nombre de deux, sauf pour $z = 2$, pour lequel seul $y = -1$ convient. Ce n'est qu'en passant à l'équation précédente que l'on voit que le choix $z = 2$ est contradictoire. Inversement, à nouveau d'après la dernière équation, $y = -1$ implique $z = 2$, donc est exclu. Il s'avère donc finalement qu'aucun des coefficients de tête des polynômes (écrits en leur variable principale respective, comme dans la sortie Sage ci-dessus) ne s'annule pour $z \neq 2$.

Exercice 37 (Relations trigonométriques). Écrire $(\sin \theta)^6$ comme un polynôme en $u(\theta) = \sin \theta + \cos \theta$ et $v(\theta) = \sin(2\theta) + \cos(2\theta)$.

9.3.5   Calcul

Nous renvoyons le lecteur intéressé par les algorithmes de calcul de bases de Gröbner aux références [CLO07, FSED09, EM07] mentionnées en introduction. En complément, le module `sage.rings.polynomial.toy_buchberger` de Sage offre une implémentation « pédagogique » de l'algorithme de Buchberger et de différents algorithmes liés, qui suit de près leur description théorique.

Changement d'ordre

Les bases de Gröbner les plus intéressantes ne sont pas les plus faciles à calculer : souvent, l'ordre `degrevlex` est le moins coûteux, mais on lit plus d'informations utiles sur une base de Gröbner lexicographique. Par ailleurs, on a occasionnellement besoin de bases de Gröbner d'un même idéal pour plusieurs ordres différents.

Cela motive l'introduction, en plus des algorithmes de calcul de base de Gröbner généraux, d'algorithmes dits de changement d'ordre. Ceux-ci calculent une base de Gröbner pour un ordre monomial à partir d'une base de Gröbner du même idéal pour un ordre différent. Ils sont souvent plus efficaces que ceux qui partent d'un système de générateurs quelconques. Ainsi, une stratégie souvent fructueuse pour obtenir une base de Gröbner lexicographique consiste à commencer par en calculer une pour l'ordre `degrevlex`, puis à appliquer une méthode de changement d'ordre. Sage fait cela automatiquement dans certains cas.

La méthode `transformed_basis` permet de calculer « à la main » des bases de Gröbner par changement d'ordre, quand l'idéal est de dimension zéro ou si l'ordre cible est `lex`. Au besoin, elle commence par calculer une base de Gröbner pour l'ordre attaché à l'anneau de polynômes.

Retenons toutefois que le calcul d'une base de Gröbner est une opération coûteuse en temps de calcul comme en mémoire, voire très coûteuse dans les cas défavorables. La méthode `groebner_basis` admet d'ailleurs de nombreuses options [11] qui permettent à l'utilisateur expert de choisir manuellement un algorithme de calcul de base de Gröbner en fonction des caractéristiques du problème.

---

11. Pour plus de détails, voir sa page d'aide ainsi que celles des méthodes internes de l'idéal concerné, dont le nom commence par `_groebner_basis`.

Considérons les idéaux $C_n(K) \subset K[x_0, \ldots, x_{n-1}]$ définis par :

$$C_2(K) = \langle x_0 + x_1, x_0 x_1 - 1 \rangle$$
$$C_3(K) = \langle x_0 + x_1 + x_2, x_0 x_1 + x_0 x_2 + x_1 x_2, x_0 x_1 x_2 - 1 \rangle$$

$$\vdots \qquad\qquad\qquad\qquad\qquad\qquad\qquad\qquad\qquad\qquad (9.11)$$

$$C_n(K) = \Big\langle \sum_{i \in \mathbb{Z}/n\mathbb{Z}} \prod_{j=0}^{k} x_{i+j} \Big\rangle_{k=0}^{n-2} + \langle x_0 \cdots x_{n-1} - 1 \rangle,$$

et accessibles en Sage par des commandes telles que :

```
sage: from sage.rings.ideal import Cyclic
sage: Cyclic(QQ['x,y,z'])
Ideal (x + y + z, x*y + x*z + y*z, x*y*z - 1) of
Multivariate Polynomial Ring in x, y, z over Rational Field
```

Ce sont des problèmes de test classiques pour évaluer les performances d'outils de résolution des systèmes polynomiaux. Sur une machine où Sage met moins d'une seconde à calculer la base de Gröbner réduite de $C_6(\mathbb{Q})$:

```
sage: def C(R, n): return Cyclic(PolynomialRing(R, 'x', n))

sage: %time len(C(QQ, 6).groebner_basis())
CPU times: user 0.25 s, sys: 0.01 s, total: 0.26 s
Wall time: 0.97 s
45
```

le calcul de celle de $C_7(\mathbb{Q})$ ne se termine pas en une douzaine d'heures, et utilise plus de 3 Go de mémoire.

À défaut de pouvoir calculer la base de Gröbner sur les rationnels, essayons de remplacer $\mathbb{Q}$ par un corps fini $\mathbb{F}_p$. L'idée, habituelle en calcul formel, est de limiter le coût des opérations sur les coefficients : celles sur les éléments de $\mathbb{F}_p$ prennent un temps constant, tandis que le nombre de chiffres des rationnels a tendance à croître violemment au fil des calculs. On choisit p suffisamment petit pour que les calculs dans $\mathbb{F}_p$ puissent être faits directement sur des entiers machine. Il ne doit cependant pas être trop petit, de sorte que la base de Gröbner sur $\mathbb{F}_p$ ait des chances de partager une bonne partie de la structure de celle sur $\mathbb{Q}$.

Par exemple, avec un p convenable, la base de Gröbner de $C_6(\mathbb{F}_p)$ a le même nombre d'éléments que celle de $C_6(\mathbb{Q})$:

```
sage: p = previous_prime(2^30)
sage: len(C(GF(p), 6).groebner_basis())
45
```

En augmentant la taille du système à traiter, on voit que l'influence du corps des coefficients sur le temps de calcul est loin d'être négligeable : les cas $n = 7$ et $n = 8$ deviennent faisables sans problème.

```
sage: %time len(C(GF(p), 7).groebner_basis())
```

```
CPU times: user 3.71 s, sys: 0.00 s, total: 3.71 s
Wall time: 3.74 s
209
sage: %time len(C(GF(p), 8).groebner_basis())
CPU times: user 104.30 s, sys: 0.07 s, total: 104.37 s
Wall time: 104.49 s
372
```

Ces exemples illustrent aussi un autre phénomène important : la sortie d'un calcul de base de Gröbner peut être beaucoup plus grosse que l'entrée. Ainsi, le dernier calcul ci-dessus montre que toute base de Gröbner, réduite ou non, de $C_8(\mathbb{F}_p)$ (avec cette valeur de p) pour l'ordre degrevlex compte au moins 372 éléments, alors que C_8 est engendré par seulement 8 polynômes.

Pour résoudre cette équation différentielle, regardez-la jusqu'à ce que la solution vienne d'elle-même.

George PÓLYA (1887 - 1985)

10

Équations différentielles et suites définies par une relation de récurrence

10.1 Équations différentielles

10.1.1 Introduction

Si la méthode de George PÓLYA semble peu efficace, on peut faire appel à Sage même si le domaine de la résolution formelle des équations différentielles demeure une faiblesse de nombreux logiciels de calcul. Sage est en pleine évolution cependant et progresse à chaque version un peu plus en élargissant son spectre de résolution.

On peut, si on le souhaite, invoquer Sage afin d'obtenir une étude qualitative : en effet, ses outils numériques et graphiques guideront l'intuition. C'est l'objet de la section 14.2 du chapitre consacré au calcul numérique. Des outils d'étude graphique des solutions sont donnés à la section 4.1.6. Des méthodes de résolution à l'aide de séries se trouvent à la section 7.5.2.

On peut préférer résoudre les équations différentielles exactement. Sage peut alors parfois y aider en donnant directement une réponse formelle comme nous le verrons dans ce chapitre.

Dans la plupart des cas, il faudra passer par une manipulation savante de ces équations pour aider Sage. Il faudra veiller à garder en tête que la solution attendue d'une équation différentielle est une *fonction* dérivable sur un certain intervalle mais que Sage, lui, manipule des *expressions* sans domaine de définition. La machine aura donc besoin d'une intervention humaine pour aller vers une solution rigoureuse.

Nous étudierons d'abord les généralités sur les équations différentielles ordinaires d'ordre 1 et quelques cas particuliers comme les équations linéaires, les équations à variables séparables, les équations homogènes, une équation dépendant d'un paramètre (§10.1.2) ; puis de manière plus sommaire les équations d'ordre 2 ainsi qu'un exemple d'équation aux dérivées partielles (§10.1.3). Nous terminerons par l'utilisation de la transformée de Laplace (§10.1.4) et enfin la résolution de certains systèmes différentiels (§10.1.5).

On rappelle qu'une *équation différentielle ordinaire* (parfois notée EDO, ou ODE en anglais) est une équation faisant intervenir une fonction (inconnue) d'une seule variable, ainsi qu'une ou plusieurs dérivées, successives ou non, de la fonction.

Dans l'équation $y'(x) + x \cdot y(x) = \sin(x)$ la fonction inconnue y est appelée la *variable dépendante* et la variable x (par rapport à laquelle y varie) est appelée la *variable indépendante*.

Une *équation aux dérivées partielles* (notée parfois EDP, ou PDE en anglais) fait intervenir plusieurs variables indépendantes ainsi que les dérivées partielles de la variable dépendante par rapport à ces variables indépendantes.

Sauf mention contraire, *on considérera dans ce chapitre des fonctions d'une variable réelle.*

10.1.2   Équations différentielles ordinaires d'ordre 1

Commandes de base.   On voudrait résoudre une EDO d'ordre 1 :

$$F(x, y(x), y'(x)) = 0.$$

On commence par définir une variable x et une fonction y dépendant de cette variable :

```
sage: x = var('x')
sage: y = function('y', x)
```

On utilise ensuite :

```
sage: desolve(equation, variable,ics = ..., ivar = ...,
....:          show_method = ..., contrib_ode = ...)
```

où :

- **equation** est l'équation différentielle. L'égalité est symbolisée par **==**. Par exemple l'équation $y' = 2y + x$ s'écrit **diff(y,x) == 2*y+x** ;

- **variable** est le nom de la variable dépendante, c'est-à-dire la fonction y dans $y' = 2y + x$;

- **ics** est un argument optionnel qui permet d'indiquer des conditions initiales. Pour une équation du premier ordre, on donne une liste $[x_0,y_0]$, pour les équations du second ordre c'est $[x_0,y_0,x_1,y_1]$ ou $[x_0,y_0,y'_0]$;

- **ivar** est un argument optionnel qui permet de préciser la variable indépendante, c'est-à-dire x dans $y' = 2y + x$. Cet argument doit absolument être précisé en cas d'équations dépendant de paramètres comme par exemple $y' = ay + bx + c$;

- `show_method` est un argument optionnel fixé à `False` par défaut. Dans le cas contraire, il demande à Sage de préciser la méthode de résolution utilisée. Les termes anglais renvoyés peuvent être `linear`, `separable`, `exact`, `homogeneous`, `bernoulli`, `generalized homogeneous`. Sage renvoie alors une liste dont le premier argument est la solution et le deuxième la méthode ;
- `contrib_ode` est un argument optionnel par défaut fixé à `False`. Dans le cas contraire, `desolve` pourra s'occuper des équations de Riccati, Lagrange, Clairaut et d'autres cas pathologiques.

Équations du premier ordre pouvant être résolues directement par Sage. Nous allons étudier dans cette section comment résoudre avec Sage les équations linéaires, les équations à variables séparables, les équations de Bernoulli, les équations homogènes, les équations exactes, ainsi que les équations de Riccati, Lagrange et Clairaut.

ÉQUATIONS LINÉAIRES. Il s'agit d'équations du type :

$$y' + P(x)y = Q(x),$$

où P et Q sont des fonctions continues sur des intervalles donnés.
Exemple : $y' + 3y = e^x$.

```
sage: x = var('x'); y = function('y', x)
```

```
sage: desolve(diff(y,x) + 3*y == exp(x), y, show_method=True)
[1/4*(4*c + e^(4*x))*e^(-3*x), 'linear']
```

ÉQUATIONS À VARIABLES SÉPARABLES. Il s'agit d'équations du type :

$$P(x) = y'Q(y),$$

où P et Q sont des fonctions continues sur des intervalles donnés.
Exemple : $yy' = x$.

```
sage: desolve(y*diff(y,x) == x, y, show_method=True)
[1/2*y(x)^2 == 1/2*x^2 + c, 'separable']
```

Attention ! Sage parfois ne reconnaît pas les équations à variables séparables et les traite comme des équations exactes. Exemple : $y' = e^{x+y}$.

```
sage: desolve(diff(y,x) == exp(x+y), y, show_method=True)
[-(e^(x + y(x)) + 1)*e^(-y(x)) == c, 'exact']
```

ÉQUATIONS DE BERNOULLI. Il s'agit d'équations du type :

$$y' + P(x)y = Q(x)y^\alpha,$$

où P et Q sont des fonctions continues sur des intervalles donnés et $\alpha \notin \{0,1\}$.
Exemple : $y' - y = xy^4$.

```
sage: desolve(diff(y,x)-y == x*y^4, y, show_method=True)
```

```
[e^x/(-1/3*(3*x - 1)*e^(3*x) + c)^(1/3), 'bernoulli']
```

ÉQUATIONS HOMOGÈNES. Il s'agit d'équations du type :

$$y' = \frac{P(x,y)}{Q(x,y)},$$

où P et Q sont des fonctions homogènes de même degré sur des intervalles donnés. Exemple : $x^2 y' = y^2 + xy + x^2$.

```
sage: desolve(x^2*diff(y,x) == y^2+x*y+x^2, y, show_method=True)
[c*x == e^(arctan(y(x)/x)), 'homogeneous']
```

Les solutions ne sont pas données de manière explicite. Nous verrons plus loin comment se débrouiller dans certains cas.

ÉQUATIONS EXACTES. Il s'agit d'équations du type :

$$\frac{\partial f}{\partial x}\mathrm{d}x + \frac{\partial f}{\partial y}\mathrm{d}y,$$

avec f une fonction de deux variables différentiable.
Exemple : $y' = \frac{\cos(y)-2x}{y+x\sin(y)}$ avec $f = x^2 - x\cos y + y^2/2$.

```
sage: desolve(diff(y,x) == (cos(y)-2*x)/(y+x*sin(y)), y,
....:             show_method=True)
[x^2 - x*cos(y(x)) + 1/2*y(x)^2 == c, 'exact']
```

Ici encore, les solutions ne sont pas données de manière explicite.

ÉQUATIONS DE RICCATI. Il s'agit d'équations du type :

$$y' = P(x)y^2 + Q(x)y + R(x),$$

où P, Q et R sont des fonctions continues sur des intervalles donnés.
Exemple : $y' = xy^2 + \frac{1}{x}y - \frac{1}{x^2}$.
Il faut dans ce cas fixer l'option contrib_ode à True pour que Sage cherche des solutions avec des méthodes plus complexes.

```
sage: desolve(diff(y,x) == x*y^2+y/x-1/x^2, y,
....:             contrib_ode=True, show_method=True)[1]
'riccati'
```

ÉQUATIONS DE LAGRANGE ET DE CLAIRAUT. Lorsque l'équation est de la forme $y = xP(y') + Q(y')$ où P et Q sont de classe $\mathcal{C}^1$ sur un certain intervalle, on parle d'équation de Lagrange. Lorsque P est l'identité, on parle d'équation de Clairaut. Exemple : $y = xy' - y'^2$.

```
sage: desolve(y == x*diff(y,x)-diff(y,x)^2, y,
....:             contrib_ode=True, show_method=True)
[[y(x) == -c^2 + c*x, y(x) == 1/4*x^2], 'clairault']
```

Équation linéaire. Résolvons par exemple $y' + 2y = x^2 - 2x + 3$:

```
sage: x = var('x'); y = function('y', x)
```

```
sage: DE = diff(y,x)+2*y == x**2-2*x+3
sage: desolve(DE, y)
-1/4*(2*(2*x - 1)*e^(2*x) - (2*x^2 - 2*x + 1)*e^(2*x) - 4*c
- 6*e^(2*x))*e^(-2*x)
```

Ordonnons un peu tout ça avec la commande `expand` :

```
sage: desolve(DE, y).expand()
c*e^(-2*x) + 1/2*x^2 - 3/2*x + 9/4
```

On prendra donc l'habitude d'utiliser `desolve(...).expand()`. Quelle est la méthode utilisée ?

```
sage: desolve(DE, y, show_method=True)[1]
'linear'
```

Ajoutons des conditions initiales, par exemple $x(0) = 1$:

```
sage: desolve(DE, y, ics=[0,1]).expand()
1/2*x^2 - 3/2*x - 5/4*e^(-2*x) + 9/4
```

Équations à variables séparables. Étudions l'équation $y' \log(y) = y \sin(x)$:

```
sage: x = var('x'); y = function('y', x)
sage: desolve(diff(y,x)*log(y) == y*sin(x), y, show_method=True)
[1/2*log(y(x))^2 == c - cos(x), 'separable']
```

Sage est d'accord avec nous : c'est bien une équation à variables séparables.

Prenons l'habitude de nommer nos solutions pour pouvoir les réutiliser par la suite :

```
sage: ed = desolve(diff(y,x)*log(y) == y*sin(x), y); ed
1/2*log(y(x))^2 == c - cos(x)
```

Ici, $y(x)$ n'est pas donné de façon explicite : $\frac{1}{2} \log^2\big(y(x)\big) = c - \cos(x)$.

On peut demander une expression de $y(x)$ en utilisant `solve`. On fera attention à la nature de `ed` et de `y` :

```
sage: solve(ed, y)
[y(x) == e^(-sqrt(2*c - 2*cos(x))), y(x) == e^(sqrt(2*c - 2*cos(x)))]
```

Il faudra tout de même faire attention à ce `sqrt(2c - 2cos(x))` même si Sage ne nous met pas tout de suite en garde : on veillera donc à choisir par la suite $c \geqslant 1$.

Pour avoir l'allure des courbes des solutions, il nous faut récupérer le membre de droite de chaque solution avec la commande `rhs()`. Par exemple, pour obtenir le membre de droite de la première solution en remplaçant c par 5 :

```
sage: solve(ed, y)[0].subs_expr(c==5).rhs()
```

```
Traceback (most recent call last):
...
NameError: name 'c' is not defined
```

En effet, nous n'avons pas défini c : c'est Sage qui l'a introduit. Pour accéder à c, nous pouvons utiliser `variables()` qui donne la liste des variables d'une expression :

```
sage: ed.variables()
(c, x)
```

Seules c et x sont considérées comme des variables car y a été défini comme une fonction de la variable x. On accède donc à c avec `ed.variables()[0]` :

```
sage: c = ed.variables()[0]
sage: solve(ed, y)[0].subs_expr(c == 5).rhs()
e^(-sqrt(-2*cos(x) + 10))
```

Autre exemple, pour avoir le tracé de la première solution avec $c = 2$:

```
sage: plot(solve(ed, y)[0].subs_expr(c == 2).rhs(), x, -3, 3)
```

et on obtient :

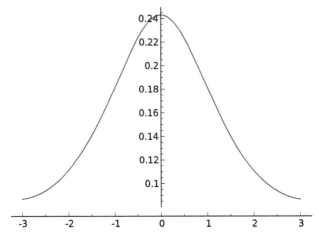

Pour avoir plusieurs courbes (voir figure 10.1), on utilise une boucle :

```
sage: P = Graphics()
sage: for k in range(1,20,2):
....:     P += plot(solve(ed, y)[0].subs_expr(c==1+k/4).rhs(), x, -3, 3)
```

On aurait pu avoir l'aspect correspondant aux deux solutions en effectuant une double boucle :

```
sage: P = Graphics()
sage: for j in [0,1]:
....:     for k in range(1,10,2):
....:         f = solve(ed,y)[j].subs_expr(c==2+0.25*k).rhs()
....:         P += plot(f, x, -3, 3)
```

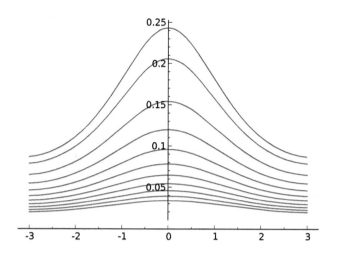

FIGURE 10.1 – Quelques solutions de $y' \log(y) = y \sin(x)$.

```
sage: P
```

mais la différence d'échelle entre les solutions ne permet plus de distinguer les courbes correspondant à la première solution :

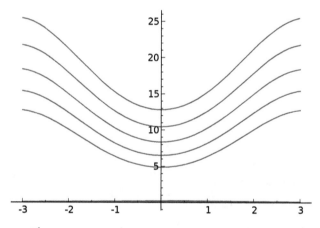

Exercice 38 (Équations différentielles à variables séparables). Résolvez dans $\mathbb{R}$ les équations à variables séparables suivantes :

1. (E_1) : $\frac{yy'}{\sqrt{1+y^2}} = \sin(x)$;
2. (E_2) : $y' = \frac{\sin(x)}{\cos(y)}$.

Équations homogènes. On veut résoudre l'équation homogène $xy' = y + \sqrt{y^2 + x^2}$. C'est bien une équation homogène car on peut l'écrire

$$\frac{\mathrm{d}y}{\mathrm{d}x} = \frac{y + \sqrt{y^2 + x^2}}{x} = \frac{N(y,x)}{M(y,x)},$$

or $N(ky, kx) = kN(y, x)$ et $M(ky, kx) = kM(y, x)$.

Il suffit donc d'effectuer le changement de variable vérifiant $y(x) = x \cdot u(x)$ pour tout réel x pour obtenir une équation à variables séparables.

```
sage: u = function('u',x)
sage: y = x*u
sage: DE = x*diff(y,x) == y + sqrt(x**2 + y**2)
```

On applique le changement de variables dans l'équation différentielle de départ.

L'équation n'étant pas définie en 0, on va la résoudre sur $]0, +\infty[$ et sur $]-\infty, 0[$. Travaillons d'abord sur $]0, +\infty[$:

```
sage: assume(x>0)
sage: desolve(DE, u)
x == c*e^(arcsinh(x^2*u(x)/sqrt(x^4)))
```

On n'obtient pas u de manière explicite. Pour y remédier, on va utiliser une commande Maxima : ev comme *évaluer*, avec l'option logarc=True qui indique que les fonctions trigonométriques hyperboliques inverses seront converties à l'aide de logarithmes. Ensuite on va pouvoir exprimer u à l'aide de la commande solve de Sage :

```
sage: S = desolve(DE,u)._maxima_().ev(logarc=True).sage().solve(u); S
[u(x) == -(sqrt(u(x)^2 + 1)*c - x)/c]
```

Ici, S est une liste constituée d'une équation ; S[0] sera donc l'équation elle-même.

L'équation n'est cependant toujours pas résolue explicitement. Nous allons aider un peu Sage en lui demandant de résoudre l'équation équivalente

$$c^2(u^2 + 1) = (x - uc)^2,$$

via les commandes :

```
sage: solu = (x-S[0]*c)^2; solu
(c*u(x) - x)^2 == (u(x)^2 + 1)*c^2
sage: sol = solu.solve(u); sol
[u(x) == -1/2*(c^2 - x^2)/(c*x)]
```

Il ne reste plus qu'à revenir à y :

```
sage: y(x) = x*sol[0].rhs(); y(x)
-1/2*(c^2 - x^2)/c
```

Nous obtenons bien les solutions sous forme explicite :

$$y(x) = \frac{x^2 - c^2}{2c}.$$

Il ne reste plus qu'à tracer les solutions sur $]0, +\infty[$ en faisant attention à prendre des constantes c non nulles :

```
sage: P = Graphics()
```

```
sage: for k in range(-19,19,2):
....:     P += plot(y(x).subs_expr(c == 1/k), x, 0, 3)
sage: P
```

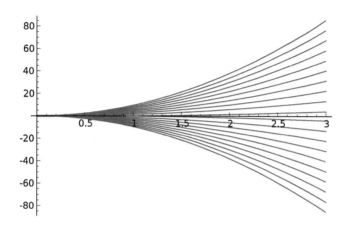

Exercice 39 (Équations différentielles homogènes). Résolvez dans $\mathbb{R}$ l'équation homogène suivante : (E_5) : $xyy' = x^2 + y^2$.

Une équation à paramètres : le modèle de Verhulst. Le taux relatif de croissance d'une population est une fonction linéairement décroissante de la population. Pour l'étudier, on peut être amené à résoudre une équation de la forme :

$$y' = ay - by^2,$$

avec a et b des paramètres réels positifs.

```
sage: x = var('x'); y = function('y', x); a, b = var('a, b')
sage: DE = diff(y,x) - a*y == -b*y**2
sage: sol = desolve(DE,[y,x]); sol
-(log(b*y(x) - a) - log(y(x)))/a == c + x
```

Nous n'obtenons pas y explicitement. Essayons de l'isoler avec `solve` :

```
sage: Sol = solve(sol, y)[0]; Sol
log(y(x)) == (c + x)*a + log(b*y(x) - a)
```

Nous n'avons toujours pas de solution explicite. Nous allons regrouper les termes à gauche et simplifier cette expression à l'aide de `simplify_log()` :

```
sage: Sol(x) = Sol.lhs()-Sol.rhs(); Sol(x)
-(c + x)*a - log(b*y(x) - a) + log(y(x))
sage: Sol = Sol.simplify_log(); Sol(x)
-(c + x)*a + log(y(x)/(b*y(x) - a))
sage: solve(Sol, y)[0].simplify()
y(x) == a*e^(a*c + a*x)/(b*e^(a*c + a*x) - 1)
```

10.1.3   Équations d'ordre 2

Équations linéaires à coefficients constants. Résolvons maintenant une équation du second ordre linéaire à coefficients constants, par exemple :

$$y'' + 3y = x^2 - 7x + 31.$$

On utilise la même syntaxe que pour les équations d'ordre 1, la dérivée seconde de y par rapport à x s'obtenant avec `diff(y,x,2)`.

```
sage: x = var('x'); y = function('y', x)
sage: DE = diff(y,x,2)+3*y == x^2-7*x+31
sage: desolve(DE, y).expand()
k1*sin(sqrt(3)*x) + k2*cos(sqrt(3)*x) + 1/3*x^2 - 7/3*x + 91/9
```

Ajoutons des conditions initiales, par exemple $y(0) = 1$ et $y'(0) = 2$:

```
sage: desolve(DE, y, ics=[0,1,2]).expand()
1/3*x^2 + 13/9*sqrt(3)*sin(sqrt(3)*x) - 7/3*x
 - 82/9*cos(sqrt(3)*x) + 91/9
```

ou bien $y(0) = 1$ et $y(-1) = 0$:

```
sage: desolve(DE, y, ics=[0,1,-1,0]).expand()
1/3*x^2 - 7/3*x - 82/9*sin(sqrt(3)*x)*cos(sqrt(3))/sin(sqrt(3))
 + 115/9*sin(sqrt(3)*x)/sin(sqrt(3)) - 82/9*cos(sqrt(3)*x) + 91/9
```

c'est-à-dire

$$\frac{1}{3}x^2 - \frac{7}{3}x - \frac{82\sin(\sqrt{3}x)\cos(\sqrt{3})}{9\sin(\sqrt{3})} + \frac{115\sin(\sqrt{3}x)}{9\sin(\sqrt{3})} - \frac{82}{9}\cos(\sqrt{3}x) + \frac{91}{9}.$$

Résolution d'une EDP : l'équation de la chaleur. Étudions la célèbre équation de la chaleur. La température z se répartit dans une tige rectiligne homogène de longueur ℓ selon l'équation (où x est l'abscisse le long de la tige, et t le temps) :

$$\frac{\partial^2 z}{\partial x^2}(x,t) = C\frac{\partial z}{\partial t}(x,t).$$

On étudiera cette équation pour :

$$\forall t \in \mathbb{R}^+, \quad z(0,t) = 0 \quad z(\ell,t) = 0 \quad \forall x \in\,]0;\ell[, \quad z(x,0) = 1.$$

On va chercher des solutions ne s'annulant pas sous la forme :

$$z(x,t) = f(x)g(t).$$

C'est la méthode de séparation des variables.

```
sage: x, t = var('x, t'); f = function('f',x); g = function('g',t)
sage: z = f*g
sage: eq(x,t) = diff(z,x,2) == diff(z,t); eq(x,t)
g(t)*D[0, 0](f)(x) == f(x)*D[0](g)(t)
```

L'équation devient donc :

$$g(t)\frac{\mathrm{d}^2 f(x)}{\mathrm{d}x^2} = f(x)\frac{\mathrm{d}g(t)}{\mathrm{d}t}.$$

Divisons par $f(x)g(t)$, supposé non nul :

```
sage: eqn = eq/z; eqn(x,t)
 D[0, 0](f)(x)/f(x) == D[0](g)(t)/g(t)
```

On obtient alors une équation où chaque membre ne dépend que d'une variable :

$$\frac{1}{f(x)}\frac{\mathrm{d}^2 f(x)}{\mathrm{d}x^2} = \frac{1}{g(t)}\frac{\mathrm{d}g(t)}{\mathrm{d}t}.$$

Chaque membre ne peut donc qu'être constant. Séparons les équations et introduisons une constante k :

```
sage: k = var('k')
sage: eq1(x,t) = eqn(x,t).lhs() == k; eq2(x,t) = eqn(x,t).rhs() == k
```

Résolvons séparément les équations en commençant par la deuxième :

```
sage: g(t) = desolve(eq2(x,t),[g,t]); g(t)
c*e^(k*t)
```

donc $g(t) = ce^{kt}$ avec c une constante.

Pour la première, nous n'y arrivons pas directement :

```
sage: desolve(eq1,[f,x])
Traceback (most recent call last):
    ...
TypeError: ECL says: Maxima asks:
Is  k  positive, negative, or zero?
```

Utilisons assume :

```
sage: assume(k>0); desolve(eq1,[f,x])
k1*e^(sqrt(k)*x) + k2*e^(-sqrt(k)*x)
```

c'est-à-dire $f(x) = k_1 e^{x\sqrt{k}} + k_2 e^{-x\sqrt{k}}$.

10.1.4 Transformée de Laplace

La transformée de Laplace permet de convertir une équation différentielle avec des conditions initiales en équation algébrique et la transformée inverse permet ensuite de revenir à la solution éventuelle de l'équation différentielle.

Pour mémoire, si f est une fonction définie sur $\mathbb{R}$ en étant identiquement nulle sur $]-\infty; 0[$, on appelle transformée de Laplace de f la fonction F définie, sous certaines conditions, par :

$$\mathcal{L}\big(f(x)\big) = F(s) = \int_0^{+\infty} e^{-sx} f(x)\,\mathrm{d}x.$$

On obtient facilement les transformées de Laplace des fonctions polynomiales, trigonométriques, exponentielles, etc. Ces transformées ont des propriétés fort intéressantes, notamment concernant la transformée d'une dérivée : si f' est continue par morceaux sur $\mathbb{R}_+$ alors

$$\mathcal{L}(f'(x)) = s\mathcal{L}(f(x)) - f(0),$$

et si f' satisfait les conditions imposées sur f :

$$\mathcal{L}(f''(x)) = s^2\mathcal{L}(f(x)) - sf(0) - f'(0).$$

Exemple. On veut résoudre l'équation différentielle $y'' - 3y' - 4y = \sin(x)$ en utilisant la transformée de Laplace avec les conditions initiales $y(0) = 1$ et $y'(0) = -1$. Alors :

$$\mathcal{L}(y'' - 3y' - 4y) = \mathcal{L}(\sin(x)),$$

c'est-à-dire :

$$(s^2 - 3s - 4)\mathcal{L}(y) - sy(0) - y'(0) + 3y(0) = \mathcal{L}(\sin(x)).$$

Si on a oublié les tables des transformées de Laplace des fonctions usuelles, on peut utiliser Sage pour retrouver la transformée du sinus :

```
sage: x, s = var('x, s'); f = function('f',x)
sage: f(x) = sin(x); f.laplace(x,s)
x |--> 1/(s^2 + 1)
```

Ainsi on obtient une expression de la transformée de Laplace de y :

$$\mathcal{L}(y) = \frac{1}{(s^2 - 3s - 4)(s^2 + 1)} + \frac{s - 4}{s^2 - 3s - 4}.$$

Utilisons alors Sage pour obtenir la transformée inverse :

```
sage: X(s) = 1/(s^2-3*s-4)/(s^2+1) + (s-4)/(s^2-3*s-4)
sage: X(s).inverse_laplace(s, x)
9/10*e^(-x) + 1/85*e^(4*x) - 5/34*sin(x) + 3/34*cos(x)
```

Si l'on veut à moitié « tricher », on peut décomposer $X(s)$ en éléments simples d'abord :

```
sage: X(s).partial_fraction()
1/34*(3*s - 5)/(s^2 + 1) + 1/85/(s - 4) + 9/10/(s + 1)
```

et il ne reste plus qu'à lire une table d'inverses. On peut cependant utiliser directement la boîte noire `desolve_laplace` qui donnera directement la solution :

```
sage: x = var('x'); y = function('y',x)
sage: eq = diff(y,x,x) - 3*diff(y,x) - 4*y - sin(x) == 0
sage: desolve_laplace(eq, y)
1/10*(8*y(0) - 2*D[0](y)(0) - 1)*e^(-x) + 1/85*(17*y(0) +
17*D[0](y)(0) + 1)*e^(4*x) - 5/34*sin(x) + 3/34*cos(x)
sage: desolve_laplace(eq, y, ics=[0,1,-1])
9/10*e^(-x) + 1/85*e^(4*x) - 5/34*sin(x) + 3/34*cos(x)
```

10.1.5   Systèmes différentiels linéaires

Un exemple simple de système différentiel linéaire du premier ordre.
On veut résoudre le système différentiel suivant :

$$\begin{cases} y'(x) = A \cdot y(x) \\ y(0) = c \end{cases}$$

avec

$$A = \begin{bmatrix} 2 & -2 & 0 \\ -2 & 0 & 2 \\ 0 & 2 & 2 \end{bmatrix}, \qquad y(x) = \begin{bmatrix} y_1(x) \\ y_2(x) \\ y_3(x) \end{bmatrix}, \qquad c = \begin{bmatrix} 2 \\ 1 \\ -2 \end{bmatrix}.$$

On écrit :

```
sage: x = var('x'); y1 = function('y1', x)
sage: y2 = function('y2', x); y3 = function('y3', x)
sage: y = vector([y1, y2, y3])
sage: A = matrix([[2,-2,0],[-2,0,2],[0,2,2]])
sage: system = [diff(y[i], x) - (A * y)[i] for i in range(3)]
sage: desolve_system(system, [y1, y2, y3], ics=[0,2,1,-2])
[y1(x) ==    e^(-2*x) + e^(4*x),
 y2(x) == 2*e^(-2*x) - e^(4*x),
 y3(x) ==   -e^(-2*x) - e^(4*x)]
```

Pour les conditions initiales, la syntaxe est : `ics = [x0,y1(x0),y2(x0),y3(x0)]`.

Avec une matrice de valeurs propres complexes. Prenons cette fois

$$A = \begin{bmatrix} 3 & -4 \\ 1 & 3 \end{bmatrix}, \qquad\qquad c = \begin{bmatrix} 2 \\ 0 \end{bmatrix}.$$

Avec Sage :

```
sage: x = var('x'); y1 = function('y1', x); y2 = function('y2', x)
sage: y = vector([y1,y2])
sage: A = matrix([[3,-4],[1,3]])
sage: system = [diff(y[i], x) - (A * y)[i] for i in range(2)]
sage: desolve_system(system, [y1, y2], ics=[0,2,0])
[y1(x) == 2*e^(3*x)*cos(2*x), y2(x) == e^(3*x)*sin(2*x)]
```

soit :

$$\begin{cases} y_1(x) = 2\cos(2x)\mathrm{e}^{3x} \\ y_2(x) = \sin(2x)\mathrm{e}^{3x}. \end{cases}$$

Un système du second ordre. On veut résoudre le système :

$$\begin{cases} y_1''(x) - 2y_1(x) + 6y_2(x) - y_1'(x) - 3y_2'(x) = 0 \\ y_2''(x) + 2y_1(x) - 6y_2(x) - y_1'(x) + y_2'(x) = 0. \end{cases}$$

On se ramène à un système du premier ordre en posant

$$u = (u_1, u_2, u_3, u_4) = (y_1, y_2, y_1', y_2').$$

On a alors :

$$\begin{cases} u_1' = u_3 \\ u_2' = u_4 \\ u_3' = 2u_1 - 6u_2 + u_3 + 3u_4 \\ u_4' = -2u_1 + 6u_2 + u_3 - u_4, \end{cases}$$

c'est-à-dire $u'(x) = A \cdot u(x)$ avec

$$A = \begin{bmatrix} 0 & 0 & 1 & 0 \\ 0 & 0 & 0 & 1 \\ 2 & -6 & 1 & 3 \\ -2 & 6 & 1 & -1 \end{bmatrix}.$$

Avec Sage :

```
sage: x = var('x'); u1 = function('u1', x); u2 = function('u2', x)
sage: u3 = function('u3', x); u4 = function('u4', x)
sage: u = vector([u1,u2,u3,u4])
sage: A = matrix([[0,0,1,0],[0,0,0,1],[2,-6,1,3],[-2,6,1,-1]])
sage: system = [diff(u[i], x) - (A*u)[i] for i in range(4)]
sage: sol = desolve_system(system, [u1, u2, u3, u4])
```

On ne retiendra que les deux premières composantes car ce sont y_1 et y_2 qui nous intéressent, c'est-à-dire u_1 et u_2 :

```
sage: sol[0]
u1(x) == 1/24*(2*u1(0) - 6*u2(0) - u3(0) + 3*u4(0))*e^(-4*x)
         + 1/12*(2*u1(0) - 6*u2(0) + 5*u3(0) + 3*u4(0))*e^(2*x)
         + 3/4*u1(0) + 3/4*u2(0) - 3/8*u3(0) - 3/8*u4(0)
sage: sol[1]
u2(x) == -1/12*(2*u1(0) - 6*u2(0) - u3(0) - 3*u4(0))*e^(2*x)
         - 1/24*(2*u1(0) - 6*u2(0) - u3(0) + 3*u4(0))*e^(-4*x)
         + 1/4*u1(0) + 1/4*u2(0) - 1/8*u3(0) - 1/8*u4(0)
```

ce qui peut se résumer, avec un bon sens de l'observation, à :

$$\begin{cases} y_1(x) = k_1 e^{2x} + k_2 e^{-4x} + 3k_3 \\ y_2(x) = k_4 e^{2x} - k_2 e^{-4x} + k_3 \end{cases}$$

avec k_1, k_2, k_3 et k_4 des paramètres dépendant des conditions initiales.

Équations différentielles	
Déclaration de variable	`x=var('x')`
Déclaration de fonction	`y=function('y',x)`
Résolution d'une équation	`desolve(equation, y, <options>)`
Résolution d'un système	`desolve_system([eq1, ...], [y1, ...],`
	`                                <options>)`
Conditions initiales 1$^\text{er}$ ordre	$[x_0, y(x_0)]$
Conditions initiales 2$^\text{e}$ ordre	$[x_0, y(x_0), x_1, y(x_1)]$
	$[x_0, y(x_0), y'(x_0)]$
Conditions initiales pour les systèmes	$[x_0, y_1(x_0), y_2(x_0), ...]$
Variable indépendante	`ivar=x`
Méthode de résolution	`show_method=True`
Appel à des méthodes particulières	`contrib_ode=True`

Transformées de Laplace	
Transformée d'une fonction $f : x \mapsto f(x)$	`f.laplace(x,s)`
Transformée inverse de $X(s)$	`X(s).inverse_laplace(s,x)`
Résolution via la transformation de Laplace	`desolve_laplace(equation,fonction)`

Commandes diverses	
Expression de la dérivée première	`diff(y,x)`
Forme développée d'une expression	`expr.expand()`
Variables intervenant dans une expression	`expr.variables()`
Substitution d'une variable	`expr.subs_expr(var==val)`
Membre de droite d'une équation	`equation.rhs()`
Membre de gauche d'une équation	`equation.lhs()`

TABLEAU 10.1 – Commandes utiles pour la résolution d'équations différentielles.

10.2 Suites définies par une relation de récurrence

10.2.1 Suites définies par $u_{n+1} = f(u_n)$

Définition de la suite. Considérons une suite définie par une relation $u_{n+1} = f(u_n)$ avec $u_0 = a$. On peut définir la suite naturellement à l'aide d'un algorithme récursif. Prenons par exemple une suite logistique (suite définie par une récurrence de la forme $x_{n+1} = r x_n (1 - x_n)$) :

$$f : x \mapsto 3.83 \cdot x \left(1 - \frac{x}{100\,000}\right) \quad \text{et} \quad u_0 = 20\,000.$$

Celle-ci peut se définir en Sage par :

```
sage: x = var('x'); f = function('f',x)
sage: f(x) = 3.83*x*(1 - x/100000)
sage: def u(n):
....:     if n==0: return(20000)
....:     else: return f(u(n-1))
```

On peut préférer une définition itérative :

```
sage: def v(n):
....:     V = 20000;
....:     for k in [1..n]:
....:         V = f(V)
....:     return V
```

Représentation graphique.   On peut demander de tracer les points de coordonnées (k, u_k) :

```
sage: def nuage(u,n):
....:     L = [[0,u(0)]];
....:     for k in [1..n]:
....:         L += [[k,u(k)]]
....:     points(L).show()
```

À partir du dessin suivant, on conjecture l'existence de trois valeurs d'adhérence :

```
sage: nuage(u,50)
```

On aurait pu préférer la représentation faisant intervenir la première bissectrice et la courbe représentative de f. Celle-ci n'existant pas nativement dans Sage, nous allons construire une petite procédure qui effectuera le travail :

```
sage: def escargot(f,x,u0,n,xmin,xmax):
....:     u = u0
....:     P = plot(x, x, xmin, xmax, color='gray')
....:     for i in range(n):
....:         P += line([[u,u],[u,f(u)],[f(u),f(u)]], color = 'red')
....:         u = f(u)
....:     P += f.plot(x, xmin, xmax, color='blue') # Courbe de f
....:     P.show()
```

Par exemple, avec la même suite :

```
sage: f(x) = 3.83*x*(1 - x/100000)
```

```
sage: escargot(f,x,20000,100,0,100000)
```

on observe également les trois valeurs d'adhérence :

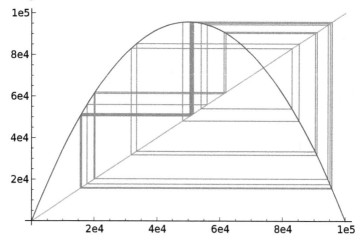

10.2.2 Suites récurrentes linéaires

Sage traite les suites du type :

$$a_k u_{n+k} + a_{k-1} u_{n+k-1} + \cdots + a_1 u_{n+1} + a_0 u_n = 0$$

avec $(a_i)_{0 \leqslant i \leqslant k}$ une famille de scalaires.

Par exemple, considérons la suite :

$$u_0 = -1, \ u_1 = 1, \ u_{n+2} = \frac{3}{2} u_{n+1} - \frac{1}{2} u_n.$$

Dans la version 5.9 de Sage, la fonction bien connue `rsolve` n'est pas accessible directement. Il faut aller la chercher dans SymPy, ce qui entraîne certains désagréments comme les changements de syntaxe pour déclarer les variables. Voici par exemple le préambule nécessaire à la définition de la suite :

```
sage: from sympy import Function, Symbol
sage: u = Function('u'); n = Symbol('n', integer=True)
```

Il faut ensuite définir la relation linéaire sous la forme $a_k u_{n+k} + \cdots + a_0 u_n = 0$:

```
sage: f = u(n+2)-(3/2)*u(n+1)+(1/2)*u(n)
```

On invoque enfin `rsolve` en observant bien comment sont déclarées les conditions initiales :

```
sage: from sympy import rsolve
sage: rsolve(f, u(n), {u(0):-1,u(1):1})
3 - 4*2**(-n)
```

c'est-à-dire $u_n = 3 - \frac{1}{2^{n-2}}$.

REMARQUE. Attention à certaines limitations de `rsolve`. Par exemple, pour les suites récurrentes linéaires d'ordre 2, un résultat correct n'est obtenu que si l'équation caractéristique admet deux racines réelles distinctes comme dans l'exemple précédent. Sinon, Sage exprime la solution à l'aide du symbole de Pochhammer (`RisingFactorial(x,n)`) ce qui est peu exploitable.

10.2.3   Suites récurrentes « avec second membre »

Sage traite aussi des suites du type :

$$a_k(n)u_{n+k} + a_{k-1}(n)u_{n+k-1} + \cdots + a_1(n)u_{n+1} + a_0(n)u_n = f(n)$$

avec $(a_i)_{0 \leqslant i \leqslant k}$ une famille de fonctions polynomiales en n et f qui peut être une fonction polynomiale, rationnelle ou hypergéométrique de n.

Selon la nature de $f(n)$, la commande sera différente :

– `rsolve_poly` si f est polynomiale ;

– `rsolve_ratio` si f est rationnelle ;

– `rsolve_hyper` si f est hypergéométrique.

On définit les $a_i(n)$ sous forme d'une liste $[a_0(n), \dots, a_{k-1}(n), a_k(n)]$. Par exemple, pour étudier la complexité du tri fusion, on est amené à étudier la suite :

$$u_{n+1} = 2u_n + 2^{n+2}, \quad u_0 = 0.$$

Le calcul donne

```
sage: from sympy import rsolve_hyper
sage: n = Symbol('n', integer=True)
sage: rsolve_hyper([-2,1],2**(n+2),n)
2**n*C0 + 2**(n + 2)*(C0 + n/2)
```

or $u_0 = 0$ donne `C0=0` donc $u_n = n \cdot 2^{n+1}$.

Troisième partie

Calcul numérique

Nombres à virgule flottante

Dans les chapitres suivants, les nombres à virgule flottante sont au cœur des calculs; il convient de les étudier car leur comportement suit des règles précises.

Comment représenter des nombres réels en machine? Comme ces nombres ne peuvent pas en général être codés avec une quantité finie d'information, ils ne sont pas toujours représentables sur un ordinateur : il faut donc les approcher avec une quantité de mémoire finie.

Un standard s'est dégagé autour d'une approximation des nombres réels avec une quantité fixe d'information : la représentation à virgule flottante.

Dans ce chapitre, on trouve : une description sommaire des nombres à virgule flottante et des différents types de ces nombres disponibles dans Sage, et la démonstration de quelques–unes de leurs propriétés. Quelques exemples montreront certaines des difficultés qu'on rencontre en calculant avec les nombres à virgule flottante, quelques astuces pour arriver parfois à les contourner, en espérant développer chez le lecteur une prudence bien nécessaire ; en conclusion, nous essayons de donner quelques propriétés que doivent posséder les méthodes numériques pour pouvoir être utilisées avec ces nombres.

Pour aller plus loin, le lecteur pourra consulter les documents [BZ10] et [Gol91] (disponibles sur le web) ou le livre [MBdD+10].

11.1   Introduction

11.1.1   Définition

Un ensemble $F(\beta, r, m, M)$ de nombres à virgule flottante est défini par quatre paramètres : une base $\beta \geqslant 2$, un nombre de chiffres r et deux entiers relatifs m et

M. Les éléments de $F(\beta, r, m, M)$ sont les nombres de la forme

$$x = (-1)^s \; 0.d_1 d_2 \ldots d_r \cdot \beta^j,$$

où les chiffres d_i sont des nombres entiers qui vérifient $0 \leqslant d_i < \beta$ pour $i > 1$ et $0 < d_1 < \beta$. Le nombre de chiffres r est la *précision*; l'indicateur de signe s vaut 0 ou 1; l'*exposant* j est compris entre les deux entiers m et M, et $0.d_1 d_2 \ldots d_r$ est la *mantisse*.

11.1.2 Propriétés, exemples

La normalisation $0 < d_1 < \beta$ garantit que tous les nombres ont la même quantité de chiffres significatifs. On remarque que la valeur zéro n'est pas représentable avec la convention $d_1 > 0$: zéro admet une représentation spéciale.

À titre d'exemple, le nombre noté -0.028 en base 10 (représentation à virgule fixe), sera représenté par $-0.28 \cdot 10^{-1}$ (sous réserve bien sûr que $r \geqslant 2$ et $m \leqslant -1 \leqslant M$). La base 2 étant bien adaptée à la représentation binaire des ordinateurs, β sera égal à 2 dans les différents ensembles de nombres flottants proposés par Sage, et nous nous placerons donc toujours dans ce cadre dans la suite de ce chapitre. Pour donner un exemple, $0.101 \cdot 2^1$ représente la valeur $5/4$ dans l'ensemble $F(2, 3, -1, 2)$.

Comme la seule valeur possible de d_1 pour $\beta = 2$ est $d_1 = 1$, il peut être omis dans une implantation machine et, toujours dans l'ensemble $F(2, 3, -1, 2)$, $5/4$ pourra par exemple être codé en machine avec les 5 bits : 00110, où le premier chiffre à gauche représentera le signe $+$, les 2 chiffres suivants (01) la mantisse (101), et les deux derniers chiffres à droite l'exposant (00 codant la valeur -1 de l'exposant, 01 la valeur 0, etc.).

Il doit être bien évident pour le lecteur que les ensembles $F(\beta, r, m, M)$ décrivent seulement un sous-ensemble fini des nombres réels. Pour représenter un nombre réel x qui se situe entre deux nombres consécutifs de $F(\beta, r, m, M)$, il faut une application appelée *arrondi* qui définisse quel nombre approchera x : on peut prendre le nombre le plus proche de x, mais d'autres choix sont possibles; la norme impose que l'arrondi laisse $F(\beta, r, m, M)$ invariant. L'ensemble des nombres représentables est borné, et les ensembles de nombres flottants contiennent les valeurs exceptionnelles $+\infty$, $-\infty$ qui représentent non seulement les infinis (comme $1/0$) mais aussi toutes les valeurs supérieures au plus grand nombre positif représentable (ou inférieures au plus petit nombre négatif représentable), ainsi que des valeurs représentant des opérations indéfinies comme $0/0$.

11.1.3 Normalisation

Après quelques tâtonnements, la nécessité d'une norme s'est fait sentir, afin que des programmes identiques fournissent les mêmes résultats sur des machines différentes. Depuis 1985, la norme IEEE 754 définit plusieurs ensembles de nombres, dont, entre autres, des nombres stockés sur 64 bits (« double précision ») : le signe

s est codé sur 1 bit, la mantisse sur 53 bits (dont 52 seulement sont stockés), et l'exposant sur 11 bits. Les nombres sont de la forme :

$$(-1)^s\ 0.d_1 d_2 \ldots d_{53} \cdot 2^{j-1023}.$$

Ils correspondent au type `double` du langage `C`.

11.2   Les nombres flottants

Sage fournit deux sortes de nombres flottants :

1. Les nombres flottants « double précision » décrits en 11.1.3 : ce sont les nombres fournis par le processeur de l'ordinateur ; dans Sage ces nombres appartiennent à la classe `RDF` :

   ```
   sage: xrdf = RDF(3.0)
   ```

2. Des nombres à virgule flottante de précision arbitraire : chaque instance de la classe `RealField` définit un ensemble de nombres à virgule flottante de précision donnée (et éventuellement avec un mode d'arrondi donné : voir 11.3.2). Pour déclarer un nombre `x100` avec une précision de 100 bits, on écrira par exemple :

   ```
   sage: R100 = RealField(100) # précision : 100 bits.
   sage: x100 = R100(3/8); x100
   0.37500000000000000000000000000
   ```

Les nombres de l'ensemble `RealField(p)` sont de la forme

$$(-1)^s\ 0.d_1 d_2 \ldots d_p \cdot 2^e,$$

avec $s \in \{0, 1\}$; la mantisse comporte p chiffres binaires, et e peut avoir 30 bits (ou plus sur certaines machines). On peut laisser implicite la précision :

```
sage: Rdefaut = RealField()   # précision par défaut de 53 bits
sage: xdefaut = Rdefaut(2/3)
```

et on peut tester la précision de tous les nombres à virgule flottante avec la méthode `prec()` :

```
sage: xrdf.prec()
53
sage: x100.prec()
100
sage: xdefaut.prec()
53
```

Ainsi, les nombres de l'ensemble `RealField()` et ceux de l'ensemble `RDF` ont la même précision, mais `RealField()` accepte des exposants bien plus grands. L'ensemble `RealField()` avec la précision de 53 bits est le type par défaut des nombres « réels » de Sage :

```
sage: x = 1.0; print type(x)
<type 'sage.rings.real_mpfr.RealLiteral'>
sage: x.prec()
53
```

Ici, `real_mpfr.RealLiteral` indique que l'ensemble de nombres auquel appartient x est implanté avec la bibliothèque **GNU MPFR**.

Rappelons que le type d'un nombre est défini automatiquement par le second membre lors d'une affectation :

```
sage: x = 1.0          # x appartient à RealField()
sage: x = 0.1e+1       # idem : x appartient à RealField()
sage: x = 1            # x est entier
sage: x = RDF(1)       # x est un flottant double précision machine
sage: x = RDF(1.)      # idem : x est un flottant double précision
sage: x = RDF(0.1e+1)  # idem
sage: x = 4/3          # x est un nombre rationnel
sage: R = RealField(20)
sage: x = R(1)         # x est un flottant de précision 20 bits
```

et des conversions naturelles des nombres rationnels sont effectuées :

```
sage: RDF(8/3)
2.66666666667
sage: R100 = RealField(100); R100(8/3)
2.6666666666666666666666666667
```

ainsi que des conversions entre nombres appartenant à des ensembles de nombres à virgule flottante différents :

```
sage: x = R100(8/3)
sage: R = RealField(); R(x)
2.66666666666667
sage: RDF(x)
2.66666666667
```

Les différents ensembles de nombres à virgule flottante contiennent aussi les valeurs particulières `+0`, `-0`, `+infinity`, `-infinity`, et `NaN` :

```
sage: 1.0/0.0
+infinity
sage: RDF(1)/RDF(0)
+infinity
sage: RDF(-1.0)/RDF(0.)
-infinity
```

La valeur `NaN` est attribuée aux résultats indéfinis :

```
sage: 0.0/0.0
NaN
sage: RDF(0.0)/RDF(0.0)
NaN
```

x	R2(x).ulp()	RDF(x).ulp()	R100(x).ulp()
10^{-30}	3.9e-31	8.75811540203e-47	1.24460305557222283414288128108e-60
10^{-10}	2.9e-11	6.46234853557e-27	9.18354961579912115600575419 70e-41
10^{-3}	0.00049	1.08420217249e-19	1.54074395550978868244478235 41e-33
1	0.50	1.11022302463e-16	1.57772181044202361082345713 06e-30
10^3	510.	5.68434188608e-14	8.07793566694631608874161005 085e-28
10^{10}	4.3e9	9.53674316406e-07	1.35525271560688054250931600 11e-20
10^{30}	3.2e29	7.03687441777e+13	1.00000000000000000000000000 0000

TABLEAU 11.1 – Distances entre flottants.

11.2.1   Quel type de nombres choisir ?

Les flottants de précision arbitraire permettent de calculer avec une précision très grande, alors que la précision est fixée pour les nombres RDF. En contrepartie les calculs avec les nombres RealField(n) font appel à la bibliothèque logicielle GNU MPFR, alors que pour les nombres RDF, les calculs sont effectués par l'arithmétique flottante du processeur, qui est beaucoup plus rapide. On donne en 13.2.10 une comparaison où l'efficacité des nombres flottants machine se conjugue avec l'utilisation de bibliothèques optimisées pour ces nombres. Notons que, parmi les méthodes de calcul numérique qu'on rencontrera dans les chapitres suivants, nombreuses sont celles qui utilisent uniquement les nombres flottants RDF et, quoiqu'on fasse, convertiront toujours les nombres à virgule flottante dans ce format.

R2, un ensemble de flottants jouets.   Les flottants de précision arbitraire, outre qu'ils sont irremplaçables pour des calculs en grande précision, permettent de définir une classe de flottants qui, parce qu'ils sont très peu précis, montrent de manière caricaturale les propriétés des nombres à virgule flottante : l'ensemble R2 des nombres de précision 2 bits :

```
sage: R2 = RealField(2)
```

11.3   Quelques propriétés des nombres à virgule flottante

11.3.1   Des ensembles pleins de trous

Dans chaque ensemble de nombres à virgule flottante, la méthode ulp() (*unit in the last place*) donne la taille de l'intervalle séparant chaque nombre du nombre représentable le plus proche (dans la direction opposée de celle de zéro) :

```
sage: x2 = R2(1.); x2.ulp()
0.50
sage: xr = 1.; xr.ulp()
2.22044604925031e-16
```

Le lecteur pourra vérifier facilement la valeur donnée pour `x2.ulp()`.

Le tableau 11.1 donne la taille de l'intervalle séparant un nombre x — ou plus exactement $R(x)$ où R est l'ensemble considéré — de son voisin le plus proche (dans la direction opposée de celle de zéro) pour différents ensembles de nombres (R100 est l'ensemble `RealField(100)`), et différentes valeurs de x.

Comme on peut facilement le prévoir, la taille des *trous* séparant deux nombres consécutifs croît avec la taille des nombres.

Exercice 40 (une valeur un peu surprenante). Montrer que `R100(`10^{30}`).ulp()` vaut bien `1.0000000000000000000000000000`.

11.3.2   L'arrondi

Comment approcher un nombre qui n'est pas représentable dans un ensemble de nombres à virgule flottante ? On peut définir l'*arrondi* de différentes manières :

- vers le nombre représentable le plus proche : c'est ainsi que l'on procède dans l'ensemble RDF, et c'est le comportement par défaut des ensembles de nombres créés par `RealField`. Pour un nombre situé à égale distance de deux nombres représentables, on arrondit à la mantisse paire la plus proche ;
- en direction de $-\infty$; `RealField(p,rnd='RNDD')` fournira ce comportement, avec une précision de p bits ;
- en direction de zéro ; exemple : `RealField(p,rnd='RNDZ')` ;
- en direction de $+\infty$; exemple : `RealField(p,rnd='RNDU')`.

11.3.3   Quelques propriétés

L'arrondi nécessaire aux ensembles de nombres à virgule flottante cause de nombreux effets pernicieux. Explorons-en quelques-uns.

Un phénomène dangereux.   Connu en anglais sous le nom de *catastrophic cancellation*, il s'agit de la perte de précision qui résulte de la soustraction de deux nombres voisins ; plus exactement, il s'agit d'une amplification des erreurs :

```
sage: a = 10000.0; b = 9999.5; c = 0.1; c
0.100000000000000
sage: a1 = a+c  # on perturbe a
sage: a1-b
0.600000000000364
```

Ici l'*erreur* c introduite sur a rend le calcul de la différence imprécis (les 3 dernières décimales sont fausses).

Application : calcul des racines d'un trinôme du second degré.   Même la résolution d'une équation du second degré $ax^2 + bx + c = 0$ peut poser des problèmes. Considérons le cas $a = 1$, $b = 10^4$, $c = 1$:

```
sage: a = 1.0; b = 10.0^4; c = 1.0
sage: delta = b^2-4*a*c
```

```
sage: x = (-b-sqrt(delta))/(2*a); y = (-b+sqrt(delta))/(2*a)
sage: x, y
(-9999.99990000000, -0.000100000001111766)
```

La somme des racines calculées est juste, mais pas le produit :

```
sage: x+y+b/a
0.000000000000000
sage: x*y-c/a
1.11766307320238e-9
```

L'erreur est due au phénomène de *catastrophic cancellation* qui se manifeste quand on ajoute -b et `sqrt(delta)` lors du calcul de y. Ici, on peut récupérer une meilleure approximation de y :

```
sage: y = (c/a)/x; y
-0.000100000001000000
sage: x+y+b/a
0.000000000000000
```

On remarque que, du fait de l'arrondi, la somme des racines reste correcte. Le lecteur pourra envisager tous les cas possibles pour le choix de a, b et c pour se convaincre que l'écriture d'un programme numériquement robuste pour le calcul des racines d'un trinôme du second degré est loin d'être simple.

Les ensembles de nombres flottants ne sont pas des groupes pour l'addition. En effet, l'addition n'y est pas associative. Utilisons l'ensemble R2 (avec 2 bits de précision) :

```
sage: x1 = R2(1/2); x2 = R2(4); x3 = R2(-4)
sage: x1, x2, x3
(0.50, 4.0, -4.0)
sage: x1+(x2+x3)
0.50
sage: (x1+x2)+x3
0.00
```

Nous pouvons en déduire que les différents arrangements possibles des calculs dans un programme ne sont pas sans importance sur le résultat !

Récurrences, suites de nombres à virgule flottante. Considérons[1] la récurrence $u_{n+1} = 4u_n - 1$. Si $u_0 = 1/3$, la suite est stationnaire : $u_i = 1/3$ pour tout i.

```
sage: x = RDF(1/3)
sage: for i in range(1,100): x = 4*x-1; print x
```

---

[1]. Merci à Marc Deléglise (Institut Camille Jordan, Lyon) pour cet exemple.

```
0.333333333333
0.333333333333
0.333333333333
...
-1.0
-5.0
-21.0
-85.0
-341.0
-1365.0
-5461.0
-21845.0
...
```

La suite calculée diverge ! On peut remarquer que ce comportement est assez naturel car il s'agit d'un phénomène classique d'instabilité : toute erreur sur u_0, est multipliée par 4 à chaque itération, et nous savons que l'arithmétique flottante introduit des erreurs qui vont donc être amplifiées à chaque itération.

Calculons maintenant la récurrence $u_{n+1} = 3u_n - 1$, avec $u_0 = 1/2$. On s'attend au même résultat : la suite, si elle est exactement calculée, est constante, mais toute erreur sera multipliée par 3 à chaque pas.

```
sage: x = RDF(1/2)
sage: for i in range(1,100): x = 3*x-1; print x
0.5
0.5
0.5
...
0.5
```

Cette fois-ci, la suite calculée reste constante ! Comment expliquer ces deux comportements différents ? Regardons la représentation binaire de u_0 dans chaque cas.

Dans le premier cas ($u_{n+1} = 4u_n - 1$, $u_0 = 1/3$), on a :

$$\frac{1}{3} = \frac{1}{4} \sum_{i=0}^{\infty} \frac{1}{4^i} = \frac{1}{4} \sum_{i=0}^{\infty} \frac{1}{2^{2i}},$$

et donc $1/3$ n'est pas représentable exactement dans les ensembles de nombres à virgule flottante dont nous disposons (avec $\beta = 2$), quelle que soit leur précision. Le lecteur est invité à refaire le calcul précédent dans un ensemble de grande précision, par exemple RealField(1000) pour vérifier que la suite calculée diverge toujours. Notons que si on remplace dans le premier programme la ligne

```
sage: x = RDF(1/3)
```

par

```
sage: x = 1/3
```

alors les calculs s'effectuent dans l'ensemble des nombres rationnels et les itérés successifs vaudront toujours $1/3$.

Dans le deuxième cas ($u_{n+1} = 3u_n - 1$, $u_0 = 1/2$), u_0 et $3/2$ s'écrivent respectivement 0.1 et 1.1 en base 2 ; ils sont donc représentables exactement, sans arrondi, dans les divers ensembles de nombres flottants. Le calcul est donc exact, et la suite reste constante.

L'exercice suivant montre qu'une suite programmée dans un ensemble de nombres à virgule flottante peut converger vers une limite fausse.

Exercice 41 (exemple dû à Jean-Michel Muller). On considère la récurrence suivante (cf. [MBdD$^+$10, p. 9]) :

$$u_n = 111 - \frac{1130}{u_{n-1}} + \frac{3000}{u_{n-1}u_{n-2}}.$$

On peut montrer que la solution générale est de la forme :

$$u_n = \frac{\alpha\ 100^{n+1} + \beta\ 6^{n+1} + \gamma\ 5^{n+1}}{\alpha\ 100^n + \beta\ 6^n + \gamma\ 5^n}.$$

1. On choisit $u_0 = 2$ et $u_1 = -4$: quelles sont les valeurs de α, β et γ ? Vers quelle limite converge la suite ?

2. Programmer le calcul de la suite (toujours avec $u_0 = 2$ et $u_1 = -4$) dans l'ensemble `RealField()` (ou dans `RDF`). Que peut-on constater ?

3. Expliquer ce comportement.

4. Effectuer le même calcul dans un ensemble de grande précision, par exemple `RealField(5000)`. Commenter le résultat.

5. La suite est définie dans $\mathbb{Q}$. La programmer dans l'ensemble des nombres rationnels et commenter le résultat.

Les nombres flottants et la sommation des séries numériques. On considère une série numérique réelle de terme général u_n positif. Le calcul des sommes partielles $\sum_{i=0}^{m} u_i$ dans un ensemble de nombres à virgule flottante va être perturbé par les erreurs d'arrondi. Le lecteur pourra s'amuser à montrer que, si u_n tend vers 0 quand n tend vers l'infini, et si les sommes partielles restent dans l'intervalle des nombres représentables, alors, à partir d'un certain rang m, la suite $\sum_{i=0}^{m} u_i$ *calculée avec arrondi* est stationnaire (cf. [Sch91]). Bref, dans le monde des nombres flottants, la vie est simple : les séries dont le terme général positif tend vers 0 convergent, à condition que les sommes partielles ne croissent pas trop !

Regardons cela avec la série harmonique (divergente) de terme $u_n = 1/n$:

```
sage: def sumharmo(P):
....:     RFP = RealField(P)
....:     y = RFP(1.); x = RFP(0.); n = 1
....:     while x <> y:
....:         y = x; x += 1/n; n += 1
....:     return P, n, x
```

Testons cette procédure avec différentes valeurs de la précision P :

```
sage: sumharmo(2)
(2, 5, 2.0)
sage: sumharmo(20)
(20, 131073, 12.631)
```

Le lecteur pourra vérifier avec une feuille de papier et un crayon que, dans notre ensemble R2 de flottants jouets, la procédure converge bien en 5 itérations vers la valeur 2.0. Évidemment le résultat dépend de la précision p, et le lecteur pourra aussi vérifier (toujours avec son crayon...) que pour $n > \beta^p$, la somme calculée est stationnaire. Attention toutefois : avec la précision par défaut de 53 bits, et en effectuant 10^9 opérations par seconde, il faudra $2^{53}/10^9/3600$ heures, soit environ 104 jours, pour atteindre la valeur stationnaire !

Améliorer le calcul de certaines récurrences. Moyennant quelques précautions, il est possible d'améliorer certains résultats : voici un exemple utile.

Il est fréquent de rencontrer des récurrences de la forme :

$$y_{n+1} = y_n + \delta_n,$$

où les nombres δ_n sont petits en valeur absolue par rapport aux nombres y_n : penser par exemple à l'intégration des équations différentielles de la mécanique céleste pour la simulation du système solaire, où de grandes valeurs (des distances, des vitesses) subissent de très petites perturbations, en temps long [HLW02]. Même si on peut calculer avec précision les termes δ_n, les erreurs d'arrondi lors des additions $y_{n+1} = y_n + \delta_n$ vont introduire des erreurs considérables.

Prenons par exemple la suite définie par $y_0 = 10^{13}$, $\delta_0 = 1$ et $\delta_{n+1} = a\delta_n$ avec $a = 1 - 10^{-8}$. Voici la programmation habituelle, naïve, du calcul de y_n :

```
sage: def iter(y,delta,a,n):
....:     for i in range(0,n):
....:         y += delta
....:         delta *= a
....:     return y
```

Avec les valeurs rationnelles que nous avons choisies pour y_0, δ_0 et a, nous pouvons calculer la valeur exacte des itérés avec Sage :

```
sage: def exact(y,delta,a,n):
....:     return y+delta*(1-a^n)/(1-a)
```

Calculons à présent 100 000 itérés avec les nombres à virgule flottante RDF (par exemple), et comparons le résultat à la valeur exacte :

```
sage: y0 = RDF(10^13); delta0 = RDF(1); a = RDF(1-10^(-8)); n = 100000
sage: ii = iter(y0,delta0,a,n)
sage: s = exact(10^13,1,1-10^(-8),n)
sage: print "exact - sommation classique:", s-ii
exact - sommation classique: -45.5
```

Voici maintenant l'algorithme de la *sommation compensée* :

```
sage: def sumcomp(y,delta,e,n,a):
....:     for i in range(0,n):
....:         b = y
....:         e += delta
....:         y = b+e
....:         e += (b-y)
....:         delta = a*delta # nouvelle valeur de delta
....:     return y
```

Pour comprendre son comportement, regardons le schéma ci-dessous (on suit ici les présentations de Higham [Hig93] et[HLW02]), où les boîtes représentent les mantisses des nombres. La position des boîtes représente l'exposant (plus la boîte est à gauche, plus l'exposant est grand) :

$b = y_n$	b_1 | b_2	
e		e_1 | 0
δ_n		δ_1 | δ_2
$e = e + \delta_n$		δ_1 | $e_1 + \delta_2$
$y_{n+1} = b + e$	b_1 | $b_2 + \delta_1$	
$e = e + (b - y_{n+1})$		$e_1 + \delta_2$ | 0

L'erreur d'arrondi est accumulée dans e, et on constate qu'aucun des chiffres de δ_n n'est perdu, tandis qu'avec la manière naïve de procéder, les bits notés δ_2 disparaissent du calcul.

Effectuons à nouveau le calcul de 100 000 itérés, avec la méthode de la sommation compensée :

```
sage: c = sumcomp(y0,delta0,RDF(0.0),n,a)
sage: print "exact-sommation compensee:", s-c
exact-sommation compensee: -0.001953125
```

L'erreur absolue est de -45.5 avec l'algorithme naïf, et de -0.0019 avec la sommation compensée ! Au passage, observons que pour les erreurs relatives on obtient $4.549 \cdot 10^{-12}$ avec la sommation naïve, et $1.95 \cdot 10^{-16}$ avec la sommation compensée.

11.3.4   Nombres flottants complexes

Sage propose deux familles de nombres complexes représentés en machine par des couples de nombres à virgule flottante appartenant aux ensembles précédemment rencontrés :

1. Les nombres complexes double précision `ComplexDoubleField` (ou de manière abrégée `CDF`). Ce sont les nombres de la forme $x + i \cdot y$ où x et y sont chacun des nombres flottants « double précision ». On crée les nombres ainsi :

```
sage: x = CDF(2,1.); x
2.0 + 1.0*I
sage: y = CDF(20,0); y
```

```
20.0
```

ou bien :

```
sage: z = ComplexDoubleElement(2.,1.); z
2.0 + 1.0*I
```

2. Les nombres flottants complexes de précision arbitraire `ComplexField`. Ce sont les nombres de la forme $x + i \cdot y$, où x et y ont la même précision de p bits. Une instance de la classe `ComplexField` crée un ensemble de précision donnée (53 par défaut) :

```
sage: C = ComplexField(); C(2,3)
2.00000000000000 + 3.00000000000000*I
sage: C100 = ComplexField(100); C100(2,3)
2.0000000000000000000000000000 + 3.0000000000000000000000000000*I
```

Bien entendu, les calculs avec ces différents ensembles posent les mêmes problèmes d'arrondi que ceux avec les nombres réels à virgule flottante.

11.3.5 Méthodes

Nous avons déjà vu les méthodes `prec` et `ulp`. Les différents ensembles de nombres rencontrés ici fournissent un grand nombre de méthodes. Donnons quelques exemples :

– des méthodes qui renvoient des constantes. Exemples :

```
sage: R200 = RealField(200); R200.pi()
3.1415926535897932384626433832795028841971693993751058209749
sage: R200.euler_constant()
0.57721566490153286060651209008240243104215933593992359880577
```

– des fonctions trigonométriques `sin`, `cos`, `arcsin`, `arccos`, etc. Exemple :

```
sage: x = RDF.pi()/2; x.cos() # approximation flottante de zero!
6.12323399574e-17
sage: x.cos().arccos() - x
0.0
```

– les logarithmes (`log`, `log10`, `log2`, etc.), les fonctions trigonométriques hyperboliques et leurs inverses (`sinh`, `arcsinh`, `cosh`, `arccosh`, etc.).

– des fonctions spéciales (`gamma`, `j0`, `j1`, `jn(k)`, etc.).

Le lecteur consultera la documentation de Sage pour avoir une liste complète des très nombreuses méthodes disponibles. Rappelons que cette liste peut être obtenue en ligne de la manière suivante :

```
sage: x = 1.0; x.<tab>
```

Pour chaque méthode on obtient sa définition, ses paramètres éventuels et un exemple d'utilisation en tapant (ici pour la fonction d'Euler $\Gamma(x)$) :

```
sage: x.gamma?
```

Ensembles de nombres flottants	
Nombres réels de précision p bits	`RealField(p)`
Nombres flottants machine	`RDF`
Nombres complexes de précision p bits	`ComplexField(p)`
Nombres complexes machine	`CDF`

TABLEAU 11.2 – Récapitulatif des ensembles de nombres flottants.

11.4 En guise de conclusion

Les méthodes numériques implantées dans Sage, qu'on trouvera décrites dans les chapitres suivants, ont toutes été étudiées théoriquement ; leur analyse numérique consiste, entre autres, à étudier la convergence des méthodes itératives, l'erreur introduite en simplifiant un problème pour le rendre calculable, mais aussi le comportement des calculs en présence de perturbations, par exemple celles introduites par l'arithmétique inexacte des nombres à virgule flottante.

Considérons un algorithme $\mathcal{F}$, qui, à partir de données d, calcule $x = \mathcal{F}(d)$. Cet algorithme ne sera utilisable que s'il n'amplifie pas exagérément les erreurs sur d : à une perturbation ε de d correspond une solution perturbée $x_\varepsilon = \mathcal{F}(d+\varepsilon)$. Il faut que l'erreur introduite $x_\varepsilon - x$ dépende raisonnablement de ε (de manière continue, ne croissant pas trop vite,...) : les algorithmes doivent avoir des propriétés de stabilité pour pouvoir être utilisables. Au chapitre 13, on explorera des problèmes de stabilité pour les algorithmes utilisés en algèbre linéaire.

Notons aussi que certains calculs sont définitivement irréalisables en précision finie, comme par exemple le calcul de la suite donnée dans l'exercice 41 : toute perturbation, aussi faible soit-elle, entraînera la convergence de la suite vers une valeur fausse ; c'est un phénomène typique d'instabilité de la solution du problème que l'on cherche à résoudre : l'étude expérimentale d'une suite à l'aide de nombres à virgule flottante doit être menée avec une grande prudence.

Le lecteur pourra peut-être trouver désespérante la pratique du calcul avec des nombres à virgule flottante, mais ce jugement doit être modéré : la très large majorité des ressources de calcul disponibles est utilisée à effectuer des opérations dans ces ensembles de nombres : résolution approchée d'équations aux dérivées partielles, optimisation ou traitement du signal, etc. Les nombres à virgule flottante doivent être regardés avec méfiance, mais ils n'ont pas empêché le développement du calcul et de ses applications : ce ne sont pas les erreurs d'arrondi qui limitent la validité de la prévision météorologique, pour ne citer que cet exemple.

12

Équations non linéaires

Ce chapitre explique comment *résoudre* une équation non linéaire avec Sage. Dans un premier temps on étudie les équations polynomiales et on montre les limitations de la recherche de solutions exactes. Ensuite on décrit le fonctionnement de quelques méthodes classiques de résolution numérique. Au passage on indique quels sont les algorithmes de résolution numérique implémentés dans Sage.

12.1 Équations algébriques

Par équation algébrique on entend une équation de la forme $p(x) = 0$ où p désigne un polynôme à une indéterminée dont les coefficients appartiennent à un anneau intègre A. On dit qu'un élément $\alpha \in A$ est une *racine* du polynôme p si $p(\alpha) = 0$.

Soit α un élément de A. La division euclidienne de p par $x - \alpha$ assure l'existence d'un polynôme constant r tel que :

$$p = (x - \alpha)q + r.$$

En évaluant cette équation en α, on obtient $r = p(\alpha)$. Donc le polynôme $x - \alpha$ divise p si, et seulement si, α est une racine de p. Cette remarque permet d'introduire la notion de *multiplicité* d'une racine α du polynôme p : il s'agit du plus grand entier m tel que $(x - \alpha)^m$ divise p. On observe que la somme des multiplicités des racines de p est inférieure ou égale au degré de p.

12.1.1 Méthode `Polynomial.roots()`

Résoudre l'équation algébrique $p(x) = 0$ consiste à identifier les racines du polynôme p avec leur multiplicité. La méthode `Polynomial.roots()` donne les racines d'un polynôme. Elle prend jusqu'à trois paramètres, tous optionnels. Le paramètre `ring` permet de préciser l'anneau où chercher les racines. Si on ne précise pas de valeur pour ce paramètre, il s'agira de l'anneau des coefficients du polynôme. Le booléen `multiplicities` indique la nature des informations renvoyées par `Polynomial.roots()` : chaque racine peut être accompagnée de sa multiplicité. Le paramètre `algorithm` sert à préciser quel algorithme utiliser ; les différentes valeurs possibles sont explicitées plus loin (cf. §12.2.2).

```
sage: R.<x> = PolynomialRing(RealField(prec=10))
sage: p = 2*x^7 - 21*x^6 + 64*x^5 - 67*x^4 + 90*x^3 \
....: + 265*x^2 - 900*x + 375
sage: p.roots()
[(-1.7, 1), (0.50, 1), (1.7, 1), (5.0, 2)]
sage: p.roots(ring=ComplexField(10), multiplicities=False)
[-1.7, 0.50, 1.7, 5.0, -2.2*I, 2.2*I]
sage: p.roots(ring=RationalField())
[(1/2, 1), (5, 2)]
```

12.1.2 Représentation des nombres

Rappelons comment désigner les anneaux usuels avec Sage (cf. §5.2). Les entiers relatifs sont représentés par des objets de la classe `Integer` et, pour effectuer des conversions, on utilise le *parent* `ZZ` ou la fonction `IntegerRing()` qui renvoie l'objet `ZZ`. De la même façon, les nombres rationnels sont représentés par des objets de la classe `Rational` ; le parent commun à ces objets est l'objet `QQ` que renvoie la fonction `RationalField()`. Dans les deux cas Sage utilise la bibliothèque de calcul en précision arbitraire GMP. Sans rentrer dans le détail de la réalisation de cette bibliothèque, les entiers manipulés avec Sage sont de taille arbitraire, la seule limitation provenant de la quantité de mémoire disponible sur la machine sur laquelle est exécuté le logiciel.

Plusieurs représentations approchées des nombres réels sont disponibles (cf. chapitre 11). Il y a `RealField()` pour la représentation utilisant les nombres à virgule flottante avec une précision donnée et, en particulier, `RR` pour une précision de 53 bits. Mais il y a aussi `RDF` et la fonction `RealDoubleField()` pour les nombres machine double précision ; et encore les classes `RIF` et `RealIntervalField()` pour lesquelles un nombre réel est représenté par un intervalle le contenant, les extrémités de cet intervalle étant des nombres à virgule flottante.

Les représentations analogues pour les nombres complexes se nomment : `CC`, `CDF` et `CIF`. Là aussi, à chaque objet est associé une fonction ; ce sont `ComplexField()`, `ComplexDoubleField()` et `ComplexIntervalField()`.

Les calculs effectués par `Polynomial.roots()` sont exacts ou approchés selon le type de représentation des coefficients du polynôme et une éventuelle valeur du paramètre `ring` : par exemple avec `ZZ` ou `QQ`, les calculs sont exacts ; avec `RR` les calculs sont approchés. Dans la seconde partie de ce chapitre on précise l'algorithme utilisé pour le calcul des racines et le rôle des paramètres `ring` et `algorithm` (cf. §12.2).

La résolution des équations algébriques est intimement liée à la notion de nombre. Le *corps de décomposition* du polynôme p (supposé non constant) est la plus petite extension du corps des coefficients de p dans laquelle p est un produit de polynômes de degré 1 ; on montre qu'une telle extension existe toujours. Avec Sage, on peut construire le corps de décomposition d'un polynôme irréductible avec la méthode `Polynomial.root_field()`. On peut alors calculer avec les racines *implicites* contenues dans le corps de décomposition.

```
sage: R.<x> = PolynomialRing(QQ, 'x')
sage: p = x^4 + x^3 + x^2 + x + 1
sage: K.<alpha> = p.root_field()
sage: p.roots(ring=K, multiplicities=None)
[alpha, alpha^2, alpha^3, -alpha^3 - alpha^2 - alpha - 1]
sage: alpha^5
1
```

12.1.3 Théorème de d'Alembert

Le corps de décomposition du polynôme à coefficients réels $x^2 + 1$ n'est autre que le corps des nombres complexes. Il est remarquable que tout polynôme non constant à coefficients complexes possède au moins une racine complexe : c'est ce qu'affirme le *théorème de d'Alembert*. En conséquence tout polynôme complexe non constant est un produit de polynômes de degré 1. On a observé un peu plus haut que la somme des multiplicités des racines d'un polynôme p est inférieure ou égale au degré de p. Dans le corps des complexes, on sait maintenant que cette somme est égale au degré de p. Autrement dit toute équation polynomiale de degré n à coefficients complexes possède n racines complexes, comptées avec leur multiplicité.

Voyons comment la méthode `Polynomial.roots()` permet d'illustrer ce résultat. Dans l'exemple qui suit, on construit l'anneau des polynômes à coefficients réels (on se contente d'une représentation utilisant les nombres à virgule flottante avec une précision de 53 bits). Puis un polynôme de degré inférieur à 15 est choisi aléatoirement dans cet anneau. Enfin on additionne les multiplicités des racines complexes calculées avec la méthode `Polynomial.roots()` et on compare cette somme au degré du polynôme.

```
sage: R.<x> = PolynomialRing(RR, 'x')
sage: d = ZZ.random_element(1, 15)
sage: p = R.random_element(d)
sage: p.degree() == sum(r[1] for r in p.roots(CC))
True
```

12.1.4 Distribution des racines

On poursuit avec une curieuse illustration de la puissance de la méthode `Polynomial.roots()` : on trace tous les points du plan complexe dont l'affixe est une racine d'un polynôme de degré 12 et à coefficients égaux à 1 ou -1. Le choix du degré est un compromis plus ou moins arbitraire ; il permet d'obtenir un

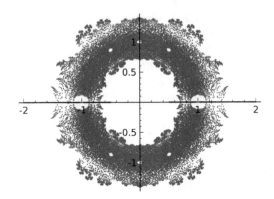

FIGURE 12.1 – Distribution des racines de tous les polynômes de degré 12 à coefficients -1 ou 1.

tracé précis en peu de temps. L'utilisation de valeurs approchées pour les nombres complexes s'est également imposée pour des raisons de performance (cf. §13).

```
sage: def build_complex_roots(degree):
....:     R.<x> = PolynomialRing(CDF, 'x')
....:     v = []
....:     for c in CartesianProduct(*[[-1, 1]] * (degree + 1)):
....:         v.extend(R(c).roots(multiplicities=False))
....:     return v
sage: data = build_complex_roots(12)
sage: g = plot(points(data, pointsize=1), aspect_ratio=1)
```

12.1.5   Résolution par radicaux

Il est possible dans certains cas de calculer les valeurs exactes des racines d'un polynôme. C'est par exemple le cas dès que l'on sait exprimer les racines en fonction des coefficients du polynôme et au moyen de radicaux (racines carrés, racines cubiques, etc.). Dans ce cas on parle de *résolution par radicaux*.

Pour effectuer ce type de résolution avec Sage, il faut travailler avec les objets de la classe **Expression** qui représentent les expressions symboliques. On a vu que les entiers représentés par des objets de la classe **Integer** ont un même *parent*, l'objet **ZZ**. De la même façon, les objets de la classe **Expression** ont un même parent : il s'agit de l'objet **SR** (acronyme de *Symbolic Ring*) ; il offre notamment des possibilités de conversion vers la classe **Expression**.

Équations quadratiques.

```
sage: a, b, c, x = var('a, b, c, x')
sage: p = a * x^2 + b * x + c
sage: type(p)
<type 'sage.symbolic.expression.Expression'>
```

```
sage: p.parent()
Symbolic Ring
sage: p.roots(x)
[(-1/2*(b + sqrt(-4*a*c + b^2))/a, 1),
(-1/2*(b - sqrt(-4*a*c + b^2))/a, 1)]
```

Degré strictement supérieur à 2. Il est possible de résoudre par radicaux les équations algébriques complexes de degré 3 et 4. En revanche il est impossible de résoudre par radicaux toutes les équations polynomiales de degré supérieur ou égal à 5 (cf. §7.3.4). Cette impossibilité conduit à envisager des méthodes de résolution numérique (cf. §12.2).

```
sage: a, b, c, d, e, f, x = var('a, b, c, d, e, f, x')
sage: p = a*x^5+b*x^4+c*x^3+d*x^2+e*x+f
sage: p.roots(x)
Traceback (most recent call last):
...
RuntimeError: no explicit roots found
```

Illustrons avec Sage une méthode de résolution des équations de degré 3 sur le corps des nombres complexes. Pour commencer on montre que l'équation générale du troisième degré se ramène à la forme $x^3 + px + q = 0$.

```
sage: x, a, b, c, d = var('x, a, b, c, d')
sage: P = a * x^3 + b * x^2 + c * x + d
sage: alpha = var('alpha')
sage: P.subs(x = x + alpha).expand().coeff(x, 2)
3*a*alpha + b
sage: P.subs(x = x - b / (3 * a)).expand().collect(x)
a*x^3 - 1/3*(b^2/a - 3*c)*x - 1/3*b*c/a + 2/27*b^3/a^2 + d
```

Pour obtenir les racines d'une équation de la forme $x^3 + px + q = 0$ on pose $x = u + v$.

```
sage: p, q, u, v = var('p, q, u, v')
sage: P = x^3 + p * x + q
sage: P.subs(x = u + v).expand()
u^3 + 3*u^2*v + 3*u*v^2 + v^3 + p*u + p*v + q
```

Supposons la dernière expression nulle. On remarque alors que $u^3 + v^3 + q = 0$ équivaut à $3uv+p = 0$; de plus, si ces égalités sont vérifiées, u^3 et v^3 sont les racines d'une équation du second degré : $(X - u^3)(X - v^3) = X^2 - (u^3 + v^3)X + (uv)^3 = X^2 + qX - p^3/27$.

```
sage: P.subs({x: u + v, q: -u^3 - v^3}).factor()
(u + v)*(3*u*v + p)
sage: P.subs({x: u+v, q: -u^3 - v^3, p: -3 * u * v}).expand()
0
sage: X = var('X')
sage: solve([X^2 + q*X - p^3 / 27 == 0], X, solution_dict=True)
```

```
[{X: -1/2*q - 1/18*sqrt(12*p^3 + 81*q^2)},
 {X: -1/2*q + 1/18*sqrt(12*p^3 + 81*q^2)}]
```

Les solutions de l'équation $x^3 + px + q = 0$ sont donc les sommes $u + v$ où u et v sont des racines cubiques de

$$-\frac{\sqrt{4p^3 + 27q^2}\sqrt{3}}{18} - \frac{q}{2} \quad \text{et} \quad \frac{\sqrt{4p^3 + 27q^2}\sqrt{3}}{18} - \frac{q}{2}$$

vérifiant $3uv + p = 0$.

12.1.6   Méthode `Expression.roots()`

Les exemples précédents utilisent la méthode `Expression.roots()`. Cette méthode renvoie une liste de racines exactes, sans garantie de les trouver toutes. Parmi les paramètres optionnels de cette méthode, on retrouve les paramètres `ring` et `multiplicities` déjà rencontrés avec la méthode `Polynomial.roots()`. Il est important de se rappeler que la méthode `Expression.roots()` ne s'applique pas uniquement à des expressions polynomiales.

```
sage: e = sin(x) * (x^3 + 1) * (x^5 + x^4 + 1)
sage: roots = e.roots(); len(roots)
9
sage: roots
[(0, 1),
 (-1/2*(I*sqrt(3) + 1)*(1/18*sqrt(3)*sqrt(23) - 1/2)^(1/3)
 - 1/6*(-I*sqrt(3) + 1)/(1/18*sqrt(3)*sqrt(23) - 1/2)^(1/3), 1),
 (-1/2*(-I*sqrt(3) + 1)*(1/18*sqrt(3)*sqrt(23) - 1/2)^(1/3)
 - 1/6*(I*sqrt(3) + 1)/(1/18*sqrt(3)*sqrt(23) - 1/2)^(1/3), 1),
 ((1/18*sqrt(3)*sqrt(23) - 1/2)^(1/3) + 1/3/(1/18*sqrt(3)*sqrt(23)
 - 1/2)^(1/3), 1),
 (-1/2*I*sqrt(3) - 1/2, 1), (1/2*I*sqrt(3) - 1/2, 1),
 (1/2*I*(-1)^(1/3)*sqrt(3) - 1/2*(-1)^(1/3), 1),
 (-1/2*I*(-1)^(1/3)*sqrt(3) - 1/2*(-1)^(1/3), 1), ((-1)^(1/3), 1)]
```

Lorsque le paramètre `ring` n'est pas défini, la méthode `roots()` de la classe `Expression` délègue le calcul des racines au programme Maxima qui tente de factoriser l'expression puis effectue une résolution par radicaux sur chaque facteur de degré strictement inférieur à 5. Lorsque le paramètre `ring` est défini, l'expression est convertie en objet de la classe `Polynomial` dont les coefficients ont pour parent l'objet identifié par le paramètre `ring`; ensuite le résultat de la méthode `Polynomial.roots()` est renvoyé. On décrit plus loin l'algorithme utilisé dans ce cas (cf. §12.2.2).

On expose également des exemples de calculs avec des racines implicites, auxquelles on accède par les objets `QQbar` et `AA` qui représentent les corps de nombres algébriques (cf. §7.3.2).

Élimination des racines multiples. Étant donné un polynôme p ayant des racines multiples, il est possible de construire un polynôme à racines simples (c'est-à-dire de multiplicité 1), identiques à celles de p. Donc, lorsqu'on calcule les racines d'un polynôme, on peut toujours supposer que ces racines sont simples. Justifions l'existence du polynôme à racines simples et voyons comment le construire. Ceci permet de donner une nouvelle illustration de la méthode `Expression.roots()`.

Soit α une racine du polynôme p dont la multiplicité est un entier m strictement supérieur à 1. C'est une racine du polynôme dérivé p' avec multiplicité $m-1$. En effet, si $p = (x - \alpha)^m q$ alors on a $p' = (x - \alpha)^{m-1}(mq + (x - \alpha)q')$.

```
sage: alpha, m, x = var('alpha, m, x'); q = function('q', x)
sage: p = (x - alpha)^m * q
sage: p.derivative(x)
m*(-alpha + x)^(m - 1)*q(x) + (-alpha + x)^m*D[0](q)(x)
sage: simplify(p.derivative(x)(x=alpha))
0
```

En conséquence le pgcd de p et p' est le produit $\prod_{\alpha \in \Gamma}(x - \alpha)^{m_\alpha - 1}$ avec Γ l'ensemble des racines de p de multiplicité strictement supérieure à 1, et m_α la multiplicité de la racine α. Si d désigne ce pgcd, alors le quotient de p par d a bien les propriétés attendues.

Notons que le degré du quotient de p par d est strictement inférieur au degré de p. En particulier, si ce degré est strictement inférieur à 5, il est possible d'exprimer les racines au moyen de radicaux. L'exemple qui suit en donne une illustration pour un polynôme à coefficients rationnels de degré 13.

```
sage: R.<x> = PolynomialRing(QQ, 'x')
sage: p = 128 * x^13 - 1344 * x^12 + 6048 * x^11 - 15632 * x^10 \
....: + 28056 * x^9 - 44604 * x^8 + 71198 * x^7 - 98283 * x^6   \
....: + 105840 * x^5 - 101304 * x^4 + 99468 * x^3 - 81648 * x^2 \
....: + 40824 * x - 8748
sage: d = gcd(p, p.derivative())
sage: (p // d).degree()
4
sage: roots = SR(p // d).roots(multiplicities=False)
sage: roots
[1/2*I*2^(1/3)*sqrt(3) - 1/2*2^(1/3),
-1/2*I*2^(1/3)*sqrt(3) - 1/2*2^(1/3), 2^(1/3), 3/2]
sage: [QQbar(p(alpha)).is_zero() for alpha in roots]
[True, True, True, True]
```

12.2   Résolution numérique

En mathématiques, on oppose traditionnellement le *discret* et le *continu*. L'analyse numérique relativise en quelque sorte cette opposition : un des aspects majeurs de l'analyse numérique consiste en effet à aborder des questions portant sur les nombres réels, par essence du domaine du continu, en adoptant un point de vue expérimental s'appuyant notamment sur l'ordinateur qui, lui, relève du discret.

S'agissant de la résolution d'équations non linéaires, de nombreuses questions se posent naturellement en dehors du calcul des valeurs approchées des solutions : combien de racines réelles possède une équation donnée ? Combien de racines imaginaires, positives, négatives ?

Dans cette partie on commence par donner des éléments de réponse pour le cas particulier des équations algébriques. Ensuite on décrit quelques-unes des méthodes d'approximation qui permettent de calculer des valeurs approchées des solutions d'une équation non linéaire.

12.2.1   Localisation des solutions des équations algébriques

Règle de Descartes.   La règle de Descartes s'énonce de la manière suivante : le nombre de racines positives d'un polynôme à coefficients réels est inférieur ou égal au nombre de changements de signe de la suite des coefficients du polynôme.

```
sage: R.<x> = PolynomialRing(RR, 'x')
sage: p = x^7 - 131/3*x^6 + 1070/3*x^5 - 2927/3*x^4 \
....: + 2435/3*x^3 - 806/3*x^2 + 3188/3*x - 680
sage: sign_changes = \
....: [p[i] * p[i + 1] < 0 for i in range(p.degree())].count(True)
sage: real_positive_roots = \
....: sum([alpha[1] if alpha[0] > 0 else 0 for alpha in p.roots()])
sage: sign_changes, real_positive_roots
(7, 5)
```

En effet, soient p un polynôme à coefficients réels de degré d et p' le polynôme dérivé. On note u et u' les suites des signes des coefficients des polynômes p et p' : on a $u_i = \pm 1$ selon que le coefficient de degré i de p est positif ou négatif. La suite u' se déduit de u par simple troncature : on a $u'_i = u_{i+1}$ pour $0 \leqslant i < d$. Il en résulte que le nombre de changements de signe de la suite u est au plus égal au nombre de changements de signe de la suite u' plus 1.

Par ailleurs, le nombre de racines positives de p est au plus égal au nombre de racines positives de p' plus un : un intervalle dont les extrémités sont des racines de p contient toujours une racine de p'.

Comme la règle de Descartes est vraie pour un polynôme de degré 1, les deux observations précédentes montrent qu'elle est encore vraie pour un polynôme de degré 2, etc.

Il est possible de préciser la relation entre le nombre de racines positives et le nombre de changements de signes de la suite des coefficients : la différence entre ces nombres est toujours paire.

Isolation de racines réelles de polynômes.   On vient de voir qu'il est possible d'établir, pour les polynômes à coefficients réels, une majoration du nombre de racines contenues dans l'intervalle $[0, +\infty[$. Plus généralement, il existe des moyens de préciser le nombre de racines dans un intervalle donné.

Énonçons par exemple le théorème de Sturm. Soient p un polynôme à coefficients réels, d son degré et $[a, b]$ un intervalle. On construit une suite de polynômes par récurrence. Pour commencer $p_0 = p$ et $p_1 = p'$; ensuite, p_{i+2} est l'opposé du reste de la division euclidienne de p_i par p_{i+1}. En évaluant cette suite de polynômes aux points a et b on obtient deux suites réelles finies $(p_0(a), \ldots, p_d(a))$ et $(p_0(b), \ldots, p_d(b))$. Le théorème de Sturm s'énonce ainsi : le nombre de racines de p appartenant à l'intervalle $[a, b]$ est égal au nombre de changements de signe de la suite $(p_0(a), \ldots, p_d(a))$ diminué du nombre de changements de signe de la suite $(p_0(b), \ldots, p_d(b))$ en supposant que les racines de p sont simples, $p(a) \neq 0$ et $p(b) \neq 0$.

Montrons comment implémenter ce théorème avec Sage.

```
sage: def count_sign_changes(l):
....:     changes = [l[i]*l[i + 1] < 0 for i in range(len(l) - 1)]
....:     return changes.count(True)
```

```
sage: def sturm(p, a, b):
....:     assert p.degree() > 2
....:     assert not (p(a) == 0)
....:     assert not (p(b) == 0)
....:     assert a <= b
....:     remains = [p, p.derivative()]
....:     for i in range(p.degree() - 1):
....:         remains.append(-(remains[i] % remains[i + 1]))
....:     evals = [[], []]
....:     for q in remains:
....:         evals[0].append(q(a))
....:         evals[1].append(q(b))
....:     return count_sign_changes(evals[0]) \
....:         - count_sign_changes(evals[1])
```

Voici maintenant une illustration de cette fonction `sturm()`.

```
sage: R.<x> = PolynomialRing(QQ, 'x')
sage: p = (x - 34) * (x - 5) * (x - 3) * (x - 2) * (x - 2/3)
sage: sturm(p, 1, 4)
2
sage: sturm(p, 1, 10)
3
sage: sturm(p, 1, 200)
4
sage: p.roots(multiplicities=False)
[34, 5, 3, 2, 2/3]
sage: sturm(p, 1/2, 35)
5
```

12.2.2   Méthodes d'approximations successives

Approximation : Gén. au sing. Opération par laquelle on tend à se
rapprocher de plus en plus de la valeur réelle d'une quantité ou d'une
grandeur sans y parvenir rigoureusement.

Trésor de la Langue Française

Dans cette section, on illustre différentes méthodes d'approximation des solutions d'une équation non linéaire $f(x) = 0$. Il y a essentiellement deux démarches pour calculer ces approximations. L'algorithme le plus performant mêle les deux démarches.

La première démarche consiste à construire une suite d'intervalles emboîtés qui contiennent une solution de l'équation. On contrôle la précision, la convergence est assurée mais la vitesse de convergence n'est pas toujours bonne.

La seconde démarche suppose connue une valeur approchée d'une solution de l'équation. Si le comportement local de la fonction f est suffisamment régulier, on pourra calculer une nouvelle valeur approchée plus proche de la solution. Par récurrence, on obtient donc une suite de valeurs approchées. Cette démarche suppose donc connue une première approximation du nombre cherché. Par ailleurs, son efficacité repose sur le bon comportement local de la fonction f : *a priori*, on ne maîtrise pas la précision des valeurs approchées ; pire, la convergence de la suite de valeurs approchées n'est pas nécessairement garantie.

Dans toute cette partie, on considère une équation non linéaire $f(x) = 0$ où f désigne une fonction numérique définie sur un intervalle $[a, b]$ et continue sur cet intervalle. On suppose que les valeurs de f aux extrémités de l'intervalle $[a, b]$ sont non nulles et de signes opposés : autrement dit, le produit $f(a)f(b)$ est strictement négatif. La continuité de f assure donc l'existence dans l'intervalle $[a, b]$ d'au moins une solution à l'équation $f(x) = 0$.

Pour chaque méthode, on expérimente avec la fonction suivante.

```
sage: f(x) = 4 * sin(x) - exp(x) / 2 + 1
sage: a, b = RR(-pi), RR(pi)
sage: bool(f(a) * f(b) < 0)
True
```

Il convient de noter qu'avec cet exemple la commande **solve** n'est d'aucune utilité.

```
sage: solve(f(x) == 0, x)
[sin(x) == 1/8*e^x - 1/4]

sage: f.roots()
Traceback (most recent call last):
  ...
RuntimeError: no explicit roots found
```

Les algorithmes de recherche de solutions d'équations non linéaires peuvent être coûteux : il convient de prendre quelques précautions avant d'en démarrer l'exécution. On s'assure notamment de l'existence de solutions en étudiant la continuité et la dérivabilité de la fonction à annuler ainsi que d'éventuels changements de signe ; à cet effet le tracé de graphe peut être utile (cf. chapitre 4).

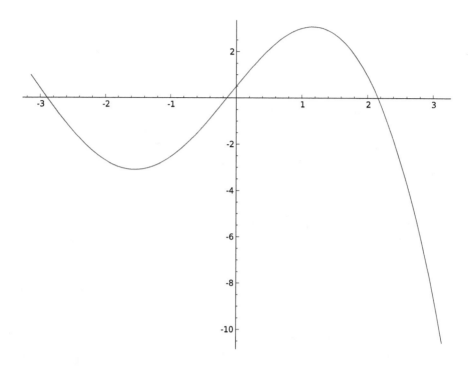

FIGURE 12.2 – Courbe représentative de la fonction f.

Méthode de dichotomie. Cette méthode repose sur la première démarche : construire une suite d'intervalles emboîtés qui contiennent tous une solution de l'équation $f(x) = 0$.

On divise l'intervalle $[a, b]$ en son milieu, noté c. Supposons $f(c) \neq 0$. Soit $f(a)f(c)$ est strictement inférieur à zéro et l'intervalle $[a, c]$ contient nécessairement une solution de l'équation ; soit $f(c)f(b)$ est strictement inférieur à zéro et l'intervalle $[c, b]$ contient une solution de l'équation. Ainsi on sait construire un intervalle contenant une solution et dont la longueur est deux fois plus petite que celle de l'intervalle $[a, b]$. En répétant cette construction on obtient bien une suite d'intervalles aux propriétés attendues. Pour mettre en œuvre cette démarche, on définit la fonction Python `intervalgen` comme suit.

```
sage: def phi(s, t): return (s + t) / 2
sage: def intervalgen(f, phi, s, t):
....:     msg = 'Wrong arguments: f({0})*f({1})>=0)'.format(s, t)
....:     assert (f(s) * f(t) < 0), msg
....:     yield s
....:     yield t
....:     while True:
....:         u = phi(s, t)
....:         yield u
....:         if f(u) * f(s) < 0:
```

```
....:                    t = u
....:            else:
....:                s = u
```

La définition de cette fonction mérite quelques explications. La présence du
mot clé `yield` dans la définition de `intervalgen` en fait un *générateur* (voir
§15.2.4). Lors d'un appel à la méthode `next()` d'un générateur, si l'interpréteur
rencontre le mot clé `yield`, toutes les données locales sont sauvegardées, l'exécution
est interrompue et l'expression immédiatement à droite du mot clé rencontré
est renvoyée. L'appel suivant à la méthode `next()` démarre à l'instruction qui
suit le mot clé `yield` avec les données locales sauvegardées avant l'interruption.
Utilisé dans une boucle infinie (`while True:`) le mot clé `yield` permet donc
de programmer une suite récurrente avec une syntaxe proche de sa description
mathématique. Il est possible de stopper définitivement l'exécution en utilisant
l'habituel mot clé `return`.

Le paramètre `phi` représente une fonction; elle caractérise la méthode d'approximation. Pour la méthode de la dichotomie, cette fonction calcule le milieu
d'un intervalle. Pour tester une autre méthode d'approximations successives repo-
sant également sur la construction d'intervalles emboîtés, on donne une nouvelle
définition de la fonction `phi` et on utilise à nouveau la fonction `intervalgen` pour
construire le générateur correspondant.

Les paramètres `s` et `t` de la fonction représentent les extrémités du premier
intervalle. Un appel à `assert` permet de vérifier que la fonction f change de signe
entre les extrémités de cet intervalle; on a vu que cela garantit l'existence d'une
solution.

Les deux premières valeurs du générateur correspondent aux paramètres `s` et
`t`. La troisième valeur est le milieu de l'intervalle correspondant. Les paramètres
`s` et `t` représentent ensuite les extrémités du dernier intervalle calculé. Après
évaluation de f au milieu de cet intervalle, on change une des extrémités de
l'intervalle en sorte que le nouvel intervalle contienne encore une solution. On
convient de prendre pour valeur approchée de la solution cherchée le milieu du
dernier intervalle calculé.

Expérimentons avec l'exemple choisi : suivent les trois approximations obtenues
par la méthode de dichotomie appliquée sur l'intervalle $[-\pi, \pi]$.

```
sage: a, b
(-3.14159265358979, 3.14159265358979)
sage: bisection = intervalgen(f, phi, a, b)
sage: bisection.next()
-3.14159265358979
sage: bisection.next()
3.14159265358979
sage: bisection.next()
0.000000000000000
```

Pour comparer les différentes méthodes d'approximation, il est commode de
disposer d'un mécanisme automatisant le calcul de la valeur approchée d'une
solution de l'équation $f(x) = 0$ à partir des générateurs définis avec Sage pour

chacune de ces méthodes. Ce mécanisme doit permettre de contrôler la précision du calcul et le nombre maximum d'itérations. C'est le rôle de la fonction `iterate` dont la définition suit.

```
sage: from types import GeneratorType, FunctionType
sage: def checklength(u, v, w, prec):
....:     return abs(v - u) < 2 * prec
sage: def iterate(series, check=checklength, prec=10^-5, maxit=100):
....:     assert isinstance(series, GeneratorType)
....:     assert isinstance(check, FunctionType)
....:     niter = 2
....:     v, w = series.next(), series.next()
....:     while niter <= maxit:
....:         niter += 1
....:         u, v, w = v, w, series.next()
....:         if check(u, v, w, prec):
....:             print 'After {0} iterations: {1}'.format(niter, w)
....:             return
....:     print 'Failed after {0} iterations'.format(maxit)
```

Le paramètre `series` doit être un générateur. On conserve les trois dernières valeurs de ce générateur pour pouvoir effectuer un test de convergence. C'est le rôle du paramètre `check` : une fonction qui stoppe ou non les itérations. Par défaut la fonction `iterate` utilise la fonction `checklength` qui stoppe les itérations si le dernier intervalle calculé est de longueur strictement inférieure au double du paramètre `prec` ; cela garantit que la valeur calculée par la méthode de dichotomie est une valeur approchée avec une erreur strictement inférieure à `prec`.

Une exception est déclenchée dès que le nombre d'itérations dépasse le paramètre `maxit`.

```
sage: bisection = intervalgen(f, phi, a, b)
sage: iterate(bisection)
After 22 iterations: 2.15847275559132
```

Exercice 42. Modifier la fonction `intervalgen` pour que le générateur stoppe si une des extrémités de l'intervalle est une solution.

Exercice 43. Utiliser les fonctions `intervalgen` et `iterate` pour programmer le calcul d'une valeur approchée d'une solution de l'équation $f(x) = 0$ à partir d'une suite d'intervalles emboîtés, chaque intervalle étant obtenu en divisant aléatoirement le précédent.

Méthode de la fausse position. Cette méthode repose encore sur la première démarche : construire une suite d'intervalles emboîtés qui contiennent tous une solution de l'équation $f(x) = 0$. Mais cette fois-ci on utilise une interpolation linéaire de la fonction f pour diviser chaque intervalle.

Précisément, pour diviser l'intervalle $[a, b]$, on considère le segment joignant les deux points de la courbe représentative de f d'abscisses a et b. Comme $f(a)$ et $f(b)$ sont de signes opposés, ce segment coupe l'axe des abscisses : il divise donc l'intervalle $[a, b]$ en deux intervalles. Comme pour la méthode de dichotomie,

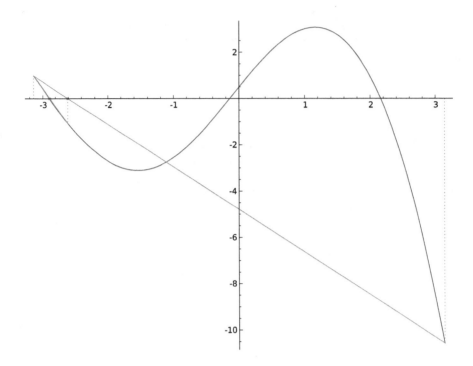

FIGURE 12.3 – Méthode de la fausse position sur $[-\pi, \pi]$.

on identifie un intervalle contenant une solution en calculant la valeur que prend la fonction f au point commun à ces deux intervalles.

La droite passant par les points de coordonnées $(a, f(a))$ et $(b, f(b))$ a pour équation :

$$y = \frac{f(b) - f(a)}{b - a}(x - a) + f(a). \qquad (12.1)$$

Puisque $f(b) \neq f(a)$, cette droite coupe l'axe des abscisses au point d'abscisse :

$$a - f(a)\frac{b - a}{f(b) - f(a)}.$$

On peut donc tester cette méthode de la manière suivante.

```
sage: phi(s, t) = s - f(s) * (t - s) / (f(t) - f(s))
sage: falsepos = intervalgen(f, phi, a, b)
sage: iterate(falsepos)
After 8 iterations: -2.89603757331027
```

Il est important de remarquer que les suites construites avec les méthodes de dichotomie et de la fausse position ne convergent pas nécessairement vers les mêmes solutions. En réduisant l'intervalle d'étude on retrouve la solution positive obtenue avec la méthode de dichotomie.

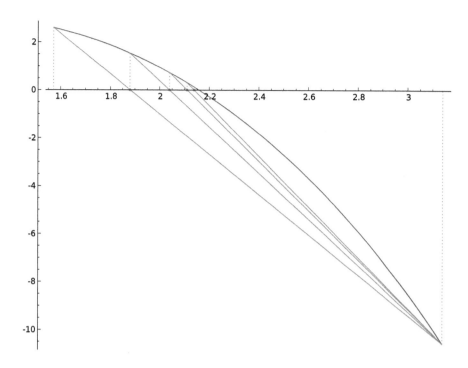

FIGURE 12.4 – Méthode de la fausse position sur $[\pi/2, \pi]$.

```
sage: a, b = RR(pi/2), RR(pi)
sage: phi(s, t) = t - f(t) * (s - t) / (f(s) - f(t))
sage: falsepos = intervalgen(f, phi, a, b)
sage: phi(s, t) = (s + t) / 2
sage: bisection = intervalgen(f, phi, a, b)
sage: iterate(falsepos)
After 15 iterations: 2.15846441170219
sage: iterate(bisection)
After 20 iterations: 2.15847275559132
```

Méthode de Newton. Comme la méthode de la fausse position, la méthode de Newton utilise une approximation linéaire de la fonction f. Du point de vue graphique, il s'agit de considérer une tangente à la courbe représentative de f comme approximation de cette courbe.

On suppose donc maintenant f dérivable et la fonction dérivée f' de signe constant dans l'intervalle $[a, b]$; ainsi f est monotone. On suppose aussi que f change de signe dans l'intervalle $[a, b]$. L'équation $f(x) = 0$ a donc une unique solution dans cet intervalle ; on note α ce nombre.

Soit $u_0 \in [a, b]$. La tangente à la courbe représentative de f au point d'abscisse u_0 a pour équation :

$$y = f'(u_0)(x - u_0) + f(u_0). \tag{12.2}$$

Les coordonnées du point d'intersection de cette droite avec l'axe des abscisses sont :

$$(u_0 - f(u_0)/f'(u_0), 0).$$

On note φ la fonction $x \mapsto x - f(x)/f'(x)$. Elle est définie à condition que f' ne s'annule pas dans l'intervalle $[a, b]$. On s'intéresse à la suite récurrente u définie par $u_{n+1} = \varphi(u_n)$.

Si la suite u est convergente [1], alors sa limite ℓ vérifie $\ell = \ell - f(\ell)/f'(\ell)$ dont résulte $f(\ell) = 0$: la limite est égale à α, la solution de l'équation $f(x) = 0$.

Pour que l'exemple respecte les hypothèses de monotonie, on est amené à réduire l'intervalle d'étude.

```
sage: f.derivative()
x |--> -1/2*e^x + 4*cos(x)
sage: a, b = RR(pi/2), RR(pi)
```

On définit un générateur Python `newtongen` représentant la suite récurrente que l'on vient de définir. Ensuite on définit un nouveau test de convergence `checkconv` qui stoppe les itérations si les deux derniers termes calculés sont suffisamment proches ; bien entendu ce test ne garantit pas la convergence de la suite des valeurs approchées.

```
sage: def newtongen(f, u):
....:     while True:
....:         yield u
....:         u -= f(u) / f.derivative()(u)
sage: def checkconv(u, v, w, prec):
....:     return abs(w - v) / abs(w) <= prec
```

On peut maintenant tester la méthode de Newton sur notre exemple.

```
sage: iterate(newtongen(f, a), check=checkconv)
After 6 iterations: 2.15846852566756
```

Méthode de la sécante. Dans la méthode de Newton le calcul de dérivée peut être coûteux. Il est possible de substituer à ce calcul de dérivée une interpolation linéaire : si on dispose de deux approximations de la solution, donc de deux points de la courbe représentative de f, et si la droite passant par ces deux points rencontre l'axe des abscisses, on considère l'abscisse du point d'intersection comme une nouvelle approximation. Pour démarrer la construction et lorsque les deux droites sont parallèles on convient de calculer une nouvelle approximation de la même façon que dans la méthode de Newton.

Cela donne lieu à la même formule d'itération que dans la méthode de la fausse position, mais appliquée en des points différents. Contrairement à la méthode de la fausse position, celle de la sécante n'identifie pas d'intervalle contenant une racine.

On définit un générateur Python mettant en œuvre cette méthode.

---

1. Un théorème de L. Kantorovich donne une condition suffisante pour que la méthode de Newton converge.

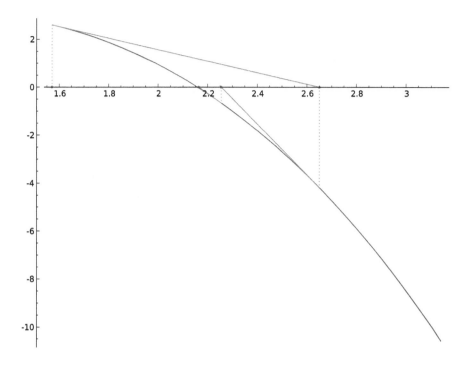

FIGURE 12.5 – Méthode de Newton.

```
sage: def secantgen(f, a):
....:     yield a
....:     estimate = f.derivative()(a)
....:     b = a - f(a) / estimate
....:     yield b
....:     while True:
....:         fa, fb = f(a), f(b)
....:         if fa == fb:
....:             estimate = f.derivative()(a)
....:         else:
....:             estimate = (fb - fa) / (b - a)
....:         a = b
....:         b -= fb / estimate
....:         yield b
```

On peut maintenant tester la méthode de la sécante sur notre exemple.

```
sage: iterate(secantgen(f, a), check=checkconv)
After 8 iterations: 2.15846852557553
```

Méthode de Muller. Il est possible d'étendre la méthode de la sécante en substituant à f des approximations polynomiales de degré quelconque. Par exemple

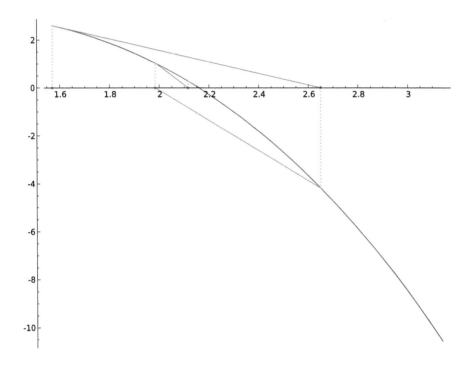

FIGURE 12.6 – Méthode de la sécante.

la méthode de Muller [2] utilise des approximations quadratiques.

Supposons construites trois approximations r, s et t de la solution de l'équation $f(x) = 0$. On considère le polynôme d'interpolation de Lagrange défini par les trois points de la courbe représentative de f d'abscisses r, s et t. C'est un polynôme du second degré. On convient de prendre pour nouvelle approximation la racine de ce polynôme qui est la plus proche de t. Par ailleurs, les trois premiers termes de la suite sont fixés de manière arbitraire : a, b puis $(a + b)/2$.

Il convient de remarquer que les racines des polynômes — et donc les approximations calculées — peuvent être des nombres complexes.

La programmation de cette méthode en Sage n'est pas difficile ; elle peut se faire sur le même modèle que la méthode de la sécante. Notre réalisation utilise toutefois une structure de donnée mieux adaptée à l'énumération des termes d'une suite récurrente.

```
sage: from collections import deque
sage: basering = PolynomialRing(CC, 'x')
sage: def quadraticgen(f, r, s):
....:     t = (r + s) / 2
....:     yield t
....:     points = deque([(r,f(r)), (s,f(s)), (t,f(t))], maxlen=3)
```

2. Il s'agit ici de David E. Muller, bien connu aussi pour avoir inventé le code de Reed-Muller, et non de Jean-Michel Muller cité au chapitre 11.

```
....:     while True:
....:         pol = basering.lagrange_polynomial(points)
....:         roots = pol.roots(ring=CC, multiplicities=False)
....:         u = min(roots, key=lambda x: abs(x - points[2][0]))
....:         points.append((u, f(u)))
....:         yield points[2][0]
```

Le module `collections` de la bibliothèque de référence Python implémente plusieurs structures de données. Dans `quadraticgen`, la classe `deque` est utilisée pour stocker les dernières approximations calculées. Un objet `deque` stocke des données dans la limite du nombre `maxlen` fixé lors de sa création; ici le nombre maximal de données stockées est égal à l'ordre de récurrence de la suite des approximations. Lorsqu'un objet `deque` a atteint sa capacité maximale de stockage, la méthode `deque.append()` ajoute les nouvelles données sur le principe « premier entré, premier sorti ».

Notons que les itérations de cette méthode ne nécessitent pas le calcul de valeurs dérivées. De plus chaque itération ne nécessite qu'une évaluation de la fonction f.

```
sage: generator = quadraticgen(f, a, b)
sage: iterate(generator, check=checkconv)
After 5 iterations: 2.15846852554764
```

Retour aux polynômes. Revenons à la situation étudiée au début de ce chapitre. Il s'agissait de calculer les racines d'un polynôme à coefficients réels; on notera P ce polynôme. Supposons P unitaire :

$$P = a_0 + a_1 x + \ldots + a_{d-1} x^{d-1} + x^d.$$

Il est facile de vérifier que P est le polynôme caractéristique de la matrice *compagnon* (cf. §8.2.3) :

$$A = \begin{pmatrix} 0 & 0 & 0 & \ldots & 0 & -a_0 \\ 1 & 0 & 0 & \ldots & 0 & -a_1 \\ 0 & 1 & 0 & \ldots & 0 & -a_2 \\ \multicolumn{6}{c}{\dotfill} \\ 0 & 0 & 0 & \ldots & 1 & -a_{d-1} \end{pmatrix}.$$

En conséquence les racines du polynôme P sont les valeurs propres de la matrice A. Les méthodes du chapitre 13 s'appliquent donc.

On a vu que la méthode `Polynomial.roots()` prend jusqu'à trois paramètres, tous optionnels : `ring`, `multiplicities` et `algorithm`. Supposons qu'un objet Sage de la classe `Polynomial` est associé au nom `p` (donc `isinstance(p, 'Polynomial')` renvoie `True`). L'algorithme utilisé par la commande `p.roots()` dépend alors des paramètres `ring` et `algorithm` ainsi que de l'anneau des coefficients du polynôme, c'est-à-dire `p.base_ring()`.

L'algorithme teste si les opérations arithmétiques effectuées dans `ring` et `p.base_ring()` sont exactes. Si cela n'est pas le cas, des valeurs approchées des

racines sont calculées avec la bibliothèque NumPy si `p.base_ring()` est RDF ou
CDF, ou avec la bibliothèque PARI autrement (le paramètre `algorithm` permet à
l'utilisateur d'imposer son choix de bibliothèque pour ce calcul). En consultant
le code source de NumPy on voit que la méthode d'approximation des racines
utilisée par cette bibliothèque consiste à calculer les valeurs propres de la matrice
compagnon.

La commande qui suit permet d'identifier les objets pour lesquels les opérations
arithmétiques sont exactes (la valeur renvoyée par la méthode `Ring.is_exact()`
est `True` dans ce cas).

```
sage: for ring in [ZZ, QQ, QQbar, RDF, RIF, RR, AA, CDF, CIF, CC]:
....:     print("{0:50} {1}".format(ring, ring.is_exact()))
Integer Ring                                        True
Rational Field                                      True
Algebraic Field                                     True
Real Double Field                                   False
Real Interval Field with 53 bits of precision       False
Real Field with 53 bits of precision                False
Algebraic Real Field                                True
Complex Double Field                                False
Complex Interval Field with 53 bits of precision    False
Complex Field with 53 bits of precision             False
```

Lorsque le paramètre `ring` vaut `AA` ou `RIF`, tandis que `p.base_ring()` vaut `ZZ`,
`QQ` ou `AA`, l'algorithme appelle la fonction `real_roots()` du module `sage.rings.`
`polynomial.real_roots`. Cette fonction convertit le polynôme dans la base
de Bernstein, puis utilise l'algorithme de Casteljau (pour évaluer le polynôme
exprimé dans la base de Bernstein) et la règle de Descartes (cf. §12.2.1) pour
localiser les racines.

Lorsque le paramètre `ring` vaut `QQbar` ou `CIF`, et `p.base_ring()` vaut `ZZ`,
`QQ`, `AA` ou représente des rationnels Gaussiens, l'algorithme délègue les calculs à
NumPy et PARI dont les résultats sont convertis dans les anneaux attendus.

On peut prendre connaissance de toutes les situations couvertes par la méthode
`Polynomial.roots()` en consultant la documentation de cette méthode.

Vitesse de convergence. Considérons une suite numérique convergente u et
notons ℓ sa limite. On dit que la vitesse de convergence de la suite u est *linéaire*
s'il existe $K \in {]0, 1[}$ tel que :

$$\lim_{n \to \infty} \frac{|u_{n+1} - \ell|}{|u_n - \ell|} = K.$$

La vitesse de convergence de la suite u est dite *quadratique* s'il existe $K > 0$ tel
que :

$$\lim_{n \to \infty} \frac{|u_{n+1} - \ell|}{|u_n - \ell|^2} = K.$$

Revenons à la méthode de Newton. On a construit une suite récurrente u
définie par $u_{n+1} = \varphi(u_n)$ avec φ la fonction $x \mapsto x - f(x)/f'(x)$. Sous l'hypothèse

que f est deux fois dérivable, la formule de Taylor pour la fonction φ et x au voisinage de la racine α s'écrit :

$$\varphi(x) = \varphi(\alpha) + (x - \alpha)\varphi'(\alpha) + \frac{(x - \alpha)^2}{2}\varphi''(\alpha) + O_\alpha((x - \alpha)^3).$$

Or $\varphi(\alpha) = \alpha$, $\varphi'(\alpha) = 0$ et $\varphi''(\alpha) = f''(\alpha)/f'(\alpha)$. En substituant dans la formule précédente et en revenant à la définition de la suite u, on obtient :

$$u_{n+1} - \alpha = \frac{(u_n - \alpha)^2}{2}\frac{f''(\alpha)}{f'(\alpha)} + O_\infty((u_n - \alpha)^3).$$

Lorsque la méthode de Newton converge, la vitesse de convergence de la suite construite est donc quadratique.

Accélération de la convergence. À partir d'une suite convergente dont la vitesse de convergence est linéaire, il est possible de construire une suite dont la vitesse de convergence est quadratique. La même technique, appliquée à la méthode de Newton, est connue sous le nom de méthode de Steffensen.

```
sage: def steffensen(sequence):
....:     assert isinstance(sequence, GeneratorType)
....:     values = deque(maxlen=3)
....:     for i in range(3):
....:         values.append(sequence.next())
....:         yield values[i]
....:     while True:
....:         values.append(sequence.next())
....:         u, v, w = values
....:         yield u - (v - u)^2 / (w - 2 * v + u)
```

```
sage: g(x) = sin(x^2 - 2) * (x^2 - 2)
sage: sequence = newtongen(g, RR(0.7))
sage: accelseq = steffensen(newtongen(g, RR(0.7)))
sage: iterate(sequence, check=checkconv)
After 17 iterations: 1.41422192763287
sage: iterate(accelseq, check=checkconv)
After 10 iterations: 1.41421041980166
```

On notera que la vitesse de convergence est une notion asymptotique : elle ne dit rien de l'erreur $|u_n - \ell|$ pour n donné.

```
sage: sequence = newtongen(f, RR(a))
sage: accelseq = steffensen(newtongen(f, RR(a)))
sage: iterate(sequence, check=checkconv)
After 6 iterations: 2.15846852566756
sage: iterate(accelseq, check=checkconv)
After 7 iterations: 2.15846852554764
```

Résolution des équations non linéaires	
Racines approchées d'un polynôme	`Polynomial.roots()`
Racines exactes sans garantie de les avoir toutes	`Expression.roots()`
Racines approchées dans le corps des réels	`real_roots()`
Racines approchées par la méthode de Brent	`Expression.find_root()`

TABLEAU 12.1 – Récapitulatif des commandes décrites dans ce chapitre.

Méthode `Expression.find_root()`. On s'intéresse maintenant à la situation la plus générale : le calcul d'une valeur approchée d'une solution d'une équation $f(x) = 0$. Avec Sage, ce calcul se fait avec la méthode `Expression.find_root()`.

Les paramètres de la méthode `Expression.find_root()` permettent de définir un intervalle où chercher une racine, la précision du calcul ou le nombre d'itérations. Le paramètre `full_output` permet d'obtenir des informations sur le calcul, notamment le nombre d'itérations et le nombre d'évaluations de la fonction.

```
sage: result = (f == 0).find_root(a, b, full_output=True)
sage: result[0], result[1].iterations
(2.1584685255476415, 9)
```

En fait, la méthode `Expression.find_root()` n'implémente pas réellement d'algorithme de recherche de solutions d'équations : les calculs sont délégués au module SciPy. La fonctionnalité de SciPy utilisée par Sage pour résoudre une équation implémente la méthode de Brent qui combine trois des méthodes vues précédemment : la méthode de dichotomie, la méthode de la sécante et l'interpolation quadratique. Les deux premières valeurs approchées sont les extrémités de l'intervalle où est cherchée la solution de l'équation. La valeur approchée suivante est obtenue par interpolation linéaire comme on l'a fait dans la méthode de la sécante. Avec les itérations suivantes la fonction est approchée par une interpolation quadratique et l'abscisse du point d'intersection de la courbe d'interpolation avec l'axe des abscisses est la nouvelle valeur approchée, à moins que cette abscisse ne soit pas comprise entre les deux précédentes valeurs approchées calculées auquel cas on poursuit avec la méthode de dichotomie.

La bibliothèque SciPy ne permet pas de calculer en précision arbitraire (à moins de se contenter de calculer avec des entiers) ; d'ailleurs le code source de la méthode `Expression.find_root()` commence par convertir les bornes en nombres machine double précision. À l'opposé, toutes les illustrations de méthodes de résolution d'équation construites dans ce chapitre fonctionnent en précision arbitraire et même symbolique.

```
sage: a, b = pi/2, pi
sage: generator = newtongen(f, a)
sage: generator.next(); generator.next()
1/2*pi
1/2*pi - (e^(1/2*pi) - 10)*e^(-1/2*pi)
```

Exercice 44. Écrire un générateur pour la méthode de Brent qui fonctionne en précision arbitraire.

13

Algèbre linéaire numérique

On traite ici les aspects numériques de l'algèbre linéaire, l'algèbre linéaire symbolique étant présentée au chapitre 8. Pour des textes en français sur les méthodes et l'analyse numérique de l'algèbre linéaire, on pourra consulter les livres de M. Schatzman [Sch91], de P. Ciarlet [Cia82] ou ceux plus spécialisés de Lascaux-Théodor [LT93, LT94]. Le livre de Golub et Van Loan [GVL96], en anglais, est une référence incontournable.

L'algèbre linéaire numérique joue un rôle prépondérant dans ce qu'il est convenu d'appeler le *calcul scientifique*, appellation impropre pour désigner des problèmes dont l'étude mathématique relève de l'analyse numérique : résolution approchée de systèmes d'équations différentielles, résolution approchée d'équations aux dérivées partielles, optimisation, traitement du signal, etc.

La résolution numérique de la plupart de ces problèmes, même linéaires, est fondée sur des algorithmes formés de boucles imbriquées ; au plus profond de ces boucles, il y a très souvent la résolution d'un système linéaire. On utilise souvent la méthode de Newton pour résoudre des systèmes algébriques non linéaires : là encore il faut résoudre des systèmes linéaires. La performance et la robustesse des méthodes d'algèbre linéaire numérique sont donc cruciales.

Ce chapitre comporte trois sections : dans la première, on s'efforce de sensibiliser le lecteur à l'influence de l'inexactitude des calculs en algèbre linéaire ; la deuxième section (§13.2) traite, sans être exhaustive, des problèmes les plus classiques (résolution de systèmes, calcul de valeurs propres, moindres carrés) ; dans la troisième section (§13.3) on montre comment résoudre certains problèmes si on fait l'hypothèse que les matrices sont creuses. Cette dernière partie se veut autant une initiation à des méthodes qui font partie d'un domaine de recherche actif qu'un guide d'utilisation.

13.1   Calculs inexacts en algèbre linéaire

On s'intéresse aux problèmes classiques de l'algèbre linéaire (résolution de systèmes, calcul de valeurs et de vecteurs propres, etc.) résolus au moyen de calculs inexacts. La première source d'inexactitude vient de ce qu'on va utiliser une approximation flottante des nombres (réels ou complexes), et donc non seulement travailler sur des objets connus approximativement, mais aussi entacher tous les calculs d'erreurs. Les différents types de nombres flottants utilisables dans Sage sont décrits au chapitre 12.

Soit par exemple à résoudre le système $Ax = b$ où A est une matrice à coefficients réels. Quelle erreur δx commet-on si on perturbe A de δA ou b de δb? On apporte quelques éléments de réponse dans ce chapitre.

13.1.1   Normes de matrices et conditionnement

Soit $A \in \mathbb{R}^{n \times n}$ (ou $\mathbb{C}^{n \times n}$). On équipe $\mathbb{R}^n$ (ou $\mathbb{C}^n$) d'une norme $\|x\|$, par exemple la norme $\|x\|_\infty = \max |x_i|$ ou $\|x\|_1 = \sum_{i=1}^n |x_i|$, ou encore la norme euclidienne $\|x\|_2 = (\sum_{i=1}^n x_i^2)^{1/2}$; alors la quantité

$$\|A\| = \max_{\|x\|=1} \|A\,x\|$$

définit une norme sur l'ensemble des matrices $n \times n$. On dit qu'il s'agit d'une norme *subordonnée* à la norme définie sur $\mathbb{R}^n$ (ou $\mathbb{C}^n$). Le *conditionnement* de A est défini par $\kappa(A) = \|A^{-1}\| \cdot \|A\|$. Le résultat fondamental est que, si on fait subir à A une (petite) perturbation δA et à b une perturbation δb, alors la solution x du système linéaire $Ax = b$ est perturbée de δx qui vérifie :

$$\frac{\|\delta x\|}{\|x\|} \leqslant \frac{\kappa(A)}{1 - \kappa(A)\|\delta A\|/\|A\|} \left(\frac{\|\delta A\|}{\|A\|} + \frac{\|\delta b\|}{\|b\|} \right).$$

Les normes $\|\cdot\|_\infty$ et $\|\cdot\|_1$ sont faciles à calculer : $\|A\|_\infty = \max_{1 \leqslant i \leqslant n}(\sum_{j=1}^n |A_{ij}|)$ et $\|A\|_1 = \max_{1 \leqslant j \leqslant n}(\sum_{i=1}^n |A_{ij}|)$. En revanche la norme $\|\cdot\|_2$ ne s'obtient pas simplement car $\|A\|_2 = \sqrt{\rho(^t A\,A)}$, le rayon spectral ρ d'une matrice A étant le maximum des modules de ses valeurs propres.

La norme de Frobenius est définie par

$$\|A\|_F = \left(\sum_{i=1}^n \sum_{j=1}^n |a_{ij}|^2 \right)^{1/2}.$$

À la différence des normes précédentes, ce n'est pas une norme subordonnée. On vérifie aisément que $\|A\|_F^2 = \operatorname{trace}(^t A\,A)$.

Le calcul des normes de matrice dans Sage.   Les matrices possèdent une méthode `norm(p)`. Selon la valeur de l'argument p on obtiendra :

$p = 1$:	$\|A\|_1$,	$p = 2$:	$\|A\|_2$,
$p = $ `Infinity` :	$\|A\|_\infty$,	$p = $ `'frob'` :	$\|A\|_F$.

Cette méthode n'est applicable que si les coefficients de la matrice peuvent être convertis en nombres complexes CDF. Noter qu'on écrit A.norm(Infinity) mais A.norm('frob'). Avec A.norm() on obtiendra la norme $\|A\|_2$ (valeur par défaut).

Erreurs et conditionnement : une illustration, avec des calculs exacts, puis approchés. Utilisons la possibilité de Sage de faire des calculs exacts quand les coefficients sont rationnels. On considère la matrice de Hilbert

$$A_{ij} = 1/(i+j-1), \ i,j = 1,\ldots,n.$$

Le programme suivant calcule exactement le conditionnement des matrices de Hilbert, en norme $\|\cdot\|_\infty$:

```
sage: def cond_hilbert(n):
....:     A = matrix(QQ, [[1/(i+j-1) for j in [1..n]] for i in [1..n]])
....:     return A.norm(Infinity) * (A^-1).norm(Infinity)
```

Voici les résultats, en fonction de n :

n	conditionnement
2	27
4	28375
8	33872791095
16	5.06277478751e+22
32	1.35710782493e+47

On remarque l'accroissement extrêmement rapide du conditionnement en fonction de n. On peut montrer que $\kappa(A) \simeq e^{7n/2}$, ce qui évidemment, est une quantité qui croît très vite. Toujours en calculant exactement dans l'ensemble des rationnels, on peut perturber la matrice A, et comparer la solution d'un système linéaire original à celle du même système perturbé :

```
sage: n = 8
sage: x = vector(QQ,[1 for i in range(0,n)])
sage: A = matrix(QQ, [[1/(i+j-1) for j in [1..n]] for i in [1..n]])
sage: y = A*x
sage: A[n-1,n-1] = (1/(2*n-1))*(1+1/(10^5)) # perturbe la matrice
sage: sol = A\y
sage: diff = max(float(sol[i]-x[i]) for i in range(0,n))
```

On obtient :

n	erreur (diff)
2	1.9999200e-05
4	0.00597609561
8	3.47053530779
16	63.2816091951
32	20034.3477421

et donc les calculs sont rapidement entachés d'une erreur inacceptable.

Calculons maintenant avec des matrices et des vecteurs à coefficients flottants. Cette fois, on ne perturbe pas explicitement la matrice A, mais l'arithmétique flottante va introduire de petites perturbations. On refait le calcul précédent : le second membre étant calculé par $y = Ax$, on cherche à retrouver x en résolvant le système linéaire $As = y$:

```
sage: n = 8
sage: A = matrix(RR, [[1/(i+j-1) for j in [1..n]] for i in [1..n]])
sage: x = vector(RR, [1 for i in range(0,n)])
sage: y = A*x
sage: s = A.solve_right(y)
sage: diff = [float(s[i]-x[i]) for i in range(0,n)]
```

En fonction de n on obtient :

n	erreur (`diff`)
2	2.22044604925e-16
4	3.05977465587e-13
8	6.82028985288e-07
16	8.34139063331
32	257.663242705

On voit que pour $n = 16$ par exemple, l'erreur sur la solution (en norme infinie) est telle qu'on ne calcule plus rien du tout de pertinent (avec le choix particulier de x que nous avons fait ($x_i = 1$), les erreurs absolues et relatives en norme infinie coïncident).

Remarques. Pourquoi alors calculer avec des nombres flottants ? La question des performances n'est pas forcément pertinente depuis qu'il existe des bibliothèques implantant efficacement des algorithmes d'algèbre linéaire en arithmétique rationnelle (Linbox, utilisée par Sage), algorithmes qui, sans être aussi performants que leur équivalent flottant, pourraient avantageusement être utilisés, pour certains problèmes comme la résolution de systèmes linéaires de taille modérée. Mais c'est ici qu'intervient une deuxième source d'incertitude : dans les applications réelles, les coefficients ne peuvent être connus qu'approximativement. Par exemple la résolution d'un système d'équations non linéaires par la méthode de Newton fait naturellement apparaître des termes calculés de manière inexacte.

Les systèmes linéaires mal conditionnés (sans être aussi caricaturaux que la matrice de Hilbert) sont plutôt la règle que l'exception : il est fréquent (en physique, en chimie, en biologie, etc.) de rencontrer des systèmes d'équations différentielles ordinaires de la forme $du/dt = F(u)$ où la matrice jacobienne $DF(u)$, matrice des dérivées partielles $\partial F_i(u)/\partial u_j$, définit un système linéaire mal conditionné : les valeurs propres sont réparties dans un ensemble très vaste, ce qui entraîne le mauvais conditionnement de $DF(u)$; cette propriété traduit le fait que le système modélise des phénomènes mélangeant plusieurs échelles de temps. Malheureusement, en pratique, il faut résoudre des systèmes linéaires dont la matrice est $DF(u)$.

Tous les calculs (décomposition de matrices, calcul d'éléments propres, convergence de méthodes itératives) sont affectés par le conditionnement. Il convient donc d'avoir cette notion présente à l'esprit dès que l'on calcule en utilisant une représentation flottante des nombres réels.

13.2 Matrices pleines

13.2.1 Résolution de systèmes linéaires

Méthodes à éviter. Ce qu'il ne faut (presque) jamais faire, c'est utiliser les formules de Cramer. Un raisonnement par récurrence montre que le coût du calcul du déterminant d'une matrice $n \times n$ en utilisant les formules de Cramer est de l'ordre $n!$ multiplications (et autant d'additions). Pour résoudre un système de taille n, ce sont $n + 1$ déterminants qu'il faut calculer. Prenons $n = 20$:

```
sage: n = 20; cout = (n+1)*factorial(n); cout
51090942171709440000
```

nous obtenons la valeur respectable de $51\,090\,942\,171\,709\,440\,000$ multiplications. Supposons que notre calculateur effectue $3 \cdot 10^9$ multiplications par seconde (ce qui est réaliste), et calculons la durée approximative du calcul :

```
sage: v = 3*10^9
sage: print "%3.3f"%float(cout/v/3600/24/365)
540.028
```

Il faudra donc 540 ans (environ) pour effectuer le calcul ! Bien sûr vous pouvez utiliser les formules de Cramer pour résoudre un système 2×2, mais pas bien au delà ! Toutes les méthodes utilisées en pratique ont en commun un coût polynomial, c'est-à-dire de l'ordre de n^p, avec p petit ($p = 3$, en général).

Méthodes pratiques. La résolution de systèmes linéaires $Ax = b$ est le plus souvent basée sur une factorisation de la matrice A en un produit de deux matrices $A = M_1 M_2$, M_1 et M_2 définissant des systèmes linéaires faciles à résoudre. Pour résoudre $Ax = b$, on résout alors successivement $M_1 y = b$, puis $M_2 x = y$.

Par exemple M_1 et M_2 peuvent être deux matrices triangulaires ; dans ce cas, une fois la factorisation effectuée, il faut résoudre deux systèmes linéaires à matrice triangulaire. Le coût de la factorisation est bien plus élevé que celui de la résolution des deux systèmes triangulaires (par exemple $O(n^3)$ pour la factorisation LU contre $O(n^2)$ pour la résolution des systèmes triangulaires). Il convient donc, dans le cas de la résolution de plusieurs systèmes avec la même matrice, de ne calculer qu'une seule fois la décomposition. Bien entendu, on n'inverse *jamais* une matrice pour résoudre un système linéaire, l'inversion demandant la factorisation de la matrice, puis la résolution de n systèmes au lieu d'un seul.

13.2.2   Résolution directe

Voici la manière la plus simple de procéder :

```
sage: A = matrix(RDF, [[-1,2],[3,4]])
sage: b = vector(RDF, [2,3])
sage: x = A\b; x
(-0.2, 0.9)
```

Dans Sage, les matrices possèdent une méthode `solve_right` pour la résolution de systèmes linéaires (basée sur la décomposition LU) ; c'est cette commande qui est appelée ci-dessus. On aurait aussi pu écrire :

```
sage: x = A.solve_right(b)
```

La syntaxe `x = A\b` est pratiquement identique à ce qu'on utilise dans les systèmes de calcul Matlab, Octave ou Scilab.

13.2.3   La décomposition LU

```
sage: A = matrix(RDF, [[-1,2],[3,4]])
sage: P, L, U = A.LU()
```

Cette méthode fournit les facteurs L et U ainsi que la matrice de permutation P, tels que $A = PLU$ (ou de manière équivalente $PA = LU$, comme le lecteur averti aura remarqué). Ce sont les choix de pivots qui imposent la création de la matrice P. La matrice L est triangulaire inférieure, à diagonale unité, et U est une matrice triangulaire supérieure. Cette décomposition est directement dérivée de la méthode de Gauss (décrite en §8.2.1). En effet, en négligeant pour la simplicité de l'exposé les problèmes de choix de pivots, la méthode de Gauss consiste à transformer la matrice A (d'ordre n) pour faire apparaître des coefficients nuls sous la diagonale de la première colonne, puis de la deuxième colonne et ainsi de suite. Cette élimination peut s'écrire

$$L_{n-1} \ldots L_2 L_1 A = U.$$

En posant $L = (L_{n-1} \ldots L_2 L_1)^{-1}$, on obtient bien $A = LU$ et on vérifie sans difficulté que L est triangulaire inférieure à diagonale unité.

Notons que Sage garde en mémoire la factorisation de A : la commande `A.LU_valid()` va répondre `True` si et seulement si la factorisation LU a déjà été calculée. Mieux, la commande `A.solve_right(b)` ne calculera la factorisation que si c'est nécessaire, c'est-à-dire si elle n'a pas été calculée auparavant, ou si la matrice `A` a changé.

EXEMPLE. Créons une matrice de taille 1000, aléatoire et un vecteur de taille 1000 :

```
sage: A = random_matrix(RDF, 1000)
sage: b = vector(RDF, range(1000))
```

factorisons `A` :

```
sage: %time A.LU()
CPU times: user 0.23 s, sys: 0.01 s, total: 0.24 s
Wall time: 0.29 s
```

et à présent résolvons le système $Ax = b$:

```
sage: %time x = A.solve_right(b)
CPU times: user 0.10 s, sys: 0.00 s, total: 0.10 s
Wall time: 0.12 s
```

La résolution est plus rapide, parce qu'elle a tenu compte de la factorisation précédemment calculée.

13.2.4 La décomposition de Cholesky des matrices réelles symétriques définies positives

Une matrice symétrique A est dite définie positive si pour tout vecteur x non nul, $^t x\, Ax > 0$. Pour toute matrice symétrique définie positive, il existe une matrice triangulaire inférieure C telle que $A = C\,{}^t C$. Cette factorisation est appelée décomposition de Cholesky. Dans Sage, elle se calcule en appelant la méthode `cholesky()`. Dans l'exemple suivant on construit une matrice A presque sûrement définie positive :

```
sage: m = random_matrix(RDF, 10)
sage: A = transpose(m)*m
sage: C = A.cholesky()
```

Il faut noter qu'on ne peut pas tester en un coût raisonnable si une matrice symétrique est définie positive ; si on applique la méthode de Cholesky avec une matrice qui ne l'est pas, la décomposition ne pourra pas être calculée et une exception `ValueError` sera lancée par `cholesky()` au cours du calcul.

Pour résoudre un système $Ax = b$ à l'aide de la décomposition de Cholesky, on procède comme avec la décomposition LU. Une fois la décomposition calculée, on exécute `A.solve_right(b)`. Là aussi, la décomposition n'est pas recalculée.

Pourquoi utiliser la décomposition de Cholesky plutôt que la décomposition LU pour résoudre des systèmes à matrice symétrique définie positive ? Bien sûr, la taille mémoire nécessaire pour stocker les facteurs est deux fois plus petite, mais c'est surtout du point de vue du nombre d'opérations que la méthode de Cholesky s'avère avantageuse : en effet, pour une matrice de taille n, la factorisation de Cholesky coûte n extractions de racines carrées, $n(n-1)/2$ divisions, $(n^3 - n)/6$ additions et autant de multiplications. En comparaison la factorisation LU coûte aussi $n(n-1)/2$ divisions, mais $(n^3 - n)/3$ additions et multiplications.

13.2.5 La décomposition QR

Soit $A \in \mathbb{R}^{n \times m}$, avec $n \geqslant m$. Il s'agit ici de trouver deux matrices Q et R telles que $A = QR$ où $Q \in \mathbb{R}^{n \times n}$ est orthogonale ($^t Q \cdot Q = I$) et $R \in \mathbb{R}^{n \times m}$ est triangulaire supérieure. Bien sûr, une fois la décomposition calculée, on peut s'en servir pour résoudre des systèmes linéaires si la matrice A est carrée et inversible, mais c'est surtout, comme on le verra, une décomposition intéressante pour la résolution de systèmes aux moindres carrés et pour le calcul de valeurs propres. Bien noter que A n'est pas forcément carrée. La décomposition existe si A est de rang maximum, soit m. Exemple :

```
sage: A = random_matrix(RDF,6,5)
sage: Q, R = A.QR()
```

Exercice 45 (Perturbation d'un système linéaire). Soit A une matrice carrée inversible dont on a calculé une décomposition (LU, QR, Cholesky, etc). Soient deux vecteurs u et v. On considère la matrice $B = A + u\,{}^t v$, et on suppose que $1 + {}^t v\,A^{-1} u \neq 0$. Comment résoudre économiquement le système $Bx = f$ (c'est-à-dire sans factoriser B) ?

On utilisera la formule de Sherman et Morrison (qu'on pourra prouver ou admettre) :

$$(A + u\,{}^t v)^{-1} = A^{-1} - \frac{A^{-1} u\,{}^t v\,A^{-1}}{1 + {}^t v\,A^{-1} u}.$$

13.2.6   La décomposition en valeurs singulières

Il s'agit d'une décomposition peu enseignée, et pourtant riche en applications ! Soit A une matrice $n \times m$ à coefficients réels. Alors il existe deux matrices orthogonales $U \in \mathbb{R}^{n \times n}$ et $V \in \mathbb{R}^{m \times m}$, telles que

$$^t U \cdot A \cdot V = \Sigma = \operatorname{diag}(\sigma_1, \sigma_2, \ldots, \sigma_p),$$

où $\sigma_1 \geqslant \sigma_2 \geqslant \ldots \geqslant \sigma_p \geqslant 0$ (avec $p = \min(m, n)$). Les nombres $\sigma_1, \ldots, \sigma_p$ sont les *valeur singulières* de A.

Les matrices U et V sont orthogonales ($U \cdot {}^t U = I$ et $V \cdot {}^t V = I$) et par conséquent :

$$A = U \Sigma\,{}^t V.$$

Exemple (les calculs ne sont évidemment jamais exacts) :

```
sage: A = matrix(RDF, [[1,3,2],[1,2,3],[0,5,2],[1,1,1]])
sage: U, Sig, V = A.SVD()
sage: A1 = A - U*Sig*transpose(V); A1
[ 4.4408920985e-16    4.4408920985e-16    -8.881784197e-16]
[ 6.66133814775e-16   -8.881784197e-16   -4.4408920985e-16]
[-1.29063426613e-15   1.7763568394e-15   2.22044604925e-16]
[ 6.66133814775e-16  -6.66133814775e-16  -1.11022302463e-15]
```

On peut montrer que les valeurs singulières d'une matrice A sont les racines carrées des valeurs propres de ${}^t A\,A$. Il est facile de vérifier que, pour une matrice carrée de taille n, la norme euclidienne $\|A\|_2$ est égale à σ_1 et que, si la matrice est de plus non singulière, le conditionnement de A en norme euclidienne est égal à σ_1/σ_n. Le rang de A est l'entier r défini par :

$$\sigma_1 \geqslant \sigma_2 \geqslant \cdots \geqslant \sigma_r > \sigma_{r+1} = \cdots = \sigma_p = 0.$$

13.2.7   Application aux moindres carrés

On voudrait résoudre le système surdéterminé $Ax = b$ où A est une matrice à coefficients réels, rectangulaire, à n lignes et m colonnes avec $n > m$. Évidemment ce système n'a pas, en général, de solution. On considère alors le problème de minimisation du carré de la norme euclidienne $\|\cdot\|_2$ du résidu :

$$\min_x \|Ax - b\|_2^2.$$

La matrice A peut même être de rang inférieur à m.

En résolvant les équations normales. En annulant la différentielle par rapport à x du problème de minimisation, on vérifiera sans trop de peine que la solution vérifie :

$$^tA\,Ax = {}^tA\,b.$$

Supposant A de rang maximum m, on peut donc penser former la matrice $^tA\,A$ et résoudre le système $^tA\,Ax = {}^tA\,b$, par exemple en calculant la décomposition de Cholesky de $^tA\,A$. C'est même là l'origine du *procédé du commandant Cholesky* [1]. Quel est le conditionnement de $^tA\,A$? C'est ce qui va conditionner la précision des calculs. Les valeurs singulières de $^tA\,A$, qui est de dimension $m \times m$, sont les carrés des valeurs singulières de A ; le conditionnement en norme euclidienne est donc σ_1^2/σ_m^2, qui est facilement grand. On préfère donc des méthodes basées soit sur la décomposition QR de A, soit sur sa décomposition en valeurs singulières [2].

Malgré tout, cette méthode est utilisable pour de petits systèmes, pas trop mal conditionnés. Voici le code correspondant :

```
sage: A = matrix(RDF, [[1,3,2],[1,4,2],[0,5,2],[1,3,2]])
sage: b = vector(RDF, [1,2,3,4])
sage: Z = transpose(A)*A
sage: C = Z.cholesky()
sage: R = transpose(A)*b
sage: Z.solve_right(R)
(-1.5, -0.5, 2.75)
```

Bien noter ici que la décomposition de Cholesky est *cachée* et que la résolution `Z.solve_right(R)` utilise cette décomposition, sans la recalculer.

Avec la décomposition QR. Supposons A de rang maximum [3], et soit $A = QR$. Alors

$$\|Ax - b\|_2^2 = \|QRx - b\|_2^2 = \|Rx - {}^tQ\,b\|_2^2.$$

---

1. Polytechnicien et officier d'artillerie (1875-1918) ; la méthode a été inventée pour résoudre des problèmes de géodésie.

2. Mais le commandant Cholesky n'avait pas d'ordinateur, et n'envisageait probablement que la résolution de petits systèmes, pour lesquels le mauvais conditionnement n'est pas vraiment un problème.

3. On peut s'en affranchir en utilisant une méthode QR avec pivots.

On a : $R = \begin{bmatrix} R_1 \\ 0 \end{bmatrix}$ où R_1 est un bloc triangulaire supérieur de taille m et

$^tQ\,b = \begin{bmatrix} c \\ d \end{bmatrix}$ avec c de taille m. Donc $\|Ax - b\|_2^2 = \|R_1x - c\|_2^2 + \|d\|_2^2$, et le minimum est obtenu pour x solution du système triangulaire $R_1x = c$:

```
sage: A = matrix(RDF, [[1,3,2],[1,4,2],[0,5,2],[1,3,2]])
sage: b = vector(RDF, [1,2,3,4])
sage: Q, R = A.QR()
sage: R1 = R[0:3,0:3]
sage: b1 = transpose(Q)*b
sage: c = b1[0:3]
sage: R1.solve_right(c)
(-1.5, -0.5, 2.75)
```

Calculons le conditionnement de $^tA\,A$ en norme infinie :

```
sage: Z = A.transpose()*A
sage: Z.norm(Infinity)*(Z^-1).norm(Infinity)
1992.375
```

Le système étant de petite taille, il n'est pas trop mal conditionné : la méthode QR et la méthode des équations normales (page 285) donnent donc le même résultat.

Avec la décomposition en valeurs singulières. La décomposition en valeurs singulières $A = U\Sigma\,^tV$ permet aussi de calculer la solution ; mieux, elle est utilisable même si A n'est pas de rang maximum. Si A n'est pas identiquement nulle, Σ possède $r \leqslant m$ coefficients strictement positifs σ_i (rangés par ordre décroissant). On note u_i les colonnes de U. On a alors :

$$\|Ax - b\|_2^2 = \|^tU\,AV\,^tV\,x - {}^tU\,b\|_2^2.$$

En posant $\lambda = {}^tV\,x$, on a :

$$\|Ax - b\|_2^2 = \sum_{i=1}^p (\sigma_i\lambda_i - {}^tu_i\,b)^2 + \sum_{i=p+1}^m ({}^tu_i\,b)^2.$$

Le minimum est donc atteint en prenant $\lambda_i = ({}^tu_i\,b)/\sigma_i$ pour $1 \leqslant i \leqslant p$. On choisit alors $\lambda_i = 0$ pour $i > p$, et on obtient finalement la solution $x = V\lambda$.

Voici le programme Sage (on n'a pas besoin de transposer U.column(i)) :

```
sage: A = matrix(RDF, [[1,3,2],[1,3,2],[0,5,2],[1,3,2]])
sage: b = vector(RDF, [1,2,3,4])
sage: U, Sig, V = A.SVD()
sage: m = A.ncols()
sage: x = vector(RDF, [0]*m)
sage: lamb = vector(RDF, [0]*m)
```

```
sage: for i in range(0,m):
....:     s = Sig[i,i]
....:     if s < 1e-12:
....:         break
....:     lamb[i] = U.column(i)*b / s
sage: x = V*lamb; x
(0.237037037037, 0.451851851852, 0.37037037037)
```

Notons que ci-dessus, la matrice A est de rang 2 (ce qu'on peut vérifier à l'aide de la commande A.rank()) et qu'elle n'est donc pas de rang maximum (3) ; il y a donc plusieurs solutions au problème de moindres carrés et la démonstration donnée ci-dessus montre que x est la solution de norme euclidienne minimale.

Regardons les valeurs singulières :

```
sage: m = 3
sage: [ Sig[i,i] for i in range(0,m) ]
[8.30931683326, 1.39830388849, 2.40449761305e-16]
```

La matrice A étant de rang 2, la troisième valeur singulière est forcément 0. On a donc ici une erreur d'arrondi, due à l'approximation flottante. Pour éviter une division par 0, il convient de ne pas en tenir compte dans le calcul de valeurs singulières approchées trop proches de 0 (c'est la raison du test if s < 1e-12 dans le programme).

EXEMPLE. Parmi les merveilleuses applications de la décomposition en valeurs singulières (SVD pour *Singular Value Decomposition* en anglais), voici un problème qu'on aura bien du mal à résoudre avec une autre méthode : soient A et $B \in \mathbb{R}^{n \times m}$ les résultats d'une expérience répétée deux fois. On se demande si B peut être *tournée* sur A, c'est-à-dire s'il existe une matrice orthogonale Q telle que $A = BQ$. Évidemment, un bruit s'est ajouté aux mesures et le problème n'a pas, en général, de solution. Il convient donc de le poser aux moindres carrés ; pour cela, il faut donc calculer la matrice orthogonale Q qui minimise le carré de la norme de Frobenius :

$$\|A - BQ\|_F^2.$$

On se souvient que $\|A\|_F^2 = \text{trace}(^tA\,A)$. Alors

$$\|A - BQ\|_F^2 = \text{trace}(^tA\,A) + \text{trace}(^tB\,B) - 2\,\text{trace}(^tQ\,^tB\,A) \geqslant 0,$$

et il faut donc maximiser $\text{trace}(^tQ\,^tB\,A)$. On calcule alors la SVD de $^tB\,A$: on a $^tU\,(^tB\,A)V = \Sigma$. Soient σ_i les valeurs singulières, et $O = {}^tV\,^tQ\,U$. Cette matrice est orthogonale et donc tous ses coefficients sont inférieurs ou égaux à 1. Alors :

$$\text{trace}(^tQ\,^tB\,A) = \text{trace}(^tQ\,U\Sigma\,^tV) = \text{trace}(O\Sigma) = \sum_{i=1}^{m} O_{ii}\sigma_i \leqslant \sum_{i=1}^{m} \sigma_i.$$

et le maximum est atteint pour $Q = U\,^tV$.

```
sage: A = matrix(RDF, [[1,2],[3,4],[5,6],[7,8]])
```

B est obtenue en ajoutant un bruit aléatoire A et en lui appliquant une rotation R d'angle thêta :

```
sage: th = 0.7
sage: R = matrix(RDF, [[cos(th),sin(th)],[-sin(th),cos(th)]])
sage: B = (A + 0.1*random_matrix(RDF,4,2)) * transpose(R)
```

```
sage: C = transpose(B)*A
sage: U, Sigma, V = C.SVD()
sage: Q = U*transpose(V)
```

La perturbation aléatoire est faible, et Q est proche de R comme attendu :

```
sage: Q
[  0.76737943398   0.641193265954]
[-0.641193265954    0.76737943398]
sage: R
[ 0.764842187284  0.644217687238]
[-0.644217687238  0.764842187284]
```

Exercice 46 (Racine carrée d'une matrice symétrique semi-définie positive). Soit A une matrice symétrique semi-définie positive (c'est-à-dire qui vérifie ${}^t x\, A x \geqslant 0$ pour tout vecteur x). Montrer qu'on peut calculer une matrice X, elle aussi symétrique semi-définie positive, telle que $X^2 = A$.

13.2.8 Valeurs propres, vecteurs propres

Jusqu'à présent, nous n'avons utilisé que des méthodes directes (décomposition LU, QR, de Cholesky), qui fournissent une solution en un nombre fini d'opérations (les quatre opérations élémentaires, plus la racine carrée pour la décomposition de Cholesky). Ce ne *peut pas* être le cas pour le calcul des valeurs propres : en effet (cf. page 292), on peut associer à tout polynôme une matrice dont les valeurs propres sont les racines du polynôme ; mais on sait qu'il n'existe pas de formule explicite pour le calcul des racines d'un polynôme de degré supérieur ou égal à 5, formule que donnerait précisément une méthode directe. D'autre part, former le polynôme caractéristique pour en calculer les racines serait extrêmement coûteux (cf. page 281) ; notons toutefois que l'algorithme de Faddeev-Le Verrier permet de calculer le polynôme caractéristique d'une matrice de taille n en $O(n^4)$ opérations, ce qui est malgré tout considéré comme bien trop coûteux. Les méthodes numériques utilisées pour le calcul de valeurs et de vecteurs propres sont toutes itératives.

On va donc construire des suites convergeant vers les valeurs propres (et les vecteurs propres) et arrêter les itérations quand on sera assez proche de la solution [4].

---

4. Dans les exemples donnés ci-après, le problème du choix des tests d'arrêt des itérations est volontairement passé sous silence, pour des raisons de simplicité.

La méthode de la puissance itérée. Soit A une matrice appartenant à $\mathbb{C}^{n \times n}$. On choisit une norme quelconque $\|.\|$ sur $\mathbb{C}^n$. En partant de x_0, on considère la suite des x_k définie par :

$$x_{k+1} = \frac{Ax_k}{\|Ax_k\|}.$$

Si les valeurs propres vérifient $|\lambda_1| > |\lambda_2| > \ldots > |\lambda_n|$, alors la suite des vecteurs x_k converge vers un vecteur propre associé à la valeur propre dominante $|\lambda_1|$. De plus la suite $\nu_k = {}^t x_{k+1} x_k$ converge vers $|\lambda_1|$. Cette hypothèse de séparation des valeurs propres peut être relâchée.

```
sage: n = 10
sage: A = random_matrix(RDF, n); A = A*transpose(A)
sage: # A vérifie (presque sûrement) les hypothèses
sage: x = vector(RDF, [1 for i in range(0,n)])
sage: for i in range(0,1000):
....:     y = A*x
....:     z = y/y.norm()
....:     lam = z*y
....:     s = (x-z).norm()
....:     print i, "\ts=", s, "\tlambda=", lam
....:     if s < 1e-10: break
....:     x = z
0      s= 16.1640760201        lambda= 75.9549361783
1      s= 0.411503846291       lambda= 8.21816164112
2      s= 0.283595513527       lambda= 10.7020239604
3      s= 0.143945984315       lambda= 11.7626944491
4      s= 0.0671326308606      lambda= 12.0292765606
5      s= 0.0313379335883      lambda= 12.0876762358
6      s= 0.0149590182273      lambda= 12.1006031137
7      s= 0.00733280989323     lambda= 12.1036013532
8      s= 0.00368707185825     lambda= 12.1043343433
9      s= 0.00189514202573     lambda= 12.104522518
10     s= 0.000991461650756    lambda= 12.1045728607
...
```

Maintenant, utilisons :

```
sage: A.eigenvalues()
[12.1045923186, 6.62564474772, 5.45163183814, 4.81356332812,
  2.46643846586, 1.37770690836, 0.966017076179, 0.653324011458,
  0.0859636271843, 0.0541281947143]
```

On a bien calculé la valeur propre dominante.

L'intérêt de cette méthode peut sembler limité, mais il apparaîtra pleinement lors de l'étude des matrices creuses. Elle inspire aussi ce qui suit, qui est très utile.

La méthode de la puissance inverse avec translation. On suppose connue une *approximation* μ d'une valeur propre λ_j (μ et $\lambda_j \in \mathbb{C}$). Comment calculer un vecteur propre associé à λ_j ?

On fait l'hypothèse que $\forall k \neq j$, $0 < |\mu - \lambda_j| < |\mu - \lambda_k|$, et donc, λ_j est une valeur propre simple. On considère alors $(A - \mu I)^{-1}$, dont la plus grande valeur propre est $(\lambda_j - \mu)^{-1}$, et on applique la méthode de la puissance itérée à cette matrice.

Prenons par exemple :

```
sage: A = matrix(RDF, [[1,3,2],[1,2,3],[0,5,2]])
```

En appelant la méthode `A.eigenvalues()`, on trouve les valeurs propres 6.39294791649, 0.560519476112, -1.9534673926. On va chercher le vecteur propre associé à la deuxième valeur propre, en partant d'une valeur approchée :

```
sage: mu = 0.50519
sage: AT = A - mu*identity_matrix(RDF, 3)
sage: x = vector(RDF, [1 for i in range(0,A.nrows())])
sage: P, L, U = AT.LU()
sage: for i in range(1,10):
....:     y = AT.solve_right(x)
....:     x = y/y.norm()
....:     lamb = x*A*x
....:     print x, lamb
(0.960798555257, 0.18570664547, -0.205862036435) 1.08914936279
(0.927972943625, 0.10448610518, -0.357699412529) 0.563839629189
(0.927691613383, 0.103298273577, -0.358772542336) 0.560558807639
(0.927684531828, 0.10329496332, -0.35879180587) 0.560519659839
(0.927684564843, 0.103294755297, -0.358791780397) 0.560519482021
(0.927684562912, 0.103294757323, -0.358791784805) 0.560519476073
(0.927684562945, 0.103294757253, -0.358791784742) 0.560519476114
(0.927684562944, 0.103294757254, -0.358791784744) 0.560519476112
(0.927684562944, 0.103294757254, -0.358791784744) 0.560519476112
```

On peut faire plusieurs remarques :

- on ne calcule pas l'inverse de la matrice $A - \mu I$, mais on utilise sa factorisation LU, qui est calculée une fois pour toutes (par `solve_right`) ;
- on profite des itérations pour améliorer l'estimation de la valeur propre ;
- la convergence est très rapide ; on peut effectivement montrer que (moyennant les hypothèses ci-dessus, plus le choix d'un vecteur de départ non orthogonal au vecteur propre q_j associé à λ_j), on a, pour les itérés $x^{(i)}$ et $\lambda^{(i)}$:

$$\|x^{(i)} - q_j\| = O\left(\left|\frac{\mu - \lambda_j}{\mu - \lambda_K}\right|^i\right)$$

et

$$\|\lambda^{(i)} - \lambda_j\| = O\left(\left|\frac{\mu - \lambda_j}{\mu - \lambda_K}\right|^{2i}\right),$$

où λ_K est la seconde valeur propre par ordre de proximité à μ ;

- le conditionnement de $(A - \mu I)$ (relié au rapport entre la plus grande et la plus petite valeur propre de $(A - \mu I)$) est mauvais ; mais on peut montrer (cf. [Sch91], qui cite Parlett) que les erreurs sont malgré tout sans importance !

La méthode QR. Soit A une matrice carrée non singulière. On considère la suite $A_0 = A$, A_1, A_2, ..., A_k, A_{k+1}, ... Dans la forme la plus brute de la méthode QR, le passage de A_k à A_{k+1} s'effectue ainsi :

1. on calcule la décomposition QR de A_k : $A_k = Q_k R_k$,

2. on calcule $A_{k+1} = R_k Q_k$.

Programmons cette méthode avec pour A une matrice symétrique réelle :

```
sage: m = matrix(RDF, [[1,2,3,4],[1,0,2,6],[1,8,4,-2],[1,5,-10,-20]])
sage: Aref = transpose(m)*m
sage: A = copy(Aref)
sage: for i in range(0,20):
....:     Q, R = A.QR()
....:     A = R*Q
....:     print A.str(lambda x: RealField(30)(x).str())
[    347.58031    -222.89331    -108.24117  -0.067928252]
[   -222.89331     243.51949     140.96827   0.081743964]
[   -108.24117     140.96827     90.867499 -0.0017822044]
[ -0.067928252   0.081743964 -0.0017822044   0.032699348]
...
[    585.03056 -4.2118495e-13  3.2967689e-14 -6.6742634e-14]
[-3.0404094e-13     92.914265  6.1583133e-14  4.0818546e-16]
[-1.5340786e-39  7.0477800e-25      4.0229095  2.0797973e-14]
[ 1.1581440e-82 -4.1761905e-68  6.1677425e-42    0.032266909]
```

On constate que la convergence est rapide, vers une matrice quasi-diagonale. Les coefficients diagonaux sont les valeurs propres de A. Vérifions :

```
sage: Aref.eigenvalues()
[585.03055862, 92.9142649915, 0.0322669089941, 4.02290947948]
```

On peut prouver la convergence si la matrice est hermitienne définie positive. Si on calcule avec une matrice non symétrique, il convient de travailler dans $\mathbb{C}$, les valeurs propres étant a priori complexes, et, si la méthode converge, les parties triangulaires inférieures des A_k tendent vers zéro, tandis que la diagonale tend vers les valeurs propres de A.

La méthode QR nécessite beaucoup d'améliorations pour être efficace, ne serait-ce que parce que les décompositions QR successives sont coûteuses ; parmi les raffinements utilisés, on commence en général par réduire la matrice A à une forme plus simple (forme de Hessenberg : triangulaire supérieure plus une sous-diagonale), ce qui rend les décompositions QR bien moins coûteuses ; ensuite, pour accélérer la convergence il faut pratiquer des translations $A := A + \sigma I$, astucieusement choisies (voir par exemple [GVL96]). Notons que c'est la méthode utilisée par Sage quand on travaille avec des matrices pleines CDF ou RDF.

En pratique. Les programmes donnés ci-dessus sont là à titre d'exemples pédagogiques ; on utilisera donc les méthodes fournies par Sage qui, dans la mesure du possible, fait appel aux routines optimisées de la bibliothèque Lapack.

Les interfaces permettent d'obtenir soit uniquement les valeurs propres, soit les valeurs et les vecteurs propres :

```
sage: A = matrix(RDF, [[1,3,2],[1,2,3],[0,5,2]])
sage: A.eigenmatrix_right()
(
[ 6.39294791649             0              0]
[            0 0.560519476112             0]
[            0             0 -1.9534673926],

[ 0.542484060111  0.927684562944 0.0983425466742]
[ 0.554469286109  0.103294757254 -0.617227053099]
[ 0.631090211687 -0.358791784744  0.780614827195]
)
```

Cet exemple calcule la matrice diagonale des valeurs propres et la matrice des vecteurs propres (les colonnes sont les vecteurs propres).

EXEMPLE (Calcul des racines d'un polynôme). Étant donné un polynôme (à coefficients réels ou complexes) $p(x) = x^n + a_{n-1}x^{n-1} + \ldots + a_1 x + a_0$, il est facile de vérifier que les valeurs propres de la matrice compagnon M, définie par $M_{i+1,i} = 1$ et $M_{i,n-1} = -a_i$, sont les racines de p (voir §8.2.3), ce qui fournit donc une méthode pour obtenir les racines de p :

```
sage: def pol2companion(p):
....:     n = len(p)
....:     m = matrix(RDF,n)
....:     for i in range(1,n):
....:         m[i,i-1]=1
....:     for i in range(0,n):
....:         m[i,n-1]=-p[i]
....:     return m

sage: q = [1,-1,2,3,5,-1,10,11]
sage: comp = pol2companion(q); comp
[ 0.0  0.0  0.0  0.0  0.0  0.0  0.0  -1.0]
[ 1.0  0.0  0.0  0.0  0.0  0.0  0.0   1.0]
[ 0.0  1.0  0.0  0.0  0.0  0.0  0.0  -2.0]
[ 0.0  0.0  1.0  0.0  0.0  0.0  0.0  -3.0]
[ 0.0  0.0  0.0  1.0  0.0  0.0  0.0  -5.0]
[ 0.0  0.0  0.0  0.0  1.0  0.0  0.0   1.0]
[ 0.0  0.0  0.0  0.0  0.0  1.0  0.0 -10.0]
[ 0.0  0.0  0.0  0.0  0.0  0.0  1.0 -11.0]
sage: racines = comp.eigenvalues(); racines
[0.347521510119 + 0.566550553398*I, 0.347521510119 - 0.566550553398*I,
0.345023776962 + 0.439908702386*I, 0.345023776962 - 0.439908702386*I,
-0.517257614325 + 0.512958206789*I, -0.517257614325 -
0.512958206789*I, -1.36699716455, -9.98357818097]
```

Dans cet exemple le polynôme est représenté par la liste q de ses coefficients, de 0 à $n - 1$. Le polynôme $x^2 - 3x + 2$ serait ainsi représenté par q=[2,-3].

13.2.9   Ajustement polynomial : le retour du diable

Version continue.   On voudrait approcher la fonction $f(x)$ par un polynôme $P(x)$ de degré $\leq n$, sur l'intervalle $[\alpha, \beta]$. On pose le problème aux moindres carrés.

$$\min_{a_0,\ldots,a_n \in \mathbb{R}} J(a_0,\ldots,a_n) = \int_\alpha^\beta (f(x) - \sum_{i=0}^n a_i x^i)^2 \, \mathrm{d}x.$$

En dérivant $J(a_0,\ldots,a_n)$ par rapport aux coefficients a_i, on trouve que $a_0,\ldots,a_n$ sont solutions d'un système linéaire $Ma = F$ où $M_{i,j} = \int_\alpha^\beta x^i x^j \, dx$ et $F_j = \int_\alpha^\beta x^j f(x) \, dx$. On voit immédiatement en regardant le cas $\alpha = 0$ et $\beta = 1$ que $M_{i,j}$ est la matrice de Hilbert ! Mais il y a un remède : il suffit d'utiliser une base de polynômes orthogonaux (par exemple, si $\alpha = -1$ et $\beta = 1$ la base des polynômes de Legendre) : alors la matrice M devient l'identité.

Version discrète.   On considère m observations $y_1,\ldots,y_m$ d'un phénomène aux points $x_i,\ldots,x_m$. On veut ajuster un polynôme $\sum_{i=0}^n a_i x^i$ de degré n au plus égal à $m-1$ parmi ces points. On minimise donc la fonctionnelle :

$$J(a_0,\ldots,a_n) = \sum_{j=1}^m (\sum_{i=0}^n a_i x_j^i - y_j)^2.$$

Ainsi écrit, le problème va donner une matrice très proche de la matrice de Hilbert et le système sera difficile à résoudre. Mais on remarque alors que $\langle P, Q \rangle = \sum_{j=1}^m P(x_j){\cdot}Q(x_j)$ définit un produit scalaire sur les polynômes de degré $n \leq m-1$. On peut donc d'abord fabriquer n polynômes échelonnés en degré, orthonormés pour ce produit scalaire, et donc diagonaliser le système linéaire. En se souvenant [5] que le procédé de Gram-Schmidt se simplifie en une récurrence à trois termes pour le calcul de polynômes orthogonaux, on cherche le polynôme $P_{n+1}(x)$ sous la forme $P_{n+1}(x) = xP_n(x) - \alpha_n P_{n-1}(x) - \beta_n P_{n-2}(x)$: c'est ce que fait la procédure **orthopoly** ci-dessous (on représente ici les polynômes par la liste de leurs coefficients : par exemple [1,-2,3] représente le polynôme $1 - 2x + 3x^2$).

L'évaluation d'un polynôme par le schéma de Horner se programme ainsi :

```
sage: def eval(P,x):
....:     if len(P) == 0:
....:         return 0
....:     else:
....:         return P[0]+x*eval(P[1:],x)
```

On peut ensuite programmer le produit scalaire de deux polynômes :

```
sage: def pscal(P,Q,lx):
....:     return float(sum(eval(P,s)*eval(Q,s) for s in lx))
```

et l'opération $P \leftarrow P + aQ$ pour deux polynômes P et Q :

---

5. Le prouver n'est pas très difficile !

```
sage: def padd(P,a,Q):
....:     for i in range(0,len(Q)):
....:         P[i] += a*Q[i]
```

Un programme un peu sérieux doit lancer une exception quand il est mal utilisé ;
dans notre cas, on lance l'exception définie ci-dessous quand $n \geqslant m$:

```
sage: class BadParamsforOrthop(Exception):
....:     def __init__(self, degreplusun, npoints):
....:         self.deg = degreplusun
....:         self.np = npoints
....:     def __str__(self):
....:         return "degre: " + str(self.deg) + \
....:               " nb. points: " + repr(self.np)
```

La procédure suivante calcule les n polynômes orthogonaux :

```
sage: def orthopoly(n,x):
....:     if n > len(x):
....:         raise BadParamsforOrthop(n-1, len(x))
....:     orth = [[1./sqrt(float(len(x)))]]
....:     for p in range(1,n):
....:         nextp = copy(orth[p-1])
....:         nextp.insert(0,0)
....:         s = []
....:         for i in range(p-1,max(p-3,-1),-1):
....:             s.append(pscal(nextp, orth[i], x))
....:         j = 0
....:         for i in range(p-1,max(p-3,-1),-1):
....:             padd(nextp, -s[j], orth[i])
....:             j += 1
....:         norm = sqrt(pscal(nextp, nextp, x))
....:         nextpn = [nextp[i]/norm for i in range(len(nextp))]
....:         orth.append(nextpn)
....:     return orth
```

Une fois les polynômes orthogonaux $P_0(x), \ldots, P_n(x)$ calculés, la solution est
donnée par $P(x) = \sum_{i=0}^{n} \gamma_i P_i(x)$, avec :

$$\gamma_i = \sum_{j=1}^{m} P_i(x_j) y_j,$$

ce qu'on peut évidemment rapatrier sur la base des monômes $1, x, \ldots, x^n$.
    Exemple ($n = 15$) :

```
sage: L = 40
sage: X = [100*float(i)/L for i in range(40)]
sage: Y = [float(1/(1+25*X[i]^2)+0.25*random()) for i in range(40)]
sage: n = 15; orth = orthopoly(n, X)
```

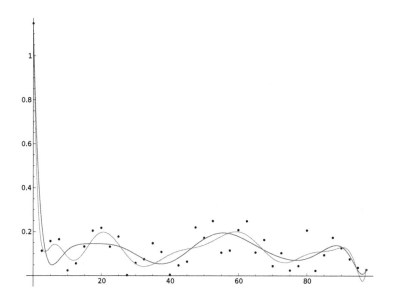

FIGURE 13.1 – Ajustement polynomial.

Calculons les coefficients de la solution sur la base des polynômes orthogonaux :

```
sage: coeff = [sum(Y[j]*eval(orth[i],X[j]) for j in
....:          range(0,len(X))) for i in range(0,n)]
```

On peut ensuite transformer ce résultat dans la base des monômes $1, x, \ldots, x^n$ afin, par exemple, de pouvoir en dessiner le graphe :

```
sage: polmin = [0 for i in range(0,n)]
sage: for i in range(0,n):
....:     padd(polmin, coeff[i], orth[i])
sage: p = lambda x: eval(polmin, x)
sage: plot(p(x), x, 0, X[len(X)-1])
```

On ne détaille pas ici le calcul de l'ajustement naïf sur la base des monômes x^i, ni sa représentation graphique. On obtient la figure 13.1. Les deux courbes, l'une correspondant à l'ajustement à base de polynômes orthogonaux, l'autre à la méthode naïve, sont très proches, mais, en calculant leur résidu (la valeur de la fonctionnelle J) on trouve 0.1202 pour l'ajustement par les polynômes orthogonaux, et 0.1363 pour l'ajustement naïf.

13.2.10   Implantation et performances

Les calculs avec des matrices à coefficients dans RDF sont effectués avec l'arithmétique flottante du processeur, ceux avec les matrices RR avec la bibliothèque GNU MPFR. De plus dans le premier cas, Sage se sert de NumPy/SciPy, qui passe la main à la bibliothèque Lapack (codée en Fortran) et cette dernière bibliothèque utilise les BLAS [6] d'ATLAS optimisées pour chaque machine. Ainsi, on obtient, pour le calcul du produit de deux matrices de taille 1000 :

```
sage: a = random_matrix(RR, 1000)
sage: b = random_matrix(RR, 1000)
sage: %time a*b
CPU times: user 421.44 s, sys: 0.34 s, total: 421.78 s
Wall time: 421.79 s

sage: c = random_matrix(RDF, 1000)
sage: d = random_matrix(RDF, 1000)
sage: %time c*d
CPU times: user 0.18 s, sys: 0.01 s, total: 0.19 s
Wall time: 0.19 s
```

soit un rapport de plus de 2000 entre les deux temps de calcul !

On peut aussi remarquer la rapidité des calculs avec des matrices à coefficients RDF : on vérifie immédiatement que le produit de deux matrices carrées de taille n coûte n^3 multiplications (et autant d'additions) ; ici, on effectue donc 10^9 additions et multiplications en 0.18 seconde ; ce sont donc environ 10^{10} opérations qu'on effectue par seconde soit encore une vitesse de 10 gigaflops. L'unité centrale de la machine de test battant à 3.1 Ghz, on effectue donc *plus* d'une opération par tour d'horloge : ceci est rendu possible par l'appel presque direct de la routine correspondante de la bibliothèque ATLAS [7]. Notons qu'il existe aussi un algorithme de coût inférieur à n^3 pour effectuer le produit de deux matrices : la méthode de Strassen. Elle n'est pas implantée en pratique (pour des calculs en flottant) pour des raisons de stabilité numérique. Le lecteur pourra vérifier, avec les programmes ci-dessus, que le temps de calcul avec Sage est bien proportionnel à n^3.

13.3   Matrices creuses

Les matrices creuses sont très fréquentes en calcul scientifique : le caractère creux (*sparsity* en anglais) est une propriété recherchée qui permet de résoudre des problèmes de grande taille, inaccessibles avec des matrices pleines.

Une définition approximative : on dira qu'un ensemble de matrices $\{M_n\}_n$ (de taille n) est une famille de matrices creuses si le nombre de coefficients non nuls de M_n est de l'ordre de $O(n)$.

Bien évidemment, ces matrices sont représentées en machine en utilisant des structures de données où ne sont stockés que les termes non nuls. En tenant compte du caractère creux des matrices, on veut, bien sûr, gagner de la place mémoire et donc pouvoir manipuler de grandes matrices, mais aussi réduire fortement le coût des calculs.

---

6. Basic Linear Algebra Subroutines (produits matrice-vecteur, matrice-matrice, etc.).

7. Cette bibliothèque procède par blocs de taille automatiquement adaptée (déterminée par essais successifs) lors de la compilation : elle est en partie responsable du temps considérable qui est nécessaire à la compilation de Sage à partir du code source.

13.3.1 Origine des systèmes creux

Problèmes aux limites. L'origine la plus fréquente est la discrétisation d'équations aux dérivées partielles. Considérons par exemple l'équation de Poisson
(équation de la chaleur stationnaire) :

$$-\Delta u = f$$

où $u = u(x, y)$, $f = f(x, y)$,

$$\Delta u := \frac{\partial^2 u}{\partial x^2} + \frac{\partial^2 u}{\partial y^2}.$$

L'équation est posée dans le carré $[0, 1]^2$, et munie de conditions aux limites $u = 0$
sur le bord du carré. L'analogue en dimension un est le problème

$$-\frac{\partial^2 u}{\partial x^2} = f, \tag{13.1}$$

avec $u(0) = u(1) = 0$.

Une des méthodes les plus simples pour approcher la solution de cette équation
consiste à utiliser la méthode des différences finies : on découpe l'intervalle $[0, 1]$ en
un nombre fini N d'intervalles de pas h constant. On note u_i la valeur approchée
de u au point $x_i = ih$. On approche la dérivée de u par $(u_{i+1} - u_i)/h$ et sa dérivée
seconde par

$$\frac{(u_{i+1} - u_i)/h - (u_i - u_{i-1})/h}{h} = \frac{u_{i+1} - 2u_i + u_{i-1}}{h^2}.$$

On voit immédiatement que les $u_0, \ldots, u_N$, qui approchent u aux points ih,
satisfont un système linéaire n'ayant que 3 termes non nuls par ligne (et dont on
peut vérifier que la matrice est symétrique définie positive).

En dimension 2, on peut plaquer une grille de pas h sur le carré unité et on
obtient un système pentadiagonal (avec $4/h^2$ sur la diagonale, deux sur-diagonales
et deux sous-diagonales dont les coefficients sont $-1/h^2$). En dimension 3, en
procédant de la même manière dans un cube, on obtient un système où chaque
ligne possède 7 coefficients non nuls. On a donc bien des matrices très creuses.

Marche aléatoire sur un grand graphe creux. On considère un graphe dans
lequel chaque sommet est relié à un petit nombre de sommets (petit par rapport
au nombre total de sommets). Par exemple, on pourra se figurer un graphe dont
les sommets sont les pages de l'internet : chaque page ne cite qu'un petit nombre
d'autres pages (ce qui définit les arêtes du graphe), mais c'est assurément un très
grand graphe. Une marche aléatoire sur le graphe est décrite par une matrice
stochastique, c'est-à-dire une matrice dont chaque coefficient est un réel compris
entre 0 et 1 et dont la somme des coefficients de chaque ligne vaut 1. On montre
qu'une telle matrice A a une valeur propre dominante égale à un. La distribution
stationnaire de la marche aléatoire est le vecteur propre x à gauche associé à
la valeur propre dominante, c'est-à-dire le vecteur qui vérifie $xA = x$. Une des
applications les plus spectaculaires est l'algorithme *Pagerank* de *Google*, dans
lequel le vecteur x sert à pondérer les résultats des recherches.

13.3.2   Sage et les matrices creuses

Sage permet de travailler avec des matrices creuses, en spécifiant `sparse` = `True` lors de la création de la matrice. Il s'agit d'un stockage sous forme de dictionnaire. D'un autre côté, les calculs avec de grandes matrices creuses, à coefficients flottants (`RDF` ou `CDF`) sont effectués par Sage avec la bibliothèque SciPy, qui offre ses propres classes de matrices creuses. Dans l'état actuel des choses, il n'existe pas d'interface entre les matrices `sparse` de Sage et les matrices creuses de SciPy. Il convient donc d'utiliser directement les objets de SciPy.

Les classes fournies par SciPy pour représenter des matrices creuses sont :

- une structure sous forme de liste de listes (mais pas identique à celle utilisée par Sage) pratique pour créer et modifier des matrices, les `lil_matrix` ;
- des structures immuables, ne stockant que les coefficients non nuls, et qui sont un standard de fait en algèbre linéaire creuse (formats `csr` et `csv`).

13.3.3   Résolution de systèmes linéaires

Pour des systèmes de taille modérée tels que ceux détaillés ci-dessus (en dimension 1 et 2), on peut utiliser une méthode directe, basée sur la décomposition LU. On peut se convaincre sans grande difficulté que, dans la décomposition LU d'une matrice A creuse, les facteurs L et U contiennent en général plus de termes non nuls à eux deux que A. Il faut utiliser des algorithmes de renumérotation des inconnues pour limiter la taille mémoire nécessaire, comme dans la bibliothèque SuperLU utilisée par Sage de manière transparente :

```
sage: from scipy.sparse.linalg.dsolve import *
sage: from scipy.sparse import lil_matrix
sage: from numpy import array
sage: n = 200
sage: n2 = n*n
sage: A = lil_matrix((n2, n2))
sage: h2 = 1./float((n+1)^2)
sage: for i in range(0,n2):
....:     A[i,i]=4*h2+1.
....:     if i+1<n2: A[i,int(i+1)]=-h2
....:     if i>0:    A[i,int(i-1)]=-h2
....:     if i+n<n2: A[i,int(i+n)]=-h2
....:     if i-n>=0: A[i,int(i-n)]=-h2
sage: Acsc = A.tocsc()
sage: b = array([1 for i in range(0,n2)])
sage: solve = factorized(Acsc)  # factorisation LU
sage: S = solve(b)              # résolution
```

Après avoir créé la matrice sous forme de `lil_matrix` (attention ce format nécessite des indices de type `int` de Python) il faut la convertir au format `csc`. Ce programme n'est pas particulièrement performant : la construction de la `lil_matrix` est lente, les structures `lil_matrix` n'étant pas très efficaces. En

Commandes les plus utiles	
Résoudre un système linéaire	`x = A\b`
Décomposition LU	`P, L, U =  A.LU()`
Décomposition de Cholesky	`C = A.cholesky()`
Décomposition QR	`Q, R = A.QR()`
Décomposition en valeurs singulières	`U, Sig, V = A.SVD()`
Valeurs et vecteurs propres	`Val, Vect = A.eigenmatrix_right()`

TABLEAU 13.1 – Récapitulatif.

revanche, la conversion en une matrice `csc` et la factorisation sont rapides, et la résolution qui suit l'est plus encore.

Méthodes itératives. Le principe de ces méthodes est de construire une suite qui converge vers la solution du système $Ax = b$. Les méthodes itératives modernes utilisent l'espace de Krylov K_n, espace vectoriel engendré par $b, Ab, \ldots, A^n b$. Parmi les méthodes les plus populaires, citons :

— la méthode du gradient conjugué : elle ne peut être utilisée que pour des systèmes dont la matrice A est symétrique définie positive. Dans ce cas $\|x\|_A = \sqrt{{}^t x \, Ax}$ est une norme, et l'itéré x_n est calculé de sorte à minimiser l'erreur $\|x - x_n\|_A$ entre la solution x et x_n pour $x_n \in K_n$ (il existe des formules explicites, faciles à programmer, cf. par exemple [LT94],[GVL96]) ;

— la méthode du résidu minimal généralisé (GMRES ou *generalized minimal residual*) : elle a l'avantage de pouvoir être utilisée pour des systèmes linéaires non symétriques. À l'itération n c'est la norme euclidienne du résidu $\|Ax_n - b\|_2$ qui est minimisée pour $x_n \in K_n$. On notera qu'il s'agit là d'un problème aux moindres carrés.

En pratique, ces méthodes ne sont efficaces que *préconditionnées :* au lieu de résoudre $Ax = b$, on résout $MAx = Mb$ où M est une matrice telle que MA est mieux conditionnée que A. L'étude et la découverte de préconditionneurs efficaces est une branche actuelle et riche de développements de l'analyse numérique. À titre d'exemple, voici la résolution du système étudié ci-dessus par la méthode du gradient conjugué, où le préconditionneur M, diagonal, est l'inverse de la diagonale de A. C'est un préconditionneur simple, mais peu efficace :

```
sage: b = array([1 for i in range(0,n2)])
sage: m = lil_matrix((n2, n2))
sage: for i in range(0,n2):
....:     m[i,i] = 1./A[i,i]
sage: msc = m.tocsc()
sage: from scipy.sparse.linalg import cg
sage: x = cg(A, b, M = msc, tol=1.e-8)
```

13.3.4   Valeurs propres, vecteurs propres

La méthode de la puissance itérée.   La méthode de la puissance itérée est
particulièrement adaptée au cas de très grandes matrices creuses ; en effet il suffit
de savoir effectuer des produits matrice-vecteur (et des produits scalaires) pour
savoir implanter l'algorithme. À titre d'exemple, revenons aux marches aléatoires
sur un graphe creux, et calculons la distribution stationnaire, par la méthode de
la puissance itérée :

```
sage: from scipy import sparse
sage: from numpy.linalg import *
sage: from numpy import array
sage: from numpy.random import rand
sage: def power(A,x):              # Puissance itérée
....:      for i in range(0,1000):
....:          y = A*x
....:          z = y/norm(y)
....:          lam = sum(x*y)
....:          s = norm(x-z)
....:          print i,"s= "+str(s)+" lambda= "+str(lam)
....:          if s < 1e-3:
....:              break
....:          x = z
....:      return x
sage: n = 1000
sage: m = 5
sage: # fabriquer une matrice stochastique de taille n
sage: # avec m coefficients non nuls par ligne
sage: A1 = sparse.lil_matrix((n, n))
sage: for i in range(0,n):
....:      for j in range(0,m):
....:          l = int(n*rand())
....:          A1[l,i] = rand()
sage: for i in range(0,n):
....:      s = sum(A1[i,0:n])
....:      A1[i,0:n] /= s
sage: At = A1.transpose().tocsc()
sage: x = array([rand() for i in range(0,n)])
sage: # calculer la valeur propre dominante et
sage: # le vecteur propre associé
sage: y = power(At, x)
0 s= 17.637122289 lambda= 255.537958336
1 s= 0.374734872232 lambda= 0.91243996321
2 s= 0.215216267956 lambda= 0.968970901784
3 s= 0.120794893336 lambda= 0.98672095617
4 s= 0.071729229056 lambda= 0.990593746559
...
```

En exécutant cet exemple, on pourra s'amuser à chronométrer ses différentes parties, et on constatera que la quasi totalité du temps de calcul est passée dans la fabrication de la matrice ; la transposition n'est pas très coûteuse ; les itérations du calcul proprement dit occupent un temps négligeable sur les 7.5 secondes du calcul (sur la machine de test). Les stockages sous forme de listes de matrices de grande taille ne sont pas très efficaces et ce genre de problème doit plutôt être traité avec des langages compilés et des structures de données adaptées.

13.3.5 Thème de réflexion : résolution de très grands systèmes non linéaires

La méthode la puissance itérée et les méthodes basées sur l'espace de Krylov partagent une propriété précieuse : il suffit de savoir calculer des produits matrice-vecteur pour pouvoir les implanter. On n'est même pas obligé de connaître la matrice, il suffit de connaître l'*action* de la matrice sur un vecteur. On peut donc faire des calculs dans des cas où on ne connaît pas exactement la matrice ou des cas où on est incapable de la calculer. Les méthodes de SciPy acceptent en fait des *opérateurs linéaires* comme arguments. Voici une application à laquelle on pourra réfléchir (et qu'on pourra implanter).

Soit $F : \mathbb{R}^n \to \mathbb{R}^n$. On veut résoudre $F(x) = 0$. La méthode de choix est la méthode de Newton, où on calcule les itérés $x_{n+1} = x_n - J(x_n)^{-1} \cdot F(x_n)$ en partant de x_0. La matrice $J(x_n)$ est la jacobienne de F en x_n, matrice des dérivées partielles de F en x_n. En pratique, on résoudra successivement $J(x_n)y_n = F(x_n)$, puis $x_{n+1} = x_n - y_n$. Il faut donc résoudre un système linéaire. Si F est un objet un peu compliqué à calculer, alors ses dérivées sont en général encore beaucoup plus difficiles à calculer et à coder et ce calcul peut même s'avérer pratiquement impossible. On a donc recours à la dérivation numérique : si e_j est le vecteur de $\mathbb{R}^n$ partout égal à 0 sauf sa j-ième composante égale à 1, alors $(F(x + he_j) - F(x))/h$ fournit une (bonne) approximation de la j-ième colonne de la matrice jacobienne. Il faudra donc faire $n + 1$ évaluations de F pour obtenir J de manière approchée, ce qui est très coûteux si n est grand. Et si on applique une méthode itérative de type Krylov pour résoudre le système $J(x_n)y_n = F(x_n)$? On remarque alors que $J(x_n)V \simeq (F(x_n + hV) - F(x_n))/h$ pour h assez petit, ce qui évite de calculer *toute* la matrice. Dans SciPy, il suffira donc de définir un opérateur « linéaire » comme étant l'application $V \to (F(x_n + hV) - F(x_n))/h$. Ce genre de méthode est couramment utilisée pour la résolution de grands systèmes non linéaires. La « matrice » n'étant pas symétrique, on utilisera par exemple la méthode GMRES.

Intégration numérique et équations différentielles

Ce chapitre traite le calcul numérique d'intégrales (§14.1) ainsi que la résolution numérique d'équations différentielles ordinaires (§14.2) avec Sage. Nous rappelons des bases théoriques des méthodes d'intégration, puis nous détaillons les fonctions disponibles et leur usage (§14.1.1).

Le calcul symbolique d'intégrales avec Sage a été traité précédemment (§2.3.8), et ne sera que mentionné rapidement ici comme une possibilité de calculer la valeur numérique d'une intégrale. Cette approche « symbolique puis numérique », lorsqu'elle est possible, constitue une des forces de Sage et est à privilégier car le nombre de calculs effectués, et donc d'erreurs d'arrondi, est en général moindre que pour les méthodes d'intégration numérique.

Nous donnons une rapide introduction aux méthodes classiques de résolution d'équations différentielles, puis le traitement d'un exemple (§14.2.1) débutera l'inventaire des fonctions disponibles en Sage (§14.2.2).

14.1 Intégration numérique

On s'intéresse au calcul numérique d'intégrales de fonctions réelles ; pour une fonction $f : I \longrightarrow \mathbb{R}$, où I est un intervalle de $\mathbb{R}$, on veut calculer :

$$\int_I f(x) \, \mathrm{d}x.$$

Par exemple, calculons

$$\int_1^3 \exp(-x^2) \log(x) \, \mathrm{d}x.$$

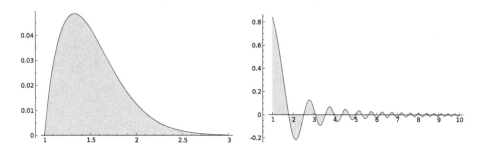

FIGURE 14.1 – Les fonctions $x \mapsto \exp(-x^2)\log(x)$ et $x \mapsto \frac{\sin(x^2)}{x^2}$.

```
sage: x = var('x'); f(x) = exp(-x^2) * log(x)
sage: N(integrate(f, x, 1, 3))
0.035860294991267694
sage: plot(f, 1, 3, fill='axis')
```

La fonction `integrate` calcule l'intégrale symbolique de l'expression, il faut demander explicitement une valeur numérique pour l'obtenir.

Il est aussi, en principe, possible de calculer des intégrales sur un intervalle dont les bornes sont infinies :

```
sage: N(integrate(sin(x^2)/(x^2), x, 1, infinity))
0.285736646322858
sage: plot(sin(x^2)/(x^2), x, 1, 10, fill='axis')
```

Il existe plusieurs méthodes dans Sage pour calculer numériquement une intégrale, et si leurs implémentations diffèrent techniquement, elles reposent toutes sur l'un des deux principes suivants :

– une interpolation polynomiale (méthode de Gauss-Kronrod en particulier) ;
– une transformation de fonction (méthode doublement exponentielle).

Méthodes interpolatoires. Dans ces méthodes, on évalue la fonction f à intégrer en un certain nombre n de points bien choisis $x_1, x_2, \ldots, x_n$, et on calcule une valeur approchée de l'intégrale de f sur $[a, b]$ par

$$\int_a^b f(x)\,\mathrm{d}x \approx \sum_{i=1}^n w_i f(x_i).$$

Les coefficients w_i sont appelés les poids de la méthode, et ils sont déterminés par la condition que la méthode doit être exacte pour tout polynôme f de degré inférieur ou égal à $n-1$. Pour des points (x_i) fixés, les poids (w_i) sont déterminés de manière unique par cette condition. On définit l'*ordre* de la méthode comme le degré maximal des polynômes qu'elle intègre exactement ; cet ordre est donc au moins $n-1$ par construction mais il peut être plus grand.

Ainsi la famille des méthodes d'intégration de Newton-Cotes (dont font partie les méthodes des rectangles, des trapèzes, la règle de Simpson) choisissent pour points d'intégration des points équirépartis sur l'intervalle $[a, b]$:

```
sage: fp = plot(f, 1, 3, color='red')
sage: n = 4
sage: interp_points = [(1+2*u/(n-1), N(f(1+2*u/(n-1))))
....:                   for u in xrange(n)]
sage: A = PolynomialRing(RR, 'x')
sage: pp = plot(A.lagrange_polynomial(interp_points), 1, 3, fill='axis')
sage: show(fp+pp)
```

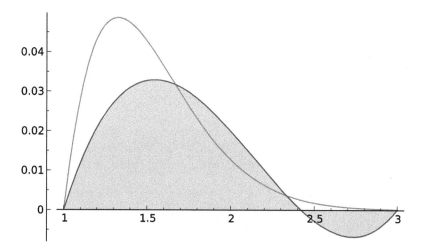

Pour les méthodes de type interpolatoire, on peut donc considérer que l'on calcule le polynôme d'interpolation de Lagrange de la fonction donnée et que l'intégrale de ce polynôme est choisie comme valeur approchée de l'intégrale de la fonction. Ces deux étapes sont en réalité condensées en une formule appelée « règle » de quadrature, le polynôme d'interpolation de Lagrange n'est jamais calculé explicitement. Le choix des points d'interpolation influe grandement sur la qualité de l'approximation polynomiale obtenue, et le choix de points équirépartis n'assure pas la convergence quand le nombre de points augmente (phénomène de Runge). La méthode d'intégration correspondante peut ainsi souffrir de ce problème illustré en figure 14.2.

Lorsqu'on demande à Sage de calculer numériquement une intégrale sur un intervalle quelconque, la méthode d'intégration n'est pas appliquée directement sur le domaine entier : on subdivise le domaine d'intégration en intervalles suffisamment petits pour que la méthode élémentaire donne un résultat assez précis (on parle de composition de méthodes). Comme stratégie de subdivision, on peut par exemple s'adapter dynamiquement à la fonction à intégrer : si on appelle $I_a^b(f)$ la valeur de $\int_a^b f(x)\,\mathrm{d}x$ calculée par la méthode d'intégration, on compare

$$I_0 = I_a^b(f)$$

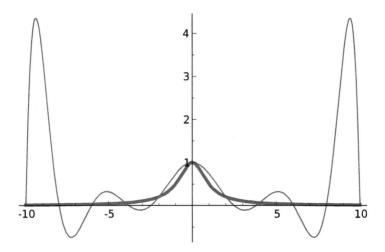

FIGURE 14.2 – Interpolation par un polynôme de degré 10 (trait fin) de la fonction $x \mapsto 1/(1 + x^2)$ (trait gras) sur 11 points équirépartis sur $[-10, 10]$. Le phénomène de Runge est apparent aux bornes.

avec

$$I_1 = I_a^{(a+b)/2}(f) + I_{(a+b)/2}^b(f)$$

et on arrête de subdiviser si $|I_0 - I_1|$ n'est pas significatif par rapport à la précision de calcul utilisée. C'est ici que la notion d'ordre d'une méthode est importante : pour une méthode d'ordre n, diviser l'intervalle d'intégration en 2 divise l'erreur théorique par 2^n, sans tenir compte des erreurs d'arrondi.

Une méthode de type interpolatoire particulière disponible dans Sage est la méthode de Gauss-Legendre. Dans cette méthode les n points d'intégration sont choisis comme les racines du polynôme de Legendre de degré n (avec un intervalle de définition correctement translaté à l'intervalle d'intégration considéré $[a, b]$). Les propriétés des polynômes de Legendre, orthogonaux pour le produit scalaire

$$\langle f, g \rangle = \int_a^b f(x)g(x)\, \mathrm{d}x,$$

font que la méthode d'intégration obtenue calcule exactement les intégrales des polynômes de degré $2n - 1$ inclus, au lieu de simplement jusqu'au degré $n - 1$ comme on pouvait s'y attendre. De plus les poids d'intégration correspondants sont toujours positifs, ce qui rend la méthode moins vulnérable à des problèmes numériques du type *cancellation*[1]

Pour terminer sur les méthodes de type interpolatoire, la méthode de Gauss-Kronrod à $2n+1$ points est une « augmentation » de la méthode de Gauss-Legendre à n points :

---

1. Ce phénomène se produit lorsqu'une somme est significativement plus petite (en valeur absolue) que les termes de la somme : chaque erreur d'arrondi peut alors être plus grande que le résultat final, d'où une perte totale de précision. Voir aussi §11.3.3.

- parmi les $2n+1$ points, n sont les points de la méthode de Gauss-Legendre;
- la méthode est exacte pour tout polynôme de degré inférieur ou égal à $3n+1$.

On peut observer naïvement que les $3n+2$ inconnues (les $2n+1$ poids et les $n+1$ points ajoutés) sont *a priori* déterminés en exigeant que la méthode soit au moins d'ordre $3n+1$ (ce qui donne bien $3n+2$ conditions). Attention, les poids associés dans la méthode de Gauss-Kronrod aux n points de Gauss-Legendre n'ont aucune raison de coïncider avec ceux qui leur sont associés dans la méthode de Gauss-Legendre.

L'intérêt d'une telle méthode augmentée se manifeste lorsque l'on considère que le coût principal d'un algorithme d'intégration est le nombre d'évaluations de la fonction f à intégrer (en particulier si les points et poids sont tabulés). La méthode de Gauss-Kronrod étant en principe plus précise que celle de Gauss-Legendre, on peut utiliser son résultat I_1 pour valider le résultat I_0 de cette dernière et obtenir une estimation de l'erreur commise par $|I_1 - I_0|$, tout en minimisant le nombre d'appels à f. On peut comparer cette stratégie, particulière à la méthode de Gauss-Legendre, avec la stratégie plus générale de subdivision vue en page 306.

Méthodes doublement exponentielles. Les méthodes doublement exponentielles (DE) reposent sur le choix d'un changement de variable qui transforme un intervalle d'intégration borné à $\mathbb{R}$, et sur la très bonne précision obtenue par la méthode des trapèzes sur $\mathbb{R}$ pour les fonctions analytiques. Pour une fonction f intégrable sur $\mathbb{R}$ et un pas d'intégration h la méthode des trapèzes consiste à calculer

$$I_h = h \sum_{i=-\infty}^{+\infty} f(hi)$$

comme valeur approchée de $\int_{-\infty}^{+\infty} f(x)\,\mathrm{d}x$. Découverte en 1973 par Takahasi et Mori, la transformation doublement exponentielle est couramment utilisée par les logiciels d'intégration numérique. Une introduction à la transformation et à sa découverte est donnée dans [Mor05]; l'essentiel en est restitué ici. On y trouve en particulier une explication de la surprenante précision obtenue par la méthode des trapèzes (elle est optimale dans un certain sens) pour les fonctions analytiques sur $\mathbb{R}$.

Pour calculer

$$I = \int_{-1}^{1} f(x)\,\mathrm{d}x,$$

il est possible d'utiliser une transformation $x = \varphi(t)$ où φ est analytique sur $\mathbb{R}$ et vérifie

$$\lim_{t \to -\infty} \varphi(t) = -1, \quad \lim_{t \to \infty} \varphi(t) = 1,$$

et alors

$$I = \int_{-\infty}^{\infty} f(\varphi(t))\varphi'(t)\,\mathrm{d}t.$$

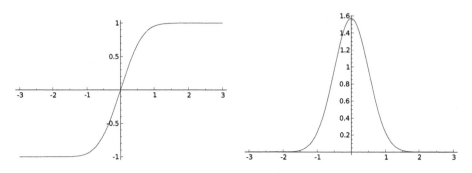

FIGURE 14.3 – La transformation $\varphi(t) = \tanh(\frac{\pi}{2}\sinh t)$ utilisée dans la méthode doublement exponentielle (à gauche) et la décroissance de $\varphi'(t)$ (à droite).

En appliquant la formule des trapèzes à cette dernière expression on calcule

$$I_h^N = h \sum_{k=-N}^{N} f(\varphi(kh))\varphi'(kh)$$

pour un certain pas de discrétisation h et en tronquant la somme aux termes de $-N$ à N. Le choix de transformation proposé est

$$\varphi(t) = \tanh\left(\frac{\pi}{2}\sinh t\right)$$

qui donne la formule

$$I_h^N = h \sum_{k=-N}^{N} f\left(\tanh\left(\frac{\pi}{2}\sinh kh\right)\right) \frac{\frac{\pi}{2}\cosh kh}{\cosh^2(\frac{\pi}{2}\sinh kh)}.$$

La formule doit son nom à la décroissance doublement exponentielle de

$$\varphi'(t) = \frac{\frac{\pi}{2}\cosh t}{\cosh^2(\frac{\pi}{2}\sinh t)}$$

quand $|t| \to \infty$ (voir figure 14.3). Le principe de la transformation est de concentrer l'essentiel de la contribution de la fonction à intégrer autour de 0, d'où la forte décroissance quand $|t|$ croît. Il y a un compromis à trouver dans le choix des paramètres et de la transformation φ utilisée : une décroissance plus rapide que doublement exponentielle diminue l'erreur de troncature mais augmente l'erreur de discrétisation.

Depuis la découverte de la transformation DE, cette méthode est appliquée seule ou avec d'autres transformations, en fonction de la nature de l'intégrande, de ses singularités et du domaine d'intégration. Un tel exemple est la décomposition sinus cardinal « sinc » :

$$f(x) \approx \sum_{k=-N}^{N} f(kh)S_{k,h}(x)$$

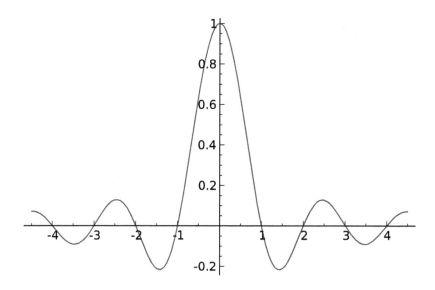

FIGURE 14.4 – La fonction sinus cardinal.

où

$$S_{k,h}(x) = \frac{\sin(\pi(x - kh)/h)}{\pi(x - kh)/h},$$

utilisée conjointement à la méthode doublement exponentielle dans [TSM05] pour améliorer les formules précédentes qui utilisaient une transformation simplement exponentielle $\varphi(t) = \tanh(t/2)$. La fonction sinc est définie par

$$\mathrm{sinc} = \begin{cases} 1 & \text{si } x = 0, \\ \dfrac{\sin(\pi x)}{\pi x} & \text{sinon}, \end{cases}$$

et son graphe est donné en figure 14.4.

Le choix de la transformation à utiliser détermine en grande partie la qualité du résultat en présence de singularités aux bornes (il n'y a cependant pas de bonne solution en cas de singularités à l'intérieur de l'intervalle). Nous verrons plus loin que dans la version de Sage considérée, seules les fonctions d'intégration de PARI utilisent des transformations doublement exponentielles avec la possibilité de préciser le comportement aux bornes.

14.1.1 Fonctions d'intégration disponibles

Nous allons maintenant voir plus en détail les différentes façons de calculer une intégrale numérique avec Sage, à travers quelques exemples de calculs d'intégrales :

$$I_1 = \int_{17}^{42} \exp(-x^2) \log(x) \, \mathrm{d}x, \quad I_2 = \int_0^1 x \log(1 + x) \, \mathrm{d}x = \frac{1}{4},$$

$$I_3 = \int_0^1 \sqrt{1 - x^2}\, \mathrm{d}x = \frac{\pi}{4},$$

$$I_4 = \int_0^1 \max(\sin(x), \cos(x))\, \mathrm{d}x = \int_0^{\frac{\pi}{4}} \cos(x)\, \mathrm{d}x + \int_{\frac{\pi}{4}}^1 \sin(x)\, \mathrm{d}x$$

$$= \sin\frac{\pi}{4} + \cos\frac{\pi}{4} - \cos 1 = \sqrt{2} - \cos 1,$$

$$I_5 = \int_0^1 \sin(\sin(x))\, \mathrm{d}x, \quad I_6 = \int_0^\pi \sin(x)\exp(\cos(x))\, \mathrm{d}x = e - \frac{1}{e},$$

$$I_7 = \int_0^1 \frac{1}{1 + 10^{10}x^2}\, \mathrm{d}x = 10^{-5}\arctan(10^5), \quad I_8 = \int_0^{1,1} \exp(-x^{100})\, \mathrm{d}x,$$

$$I_9 = \int_0^{10} x^2 \sin(x^3)\, \mathrm{d}x = \frac{1}{3}(1 - \cos(1000)), \quad I_{10} = \int_0^1 \sqrt{x}\, \mathrm{d}x = \frac{2}{3}.$$

Nous ne donnons pas une description exhaustive de l'usage des fonctions d'intégration traitées — cela se trouve dans l'aide en ligne — mais uniquement leur usage le plus courant.

N(integrate(...)). La première méthode que l'on peut utiliser avec Sage pour calculer numériquement est `N(integrate(...))` :

```
sage: N(integrate(exp(-x^2)*log(x), x, 17, 42))
2.5657285006962035e-127
```

Il faut remarquer qu'il n'est pas garanti que l'intégrale sera calculée numériquement par ce biais, en effet la fonction `integrate` demande une intégration symbolique. Si celle-ci est possible, alors Sage ne fera qu'évaluer numériquement l'expression symbolique obtenue :

```
sage: integrate(log(1+x)*x, x, 0, 1)
1/4
sage: N(integrate(log(1+x)*x, x, 0, 1))
0.250000000000000
```

numerical_integral. La fonction `numerical_integral`, à l'inverse, demande *explicitement* une intégration numérique de la fonction donnée en paramètre. Elle utilise pour ceci la bibliothèque numérique GSL qui implémente la méthode de Gauss-Kronrod pour un nombre n fixé de points d'intégration. Les points et poids sont précalculés, et la précision est limitée à la précision des nombres flottants machine (53 bits de mantisse). Le résultat est un couple composé du résultat calculé et d'une estimation de l'erreur :

```
sage: numerical_integral(exp(-x^2)*log(x), 17, 42)
(2.5657285006962035e-127, 3.5402540249238093e-128)
```

L'estimation de l'erreur n'est pas une borne garantie de l'erreur commise, mais une simple valeur indicative de la difficulté à calculer l'intégrale donnée. On constate que dans l'exemple ci-dessus l'estimation donnée de l'erreur est telle que l'on peut douter de presque tous les chiffres du résultat (sauf le premier).

Les arguments de `numerical_integral` permettent notamment :

- de choisir le nombre de points utilisés (six choix allant de `rule=1` pour 15 points à `rule=6` pour 61 points, valeur par défaut) ;
- de demander une subdivision adaptative (choix par défaut), ou d'imposer une application directe sans composition de la méthode sur l'intervalle d'intégration (par l'ajout de `algorithm='qng'`) ;
- de borner le nombre d'appels à l'intégrande.

Empêcher GSL de procéder à une intégration adaptative peut entraîner une perte de précision :

```
sage: numerical_integral(exp(-x^100), 0, 1.1)
(0.99432585119150..., 4.0775730...e-09)
sage: numerical_integral(exp(-x^100), 0, 1.1, algorithm='qng')
(0.994327538576531..., 0.016840666914688864)
```

Lorsque la fonction `integrate` ne trouve pas d'expression analytique correspondant à l'intégrale demandée, elle renvoie une expression symbolique inchangée :

```
sage: integrate(exp(-x^2)*log(x), x, 17, 42)
integrate(e^(-x^2)*log(x), x, 17, 42)
```

et le calcul numérique effectué via N utilise `numerical_integral`. Ceci explique en particulier pourquoi le paramètre de la précision sera ignoré dans ce cas :

```
sage: N(integrate(exp(-x^2)*log(x), x, 17, 42), 200)
2.5657285006962035e-127
```

mais on aura :

```
sage: N(integrate(sin(x)*exp(cos(x)), x, 0, pi), 200)
2.3504023872876029137647637011912016303114359626681917404591
```

car l'intégration symbolique est possible dans ce cas.

`sage.calculus.calculus.nintegral`. Pour les fonctions définies symboliquement, il est possible de demander à Maxima de calculer numériquement une intégrale :

```
sage: sage.calculus.calculus.nintegral(sin(sin(x)), x, 0, 1)
(0.430606103120690..., 4.780688102287053...e-15, 21, 0)
```

mais il est aussi possible d'appeler la méthode `nintegral` directement sur un objet de type `Expression` :

```
sage: g(x) = sin(sin(x))
sage: g.nintegral(x, 0, 1)
(0.430606103120690..., 4.780688102287053...e-15, 21, 0)
```

Maxima utilise la bibliothèque d'intégration numérique QUADPACK, qui comme GSL est limitée aux nombres flottants machine. La fonction `nintegral` utilise une stratégie de subdivision adaptative de l'intervalle d'intégration, et il est possible de préciser :

- la précision relative désirée pour la sortie ;

– le nombre maximal de sous-intervalles considérés pour le calcul.

La sortie est un tuple :

1. la valeur approchée de l'intégrale ;

2. une estimation de l'erreur absolue ;

3. le nombre d'appels à l'intégrande ;

4. un code d'erreur (0 si aucun problème n'a été rencontré, pour plus de détails
   sur les autres valeurs possibles vous pouvez consulter la documentation avec
   `sage.calculus.calculus.nintegral?`).

`gp('intnum(...)')`.   Le calculateur PARI est disponible depuis Sage et implémente aussi une commande pour l'intégration numérique de fonctions nommée
`intnum` :

```
sage: gp('intnum(x=17, 42, exp(-x^2)*log(x))')
2.565728500561051482917356396130478590 E-127
```

La fonction `intnum` utilise la méthode doublement exponentielle.

Il est possible de choisir la précision du résultat en modifiant la précision
globale de l'interprète PARI :

```
sage: gp('intnum(x=0, 1, sin(sin(x)))')
0.4306061031206906049123773552484657864 3
sage: old_prec = gp.set_precision(50)
sage: gp('intnum(x=0, 1, sin(sin(x)))')
0.43060610312069060491237735524846578643360804182200
```

Un inconvénient majeur de cette méthode est que la fonction à intégrer est à
donner sous la forme d'une chaîne en respectant la syntaxe de PARI, il n'est pas
possible d'intégrer des fonctions arbitraires par ce biais.

La fonction `intnum` permet d'indiquer le comportement de l'intégrande aux
bornes de l'intervalle d'intégration. L'exemple suivant illustre l'impact que cela
peut avoir sur la précision du résultat. Intégrons $x \mapsto x^{-1/2}$ sans indication :

```
sage: p = gp.set_precision(old_prec) # on remet la précision par défaut
sage: gp('intnum(x=0, 1, x^(-1/2))')
1.9999999999999999999999999999999998...
```

En indiquant la nature de la singularité, à savoir que la fonction se comporte
« comme » $x \mapsto x^{-1/2}$ en 0 :

```
sage: gp('intnum(x=[0, -1/2], 1, x^(-1/2))')
2.0000000000000000000000000000000000...
```

L'utilisateur est responsable de l'exactitude du comportement annoncé ; si par
exemple nous indiquons (de façon erronée) que la fonction se comporte comme
$x \mapsto x^{-1/42}$ en 0, l'erreur commise restera importante :

```
sage: gp('intnum(x=[0, -1/42], 1, x^(-1/2))')
1.9999999999999999999999999999999996...
```

mpmath.quad*. La bibliothèque `mpmath` est une bibliothèque de calcul numérique en précision arbitraire écrite en Python. Elle est capable de calculer avec des nombres flottants réels et complexes, des matrices, et des intervalles de nombres flottants réels.

Elle dispose de fonctions d'intégration numérique (la principale étant `quad`) et est disponible en Sage, il suffit de l'importer :

```
sage: import mpmath
sage: mpmath.mp.prec = 53
sage: mpmath.quad(lambda x: mpmath.sin(mpmath.sin(x)), [0, 1])
mpf('0.43606610312069059')
```

La valeur de sortie n'est pas garantie être exacte avec toute la précision demandée, comme on le constate sur l'exemple suivant :

```
sage: mpmath.mp.prec = 113
sage: mpmath.quad(lambda x: mpmath.sin(mpmath.sin(x)), [0, 1])
mpf('0.43060610312069060604912377355248465809')
sage: mpmath.mp.prec = 114
sage: mpmath.quad(lambda x: mpmath.sin(mpmath.sin(x)), [0, 1])
mpf('0.43060610312069060604912377355248465785')
```

Il est possible de spécifier la précision demandée en nombre de chiffres décimaux (`mpmath.mp.dps`) ou en nombre de bits (`mpmath.mp.prec`). Dans un souci de cohérence avec la fonction `N` de Sage nous nous restreignons à une précision en bits.

La fonction `mpmath.quad` peut faire appel soit à la méthode de Gauss-Legendre, soit à la transformation doublement exponentielle (c'est cette dernière qui est utilisée par défaut). Il est possible de spécifier directement la méthode à utiliser avec les fonctions `mpmath.quadgl` et `mpmath.quadts`. [2]

Une limitation importante pour l'utilisation des fonctions d'intégration de `mpmath` dans Sage est qu'elles ne savent pas manipuler directement des fonctions arbitraires définies en Sage :

```
sage: mpmath.quad(sin(sin(x)), [0, 1])
Traceback (most recent call last):
...
TypeError: no canonical coercion from
<type 'sage.libs.mpmath.ext_main.mpf'> to Symbolic Ring
```

La situation est cependant moins problématique que pour l'utilisation de PARI qui est elle limitée à une interaction en mode texte. Il est en effet possible d'ajouter les fonctions d'évaluation et de conversion nécessaires pour pouvoir intégrer via `mpmath.quad` des fonctions quelconques [3] :

```
sage: g(x) = max_symbolic(sin(x), cos(x))
sage: mpmath.mp.prec = 100
```

---

2. Du nom de la transformation utilisée $\varphi : t \mapsto \tanh(\frac{\pi}{2}\sinh(t))$ et vue précédemment.

3. Le lecteur curieux de savoir pourquoi on a utilisé `max_symbolic` essayera avec `max`, et regardera ensuite la documentation de `max_symbolic`.

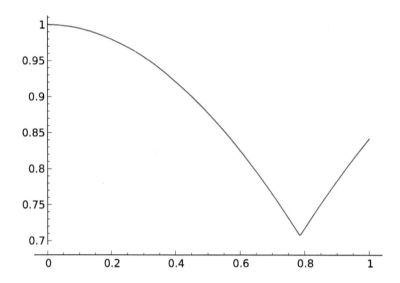

FIGURE 14.5 – La fonction $x \mapsto \max(\sin(x), \cos(x))$. L'irrégularité en $\pi/4$ rend l'intégration numérique très problématique.

```
sage: mpmath.quadts(lambda x: g(N(x, 100)), [0, 1])
mpf('0.87391241626303543595797908252')
```

On constate que l'intégration de fonctions non régulières (comme l'exemple de I_4 ci-dessus) peut entraîner des pertes de précision conséquentes, même en demandant le résultat avec une grande précision :

```
sage: mpmath.mp.prec = 170
sage: mpmath.quadts(lambda x: g(N(x, 190)), [0, 1])
mpf('0.8739109075740097520539300598196247634405414835418879 4')
sage: N(sqrt(2) - cos(1), 100)
0.87391125650495533140075211677
```

Seuls 5 chiffres sont corrects ici. On peut néanmoins aider `mpmath` en suggérant une subdivision de l'intervalle d'intégration (ici, au point irrégulier, cf. figure 14.5) :

```
sage: mpmath.quadts(lambda x: g(N(x, 170)), [0, mpmath.pi / 4, 1])
mpf('0.8739112565049553314007521167667214748373614545475902551')
```

Les fonctions discontinues représentent un « piège » classique pour les méthodes d'intégration ; néanmoins une stratégie d'adaptation automatique par subdivision, telle qu'évoquée plus haut, peut limiter les dégâts.

Exercice 47 (Calcul des coefficients de Newton-Cotes). On cherche à calculer les coefficients de la méthode de Newton-Cotes à n points, celle-ci n'étant pas disponible dans Sage. On considère pour simplifier que l'intervalle d'intégration est $I = [0, n - 1]$, les points d'intégration étant alors $x_1 = 0, x_2 = 1, \ldots, x_n = n - 1$. Les coefficients (w_i) de la méthode sont tels que l'équation

$$\int_0^{n-1} f(x)\, \mathrm{d}x = \sum_{i=0}^{n-1} w_i f(i) \tag{14.1}$$

est exacte pour tout polynôme f de degré inférieur ou égal à $n - 1$.

1. On considère pour $i \in \{0, \ldots, n - 1\}$ le polynôme $P_i(X) = \prod_{\substack{j=0 \\ j \neq i}}^{n-1}(X - x_j)$. En appliquant l'équation (14.1) à P_i, exprimer w_i en fonction de P_i.

2. En déduire une fonction `NCRule` qui à n associe les coefficients de la méthode de Newton-Cotes à n points sur l'intervalle $[0, n - 1]$.

3. Montrer comment appliquer ces poids sur un segment d'intégration $[a, b]$ quelconque.

4. Écrire une fonction `QuadNC` qui calcule l'intégrale d'une fonction sur un segment de $\mathbb{R}$ donné en paramètre. Comparer les résultats avec les fonctions d'intégration disponibles en Sage sur les intégrales I_1 à I_{10}.

14.2 Résolution numérique des équations différentielles ordinaires

On s'intéresse dans cette section à la résolution numérique d'équations différentielles ordinaires. Les fonctions de résolution disponibles dans Sage sont capables de traiter des systèmes d'équations de la forme :

$$\left\{ \begin{array}{rcl} \frac{\mathrm{d}y_1}{\mathrm{d}t}(t) & = & f_1(t, y_1(t), y_2(t), \ldots, y_n(t)) \\ \frac{\mathrm{d}y_2}{\mathrm{d}t}(t) & = & f_2(t, y_1(t), y_2(t), \ldots, y_n(t)) \\ & \vdots & \\ \frac{\mathrm{d}y_n}{\mathrm{d}t}(t) & = & f_n(t, y_1(t), y_2(t), \ldots, y_n(t)) \end{array} \right.$$

avec des conditions initiales $(y_1(0), y_2(0), \ldots, y_n(0))$ connues.

Cette formalisation permet aussi de s'intéresser à des problèmes d'ordre supérieur à 1, en introduisant des variables supplémentaires (voir l'exemple développé en §14.2.1). Elle ne permet cependant pas d'exprimer le système d'équations vérifié par la fonction ρ de Dickman :

$$\left\{ \begin{array}{rcl} u\rho'(u) + \rho(u - 1) & = & 0 \quad \text{pour } u \geqslant 1, \\ \rho(u) & = & 1 \quad \text{pour } 0 \leqslant u \leqslant 1. \end{array} \right.$$

Les outils de résolution d'équations différentielles ordinaires ne sont en effet pas adaptés à une telle équation (dite *à retard*).

Les méthodes de résolution numérique dites « à un pas » utilisent toutes un même principe général : pour un pas h et des valeurs de $y(t_0)$ et $y'(t_0)$ connues, on calcule une valeur approchée de $y(t_0 + h)$ à partir d'une estimation de $y'(t)$ prise sur l'intervalle $[t_0, t_0 + h]$. Par exemple la méthode la plus simple consiste à faire l'approximation :

$$\forall t \in [t_0, t_0 + h], \quad y'(t) \approx y'(t_0),$$

$$\int_{t_0}^{t_0+h} y'(t)\,\mathrm{d}t \approx hy'(t_0),$$

$$y(t_0 + h) \approx y(t_0) + hy'(t_0).$$

Le fait d'approcher y' par une fonction constante sur $[t_0, t_0 + h]$ rappelle la méthode d'intégration numérique des rectangles. La méthode obtenue est d'ordre 1, c'est-à-dire que l'erreur obtenue après un pas de calcul est en $O(h^2)$ sous l'hypothèse que f est suffisamment régulière. De manière générale une méthode est d'ordre p si l'erreur qu'elle commet sur un pas de longueur h est en $O(h^{p+1})$. La valeur obtenue en $t_1 = t_0 + h$ sert alors de point de départ pour progresser d'un pas de plus, aussi loin que désiré.

Cette méthode d'ordre 1, appelée méthode d'Euler, n'est pas réputée pour sa précision (tout comme la méthode des rectangles pour l'intégration) et il existe des méthodes d'ordre plus élevé, par exemple la méthode Runge-Kutta d'ordre 2 pour résoudre l'équation $y' = f(t, y)$:

$$
\begin{aligned}
k_1 &= hf(t_n, y(t_n)) \\
k_2 &= hf(t_n + \frac{1}{2}h, y(t_n) + \frac{1}{2}k_1) \\
y(t_{n+1}) &\approx y(t_n) + k_2 + O(h^3).
\end{aligned}
$$

Dans cette méthode, on essaie d'évaluer $y'(t_n + h/2)$ pour obtenir une meilleure estimation de $y(t_n + h)$.

On trouve aussi des méthodes multi-pas (c'est le cas par exemple des méthodes de Gear) qui consistent à calculer $y(t_n)$ à partir des valeurs déjà obtenues $(y(t_{n-1}), y(t_{n-2}), \ldots, y(t_{n-\ell}))$ pour un certain nombre de pas ℓ. Ces méthodes démarrent nécessairement par une phase d'initialisation avant qu'un nombre suffisant de pas soient calculés.

Tout comme la méthode de Gauss-Kronrod pour l'intégration numérique, il existe des méthodes hybrides pour la résolution d'équations différentielles. Ainsi la méthode de Dormand et Prince calcule avec les mêmes points d'approximation une valeur aux ordres 4 et 5, la deuxième servant pour l'estimation d'erreur de la première. On parle dans ce cas de méthode adaptative.

On distingue encore les méthodes dites explicites des méthodes implicites : dans une méthode explicite, la valeur de $y(t_{n+1})$ est donnée par une formule n'utilisant que des valeurs connues ; pour une méthode implicite il faut résoudre une équation. Prenons l'exemple de la méthode d'Euler implicite :

$$
y(t_{n+1}) = y(t_n) + hf(t_{n+1}, y(t_{n+1})).
$$

On constate que la valeur recherchée $y(t_{n+1})$ apparaît des deux côtés de l'équation ; si la fonction f est suffisamment complexe il faudra résoudre un système algébrique non linéaire, typiquement avec la méthode de Newton (voir §12.2.2).

A priori, on s'attend à obtenir des résultats plus précis à mesure que l'on diminue le pas d'intégration h ; outre le coût en calculs supplémentaires que cela représente, ce gain espéré en précision est toutefois tempéré par un plus grand nombre d'erreurs d'arrondi qui risquent, à la longue, de polluer le résultat.

14.2.1 Exemple de résolution

Considérons l'oscillateur de Van der Pol de paramètre μ vérifiant l'équation différentielle suivante :

$$\frac{\mathrm{d}^2 x}{\mathrm{d}t^2}(t) - \mu(1 - x^2)\frac{\mathrm{d}x}{\mathrm{d}t}(t) + x(t) = 0.$$

Posons $y_0(t) = x(t)$ et $y_1(t) = \frac{\mathrm{d}x}{\mathrm{d}t}$, on obtient ce système d'ordre 1 :

$$\begin{cases} \frac{\mathrm{d}y_0}{\mathrm{d}t} &= y_1, \\ \frac{\mathrm{d}y_1}{\mathrm{d}t} &= \mu(1 - y_0^2)y_1 - y_0. \end{cases}$$

Pour le résoudre, nous allons utiliser un objet « solveur » que l'on obtient avec la commande `ode_solver` :

```
sage: T = ode_solver()
```

Un objet solveur sert à enregistrer les paramètres et la définition du système que l'on cherche à résoudre ; il donne accès aux fonctions de résolution numérique d'équations différentielles disponibles dans la bibliothèque GSL, déjà mentionnée au sujet de l'intégration numérique.

Les équations du système sont renseignées sous la forme d'une fonction :

```
sage: def f_1(t,y,params): return [y[1],params[0]*(1-y[0]^2)*y[1]-y[0]]
sage: T.function = f_1
```

Le paramètre y représente le vecteur des fonctions inconnues, et on doit renvoyer en fonction de t et d'un paramètre optionnel (ici `params[0]` représentant μ) le vecteur des membres droits du système d'équations.

Certains des algorithmes de GSL nécessitent de plus de connaître la jacobienne du système (la matrice dont le terme (i, j) est $\frac{\partial f_i}{\partial y_j}$, et dont la dernière ligne contient $\frac{\partial f_j}{\partial t}$) :

```
sage: def j_1(t,y,params):
....:     return [[0, 1],
....:             [-2*params[0]*y[0]*y[1]-1, params[0]*(1-y[0]^2)],
....:             [0,0]]
sage: T.jacobian = j_1
```

Il est maintenant possible de demander une résolution numérique. On choisit l'algorithme, l'intervalle sur lequel calculer la solution et le nombre de pas voulus (ce qui détermine h) :

```
sage: T.algorithm = "rk8pd"
sage: T.ode_solve(y_0=[1,0], t_span=[0,100], params=[10],
....:             num_points=1000)
sage: f = T.interpolate_solution()
```

Ici on a pris l'algorithme de Runge-Kutta Dormand-Prince pour calculer la solution sur $[0, 100]$; les conditions initiales ainsi que la valeur des paramètres (ici un seul) sont précisées : ici `y_0=[1,0]` signifie $y_0(0) = 1, y_1(0) = 0$, c'est-à-dire $x(0) = 1, x'(0) = 0$.

Pour afficher la solution (avec `plot(f, 0, 2)` on verra bien la dérivée nulle en $t = 0$) :

```
sage: plot(f, 0, 100)
```

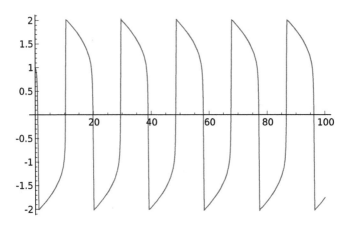

14.2.2 Fonctions de résolution disponibles

Nous avons déjà évoqué pour les objets solveur de GSL la méthode `rk8pd`. D'autres méthodes sont disponibles :

`rkf45` : Runga-Kutta-Fehlberg, une méthode adaptative d'ordres 5 et 4 ;

`rk2` : Runge-Kutta adaptative d'ordres 3 et 2 ;

`rk4` : la méthode Runge-Kutta classique d'ordre 4 ;

`rk2imp` : une méthode de Runge-Kutta implicite d'ordre 2 avec évaluation au milieu de l'intervalle ;

`rk4imp` : une méthode de Runge-Kutta implicite d'ordre 4 avec évaluation aux « points Gaussiens » [4] ;

`bsimp` : la méthode implicite de Burlisch-Stoer ;

`gear1` : la méthode implicite de Gear à un pas ;

`gear2` : la méthode implicite de Gear à deux pas.

Nous renvoyons le lecteur intéressé par les détails de toutes ces méthodes à [AP98] ou [CM84].

Il faut noter que la limitation de GSL aux flottants machine — donc de précision fixée — évoquée pour l'intégration numérique reste valide pour les méthodes de résolution d'équations différentielles.

Maxima dispose aussi de routines de résolution numérique, avec sa syntaxe propre :

---

4. Il s'agit des racines du polynôme de Legendre de degré 2 décalés sur l'intervalle $[t, t + h]$, nommées en référence à la méthode d'intégration de Gauss-Legendre.

```
sage: t, y = var('t, y')
sage: desolve_rk4(t*y*(2-y), y, ics=[0,1], end_points=[0, 1], step=0.5)
[[0, 1], [0.5, 1.12419127425], [1.0, 1.46159016229]]
```

La fonction `desolve_rk4` utilise la méthode de Runge-Kutta d'ordre 4 (la même que `rk4` pour GSL) et prend comme paramètres :

- le membre droit de l'équation $y'(t) = f(t, y(t))$, ici $y' = ty(2 - y)$;
- le nom de la variable fonction inconnue, ici y ;
- les conditions initiales `ics`, ici $t = 0$ et $y = 1$;
- l'intervalle de résolution `end_points`, ici $[0, 1]$;
- le pas `step`, ici 0.5.

Nous ne développons pas la commande similaire `desolve_system_rk4`, déjà évoquée au chapitre §4 et qui s'applique à un système d'équations différentielles. Maxima se limite aussi à la précision machine.

Si l'on recherche des solutions calculées en précision arbitrairement grande, il est possible de se tourner vers `odefun` du module `mpmath` :

```
sage: import mpmath
sage: mpmath.mp.prec = 53
sage: sol = mpmath.odefun(lambda t, y: y, 0, 1)
sage: sol(1)
mpf('2.7182818284590451')
sage: mpmath.mp.prec = 100
sage: sol(1)
mpf('2.7182818284590452353602874802307')
sage: N(exp(1), 100)
2.7182818284590452353602874714
```

Les arguments de la fonction `mpmath.odefun` sont :

- les membres droits du système d'équations, sous la forme d'une fonction $(t, y) \mapsto f(t, y(t))$, ici $y' = y$, comme pour la fonction `ode_solver`. La dimension du système est déduite automatiquement de la dimension de la valeur de retour de la fonction ;
- les conditions initiales t_0 et $y(t_0)$, ici $y(0) = 1$.

Par exemple pour ce système de dimension 2

$$\begin{cases} y_1' &=& -y_2 \\ y_2' &=& y_1 \end{cases}$$

dont les solutions sont $(\cos(t), \sin(t))$, avec comme conditions initiales $y_1(0) = 1$ et $y_2(0) = 0$:

```
sage: mpmath.mp.prec = 53
sage: f = mpmath.odefun(lambda t, y: [-y[1], y[0]], 0, [1, 0])
sage: f(3)
[mpf('-0.98999249660044542'), mpf('0.14112000805986721')]
sage: (cos(3.), sin(3.))
```

(-0.989992496600445, 0.141120008059867)

La fonction `mpmath.odefun` utilise la méthode de Taylor. Pour un degré p on utilise :

$$y(t_{n+1}) = y(t_n) + h\frac{\mathrm{d}y}{\mathrm{d}t}(t_n) + \frac{h^2}{2!}\frac{\mathrm{d}^2y}{\mathrm{d}t^2}(t_n) + \ldots + \frac{h^p}{p!}\frac{\mathrm{d}^py}{\mathrm{d}t^p}(t_n) + O(h^{p+1}).$$

La principale question est celle du calcul des dérivées de y. Pour ce faire, `odefun` calcule des valeurs approchées

$$[\widetilde{y}(t_n + h), \ldots, \widetilde{y}(t_n + ph)] \approx [y(t_n + h), \ldots, y(t_n + ph)]$$

par p pas de la méthode peu précise d'Euler. On calcule ensuite

$$\widetilde{\frac{\mathrm{d}y}{\mathrm{d}t}}(t_n) \approx \frac{\widetilde{y}(t_n + h) - \widetilde{y}(t_n)}{h}, \quad \widetilde{\frac{\mathrm{d}y}{\mathrm{d}t}}(t_n + h) \approx \frac{\widetilde{y}(t_n + 2h) - \widetilde{y}(t_n + h)}{h}$$

puis

$$\widetilde{\frac{\mathrm{d}^2y}{\mathrm{d}t^2}}(t_n) \approx \frac{\widetilde{\frac{\mathrm{d}y}{\mathrm{d}t}}(t_n + h) - \widetilde{\frac{\mathrm{d}y}{\mathrm{d}t}}(t_n)}{h},$$

et ainsi de suite jusqu'à obtenir des estimations des dérivées de y en t_n jusqu'à l'ordre p.

Il faut être vigilant lorsque l'on change la précision de calcul flottant de `mpmath`. Pour illustrer ce problème, reprenons la résolution de l'équation différentielle $y' = y$ vérifiée par la fonction exp donnée plus haut :

```
sage: mpmath.mp.prec = 10
sage: sol = mpmath.odefun(lambda t, y: y, 0, 1)
sage: sol(1)
mpf('2.7148')
sage: mpmath.mp.prec = 100
sage: sol(1)
mpf('2.7135204235459511323824699502438')
```

L'approximation de exp(1) est très mauvaise, et pourtant elle est calculée avec 100 bits de précision ! La fonction solution `sol` (un « interpolant » dans le jargon `mpmath`) a été calculée avec seulement 10 bits de précision et ses coefficients ne sont pas recalculés en cas de changement de précision, ce qui explique le résultat.

Quatrième partie

Combinatoire

15

Dénombrement et combinatoire

Ce chapitre aborde principalement le traitement avec Sage des problèmes combinatoires suivants : le dénombrement (combien y a-t-il d'éléments dans un ensemble S ?), l'énumération (calculer tous les éléments de S, ou itérer parmi eux), le tirage aléatoire (choisir au hasard un élément de S selon une loi, par exemple uniforme). Ces questions interviennent naturellement dans les calculs de probabilités (quelle est la probabilité au poker d'obtenir une suite, ou un carré d'as ?), en physique statistique, mais aussi en calcul formel (nombre d'éléments dans un corps fini), ou en analyse d'algorithmes. La combinatoire couvre un domaine beaucoup plus vaste (ordres partiels, mots, théorie des représentations, etc.) pour lesquels nous nous contentons de donner quelques pointeurs vers les possibilités offertes par Sage ; la théorie des graphes et la programmation linéaire font l'objet de chapitres séparés, respectivement §16 et §17.

Une caractéristique de la combinatoire effective est la profusion de types d'objets et d'ensembles que l'on veut manipuler. Il serait impossible de les décrire tous, et *a fortiori* de les implanter. Ce chapitre illustre donc la méthodologie sous-jacente : fournir des briques de base pour décrire les ensembles combinatoires usuels (§15.2), des outils pour les combiner et construire de nouveaux ensembles (§15.3), et des algorithmes génériques pour traiter uniformément de grandes classes de problèmes (§15.4). En première lecture, ce chapitre peut être parcouru en diagonale, en s'arrêtant sur les synthèses de §15.1.2 et §15.3.

C'est un domaine où Sage a des fonctionnalités bien plus étendues que la plupart des systèmes de calcul formel et est en pleine expansion ; en revanche il reste encore très jeune avec de multiples incohérences et limitations arbitraires.

Ce chapitre a été traduit en anglais et intégré dans le manuel de référence de Sage. On peut y accéder avec :

```
sage: sage.combinat.tutorial?
```

15.1   Premiers exemples

15.1.1   Jeu de poker et probabilités

Nous commençons par résoudre un problème classique : dénombrer certaines combinaisons de cartes dans un jeu de poker, pour en déduire leur probabilité.

Une carte de poker est caractérisée par une couleur (cœur, carreau, pique ou trèfle) et une valeur (2, 3, ..., 9, 10, valet, dame, roi, ou as). Le jeu de poker est constitué de toutes les cartes possibles ; il s'agit donc du produit cartésien de l'ensemble des couleurs et de l'ensemble des valeurs :

$$\text{Cartes} = \text{Symboles} \times \text{Valeurs} = \{(s, v) \mid s \in \text{Symboles et } v \in \text{Valeurs}\}.$$

Construisons ces ensembles dans Sage :

```
sage: Symboles = Set(["Coeur", "Carreau", "Pique", "Trefle"])
sage: Valeurs = Set([2..10] + ["Valet", "Dame", "Roi", "As"])
sage: Cartes = CartesianProduct(Valeurs, Symboles)
```

Il y a 4 couleurs et 13 valeurs possibles donc $4 \times 13 = 52$ cartes dans le jeu de poker :

```
sage: Symboles.cardinality()
4
sage: Valeurs.cardinality()
13
sage: Cartes.cardinality()
52
```

Tirons une carte au hasard :

```
sage: Cartes.random_element()
[6, 'Trefle']
```

Une petite digression technique est ici nécessaire. Les éléments du produit cartésien sont renvoyés sous forme de listes :

```
sage: type(Cartes.random_element())
<type 'list'>
```

Une liste Python n'étant pas immuable, on ne peut pas la mettre dans un ensemble (voir §3.3.7), ce qui nous poserait problème par la suite. Nous redéfinissons donc notre produit cartésien pour que les éléments soient représentés par des tuples :

```
sage: Cartes = CartesianProduct(Valeurs, Symboles).map(tuple)
sage: Cartes.first()
('Roi', 'Pique')
```

On peut maintenant construire un ensemble de cartes [1] :

```
sage: Set([Cartes.random_element(), Cartes.random_element()])
```

---

1. Ce problème devrait disparaître à terme : il est prévu de changer l'implantation des produits cartésiens pour que leurs éléments soient immuables par défaut.

```
{(2, 'Coeur'), (4, 'Pique')}
```

Revenons à notre propos. On considère ici une version simplifiée du jeu de poker, où chaque joueur pioche directement cinq cartes, qui forment une *main*. Toutes les cartes sont distinctes et l'ordre n'a pas d'importance ; une main est donc un sous-ensemble de taille 5 de l'ensemble des cartes. Pour tirer une main au hasard, on commence par construire l'ensemble de toutes les mains possibles puis on en demande un élément aléatoire :

```
sage: Mains = Subsets(Cartes, 5)
sage: Mains.random_element()
{(2, 'Coeur'), (7, 'Trefle'), (7, 'Coeur'), (2, 'Pique'), (9, 'Coeur')}
```

Le nombre total de mains est donné par le nombre de sous-ensembles de taille 5 d'un ensemble de taille 52, c'est-à-dire le coefficient binomial $\binom{52}{5}$:

```
sage: binomial(52, 5)
2598960
```

On peut aussi ne pas se préoccuper de la méthode de calcul, et simplement demander sa taille à l'ensemble des mains :

```
sage: Mains.cardinality()
2598960
```

La force d'une main de poker dépend de la combinaison de ses cartes. Une de ces combinaisons est la *couleur* ; il s'agit d'une main dont toutes les cartes ont le même symbole (en principe il faut exclure les quintes flush ; ce sera l'objet d'un exercice ci-dessous). Une telle main est donc caractérisée par le choix d'un symbole parmi les quatre possibles et le choix de cinq valeurs parmi les treize possibles. Construisons l'ensemble de toutes les couleurs, pour en calculer le nombre :

```
sage: Couleurs = CartesianProduct(Subsets(Valeurs, 5), Symboles)
sage: Couleurs.cardinality()
5148
```

La probabilité d'obtenir une couleur en tirant une main au hasard est donc de :

```
sage: Couleurs.cardinality() / Mains.cardinality()
33/16660
```

soit d'environ deux sur mille :

```
sage: 1000.0 * Couleurs.cardinality() / Mains.cardinality()
1.98079231692677
```

Faisons une petite simulation numérique. La fonction suivante teste si une main donnée est une couleur :

```
sage: def est_couleur(main):
....:     return len(set(symb for (val, symb) in main)) == 1
```

Nous tirons maintenant 10000 mains au hasard, et comptons le nombre de couleurs obtenues (cela prend environ 10 secondes) :

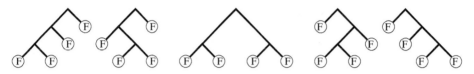

FIGURE 15.1 – Les cinq arbres binaires complets à quatre feuilles.

```
sage: n = 10000; ncouleurs = 0
sage: for i in range(n):
....:     main = Mains.random_element()
....:     if est_couleur(main):
....:         ncouleurs += 1
sage: print n, ncouleurs
10000 18
```

Exercice 48. Une main contenant quatre cartes de la même valeur est appelée un *carré*. Construire l'ensemble des carrés (indication : utiliser `Arrangements` pour tirer au hasard un couple de valeurs distinctes puis choisir un symbole pour la première valeur). Calculer le nombre de carrés, en donner la liste, puis déterminer la probabilité d'obtenir un carré en tirant une main au hasard.

Exercice 49. Une main dont les cartes ont toutes le même symbole et dont les valeurs se suivent est appelée une *quinte flush* et non une *couleur*. Compter le nombre de quintes flush, puis en déduire la probabilité correcte d'obtenir une couleur en tirant une main au hasard.

Exercice 50. Calculer la probabilité de chacune des combinaisons de cartes au poker (voir `http://fr.wikipedia.org/wiki/Main_au_poker`) et comparer avec le résultat de simulations.

15.1.2   Dénombrement d'arbres par séries génératrices

Dans cette section, nous traitons l'exemple des arbres binaires complets, et illustrons sur cet exemple plusieurs techniques de dénombrement où le calcul formel intervient naturellement. Ces techniques sont en fait générales, s'appliquant à chaque fois que les objets combinatoires considérés admettent une définition récursive (grammaire) (voir §15.4.3 pour un traitement automatisé). L'objectif n'est pas de présenter ces méthodes formellement ; aussi les calculs seront rigoureux mais la plupart des justifications seront passées sous silence. Les prérequis augmentent progressivement et le lecteur ne doit pas hésiter à lire certains passages en diagonale pour parvenir jusqu'à la synthèse.

Un *arbre binaire complet* est soit une feuille F, soit un nœud sur lequel on a greffé deux arbres binaires complets (voir figure 15.1).

Exercice 51. Chercher à la main tous les arbres binaires complets à $n = 1, 2, 3, 4, 5$ feuilles (voir l'exercice 59 pour les chercher avec Sage).

Notre objectif est de compter le nombre c_n d'arbres binaires complets à n feuilles (dans cette section, tous les arbres sont binaires complets). C'est une situation typique où l'on ne s'intéresse pas seulement à un ensemble isolé, mais à une famille d'ensembles, typiquement paramétrée par $n \in \mathbb{N}$.

D'après l'exercice 51, les premiers termes sont donnés par

$$c_1, \ldots, c_5 = 1, 1, 2, 5, 14.$$

Le simple fait d'avoir ces quelques nombres est déjà précieux. En effet, ils permettent une recherche dans une mine d'or : l'*encyclopédie en ligne des suites de nombres entiers* http://oeis.org/ appelée communément « le Sloane », du nom de son auteur principal, et qui contient plus de 190000 suites d'entiers [2] :

```
sage: sloane_find([1,1,2,5,14])
Searching Sloane's online database...
[[108, 'Catalan numbers: C(n) = binomial(2n,n)/(n+1) ...
```

Le résultat suggère que les arbres sont comptés par l'une des plus fameuses suites, les nombres de Catalan. En fouillant dans les références fournies par l'encyclopédie, on trouverait que c'est effectivement le cas : les quelques nombres ci-dessus forment une empreinte digitale de nos objets, qui permet de retrouver en quelques secondes un résultat précis dans une abondante littérature.

Dénombrement par séries génératrices. Notre objectif est de retrouver ce résultat avec l'aide de Sage. Soit C_n l'ensemble des arbres à n feuilles, de sorte que $c_n = |C_n|$; par convention, on définira $C_0 = \emptyset$, soit $c_0 = 0$. L'ensemble de tous les arbres est alors l'union disjointe des C_n :

$$C = \biguplus_{n \in \mathbb{N}} C_n.$$

Du fait d'avoir nommé l'ensemble C de tous les arbres, on peut traduire la définition récursive des arbres en une équation ensembliste :

$$C \quad \approx \quad \{F\} \quad \uplus \quad C \times C.$$

En effet, un arbre t (donc dans C) est soit une feuille (donc dans $\{F\}$) soit un nœud sur lequel on a greffé deux arbres t_1 et t_2 et que l'on peut donc identifier avec le couple (t_1, t_2) (donc dans le produit cartésien $C \times C$).

L'idée fondatrice de la combinatoire algébrique, introduite par Euler dans une lettre à Goldbach en 1751 pour traiter un problème similaire [Vie07], est de manipuler simultanément tous les nombres c_n en les encodant sous la forme d'une série formelle, dite *série génératrice* des c_n :

$$C(z) = \sum_{n \in \mathbb{N}} c_n z^n,$$

où z est une indéterminée formelle (on n'a donc pas besoin de se préoccuper de questions de convergence). La beauté de cette idée est que les opérations ensemblistes ($A \uplus B$, $A \times B$) se traduisent naturellement en opérations algébriques

---

2. La commande `sloane_find` est en panne dans Sage 5.9 (voir http://trac.sagemath.org/sage_trac/ticket/10358) ; mais on peut toujours consulter le site web directement.

sur les séries $(A(z)+B(z), A(z)\cdot B(z))$, de sorte que l'équation ensembliste vérifiée par C se traduit en une équation algébrique sur $C(z)$:

$$C(z) = z + C(z) \cdot C(z).$$

Résolvons cette équation avec Sage. Pour cela, on introduit deux variables C et z, et on pose le système :

```
sage: C, z = var('C, z'); sys = [ C == z + C*C ]
```

On a alors deux solutions, qui par chance sont sous forme close :

```
sage: sol = solve(sys, C, solution_dict=True); sol
[{C: -1/2*sqrt(-4*z + 1) + 1/2}, {C: 1/2*sqrt(-4*z + 1) + 1/2}]
sage: s0 = sol[0][C]; s1 = sol[1][C]
```

et dont les développements de Taylor commencent par :

```
sage: s0.series(z, 6)
1*z + 1*z^2 + 2*z^3 + 5*z^4 + 14*z^5 + Order(z^6)
sage: s1.series(z, 6)
1 + (-1)*z + (-1)*z^2 + (-2)*z^3 + (-5)*z^4 + (-14)*z^5 + Order(z^6)
```

La deuxième solution est clairement aberrante ; par contre, on retrouve les coefficients prévus sur la première. Posons donc :

```
sage: C = s0
```

On peut maintenant calculer les termes suivants :

```
sage: C.series(z, 11)
1*z + 1*z^2 + 2*z^3 + 5*z^4 + 14*z^5 + 42*z^6 +
132*z^7 + 429*z^8 + 1430*z^9 + 4862*z^10 + Order(z^11)
```

ou calculer quasi instantanément le 100-ième coefficient :

```
sage: C.series(z, 101).coeff(z,100)
22750883079422934966181954039566885395604168260154104  7340
```

Il est cependant dommage de devoir tout recalculer si jamais on voulait le 101-ième coefficient. Les séries formelles paresseuses (voir §7.5.3) prennent alors tout leur sens, d'autant que l'on peut les définir directement à partir du système d'équations, sans le résoudre, et donc en particulier sans avoir besoin de forme close pour le résultat. On commence par définir l'anneau des séries formelles paresseuses :

```
sage: L.<z> = LazyPowerSeriesRing(QQ)
```

Puis on crée une série formelle « libre », à laquelle on donne un nom, et que l'on définit ensuite par une équation récursive :

```
sage: C = L()
sage: C._name = 'C'
sage: C.define( z + C * C )
```

```
sage: [C.coefficient(i) for i in range(11)]
[0, 1, 1, 2, 5, 14, 42, 132, 429, 1430, 4862]
```

On peut désormais quérir un coefficient quelconque sans avoir à redéfinir C :

```
sage: C.coefficient(100)
22750883079422934966181954039568885395604168260154 1047340
```

```
sage: C.coefficient(200)
12901315806442911400122290766967667513434953055272 88824998
10851598901419013348319045534580850847735528275750 122188940
```

Relation de récurrence et forme close. Nous revenons maintenant à la forme close pour $C(z)$:

```
sage: z = var('z'); C = s0; C
-1/2*sqrt(-4*z + 1) + 1/2
```

Le n-ième coefficient du développement de Taylor de $C(z)$ étant donné par $\frac{1}{n!} C^{(n)}(0)$, regardons les dérivées successives $C^{(n)}(z)$:

```
sage: derivative(C, z, 1)
1/sqrt(-4*z + 1)
sage: derivative(C, z, 2)
2/(-4*z + 1)^(3/2)
sage: derivative(C, z, 3)
12/(-4*z + 1)^(5/2)
```

Cela suggère l'existence d'une formule explicite simple que l'on recherche maintenant. La petite fonction suivante renvoie $d_n = n! \, c_n$:

```
sage: def d(n): return derivative(C, n).subs(z=0)
```

En prenant les quotients successifs :

```
sage: [ (d(n+1) / d(n)) for n in range(1,17) ]
[2, 6, 10, 14, 18, 22, 26, 30, 34, 38, 42, 46, 50, 54, 58, 62]
```

on constate que d_n satisfait la relation de récurrence $d_{n+1} = (4n - 2)d_n$, d'où l'on déduit que c_n satisfait la relation de récurrence $c_{n+1} = \frac{4n-2}{n+1} c_n$. En simplifiant, on obtient alors que c_n est le $(n - 1)$-ième nombre de Catalan :

$$c_n = \text{Catalan}(n - 1) = \frac{1}{n} \binom{2(n - 1)}{n - 1}.$$

Vérifions cela :

```
sage: def c(n): return 1/n*binomial(2*(n-1),n-1)
sage: [c(k) for k in range(1, 11)]
[1, 1, 2, 5, 14, 42, 132, 429, 1430, 4862]
sage: [catalan_number(k-1) for k in range(1, 11)]
[1, 1, 2, 5, 14, 42, 132, 429, 1430, 4862]
```

On peut maintenant calculer les coefficients beaucoup plus loin ; ici on calcule c_{100000} qui a plus de 60000 chiffres :

```
sage: %time cc = c(100000)
CPU times: user 2.34 s, sys: 0.00 s, total: 2.34 s
Wall time: 2.34 s
sage: ZZ(cc).ndigits()
60198
```

Traitement systématique par équations algébrico-différentielles. Les méthodes que nous avons utilisées se généralisent à tous les objets définis récursivement : le système d'équations ensembliste se traduit en un système d'équations sur la série génératrice ; celui-ci permet de calculer récursivement ses coefficients. Lorsque les équations ensemblistes sont suffisamment simples (par exemple ne font intervenir que des produits cartésiens et unions disjointes), on obtient une équation algébrique en $C(z)$. Celle-ci n'admet généralement pas une solution en forme close ; cependant, on peut en déduire par *confinement* une équation différentielle *linéaire* sur $C(z)$, qui elle-même se traduit en une équation de récurrence de longueur fixe sur les coefficients c_n (la série est alors dite *D-finie*). Au final, après le précalcul de cette équation de récurrence, le calcul des coefficients devient très rapide. Toutes ces étapes sont purement algorithmiques, et il est prévu de porter vers Sage les implantations existantes dans Maple (paquets gfun et combstruct) ou MuPAD-Combinat (bibliothèque `decomposableObjects`).

Pour l'instant, nous nous contentons d'illustrer cette procédure générale dans le cas des arbres binaires complets. La série génératrice $C(z)$ est solution d'une équation algébrique $P(z, C(z)) = 0$, où $P(x, y) = y^2 - y + x$ est un polynôme à coefficients dans $\mathbb{Q}$. Dérivons formellement cette équation algébrique par rapport à z :

```
sage: x, y, z = var('x, y, z')
sage: P = function('P', x, y); C = function('C', z)
sage: equation = P(x=z, y=C) == 0
sage: diff(equation, z)
D[0](C)(z)*D[1](P)(z, C(z)) + D[0](P)(z, C(z)) == 0
```

ou, de manière plus lisible,

$$\frac{dC(z)}{dz}\frac{\partial P}{\partial y}(z, C(z)) + \frac{\partial P}{\partial x}(z, C(z)) = 0$$

D'où l'on tire :

$$\frac{dC(z)}{dz} = -\frac{\frac{\partial P}{\partial x}}{\frac{\partial P}{\partial y}}(z, C(z)).$$

Dans le cas des arbres binaires complets, cela donne :

```
sage: P = y^2 - y + x; Px = diff(P, x); Py = diff(P, y)
sage: - Px / Py
-1/(2*y - 1)
```

Or, $P(x, y) = 0$. On peut donc calculer cette fraction modulo P, et ainsi exprimer la dérivée de $C(z)$ comme un *polynôme en $C(z)$ à coefficients dans $\mathbb{Q}(z)$*. Pour cela, on construit l'anneau quotient $R = \mathbb{Q}(x)[y]/(P)$:

```
sage: Qx = QQ['x'].fraction_field(); Qxy = Qx['y']
sage: R = Qxy.quo(P); R
Univariate Quotient Polynomial Ring in ybar
over Fraction Field of Univariate Polynomial Ring in x
over Rational Field with modulus y^2 - y + x
```

Note : `ybar` est le nom de la variable y dans le quotient ; pour plus d'informations sur les anneaux quotients, voir §7.2.2. Reprenons maintenant le calcul de cette fraction dans R :

```
sage: fraction = - R(Px) / R(Py); fraction
(1/2/(x - 1/4))*ybar - 1/4/(x - 1/4)
```

Remontons le résultat dans $\mathbb{Q}(x)[y]$, puis substituons z et $C(z)$ pour obtenir l'expression de $\frac{d}{dz}C(z)$:

```
sage: fraction = fraction.lift(); fraction
(1/2/(x - 1/4))*y - 1/4/(x - 1/4)
sage: fraction(x=z, y=C)
2*C(z)/(4*z - 1) - 1/(4*z - 1)
```

où, plus lisiblement,

$$\frac{\partial C(z)}{\partial z} = \frac{1}{1 - 4z} - \frac{2}{1 - 4z}C(z).$$

Dans ce cas simple, on peut en tirer directement une équation différentielle linéaire à coefficients dans $\mathbb{Q}[z]$:

```
sage: equadiff = diff(C,z) == fraction(x=z, y=C); equadiff
D[0](C)(z) == 2*C(z)/(4*z - 1) - 1/(4*z - 1)
sage: equadiff = equadiff.simplify_rational()
sage: equadiff = equadiff * equadiff.rhs().denominator()
sage: equadiff = equadiff - equadiff.rhs()
sage: equadiff
(4*z - 1)*D[0](C)(z) - 2*C(z) + 1 == 0
```

ou, plus lisiblement,

$$(1 - 4z)\frac{\partial C(z)}{\partial z} + 2C(z) - 1 = 0.$$

On peut la vérifier trivialement ici sur la forme close :

```
sage: Cf = sage.symbolic.function_factory.function('C')
sage: bool(equadiff.substitute_function(Cf, s0))
True
```

Dans le cas général, on doit poursuivre le calcul des dérivées successives de $C(z)$. Mais celles-ci sont *confinées* dans l'anneau quotient $\mathbb{Q}(z)[C]/(P)$ qui est de dimension finie $\deg_y P$ sur $\mathbb{Q}(z)$. On finit donc nécessairement par trouver une relation linéaire entre les $\deg_y P$ premières dérivées de $C(z)$. En réduisant au même dénominateur, on obtient une équation différentielle linéaire à coefficients dans $\mathbb{Q}[z]$ d'ordre $\leqslant \deg_y P$. En extrayant le coefficient de z^n dans l'équation différentielle, on obtient l'équation de récurrence désirée sur les coefficients ; on retrouve ici celle que nous avions obtenue à partir de la forme close :

$$c_{n+1} = \frac{4n - 2}{n + 1} c_n.$$

En insérant les bonnes conditions initiales, on peut alors calculer les coefficients de $C(z)$ récursivement :

```
sage: def C(n): return n if n <= 1 else (4*n-6)/n * C(n-1)
sage: [ C(i) for i in range(10) ]
[0, 1, 1, 2, 5, 14, 42, 132, 429, 1430]
```

Lorsque n devient trop grand pour calculer c_n explicitement, on peut rechercher un équivalent asymptotique de la suite des coefficients c_n. Là encore, les techniques sont génériques. L'outil central est l'analyse complexe, avec l'étude du comportement de la série génératrice aux alentours de ses singularités. Ici la singularité est $z_0 = 1/4$ et on obtiendrait $c_n \sim \frac{4^{n-1}}{n^{3/2}\sqrt{\pi}}$.

Synthèse. On retrouve ici un phénomène général du calcul formel : la meilleure *structure de donnée* pour décrire un objet mathématique compliqué (un nombre réel, une suite, une série formelle, une fonction, un ensemble) est souvent une équation (ou un système d'équations, typiquement avec des conditions initiales) qui le définit. Chercher à résoudre cette équation par une forme close n'a pas forcément d'intérêt : d'une part une telle forme existe rarement (cf. problème de résolution par radicaux), et d'autre part l'équation en elle-même contient toute l'information nécessaire pour calculer algorithmiquement les propriétés de l'objet considéré (une approximation numérique, les premiers termes ou éléments, un équivalent asymptotique), ou calculer avec l'objet lui-même (cf. arithmétique sur les séries). Au lieu de cela, on recherche la meilleure équation décrivant l'objet pour résoudre le problème posé ; voir aussi §2.2.2.

Ainsi que nous l'avons vu dans cet exemple, le confinement (par exemple dans un espace de dimension finie) est un outil fondamental pour rechercher de telles équations. Ce confinement s'appuie généralement sur des techniques d'élimination (algèbre linéaire, bases de Gröbner et généralisations algébrico-différentielles). Le même outil est central dans les algorithmes de sommation symbolique ou de vérification automatique d'identités (algorithmes de Gosper, de Zeilberger et leurs généralisations [PWZ96] ; voir aussi les exemples en §2.3.1 et exercice 54).

Toutes ces techniques et leurs multiples généralisations sont au cœur de thèmes très actifs de recherche : la combinatoire automatique et la combinatoire analytique, avec des applications majeures pour l'analyse d'algorithmes [FS09]. Il est probable et souhaitable qu'elles soient progressivement implantées dans Sage.

15.2 Ensembles énumérés usuels

15.2.1 Exemple : les sous-ensembles d'un ensemble

Fixons un ensemble E de taille n et considérons les sous-ensembles de E de taille k. On sait que ces sous-ensembles sont comptés par les coefficients binomiaux $\binom{n}{k}$. On peut donc calculer le nombre de sous-ensembles de taille $k = 2$ de $E = \{1, 2, 3, 4\}$ avec la fonction `binomial` :

```
sage: binomial(4, 2)
6
```

Alternativement, on peut *construire* l'ensemble $\mathcal{P}_2(E)$ des sous-ensembles de taille 2 de E, puis lui demander sa cardinalité :

```
sage: S = Subsets([1,2,3,4], 2); S.cardinality()
6
```

Une fois S construit, on peut aussi obtenir la liste de ses éléments, tirer un élément au hasard, ou demander un élément typique :

```
sage: S.list()
[{1, 2}, {1, 3}, {1, 4}, {2, 3}, {2, 4}, {3, 4}]
sage: S.random_element()
{1, 4}
sage: S.an_element()
{2, 3}
```

Plus précisément, l'objet S modélise l'ensemble $\mathcal{P}_2(E)$, muni d'une énumération fixée (donnée ici par l'ordre lexicographique). On peut donc demander son 5-ième élément, en prenant garde au fait que, comme pour les listes Python, le premier élément est de rang 0 (à titre de raccourci, on peut utiliser ici la notation S[.]) :

```
sage: S.unrank(4)
{2, 4}
sage: S[4]
{2, 4}
```

mais cela est à utiliser avec prudence car certains ensembles sont munis d'une indexation naturelle différente.

Réciproquement, on peut calculer le rang d'un objet dans cette énumération :

```
sage: s = S([2,4]); S.rank(s)
4
```

À noter que S *n'est pas* la liste de ses éléments. On peut par exemple modéliser l'ensemble $\mathcal{P}(\mathcal{P}(\mathcal{P}(E)))$ et calculer sa cardinalité ($2^{2^{2^4}}$) :

```
sage: E = Set([1,2,3,4])
sage: S = Subsets(Subsets(Subsets(E))); S.cardinality()
2003529930406846464979072351560255750447825475569751419265016...736
```

soit environ $2 \cdot 10^{19728}$:

```
sage: S.cardinality().ndigits()
19729
```

ou demander son $237\,102\,124$-ième élément :

```
sage: S.unrank(237102123)
{{{2}, {3}, {1, 2, 3, 4}, {1, 2}, {1, 4}, {}, {2, 3, 4},
  {1, 2, 4}, {3, 4}, {4}, {2, 3}, {1, 2, 3}},
  {{2}, {3}, {1, 2, 3, 4}, {1, 2}, {1, 4}, {2, 3, 4},
  {3, 4}, {1, 3, 4}, {1}, {1, 3}, {1, 2, 3}}}
```

Il serait physiquement impossible de construire explicitement tous les éléments de S car il y en a bien plus que de particules dans l'univers (estimées à 10^{82}).

Remarque : il serait naturel avec Python d'utiliser `len(S)` pour demander la cardinalité de S. Cela n'est pas possible car Python impose que le résultat de `len` soit un entier de type `int` ; cela pourrait causer des débordements et ne permettrait pas de renvoyer `Infinity` pour les ensembles infinis.

```
sage: len(S)
Traceback (most recent call last):
...
AttributeError: __len__ has been removed; use .cardinality() instead
```

15.2.2 Partitions d'entiers

Nous considérons maintenant un autre problème classique : étant donné un entier positif n, de combien de façons peut-on l'écrire sous la forme d'une somme $n = i_1 + i_2 + \cdots + i_\ell$, où $i_1, \ldots, i_\ell$ sont des entiers strictement positifs ? Il y a deux cas à distinguer :

- l'ordre des éléments dans la somme n'a pas d'importance, auquel cas $(i_1, \ldots, i_\ell)$ est une *partition* de n ;
- l'ordre des éléments dans la somme revêt une importance, auquel cas $(i_1, \ldots, i_\ell)$ est une *composition* de n.

Regardons pour commencer les partitions de $n = 5$; comme précédemment, on commence par construire l'ensemble de ces partitions :

```
sage: P5 = Partitions(5); P5
Partitions of the integer 5
```

puis on demande sa cardinalité :

```
sage: P5.cardinality()
7
```

Regardons ces 7 partitions ; l'ordre n'ayant pas d'importance, les entrées sont triées, par convention, par ordre décroissant :

```
sage: P5.list()
[[5], [4, 1], [3, 2], [3, 1, 1], [2, 2, 1], [2, 1, 1, 1],
 [1, 1, 1, 1, 1]]
```

Le calcul du nombre de partitions utilise la formule de Rademacher[3], implantée en C et fortement optimisée, ce qui lui confère une grande rapidité :

```
sage: Partitions(100000).cardinality()
27493510569775696512677516320986352688173429315980054758203125984302144
73281149641730550507416607366215901578447742962489404930630702004617927
64493033510116079342457190155718943509725312466108452006369558934464248
71682878983218234500926285383140459702130713067451062441922731123899
97022844086093709355316296978515695698921961084801586005694210985197
```

Les partitions d'entiers sont des objets combinatoires naturellement munis de multiples opérations. Elles sont donc renvoyées sous la forme d'objets plus riches que de simples listes :

```
sage: P7 = Partitions(7); p = P7.unrank(5); p
[4, 2, 1]
```

```
sage: type(p)
<class 'sage.combinat.partition.Partitions_n_with_category.element_class
    '>
```

On peut les représenter graphiquement par un diagramme de Ferrers :

```
sage: print p.ferrers_diagram()
****
**
*
```

Nous laissons l'utilisateur explorer par introspection les opérations offertes.

On peut aussi construire une partition directement comme suit :

```
sage: Partition([4,2,1])
[4, 2, 1]
sage: P7([4,2,1])
[4, 2, 1]
```

Si l'on souhaite restreindre les valeurs possibles pour les parts $i_1, \ldots, i_\ell$ de la partition, comme par exemple dans les problèmes de rendu de monnaie, on peut utiliser `WeightedIntegerVectors`. Par exemple, le calcul suivant :

```
sage: WeightedIntegerVectors(8, [2,3,5]).list()
[[0, 1, 1], [1, 2, 0], [4, 0, 0]]
```

indique que pour former 8 dollars à partir de billets de 2\$, 3\$ et 5\$, on peut utiliser un billet de 3\$ et un de 5\$, ou un billet de 2\$ et deux de 3\$, ou quatre billets de 2\$.

Les compositions d'entiers se manipulent de la même façon :

```
sage: C5 = Compositions(5); C5
Compositions of 5
```

---

3. Voir http://fr.wikipedia.org/wiki/Partition_d%27un_entier

```
sage: C5.cardinality()
16
sage: C5.list()
[[1, 1, 1, 1, 1], [1, 1, 1, 2], [1, 1, 2, 1], [1, 1, 3],
 [1, 2, 1, 1], [1, 2, 2], [1, 3, 1], [1, 4], [2, 1, 1, 1],
 [2, 1, 2], [2, 2, 1], [2, 3], [3, 1, 1], [3, 2], [4, 1], [5]]
```

Le 16 ci-dessus ne paraît pas anodin et suggère l'existence d'une éventuelle formule. Regardons donc le nombre de compositions pour n variant de 0 à 9 :

```
sage: [ Compositions(n).cardinality() for n in range(10) ]
[1, 1, 2, 4, 8, 16, 32, 64, 128, 256]
```

De même, si l'on compte le nombre de compositions de 5 par longueur, on retrouve une ligne du triangle de Pascal :

```
sage: x = var('x'); sum( x^len(c) for c in C5 )
x^5 + 4*x^4 + 6*x^3 + 4*x^2 + x
```

L'exemple ci-dessus utilise une fonctionnalité que l'on n'avait pas encore croisée : C5 étant itérable, on peut l'utiliser comme une liste dans une boucle **for** ou une compréhension (§15.2.4).

Exercice 52. Démontrer les formules suggérées par les exemples ci-dessus pour le nombre de compositions de n et le nombre de compositions de n de longueur k et chercher par introspection si Sage utilise ces formules pour le calcul de cardinalité.

15.2.3   Quelques autres ensembles finis énumérés

Au final, le principe est le même pour tous les ensembles finis sur lesquels on veut faire de la combinatoire avec Sage ; on commence par construire un objet qui modélise cet ensemble puis on utilise les méthodes idoines qui suivent une interface uniforme [4]. Nous donnons maintenant quelques autres exemples typiques.

Les intervalles d'entiers :

```
sage: C = IntegerRange(3, 21, 2); C
{3, 5, .., 19}
sage: C.cardinality()
9
sage: C.list()
[3, 5, 7, 9, 11, 13, 15, 17, 19]
```

Les permutations :

```
sage: C = Permutations(4); C
Standard permutations of 4
sage: C.cardinality()
24
sage: C.list()
```

---

4. Ou en tout cas cela devrait être le cas ; il reste de nombreux coins à nettoyer.

```
[[1, 2, 3, 4], [1, 2, 4, 3], [1, 3, 2, 4], [1, 3, 4, 2],
 [1, 4, 2, 3], [1, 4, 3, 2], [2, 1, 3, 4], [2, 1, 4, 3],
 [2, 3, 1, 4], [2, 3, 4, 1], [2, 4, 1, 3], [2, 4, 3, 1],
 [3, 1, 2, 4], [3, 1, 4, 2], [3, 2, 1, 4], [3, 2, 4, 1],
 [3, 4, 1, 2], [3, 4, 2, 1], [4, 1, 2, 3], [4, 1, 3, 2],
 [4, 2, 1, 3], [4, 2, 3, 1], [4, 3, 1, 2], [4, 3, 2, 1]]
```

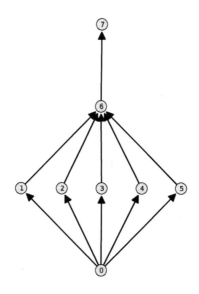

FIGURE 15.2 – Un ordre partiel sur 8 sommets.

Les partitions ensemblistes :

```
sage: C = SetPartitions([1,2,3]); C
Set partitions of {1, 2, 3}
sage: C.cardinality()
5
sage: C.list()
[{{1, 2, 3}}, {{1}, {2, 3}}, {{1, 3}, {2}}, {{1, 2}, {3}}, {{1}, {2},
    {3}}]
```

Les ordres partiels sur 8 sommets, à un isomorphisme près :

```
sage: C = Posets(8); C
Posets containing 8 vertices
sage: C.cardinality()
16999
```

Représentons graphiquement l'un de ces ordres (voir figure 15.2) :

```
sage: C.unrank(20).plot()
```

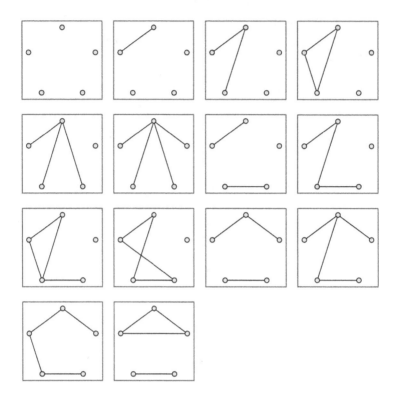

FIGURE 15.3 – Les graphes simples à 5 sommets avec 4 arêtes ou moins.

Il est aussi possible d'itérer parmi tous les graphes à un isomorphisme près. Il y a par exemple 34 graphes simples à 5 sommets :

```
sage: len(list(graphs(5)))
34
```

Voici comment obtenir ceux ayant au plus 4 arêtes (figure 15.3) :

```
sage: show(graphs(5, lambda G: G.size() <= 4))
```

Cependant l'*ensemble* C de ces graphes n'est pas encore modélisé dans Sage ; de ce fait, les commandes suivantes ne sont pas encore implantées :

```
sage: C = Graphs(5); C.cardinality()
34
sage: Graphs(19).cardinality()
24637809253125004524383007491432768
sage: Graphs(19).random_element()
Graph on 19 vertices
```

Ce que l'on a vu s'applique aussi, en principe, aux structures algébriques finies comme le groupe dihédral :

```
sage: G = DihedralGroup(4); G
```

```
Dihedral group of order 8 as a permutation group
sage: G.cardinality()
8
sage: G.list()
[(), (2,4), (1,2)(3,4), (1,2,3,4), (1,3), (1,3)(2,4), (1,4,3,2),
  (1,4)(2,3)]
```

ou l'algèbre des matrices 2×2 sur le corps fini $\mathbb{Z}/2\mathbb{Z}$:

```
sage: C = MatrixSpace(GF(2), 2); C.list()
[
[0 0]  [1 0]  [0 1]  [0 0]  [0 0]  [1 1]  [1 0]  [1 0]  [0 1]
[0 0], [0 0], [0 0], [1 0], [0 1], [0 0], [1 0], [0 1], [1 0],

[0 1]  [0 0]  [1 1]  [1 1]  [1 0]  [0 1]  [1 1]
[0 1], [1 1], [1 0], [0 1], [1 1], [1 1], [1 1]
]
```

Cependant ceci devrait renvoyer 16, mais n'est pas encore implanté :

```
sage: C.cardinality()
Traceback (most recent call last):
   ...
AttributeError: 'MatrixSpace' object has no attribute 'cardinality'
```

Exercice 53. Énumérer tous les monômes de degré 5 dans les polynômes en trois variables (voir `IntegerVectors`). Manipuler les partitions ensemblistes ordonnées (`OrderedSetPartitions`) et les tableaux standard (`StandardTableaux`).

Exercice 54. Énumérer les matrices à signe alternant (`AlternatingSignMatrices`) de taille 3, 4 et 5, et essayer de deviner leur définition. La découverte et la démonstration de la formule de dénombrement de ces matrices (voir la méthode `cardinality`), motivée par des calculs de déterminants en physique, a été l'objet de toute une épopée. En particulier la première démonstration, donnée par Zeilberger en 1992, a été produite automatiquement par un programme, occupe 84 pages, et a nécessité l'intervention de presque cent vérificateurs [Zei96].

Exercice 55. Calculer à la main le nombre de vecteurs dans $(\mathbb{Z}/2\mathbb{Z})^5$ puis le nombre de matrices dans $\mathrm{GL}_3(\mathbb{Z}/2\mathbb{Z})$ (c'est-à-dire le nombre de matrices 3×3 à coefficients dans $\mathbb{Z}/2\mathbb{Z}$ et inversibles). Vérifier votre réponse avec Sage. Généraliser à $\mathrm{GL}_n(\mathbb{Z}/q\mathbb{Z})$.

15.2.4 Compréhensions et itérateurs

Nous allons maintenant montrer quelques possibilités offertes par Python pour construire (et itérer sur) des ensembles avec une notation flexible et proche des mathématiques, et le profit que l'on peut en tirer en combinatoire.

Commençons par construire l'ensemble fini $\{i^2 \mid i \in \{1,3,7\}\}$:

```
sage: [ i^2 for i in [1, 3, 7] ]
[1, 9, 49]
```

puis le même ensemble avec i variant cette fois entre 1 et 9 :

```
sage: [ i^2 for i in range(1,10) ]
[1, 4, 9, 16, 25, 36, 49, 64, 81]
```

On appelle *compréhension* une telle construction Python. On peut ajouter un prédicat pour ne garder que les éléments avec i premier :

```
sage: [ i^2 for i in range(1,10) if is_prime(i) ]
[4, 9, 25, 49]
```

En combinant plusieurs compréhensions, on peut construire l'ensemble des couples (i, j) avec $1 \leqslant j < i < 5$:

```
sage: [ (i,j) for i in range(1,6) for j in range(1,i) ]
[(2, 1), (3, 1), (3, 2), (4, 1), (4, 2), (4, 3),
 (5, 1), (5, 2), (5, 3), (5, 4)]
```

ou bien afficher le triangle de Pascal :

```
sage: [[binomial(n, i) for i in range(n+1)] for n in range(10)]
[[1],
 [1, 1],
 [1, 2, 1],
 [1, 3, 3, 1],
 [1, 4, 6, 4, 1],
 [1, 5, 10, 10, 5, 1],
 [1, 6, 15, 20, 15, 6, 1],
 [1, 7, 21, 35, 35, 21, 7, 1],
 [1, 8, 28, 56, 70, 56, 28, 8, 1],
 [1, 9, 36, 84, 126, 126, 84, 36, 9, 1]]
```

L'exécution d'une compréhension se fait en deux étapes ; tout d'abord un *itérateur* est construit, puis une liste est remplie avec les éléments renvoyés successivement par l'itérateur. Techniquement, un *itérateur* est un objet avec une méthode `next` qui renvoie à chaque appel une nouvelle valeur, jusqu'à épuisement. Par exemple, l'itérateur `it` suivant :

```
sage: it = (binomial(3, i) for i in range(4))
```

renvoie successivement les coefficients binomiaux $\binom{3}{i}$ avec $i = 0, 1, 2, 3$:

```
sage: it.next()
1
sage: it.next()
3
sage: it.next()
3
sage: it.next()
1
```

Lorsque l'itérateur est finalement épuisé, une exception est levée :

```
sage: it.next()
```

```
Traceback (most recent call last):
   ...
StopIteration
```

Plus généralement, un *itérable* est un object Python L (une liste, un ensemble...) sur les éléments duquel on peut itérer; techniquement, on construit l'itérateur avec iter(L). Dans la pratique, on n'utilise que très rarement iter ou next, les boucles for et les compréhensions fournissant une syntaxe bien plus agréable :

```
sage: for s in Subsets(3): s
{}
{1}
{2}
{3}
{1, 2}
{1, 3}
{2, 3}
{1, 2, 3}
```

```
sage: [ s.cardinality() for s in Subsets(3) ]
[0, 1, 1, 1, 2, 2, 2, 3]
```

Quel est l'intérêt d'un itérateur? Considérons l'exemple suivant :

```
sage: sum( [ binomial(8, i) for i in range(9) ] )
256
```

À l'exécution, une liste avec 9 éléments est construite, puis elle est passée en argument à sum pour les ajouter. Si au contraire on passe directement l'itérateur à sum (noter l'absence de crochets) :

```
sage: sum( binomial(8, i) for i in xrange(9) )
256
```

la fonction sum reçoit directement l'itérateur, et peut ainsi court-circuiter la construction de la liste intermédiaire. Lorsqu'il y a un grand nombre d'éléments, cela évite donc d'allouer une grosse quantité de mémoire pour stocker une liste qui sera immédiatement détruite [5].

La plupart des fonctions prenant une liste d'éléments en entrée acceptent un itérateur (ou un itérable) à la place. Et pour commencer, on peut obtenir la liste (ou le tuple) des éléments d'un itérateur avec :

```
sage: list(binomial(8, i) for i in xrange(9))
[1, 8, 28, 56, 70, 56, 28, 8, 1]
sage: tuple(binomial(8, i) for i in xrange(9))
(1, 8, 28, 56, 70, 56, 28, 8, 1)
```

---

5. Détail technique : xrange renvoie un itérateur sur {0,...,8} alors que range en renvoie la liste. À partir de Python 3.0, range se comportera comme xrange, et on pourra oublier ce dernier.

Considérons maintenant les fonctions `all` et `any` (qui dénotent respectivement le *et* et le *ou n*-aire) :

```
sage: all([True, True, True, True])
True
sage: all([True, False, True, True])
False
sage: any([False, False, False, False])
False
sage: any([False, False, True, False])
True
```

L'exemple suivant vérifie que tous les entiers premiers entre 3 et 99 sont impairs :

```
sage: all( is_odd(p) for p in xrange(3,100) if is_prime(p) )
True
```

Les *nombres de Mersenne* M_p sont les nombres de la forme $2^p - 1$. Ici nous vérifions, pour $p < 1000$, que si M_p est premier alors p est premier aussi :

```
sage: def mersenne(p): return 2^p - 1
sage: [ is_prime(p) for p in range(1000) if is_prime(mersenne(p)) ]
[True, True, True, True, True, True, True, True, True, True,
 True, True, True, True]
```

La réciproque est-elle vraie ?

Exercice 56. Essayer les deux commandes suivantes et expliquer la différence considérable de temps de calcul :

```
sage: all( [ is_prime(mersenne(p)) for p in range(1000) if is_prime(p)] )
False
sage: all(  is_prime(mersenne(p)) for p in range(1000) if is_prime(p)  )
False
```

On cherche maintenant à trouver le plus petit contre-exemple. Pour cela on utilise la fonction Sage `exists` :

```
sage: exists( (p for p in range(1000) if is_prime(p)),
....:          lambda p: not is_prime(mersenne(p)) )
(True, 11)
```

Alternativement, on peut construire un itérateur sur tous les contre-exemples :

```
sage: contre_exemples = (p for p in range(1000) \
....:       if is_prime(p) and not is_prime(mersenne(p)))
sage: contre_exemples.next()
11
sage: contre_exemples.next()
23
```

Exercice 57. Que font les commandes suivantes ?

```
sage: cubes = [t**3 for t in range(-999,1000)]
```

```
sage: exists([(x,y) for x in cubes for y in cubes], lambda (x,y): x+y == 218)
sage: exists(((x,y) for x in cubes for y in cubes), lambda (x,y): x+y == 218)
```

Laquelle des deux dernières est-elle la plus économe en temps ? En mémoire ? De combien ?

Exercice 58. Essayer tour à tour les commandes suivantes, et expliquer leurs résultats. Attention : il sera nécessaire d'interrompre l'exécution de certaines de ces commandes en cours de route.

```
sage: x = var('x'); sum( x^len(s) for s in Subsets(8) )
```

```
sage: sum( x^p.length() for p in Permutations(3) )
```

```
sage: factor(sum( x^p.length() for p in Permutations(3) ))
```

```
sage: P = Permutations(5)
sage: all( p in P for p in P )
```

```
sage: for p in GL(2, 2): print p; print
```

```
sage: for p in Partitions(3): print p
```

```
sage: for p in Partitions(): print p
```

```
sage: for p in Primes(): print p
```

```
sage: exists( Primes(), lambda p: not is_prime(mersenne(p)) )
```

```
sage: contre_exemples = (p for p in Primes() if not is_prime(mersenne(p)))
sage: for p in contre_exemples: print p
```

Opérations sur les itérateurs. Python fournit de nombreux utilitaires pour manipuler des itérateurs ; la plupart d'entre eux font partie de la bibliothèque `itertools` que l'on peut importer avec :

```
sage: import itertools
```

Nous en montrons quelques applications, en prenant comme point de départ l'ensemble des permutations de 3 :

```
sage: list(Permutations(3))
[[1, 2, 3], [1, 3, 2], [2, 1, 3], [2, 3, 1], [3, 1, 2], [3, 2, 1]]
```

Nous pouvons énumérer les éléments d'un ensemble en les numérotant,

```
sage: list(enumerate(Permutations(3)))
[(0, [1, 2, 3]), (1, [1, 3, 2]), (2, [2, 1, 3]),
 (3, [2, 3, 1]), (4, [3, 1, 2]), (5, [3, 2, 1])]
```

sélectionner les éléments en position 2, 3 et 4 (analogue de l[1:4]),

```
sage: list(itertools.islice(Permutations(3), 1, 4))
[[1, 3, 2], [2, 1, 3], [2, 3, 1]]
```

appliquer une fonction sur tous les éléments,

```
sage: list(itertools.imap(lambda z: z.cycle_type(), Permutations(3)))
[[1, 1, 1], [2, 1], [2, 1], [3], [3], [2, 1]]
```

ou sélectionner les éléments vérifiant un certain prédicat :

```
sage: list(itertools.ifilter(lambda z: z.has_pattern([1,2]),
....:                        Permutations(3)))
[[1, 2, 3], [1, 3, 2], [2, 1, 3], [2, 3, 1], [3, 1, 2]]
```

Dans toutes ces situations, `attrcall` peut être une alternative avantageuse à la création d'une fonction anonyme :

```
sage: list(itertools.imap(attrcall("cycle_type"), Permutations(3)))
[[1, 1, 1], [2, 1], [2, 1], [3], [3], [2, 1]]
```

Implantation de nouveaux itérateurs. Il est possible de construire très facilement de nouveaux itérateurs, en utilisant le mot clef `yield` — déjà vu en §12.2.2 — plutôt que `return` dans une fonction :

```
sage: def f(n):
....:     for i in range(n):
....:         yield i
```

À la suite du `yield`, l'exécution n'est pas arrêtée, mais seulement suspendue, et prête à reprendre au même point. Le résultat de la fonction est alors un itérateur sur les valeurs successives renvoyées par `yield` :

```
sage: g = f(4)
sage: g.next()
0
sage: g.next()
1
sage: g.next()
2
sage: g.next()
3

sage: g.next()
Traceback (most recent call last):
  ...
StopIteration
```

En utilisation courante, cela donnera :

```
sage: [ x for x in f(5) ]
[0, 1, 2, 3, 4]
```

Ce paradigme de programmation, appelé *continuation*, est très utile en combinatoire, surtout quand on le combine avec la récursivité. Voici comment engendrer tous les mots de longueur ℓ sur un alphabet donné :

```
sage: def words(alphabet,l):
....:     if l == 0: yield []
....:     else:
....:         for word in words(alphabet, l-1):
....:             for l in alphabet: yield word + [l]
sage: [ w for w in words(['a','b'], 3) ]
[['a', 'a', 'a'], ['a', 'a', 'b'], ['a', 'b', 'a'], ['a', 'b', 'b'],
 ['b', 'a', 'a'], ['b', 'a', 'b'], ['b', 'b', 'a'], ['b', 'b', 'b']]
```

On peut les compter avec :

```
sage: sum(1 for w in words(['a','b','c','d'], 10))
1048576
```

Compter les mots un par un n'est évidemment pas une méthode efficace dans ce cas, puisque l'on pourrait utiliser la formule n^ℓ ; au moins cela ne consomme quasiment aucune mémoire.

On considère maintenant les mots de Dyck, c'est-à-dire les mots bien parenthésés en les lettres « (» et «) ». La fonction ci-dessous engendre tous les mots de Dyck d'une longueur donnée (où la longueur est le nombre de paires de parenthèses), en utilisant la définition récursive disant qu'un mot de Dyck est soit vide, soit de la forme $(w_1)w_2$ avec w_1 et w_2 des mots de Dyck :

```
sage: def dyck_words(l):
....:     if l == 0: yield ''
....:     else:
....:         for k in range(l):
....:             for w1 in dyck_words(k):
....:                 for w2 in dyck_words(l-k-1):
....:                     yield '(' + w1 + ')' + w2
```

Voici tous les mots de Dyck de longueur 4 :

```
sage: list(dyck_words(4))
['()()()()', '()()(())', '()(())()', '()(())()', '()((()))',
 '(())()()', '(())(())', '(()())()', '((()))()', '(()()())',
 '(()(()))', '((())())', '((()()))', '(((())))']
```

On retrouve, en les comptant, une suite bien connue :

```
sage: [ sum(1 for w in dyck_words(l)) for l in range(10) ]
[1, 1, 2, 5, 14, 42, 132, 429, 1430, 4862]
```

Exercice 59. Construire un itérateur sur l'ensemble C_n des arbres binaires complets à n feuilles (voir §15.1.2).

Indication : Sage 5.9 n'a pas encore de structure de donnée native pour représenter des arbres binaires complets. Une manière simple de représenter des arbres est de définir une variable formelle Leaf pour les feuilles et une fonction formelle Node d'arité 2 :

```
sage: Leaf = var('Leaf'); Node = function('Node', nargs=2)
```

Le deuxième arbre de la figure 15.1 peut alors être représenté par l'expression :

```
sage: tree = Node(Node(Leaf, Node(Leaf, Leaf)), Leaf)
```

15.3 Constructions

Nous allons voir maintenant comment construire de nouveaux ensembles à partir de briques de base. En fait, nous avons déjà commencé à le faire lors de la construction de $\mathcal{P}(\mathcal{P}(\mathcal{P}(\{1,2,3,4\})))$ dans la section précédente, ou pour construire des ensembles de cartes en §15.1.

Considérons un produit cartésien un peu conséquent :

```
sage: C = CartesianProduct(Compositions(8), Permutations(20)); C
Cartesian product of Compositions of 8, Standard permutations of 20
sage: C.cardinality()
311411457046609920000
```

Il ne serait évidemment pas envisageable de construire la liste de tous les éléments de ce produit cartésien.

Pour l'instant, la construction `CartesianProduct` ignore les propriétés algébriques de ses arguments. Cela est partiellement corrigé en Sage 5.9, avec la construction `cartesian_product`. À terme, les deux constructions seront fusionnées et, dans l'exemple suivant, H sera à la fois muni des opérations combinatoires usuelles, mais aussi de sa structure de groupe produit :

```
sage: G = DihedralGroup(4)
sage: H = cartesian_product([G,G])
```

Nous construisons maintenant l'union disjointe de deux ensembles :

```
sage: C = DisjointUnionEnumeratedSets([Compositions(4),Permutations(3)])
sage: C
Disjoint union of Family (Compositions of 4, Standard permutations of 3)
sage: C.cardinality()
14
sage: C.list()
[[1, 1, 1, 1], [1, 1, 2], [1, 2, 1], [1, 3], [2, 1, 1], [2, 2], [3, 1],
[4], [1, 2, 3], [1, 3, 2], [2, 1, 3], [2, 3, 1], [3, 1, 2], [3, 2, 1]]
```

On peut faire une union disjointe de plus de deux ensembles, voire même d'une infinité d'entre eux. Nous allons construire l'ensemble de toutes les permutations, vu comme l'union de tous les ensembles P_n des permutations de taille n. On commence par construire la famille infinie $F = (P_n)_{n \in \mathbb{N}}$:

```
sage: F = Family(NonNegativeIntegers(), Permutations); F
Lazy family (Permutations(i))_{i in Non negative integers}
sage: F.keys()
Non negative integers
sage: F[1000]
Standard permutations of 1000
```

On peut maintenant construire l'union disjointe $\bigcup_{n \in \mathbb{N}} P_n$:

```
sage: U = DisjointUnionEnumeratedSets(F); U
Disjoint union of
Lazy family (Permutations(i))_{i in Non negative integers}
```

C'est un ensemble infini :

```
sage: U.cardinality()
+Infinity
```

ce qui n'empêche pas d'itérer à travers ses éléments, quoiqu'il faille bien entendu interrompre le calcul à un moment donné :

```
sage: for p in U: p
[]
[1]
[1, 2]
[2, 1]
[1, 2, 3]
[1, 3, 2]
[2, 1, 3]
[2, 3, 1]
[3, 1, 2]
...
```

Note : on aurait pu construire l'ensemble ci-dessus directement avec :

```
sage: U = Permutations(); U
Standard permutations
```

Synthèse. En résumé, Sage fournit une bibliothèque d'ensembles énumérés usuels, qui peuvent être combinés entre eux par les constructions usuelles, ce qui donne une boîte à outils flexible, quoique encore loin d'être aboutie. Il est de plus possible d'ajouter en quelques lignes de nouvelles briques dans Sage (voir le code de `FiniteEnumeratedSets().example`). Cela est rendu possible par l'uniformité des interfaces et le fait que Sage soit basé sur un langage orienté objet. D'autre part, on peut manipuler des ensembles très grands, voire infinis, grâce aux stratégies d'évaluation paresseuse (itérateurs, etc.).

Il n'y a rien de magique : en arrière-boutique, Sage se contente d'appliquer les règles usuelles de calcul (par exemple, la cardinalité de $E \times E$ vaut $|E|^2$) ; la valeur ajoutée provient de la possibilité de manipuler des constructions compliquées. La situation est à rapprocher de l'analyse où, pour dériver une formule, Sage se contente d'appliquer les règles usuelles de dérivation des fonctions usuelles et de leur composition, et où la valeur ajoutée vient de la possibilité de manipuler des formules compliquées. En ce sens, Sage implante un *calculus* sur les ensembles dénombrables.

15.4 Algorithmes génériques

15.4.1 Génération lexicographique de listes d'entiers

Parmi les ensembles énumérés classiques, en particulier en combinatoire algébrique, un certain nombre sont composés de listes d'entiers de somme fixée comme par exemple les partitions, les compositions ou les vecteurs d'entiers. Ces

ensembles peuvent de plus avoir des contraintes supplémentaires. Voici quelques
exemples. Tout d'abord, les vecteurs d'entiers de somme 10 et de longueur 3,
dont les parts sont entre 2 et 5, et respectivement bornées inférieurement par 2, 4
et 2 :

```
sage: IntegerVectors(10, 3, min_part = 2, max_part = 5,
....:                   inner = [2, 4, 2]).list()
[[4, 4, 2], [3, 5, 2], [3, 4, 3], [2, 5, 3], [2, 4, 4]]
```

Les compositions de 5 dont chaque part est au plus 3, et dont la longueur est
entre 2 et 3 inclus :

```
sage: Compositions(5, max_part = 3,
....:                   min_length = 2, max_length = 3).list()
[[3, 2], [3, 1, 1], [2, 3], [2, 2, 1], [2, 1, 2], [1, 3, 1],
 [1, 2, 2], [1, 1, 3]]
```

Les partitions de 5 strictement décroissantes :

```
sage: Partitions(5, max_slope = -1).list()
[[5], [4, 1], [3, 2]]
```

Ces ensembles partagent la même algorithmique sous-jacente, implantée dans la
classe plus générale — et un peu plus lourde d'utilisation — `IntegerListsLex`.
Cette dernière permet de modéliser des ensembles de vecteurs $(\ell_0, \ldots, \ell_k)$ d'entiers
non négatifs, avec des contraintes de somme, de longueur et de bornes sur les
parts et sur les différences entre parts consécutives. Voici quelques exemples :

```
sage: IntegerListsLex(10, length=3, min_part = 2, max_part = 5,
....:                   floor = [2, 4, 2]).list()
[[4, 4, 2], [3, 5, 2], [3, 4, 3], [2, 5, 3], [2, 4, 4]]
```

```
sage: IntegerListsLex(5, min_part = 1, max_part = 3,
....:                   min_length = 2, max_length = 3).list()
[[3, 2], [3, 1, 1], [2, 3], [2, 2, 1], [2, 1, 2], [1, 3, 1],
 [1, 2, 2], [1, 1, 3]]
```

```
sage: IntegerListsLex(5, min_part = 1, max_slope = -1).list()
[[5], [4, 1], [3, 2]]
```

```
sage: list(Compositions(5, max_length=2))
[[5], [4, 1], [3, 2], [2, 3], [1, 4]]
```

```
sage: list(IntegerListsLex(5, max_length=2, min_part=1))
[[5], [4, 1], [3, 2], [2, 3], [1, 4]]
```

L'intérêt du modèle de `IntegerListsLex` provient du bon compromis entre
généralité et efficacité de l'itération. L'algorithme principal permet en effet d'itérer
à travers les éléments d'un ensemble S dans l'ordre lexicographique inverse, et
en complexité constante amortie (CAT), sauf cas dégénéré ; en gros, le temps
nécessaire pour parcourir tous les éléments est proportionnel au nombre de ces

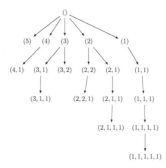

FIGURE 15.4 – L'arbre préfixe des partitions de 5.

éléments, ce qui est optimal. De plus, la mémoire utilisée est proportionnelle au plus gros élément rencontré, c'est-à-dire négligeable en pratique.

Cet algorithme repose sur un principe très général de parcours d'arbre de décision (ou *branch and bound*) : au plus haut niveau, on parcourt tous les choix possibles pour la première part ℓ_0 du vecteur ; pour chaque choix pour ℓ_0, on parcourt récursivement tous les choix pour ℓ_1, et ainsi de suite. Mathématiquement parlant, on a mis une structure d'arbre préfixe sur les éléments de S : un nœud de l'arbre à la profondeur k correspond à un préfixe $\ell_0, \ldots, \ell_k$ d'un (ou plusieurs) éléments de S (voir figure 15.4).

Le problème usuel dans ce type d'approche est d'éviter les mauvaises décisions amenant à sortir de l'arbre préfixe et à l'exploration de branches mortes, ce d'autant que la croissance du nombre d'éléments avec la profondeur est exponentielle. Il se trouve que les contraintes évoquées ci-dessus sont suffisamment simples pour garantir la propriété suivante : étant donné un préfixe $\ell_0, \ldots, \ell_k$ de S, l'ensemble des ℓ_{k+1} tels que $\ell_0, \ldots, \ell_{k+1}$ est un préfixe de S est soit vide, soit un intervalle de la forme $[a, b]$, et les bornes a et b peuvent être calculées en temps linéaire en la longueur du plus long élément de S ayant $\ell_0, \ldots, \ell_k$ comme préfixe.

À noter : cet algorithme a été originellement développé et implanté dans MuPAD-Combinat et porté à l'identique sous Sage ; cette implantation n'est pas robuste en cas d'entrées subtilement incohérentes, ce qui peut donner des résultats surprenants.

Par exemple, l'exemple suivant devrait donner l'ensemble des partitions de 9 croissantes et strictement décroissantes, ce que [5, 5] ne vérifie clairement pas :

```
sage: Partitions(9, max_slope=-1, min_slope=0).list()
[[9], [5, 5]]
```

15.4.2 Points entiers dans les polytopes

Si l'algorithme d'itération de `IntegerListsLex` est efficace, son algorithme de comptage est naïf : il se contente d'itérer à travers tous les éléments.

Il y a une approche alternative pour traiter ce problème : modéliser les listes d'entiers désirées comme l'ensemble des points entiers d'un polytope, c'est-à-dire l'ensemble des solutions à coordonnées entières d'un système d'inéquations linéaires. C'est un cadre très général pour lequel il existe des algorithmes de comptage avancés (par exemple celui de Barvinok), qui sont implantés dans des bibliothèques comme LattE. L'itération ne pose en principe pas de grosse difficulté. Il y a cependant deux limitations qui justifient l'existence de IntegerListsLex. La première est d'ordre théorique : les points d'entiers d'un polytope ne permettent de modéliser que des problèmes en dimension (longueur) fixe ; la deuxième d'ordre pratique : à l'heure actuelle seule la bibliothèque PALP a une interface avec Sage ; si elle offre de multiples fonctionnalités sur l'étude des polytopes, pour ce qui nous intéresse ici elle ne permet que de construire la liste des points entiers, sans fournir d'itérateur ni de comptage non naïf :

```
sage: A = random_matrix(ZZ,3,6,x=7)
sage: L = LatticePolytope(A)
sage: L.points()
[1 6 6 2 5 5 6 5 4 5 4 5 4 2 5 3 4 5 3 4 5 3 3]
[4 4 2 6 4 1 3 2 3 3 4 4 3 4 3 4 4 4 4 4 4 5 5]
[3 1 1 6 5 1 1 2 2 2 2 2 3 3 3 3 3 3 4 4 4 4 5]
sage: L.npoints()
23
```

Ce polytope peut être visualisé en 3D avec L.plot3d() (voir figure 15.5).

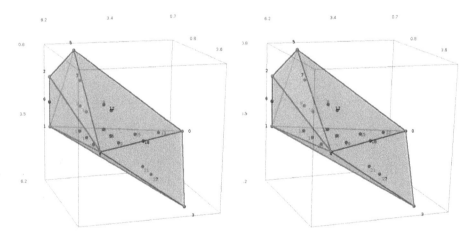

FIGURE 15.5 – Le polytope L et ses points entiers, en vision stéréographique yeux croisés.

15.4.3 Espèces, classes combinatoires décomposables

En §15.1.2, nous avons montré comment utiliser la définition récursive des arbres binaires complets pour les dénombrer efficacement au moyen de séries génératrices. Les techniques exposées sont très générales, et s'appliquent dès qu'un ensemble peut être défini récursivement (selon les communautés, un tel ensemble est appelé classe combinatoire décomposable ou espèce combinatoire). Cela inclut toutes les variétés d'arbres, mais aussi les permutations, les compositions, les graphes fonctionnels, etc.

Nous nous contentons ici d'illustrer quelques exemples d'utilisation de la bibliothèque de Sage sur les espèces combinatoires :

```
sage: from sage.combinat.species.library import *
sage: o = var('o')
```

Nous commençons par redéfinir les arbres binaires complets ; pour cela, on stipule l'équation de récurrence directement sur les ensembles :

```
sage: BT = CombinatorialSpecies()
sage: Leaf = SingletonSpecies()
sage: BT.define( Leaf + (BT*BT) )
```

On peut maintenant construire l'ensemble des arbres à cinq nœuds, les énumérer, les compter, etc :

```
sage: BT5 = BT.isotypes([o]*5); BT5.cardinality()
14
sage: BT5.list()
[o*(o*(o*(o*o))), o*(o*((o*o)*o)), o*((o*o)*(o*o)), o*((o*(o*o))*o),
 o*(((o*o)*o)*o), (o*o)*(o*(o*o)), (o*o)*((o*o)*o), (o*(o*o))*(o*o),
 ((o*o)*o)*(o*o), (o*(o*(o*o)))*o, (o*((o*o)*o))*o, ((o*o)*(o*o))*o,
 ((o*(o*o))*o)*o, (((o*o)*o)*o)*o]
```

Les arbres sont construits en utilisant une structure de donnée récursive générique ; l'affichage ne peut donc être fameux ; pour faire mieux, il faudrait fournir à Sage une structure de donnée plus spécialisée, avec l'affichage désiré.

On retrouve la série génératrice des nombres de Catalan :

```
sage: g = BT.isotype_generating_series(); g
x + x^2 + 2*x^3 + 5*x^4 + 14*x^5 + O(x^6)
```

qui est renvoyée sous forme d'une série paresseuse :

```
sage: g[100]
227508830794229349661819540395688853956041682601541047340
```

Nous finissons avec les mots de Fibonacci, qui sont les mots binaires sans deux « 1 » consécutifs (voir §3.2.3). Ils admettent une définition récursive naturelle :

```
sage: Eps = EmptySetSpecies(); Z0 = SingletonSpecies()
sage: Z1 = Eps*SingletonSpecies()
sage: FW = CombinatorialSpecies()
sage: FW.define(Eps + Z0*FW + Z1*Eps + Z1*Z0*FW)
```

On reconnaît la fameuse suite de Fibonacci, d'où le nom :

```
sage: L = FW.isotype_generating_series().coefficients(15); L
[1, 2, 3, 5, 8, 13, 21, 34, 55, 89, 144, 233, 377, 610, 987]
```

```
sage: sloane_find(L)
```

```
Searching Sloane's online database...
[[45, 'Fibonacci numbers: F(n) = F(n-1) + F(n-2),
  F(0) = 0, F(1) = 1, F(2) = 1, ...',
  [0, 1, 1, 2, 3, 5, 8, 13, 21, 34, 55, 89, 144, 233, ...
```

ce qui est une conséquence directe de l'équation de récurrence. Là encore, on peut aussi générer immédiatement tous les mots de Fibonacci d'une longueur donnée, avec les mêmes limitations de l'affichage générique :

```
sage: FW3 = FW.isotypes([o]*3)
sage: FW3.list()
[o*(o*(o*{})), o*(o*(({}*o)*{})), o*((({}*o)*o)*{}),
  (({}*o)*o)*(o*{}), (({}*o)*o)*(({}*o)*{})]
```

En remplaçant o par 0, {}*o par 1, en oubliant les parenthèses et le dernier {}, on lit respectivement 000, 001, 010, 100 et 101.

15.4.4   Graphes à un isomorphisme près

Nous avons vu en §15.2.3 que Sage pouvait engendrer les graphes et les ordres partiels à un isomorphisme près. Nous allons maintenant décrire l'algorithme sous-jacent, qui est le même dans les deux cas, et couvre une gamme nettement plus large de problèmes.

Commençons par quelques rappels : un graphe $G = (V, E)$ est la donnée d'un ensemble V de sommets et d'un ensemble E d'arêtes reliant ces sommets, une arête étant décrite par une paire $\{u, v\}$ de deux sommets distincts de V. Un tel graphe est dit étiqueté ; ses sommets sont typiquement numérotés par $V = \{1, 2, 3, 4, 5\}$.

Dans beaucoup de problèmes, les étiquettes sur les sommets ne jouent aucun rôle. Typiquement un chimiste voudra rechercher toutes les molécules possibles ayant une composition donnée, mettons un alcane avec $n = 8$ atomes de carbone et $2n + 2 = 18$ atomes d'hydrogène ; il recherche alors tous les graphes avec 8 sommets ayant chacun 4 voisins, et 18 sommets ayant un unique voisin. En dehors de cela, tous les atomes de carbone sont identiques, et de même pour les atomes d'hydrogène. Le problème de notre chimiste n'est pas anecdotique ; ce type d'application est en fait à l'origine d'une part importante des recherches en théorie des graphes sur les problèmes d'isomorphisme.

Lorsque l'on travaille à la main sur un petit graphe on peut, comme dans l'exemple de §15.2.3, en faire un dessin, effacer les étiquettes et « oublier » l'information géométrique sur la disposition des sommets dans le plan. En revanche, pour représenter un graphe dans un programme, on ne peut faire l'économie d'introduire des étiquettes sur les sommets pour pouvoir décrire comment sont connectées les arêtes. Pour compenser cela, on dit que deux graphes étiquetés sont *isomorphes* s'il existe une bijection des sommets du premier vers les sommets du second qui envoie les arêtes du premier sur les arêtes du second ; un *graphe non étiqueté* est alors une classe d'équivalence de graphes étiquetés.

En général, tester si deux graphes étiquetés sont isomorphes est très coûteux. Cependant, le nombre de graphes, même non étiquetés, croît très rapidement ; du coup il reste possible d'énumérer les graphes non étiquetés très efficacement en regard de leur nombre. Ainsi, le programme Nauty est capable d'énumérer les 12 005 168 graphes simples à 10 sommets en 20 secondes.

Comme en §15.4.1, le principe général de l'algorithme est d'organiser les objets à énumérer selon un arbre que l'on parcourt.

Pour cela, dans chaque classe d'équivalence de graphes étiquetés (c'est-à-dire pour chaque graphe non étiqueté) on choisit convenablement un représentant canonique. Les opérations fondamentales sont alors les suivantes :

1. vérifier si un graphe étiqueté est canonique ;

2. calculer le représentant canonique d'un graphe étiqueté.

Ces opérations, inévitables, restent coûteuses ; on cherche donc à en minimiser le nombre d'appels.

Les représentants canoniques sont de plus choisis de telle manière que, pour chaque graphe étiqueté canonique G, il existe un choix canonique d'une arête dont la suppression redonne un graphe canonique, nommé le père de G. Cette propriété permet d'organiser les représentants canoniques des graphes sur un ensemble V de sommets le long d'un arbre : à la racine, le graphe avec zéro arête ; en dessous son unique fils, le graphe avec une arête ; puis les graphes avec deux arêtes, et ainsi de suite (voir figure 15.6). L'ensemble des fils d'un graphe G peut être construit par *augmentation* en ajoutant une arête de toutes les façons possibles à G, et en sélectionnant parmi les graphes obtenus ceux qui sont encore canoniques [6]. Récursivement, on obtient alors tous les graphes canoniques.

En quoi cet algorithme est-il générique ? Considérons par exemple les graphes planaires (graphes que l'on peut dessiner dans le plan sans croisement d'arêtes) : en supprimant une arête d'un graphe planaire, on obtient de nouveau un graphe planaire ; ainsi les graphes planaires forment un sous-arbre de l'arbre précédent. Pour les engendrer, on peut réutiliser exactement le même algorithme ; il suffit de ne garder, au fur et à mesure, que les fils qui sont planaires :

```
sage: [len(list(graphs(n, property = lambda G: G.is_planar())))
....:  for n in range(7)]
[1, 1, 2, 4, 11, 33, 142]
```

De manière similaire, on peut engendrer toute famille de graphes close par suppression d'arête, et en particulier celles définies par *sous-graphes interdits*. Cela inclus par exemple

– les arbres et forêts (graphes sans cycle) ;

– les graphes bipartis (graphes sans cycle impair).

Comme application indirecte, on peut citer la génération :

– des ordres partiels, *via* la bijection avec leurs diagrammes de Hasse, ces derniers étant les graphes orientés sans cycles et sans arêtes de transitivité (arête $a \rightarrow z$ entre deux sommets reliés par un chemin $a \rightarrow b \rightarrow \cdots \rightarrow z$ de longueur deux ou plus)

---

6. Dans la pratique, une implantation efficace se doit d'exploiter les symétries de G, c'est-à-dire son groupe d'automorphismes, pour réduire le nombre de fils potentiels, et pour réduire le coût de chaque test de canonicité.

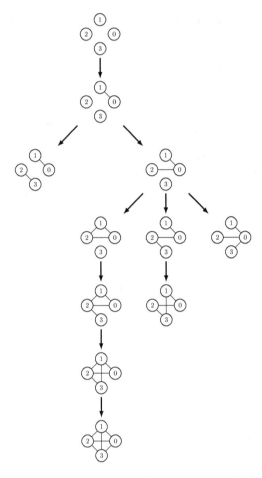

FIGURE 15.6 – L'arbre de génération des graphes simples à 4 sommets.

– des treillis (non implanté dans Sage), *via* la bijection avec les demi-treillis inférieurs obtenus par suppression du sommet maximal ; il faut de plus utiliser une augmentation par sommets plutôt que par arêtes.

Théorie des graphes

Ce chapitre présente l'étude de la théorie des graphes avec Sage, en décrivant tout d'abord la classe `Graph` (§16.1) ainsi que ses méthodes (§16.2), puis en les utilisant pour résoudre des problèmes pratiques (§16.4) ou vérifier expérimentalement des résultats théoriques (§16.3).

16.1 Construire un graphe

16.1.1 À partir de zéro

Ici les graphes sont définis comme une paire (V, E), où V représente un ensemble de sommets (*vertices* en anglais) et E un ensemble d'arêtes (*edges*), c'est-à-dire de paires non ordonnées de sommets. Le graphe représenté en figure 16.1 est défini sur l'ensemble de sommets $\{0, 1, 2, 5, 9, \text{'Madrid'}, \text{'Edimbourg'}\}$ et a pour arêtes $(1, 2)$, $(1, 5)$, $(1, 9)$, $(2, 5)$, $(2, 9)$ ainsi que ('Madrid', 'Edimbourg').

Les graphes sont sans aucune surprise représentés dans Sage par la classe `Graph` :

```
sage: g = Graph()
```

Par défaut, g est un graphe vide. L'exemple suivant illustre comment lui ajouter sommets et arêtes : lorsqu'une arête est créée, les sommets correspondants — s'ils ne sont pas déjà présents dans le graphe — sont silencieusement ajoutés. Nous contrôlons le déroulement de la procédure avec des méthodes dont les rôles sont faciles à deviner :

```
sage: g.order(), g.size()
(0, 0)
sage: g.add_vertex(0)
```

```
sage: g.order(), g.size()
(1, 0)
sage: g.add_vertices([1, 2, 5, 9])
sage: g.order(), g.size()
(5, 0)
sage: g.add_edges([(1,5), (9,2), (2,5), (1,9)])
sage: g.order(), g.size()
(5, 4)
sage: g.add_edge("Madrid", "Edimbourg")
sage: g.order(), g.size()
(7, 5)
```

Ajouter l'arête (1,2) est équivalent à ajouter l'arête (2,1). On notera de plus que les méthodes `add_vertex` et `add_edge` ont toutes les deux un « pluriel » (`add_vertices` et `add_edges`) qui prend une liste en argument et permet une écriture plus compacte (voir par exemple §16.4.1, où l'on construit un graphe après avoir généré l'ensemble de ses arêtes).

En général, Sage n'est pas regardant quant au type des objets qu'il est possible d'utiliser comme sommets d'un graphe. Il acceptera en fait tout objet Python immuable (et donc pas, au moment de la version 5.9 de Sage, des objets de la classe `Graph` eux-mêmes), c'est-à-dire tout ce qu'un dictionnaire pourrait accepter comme nom de clef (cf. §3.3.9). Il est bien entendu possible de supprimer ensuite les éléments ajoutés à l'aide des méthodes `delete_*` et d'énumérer les sommets ou les arêtes, sur lesquels nous itérerons souvent.

```
sage: g.delete_vertex(0)
sage: g.delete_edges([(1,5), (2,5)])
sage: g.order(), g.size()
(6, 3)
sage: g.vertices()
[1, 2, 5, 9, 'Edimbourg', 'Madrid']
sage: g.edges()
[(1, 9, None), (2, 9, None), ('Edimbourg', 'Madrid', None)]
```

Les arêtes d'un graphe sont en réalité pour Sage des triplets, dont la dernière entrée est une étiquette (ou *label*). Elle sert la plupart du temps à stocker des valeurs numériques — interprétées par exemple par les algorithmes de flot ou de connectivité comme des capacités, ou comme un poids pour le problème de couplage (*matching*) — et peut aussi contenir tout objet immuable. Par défaut, l'étiquette vaut `None`.

Lorsque l'on connaît à l'avance les sommets et arêtes d'un graphe, on peut le construire de manière compacte avec un dictionnaire associant à chaque sommet la liste de ses voisins :

```
sage: g = Graph({
....:         0 : [],
....:         1 : [5, 9],
....:         2 : [1, 5, 9],
....:         'Edimbourg' : ['Madrid']})
```

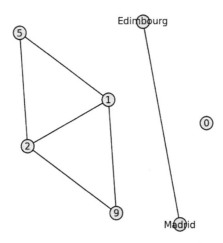

FIGURE 16.1 – Un graphe dont les sommets sont des entiers ou des chaînes de caractères.

Là encore, on peut se permettre d'oublier les lignes correspondant aux sommets 5, 9, ou 'Madrid', qui sont mentionnés comme voisins d'autres sommets. On peut également se permettre de dire que 1 est un voisin de 2 alors que 2 n'apparaît pas dans la liste des voisins de 1 : l'arête (1,2) sera bel et bien créée.

Exercice 60 (Graphes circulants). Le graphe circulant de paramètres n, d est un graphe à n sommets numérotés de 0 à $n-1$ (que l'on peut se représenter disposés le long d'un cercle), tel que deux sommets u et v sont reliés par une arête si $u \equiv v + c \bmod n$, avec $-d \leqslant c \leqslant d$. Écrire une méthode prenant en paramètres n et d, et renvoyant le graphe associé.

16.1.2   Les constructeurs disponibles

En dépit des illustrations précédentes, il est assez rare de saisir une table d'adjacence sous Sage, ou même d'énumérer manuellement une par une ses arêtes pour créer un graphe. La plupart du temps, il est plus efficace de les définir à partir des éléments de base déjà disponibles : les méthodes de `graphs.*` permettent de construire plus de soixante-dix graphes ou familles de graphes, que nous présentons maintenant. Les graphes de Chvátal et de Petersen, par exemple, sont obtenus sous Sage par les lignes suivantes :

```
sage: P = graphs.PetersenGraph()
sage: C = graphs.ChvatalGraph()
```

Commençons cette description par les petits graphes — par opposition aux familles de graphes que nous rencontrerons par la suite.

Petits graphes.   Ces graphes portent le plus souvent le nom de leur découvreur, ou d'un objet auquel ils ressemblent (une maison, une sucette, un taureau).

Ils apparaissent souvent comme contre-exemples à certaines conjectures, ou comme plus petits graphes satisfaisant telle ou telle propriété. Le graphe de

	Petits graphes	
BullGraph	ChvatalGraph	ClawGraph
DesarguesGraph	DiamondGraph	DodecahedralGraph
FlowerSnark	FruchtGraph	HeawoodGraph
HexahedralGraph	HigmanSimsGraph	HoffmanSingletonGraph
HouseGraph	HouseXGraph	IcosahedralGraph
KrackhardtKiteGraph	LollipopGraph	MoebiusKantorGraph
OctahedralGraph	PappusGraph	PetersenGraph
TetrahedralGraph	ThomsenGraph	

Petersen, par exemple, est non-planaire : il possède — simultanément — les deux mineurs interdits par le théorème de Kuratowski (K_5 et $K_{3,3}$). C'est de plus un graphe sans triangle (sa maille — *girth* — est égale à 5), 3-régulier et de nombre chromatique 3. C'est aussi un graphe sommet-transitif. Chacun de ces paramètres peut être retrouvé par Sage à l'aide des méthodes correspondantes :

```
sage: P = graphs.PetersenGraph()
sage: P.is_planar()
False
sage: P.minor(graphs.CompleteBipartiteGraph(3,3))
{0: [0], 1: [2], 2: [8], 3: [1, 6], 4: [3, 4], 5: [5, 7]}
sage: P.minor(graphs.CompleteGraph(5))
{0: [0, 5], 1: [1, 6], 2: [2, 7], 3: [3, 8], 4: [4, 9]}
sage: P.girth()
5
sage: P.is_regular(3)
True
sage: P.chromatic_number()
3
sage: P.is_vertex_transitive()
True
sage: P.show()
```

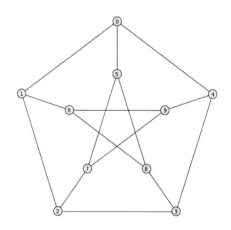

Familles de graphes. Les constructeurs présentés ici décrivent des familles de graphes, et prennent donc en argument un ou plusieurs paramètres (à une exception près, `nauty_geng`, qui ne décrit pas une famille spécifique de graphes mais l'ensemble de *tous* les graphes à isomorphisme près ; voir section 15.4.4).

Familles de graphes	
BarbellGraph	BubbleSortGraph
CircularLadderGraph	DegreeSequence
DegreeSequenceBipartite	DegreeSequenceConfigurationModel
DegreeSequenceTree	DorogovtsevGoltsevMendesGraph
FibonacciTree	FuzzyBallGraph
GeneralizedPetersenGraph	Grid2dGraph
GridGraph	HanoiTowerGraph
HyperStarGraph	KneserGraph
LCFGraph	LadderGraph
NKStarGraph	NStarGraph
OddGraph	ToroidalGrid2dGraph
nauty_geng	

Dans cette liste se trouve une généralisation (en fait, deux) du graphe de Petersen : le graphe de Kneser. Ce graphe se construit à partir de deux paramètres, n et k, et ses sommets sont les $\binom{n}{k}$ sous-ensembles de taille k de $\{1,\ldots,n\}$. Deux de ces ensembles sont adjacents si et seulement si ils sont disjoints. Les sommets du graphe de Petersen correspondent aux sous-ensembles de taille $k = 2$ d'un ensemble de taille $n = 5$:

```
sage: K = graphs.KneserGraph(5, 2); P = graphs.PetersenGraph()
sage: K.is_isomorphic(P)
True
```

Par construction, les graphes de Kneser sont eux aussi sommets-transitifs. Leur nombre chromatique est exactement $n - 2k + 2$, un résultat surprenant de Lovász prouvé par l'intermédiaire du théorème de Borsuk-Ulam — et donc par des considérations de topologie [Mat03]. Vérifions cela immédiatement, sur quelques exemples :

```
sage: all( graphs.KneserGraph(n,k).chromatic_number() == n - 2*k + 2
....:        for n in range(5,9) for k in range(2,floor(n/2)) )
True
```

Exercice 61 (Graphes de Kneser). Écrire une fonction de deux paramètres n, k renvoyant le graphe de Kneser associé, si possible sans utiliser de « if ».

Graphes élémentaires. Les graphes suivants sont les « pièces fondamentales » les plus courantes en théorie des graphes (graphes complets, bipartis complets, circulants, chemins, cycles, étoiles, etc.). Là encore, une exception à noter : `trees` ; cette méthode permet d'itérer sur l'ensemble des arbres à n sommets.

Graphes aléatoires. Cette dernière classe de graphes est très riche en propriétés. On y trouve entre autres les $G_{n,p}$ et $G_{n,m}$, qui sont les deux modèles les plus simples de graphes aléatoires.

Graphes élémentaires		
BalancedTree	CirculantGraph	CompleteBipartiteGraph
CompleteGraph	CubeGraph	CycleGraph
EmptyGraph	PathGraph	StarGraph
WheelGraph&&trees		

Les graphes $G_{n,p}$ sont définis par un entier n et un réel $0 \leqslant p \leqslant 1$. On obtient un graphe aléatoire $G_{n,p}$ sur n sommets $\{0,\dots,n-1\}$ en lançant pour chacune des $\binom{n}{2}$ paires de sommets i,j une pièce de monnaie — dont la probabilité de tomber sur « pile » est p — et en ajoutant au graphe l'arête correspondante lorsque « pile » sort.

On observe que pour tout graphe H fixé, la probabilité que $G_{n,p}$ contienne H comme sous-graphe induit [1] tend vers 1 lorsque $0 < p < 1$ est fixé et n tend vers l'infini (voir §16.3.4) :

```
sage: H = graphs.ClawGraph()
sage: def test():
....:     g = graphs.RandomGNP(20,2/5)
....:     return not g.subgraph_search(H, induced=True) is None
sage: sum( test() for i in range(100) ) >= 80
True
```

16.1.3 Unions disjointes

En plus de ces briques fondamentales, Sage permet d'effectuer des unions disjointes de graphes à l'aide de deux opérations simples mais efficaces. *L'addition de deux graphes* correspond à leur union disjointe :

```
sage: P = graphs.PetersenGraph()
sage: H = graphs.HoffmanSingletonGraph()
sage: U = P + H; U2 = P.disjoint_union(H)
sage: U.is_isomorphic(U2)
True
```

Le *produit* d'un graphe G par un entier k renvoie l'union disjointe de k copies de G :

```
sage: C = graphs.ChvatalGraph()
sage: U = 3 * C; U2 = C.disjoint_union(C.disjoint_union(C))
sage: U2.is_isomorphic(U)
True
```

La ligne suivante crée l'union disjointe de trois copies du graphe de Petersen et de deux copies du graphe de Chvátal :

```
sage: U = 3*P + 2*C
```

---

1. H est un sous-graphe induit de G s'il existe un ensemble $S \subseteq V(G)$ de sommets tel que la restriction à S de G (c'est-à-dire le graphe dont les sommets sont S et les arêtes sont les arêtes de G ne touchant que des sommets de S) est isomorphe à H. On note d'ailleurs ce sous-graphe induit $G[S]$.

Graphes aléatoires		
DegreeSequenceExpected	RandomBarabasiAlbert	RandomBipartite
RandomGNM	RandomGNP	RandomHolmeKim
RandomInterval	RandomLobster	RandomNewmanWattsStrogatz
RandomRegular	RandomShell	RandomTreePowerlaw

Il existe quantité de façons de s'assurer de ce résultat, qui sont autant d'excuses pour écrire quelques lignes de code. Par exemple, en s'assurant que chaque composante connexe est isomorphe à l'un des deux graphes :

```
sage: all( (CC.is_isomorphic(P) or CC.is_isomorphic(C))
....:          for CC in U.connected_components_subgraphs() )
True
```

ou en comptant le nombre exact de sous-graphes :

```
sage: sum( CC.is_isomorphic(P)
....:          for CC in U.connected_components_subgraphs() )
3
sage: sum( CC.is_isomorphic(C)
....:          for CC in U.connected_components_subgraphs() )
2
```

Détails techniques. Il est à noter que les opérations d'addition et de multiplication sont en termes de coût en mémoire et en temps, des *copies*. Cela peut parfois être source de lenteurs. En revanche, modifier P ou C à la suite de l'exemple précédent ne modifiera pas U. De plus, ces opérations font perdre deux informations :

– les sommets du graphe final sont renumérotés en entiers $\{0, 1, 2, \ldots\}$;

– les positions (dans le plan) des sommets ne sont pas conservées dans U.

La méthode `disjoint_union` a un comportement différent : si le graphe g contient un sommet a et le graphe h un sommet b, le graphe renvoyé par g.disjoint_union(h) contient les sommets (0,a) et (1,b). Dans le cas où a ou b ne sont pas des entiers mais tout autre objet (chaîne de caractères, tuples...) l'utilisation de cette méthode simplifie grandement le travail sur le graphe résultant de l'union.

16.1.4   Affichage des graphes

Un aspect très appréciable de l'étude des graphes sous Sage est la possibilité de les visualiser. Sans variantes ni fioritures, il suffit d'une seule commande :

```
sage: C = graphs.ChvatalGraph(); C.show()
```

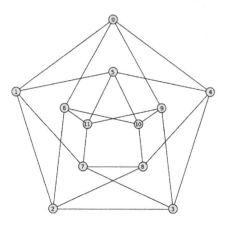

Il s'agit là d'un outil précieux pour visualiser le résultat de certaines fonctions. Ici, nous mettons en valeur un ensemble indépendant :

```
sage: C.show(partition = [C.independent_set()])
```

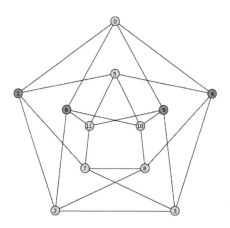

L'argument **partition** de la méthode **show** reçoit, comme son nom l'indique, une partition de l'ensemble des sommets. Une couleur est alors attribuée à chaque ensemble de la partition, afin de les séparer visuellement. Une dernière couleur est attribuée aux sommets n'apparaissant pas dans la partition. Dans notre exemple on a donc en tout deux couleurs.

Il est bien entendu possible de spécifier soi-même les couleurs que l'on souhaite attribuer aux sommets, à l'aide d'un dictionnaire et d'une syntaxe plutôt naturelle :

```
sage: C.show(vertex_colors = {
....:    "red" : [0, 1, 2],     "blue" : [3, 4, 5],
....:    "yellow" : [6, 7, 8], "purple" : [9, 10, 11]})
```

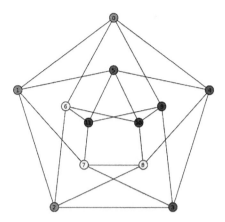

Les couleurs souhaitées n'étant pas toujours primaires ou secondaires, il est possible de les spécifier par leur code hexadécimal, comme on le ferait en HTML. Des méthodes comme `coloring` sont justement faites pour ces situations :

```
sage: C.coloring(hex_colors = True)
{'#00ffff': [3, 8, 5],      '#7f00ff': [11],
 '#ff0000': [0, 2, 7, 10], '#7fff00': [1, 4, 6, 9]}
sage: C.show(vertex_colors = C.coloring(hex_colors = True))
```

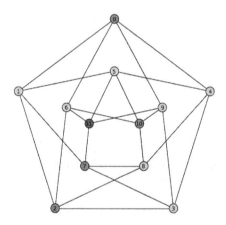

Le comportement de l'argument `edge_colors` est identique :

```
sage: from sage.graphs.graph_coloring import edge_coloring
sage: edge_coloring(C, hex_colors = True)
{'#00ffff': [(0,6), (1,2), (3,9), (4,8), (5,10), (7,11)],
 '#7f00ff': [(0,9), (1,7), (2,6), (3,4), (5,11), (8,10)],
 '#ff0000': [(0,1), (2,3), (4,5), (6,11), (7,8), (9,10)],
 '#7fff00': [(0,4), (1,5), (2,8), (3,7), (6,10), (9,11)]}
sage: C.show(edge_colors = edge_coloring(C, hex_colors = True))
```

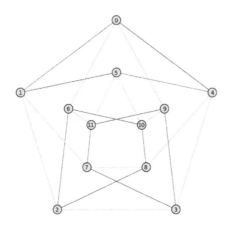

Exporter des images. Il est aussi possible d'exporter individuellement les images construites par Sage. L'exemple ci-dessous trace les graphes complets à $3, 4, ..., 12$ sommets, dans les fichiers graph0.png, ..., graph9.png.

```
sage: L = [graphs.CompleteGraph(i) for i in range(3,3+10)]
sage: for number, G in enumerate(L):
....:     G.plot().save('/tmp/' + 'graph' + str(number) + '.png')
```

Les options des commandes show et plot sont sans fin, et fort documentées. Tout au plus mentionnera-t-on l'option figsize = 15, qui précise la résolution de l'image et se révélera utile pour les graphes de grande taille.

16.2   Méthodes de la classe Graph

La classe Graph dispose de plus de 250 méthodes, en mettant de côté celles définies exclusivement dans la classe DiGraph, ou celles n'apparaissant que dans des modules annexes. Cela fait de Sage une bibliothèque expressive et complète pour la théorie des graphes, permettant de se concentrer sur l'essentiel, c'est-à-dire évitant d'avoir à programmer à longueur de temps d'autres fonctions que celles qui nous intéressent.

Comme lors de l'apprentissage de tout langage de programmation (ou bibliothèque), il est utile de parcourir au moins une fois la liste de ses fonctions afin de repérer ce dont il (ou elle) est capable. Cette section (non-exhaustive) tente de les présenter succinctement. Il est conseillé au lecteur de sacrifier les quelques minutes nécessaires à la lecture du contenu de chaque catégorie — *et même de la liste complète des méthodes disponibles* : le temps passé à le faire se révélera infiniment rentable une fois en face d'un problème de graphes! Il est aussi conseillé d'avoir près de soi une session Sage ouverte afin de pouvoir consulter la documentation des fonctions présentées (par exemple g.degree_constrained_subgraph?), certaines d'entre elles ayant plusieurs options, ou lorsque leur intitulé n'est pas assez explicite.

16.2.1 Modification de la structure d'un graphe

Bien entendu, une grande partie de la classe `Graph` contient les méthodes naturelles liées à la définition et à la modification des graphes, nécessaires bien que n'apportant pas de fonctionnalité remarquable.

Méthodes d'accès et de modification de la classe `Graph`		
`add_cycle`	`add_edge`	`add_edges`
`add_path`	`add_vertex`	`add_vertices`
`adjacency_matrix`	`allow_loops`	`allow_multiple_edges`
`allows_loops`	`allows_multiple_edges`	`clear`
`delete_edge`	`delete_edges`	`delete_multiedge`
`delete_vertex`	`delete_vertices`	`edge_iterator`
`edge_label`	`edge_labels`	`edges`
`edges_incident`	`get_vertex`	`get_vertices`
`has_edge`	`has_loops`	`has_multiple_edges`
`has_vertex`	`incidence_matrix`	`latex_options`
`loop_edges`	`loop_vertices`	`loops`
`merge_vertices`	`multiple_edges`	`name`
`neighbor_iterator`	`neighbors`	`networkx_graph`
`num_edges`	`num_verts`	`number_of_loops`
`order`	`relabel`	`remove_loops`
`remove_multiple_edges`	`rename`	`reset_name`
`save`	`set_edge_label`	`set_latex_options`
`set_vertex`	`set_vertices`	`size`
`subdivide_edge`	`subdivide_edges`	`vertex_iterator`
`vertices`	`weighted`	`weighted_adjacency_matrix`

16.2.2 Opérateurs

Dans la même lignée de méthodes apparaissent les *opérateurs*, qui renvoient un objet de type `Graph` (ou `DiGraph`). Par exemple, la méthode `complement` appliquée à G renvoie un graphe défini sur le même ensemble de sommets, dans lequel l'arête uv existe si et seulement si $uv \notin G$. La méthode `subgraph` permet de son côté d'obtenir à partir d'un graphe G le sous-graphe *induit* par un ensemble donné de sommets (voir définition page 360), opération souvent notée $G[\{v_1, \ldots, v_k\}]$.

Vérifions quelques relations élémentaires. Le complémentaire de P_5 (noté $\bar{P}_5$) est une maison, et les graphes P_4 et C_5 sont auto-complémentaires :

```
sage: P5 = graphs.PathGraph(5); House = graphs.HouseGraph()
sage: P5.complement().is_isomorphic(House)
True
sage: P4 = graphs.PathGraph(4); P4.complement().is_isomorphic(P4)
True
sage: C5 = graphs.CycleGraph(5); C5.complement().is_isomorphic(C5)
True
```

Sage définit aussi (par la méthode éponyme) le *line graph* de G — souvent noté $L(G)$ — dont les sommets correspondent aux arêtes de G, et dans lequel deux sommets sont adjacents si les arêtes correspondantes sont incidentes dans G. On trouve aussi la définition de différents produits de graphes. Dans chacun des exemples suivants, on suppose que G est le produit de G_1 par G_2, défini sur l'ensemble de sommets $V(G_1) \times V(G_2)$. Deux sommets $(u, v), (u', v') \in G$ sont adjacents si et seulement si :

PRODUIT CARTÉSIEN
cartesian_product

$$\text{ou} \begin{cases} u = u' \text{ et } vv' \in E(G_2) \\ uu' \in E(G_1) \text{ et } v = v' \end{cases}$$

PRODUIT LEXICOGRAPHIQUE
lexicographic_product

$$\text{ou} \begin{cases} uu' \in E(G_1) \\ u = u' \text{ et } vv' \in E(G_2) \end{cases}$$

PRODUIT DISJONCTIF
disjunctive_product

$$\text{ou} \begin{cases} uu' \in E(G_1) \\ vv' \in E(G_2) \end{cases}$$

PRODUIT TENSORIEL
tensor_product

$$\text{et} \begin{cases} uu' \in E(G_1) \\ vv' \in E(G_2) \end{cases}$$

PRODUIT FORT
strong_product

$$\text{ou} \begin{cases} u = u' \text{ et } vv' \in E(G_2) \\ uu' \in E(G_1) \text{ et } v = v' \\ uu' \in E(G_1) \text{ et } vv' \in E(G_2) \end{cases}$$

On peut construire la grille carrée `GridGraph` comme le produit cartésien de deux chemins :

```
sage: n = 5; Path = graphs.PathGraph(n)
sage: Grid = Path.cartesian_product(Path)
sage: Grid.is_isomorphic(graphs.GridGraph([n,n]))
True
```

Produits, opérateurs, ...

cartesian_product	categorical_product	complement
copy	disjoint_union	disjunctive_product
kirchhoff_matrix	laplacian_matrix	line_graph
lexicographic_product	strong_product	subgraph
to_directed	to_simple	to_undirected
tensor_product	transitive_closure	transitive_reduction
union		

16.2.3   Parcours de graphes et distances

Sage offre les méthodes habituelles de parcours de graphe, comme les parcours en profondeur (`depth_first_search`) et en largeur (`breadth_first_search`) qui sont les routines fondamentales des calculs de distances, de flot ou de connectivité. Il contient aussi une implémentation du moins classique `lex_BFS` (*lexicographic breadth-first search*), utilisé par exemple pour la reconnaissance des graphes cordaux (cf. `is_chordal`). Ces méthodes renvoient un ordonnancement des sommets correspondant à leur ordre de découverte [2] :

```
sage: g = graphs.RandomGNP(10, .6)
sage: list(g.depth_first_search(0))
[0, 8, 5, 4, 9, 2, 3, 7, 6, 1]
sage: list(g.breadth_first_search(0))
[0, 8, 5, 4, 1, 3, 6, 7, 9, 2]
sage: g.lex_BFS(0)
[0, 8, 5, 4, 1, 6, 7, 3, 9, 2]
```

On définit à l'aide de ces parcours la méthode `shortest_path`, qui est probablement la plus utilisée de toutes [3]. Sage permet également de calculer divers invariants liés aux distances :

- `eccentricity` : associe à un sommet v du graphe la distance maximale entre v et tout autre sommet du graphe ;
- `center` : renvoie un sommet v *central* du graphe — c'est-à-dire d'excentricité minimale ;
- `radius` : renvoie l'excentricité d'un *centre* ;
- `diameter` : renvoie la distance maximale entre deux sommets ;
- `periphery` : renvoie la liste des sommets dont l'excentricité est égale au diamètre.

Distances, parcours		
average_distance	breadth_first_search	center
depth_first_search	diameter	distance
distance_all_pairs	distance_graph	eccentricity
lex_BFS	periphery	radius
shortest_path	shortest_path_all_pairs	shortest_path_length
shortest_path_lengths	shortest_paths	

16.2.4   Flots, connectivité, couplage (matching)

Sage sait résoudre les problèmes de flot maximum (cf. §17.4.3) à l'aide de la méthode `flow` [4]. Grâce aux parcours mentionnés précédemment, il contient aussi plusieurs méthodes liées à la connectivité (`is_connected`, `edge_connectivity`, `vertex_connectivity`, `connected_components`, ...) ainsi que les conséquences du théorème de Menger :

Soient G un graphe et u, v deux de ses sommets. Les assertions suivantes sont équivalentes :

---

2. Si `lex_BFS` renvoie bien une liste de sommets, les méthodes `depth_first_search` et `breadth_first_search` sont elles des itérateurs sur les sommets, d'où l'utilisation de la méthode `list`.

3. Il est à noter que `shortest_path` ne fait pas nécessairement appel à `breadth_first_search` : lorsque les arêtes du graphe sont munies d'une distance, des implémentations de l'algorithme de Dijkstra (standard ou bidirectionnel) prennent le relais.

4. Deux implémentations sont d'ailleurs disponibles : la première suit l'algorithme de Ford-Fulkerson, la seconde est un programme linéaire.

– *la valeur du flot maximal entre u et v est k (voir* `flow`*)* ;

– *il existe k (mais pas k + 1) chemins arête-disjoints entre u et v (voir* `edge_disjoint_paths`*)* ;

– *il existe un ensemble de k arêtes dans G qui, une fois retirées du graphe, déconnectent u de v (voir* `edge_cut`*)*.

Les contreparties à ces méthodes portant sur la connectivité en terme de sommets sont `flow` (grâce à son option `vertex_bound=True`), `vertex_cut` et `vertex_disjoint_paths`.

Vérifions par exemple qu'avec (très) forte probabilité, la connectivité d'un graphe aléatoire $G_{n,p}$ est égale à son degré minimal :

```
sage: n = 30; p = 0.3; trials = 50
sage: def equality(G):
....:     return G.edge_connectivity() == min(G.degree())
sage: sum(equality(graphs.RandomGNP(n,p)) for i in range(trials))/trials
1
```

On peut aussi obtenir la décomposition d'un graphe en composantes 2-connexes ou bien son arbre de Gomory-Hu, respectivement par `blocks_and_cut_vertices` et `gomory_hu_tree`.

Puisque c'est l'une des fonctions fondamentales de la théorie des graphes, mentionnons ici la méthode `matching`, qui construit un couplage maximal par l'algorithme d'Edmonds. Les couplages sont également abordés en §16.4.2 et §17.4.2.

Flots, connectivité, ...	
`blocks_and_cut_vertices`	`connected_component_containing_vertex`
`connected_components`	`connected_components_number`
`connected_components_subgraphs`	`degree_constrained_subgraph`
`edge_boundary`	`edge_connectivity`
`edge_cut`	`edge_disjoint_paths`
`edge_disjoint_spanning_trees`	`flow`
`gomory_hu_tree`	`is_connected`
`matching`	`multicommodity_flow`
`vertex_boundary`	`vertex_connectivity`
`vertex_cut`	`vertex_disjoint_paths`

16.2.5   Problèmes NP-complets

Sage contient pour certains problèmes NP-complets des algorithmes de résolution exacte. Bien entendu, ces problèmes peuvent demander selon les cas de grands temps de calcul, mais les instances réelles ont souvent le bon goût d'être plus faciles à résoudre que les contre-exemples théoriques. Il est par exemple possible de résoudre les problèmes d'optimisation suivants.

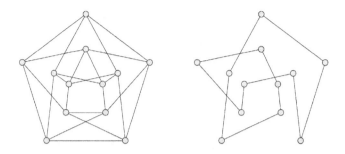

FIGURE 16.2 – Le graphe de Chvátal et un cycle hamiltonien de celui-ci.

Cliques et ensemble indépendant maximum. Une clique maximum d'un graphe est un ensemble de sommets deux à deux adjacents de cardinal maximum (non-adjacents dans le cas de l'ensemble indépendant). Une application de ce type de problème est présentée en §16.4.1. L'algorithme utilisé est celui du programme Cliquer [NO].

Méthodes : `clique_maximum`, `independent_set`

Coloration de sommets, d'arêtes. Une coloration propre des sommets d'un graphe est une affectation de couleurs aux sommets telle que deux sommets adjacents possèdent des couleurs différentes. Sage possède plusieurs fonctions de calcul exact pour certaines colorations, utilisant la plupart du temps la programmation linéaire ou l'algorithme *Dancing Links*. Le lecteur trouvera en §16.3.1 l'explication d'un algorithme simple, mais non optimal, de coloration.

Méthodes : `chromatic_number`, `coloring`, `edge_coloring`[1], `grundy_coloring`[1].

Ensemble dominant. Un ensemble S de sommets d'un graphe est dit dominant si tout sommet v de G est voisin d'un élément de S — on dit alors qu'il est *dominé* — ou s'il est lui-même membre de S. L'ensemble de tous les sommets étant trivialement dominant, le problème associé consiste à minimiser la taille de l'ensemble S. Ce problème est résolu dans Sage à l'aide de la programmation linéaire.

Méthode : `dominating_set`

Cycle hamiltonien, voyageur de commerce. Un graphe G est dit *hamiltonien* s'il possède un cycle passant une fois et une seule par chacun des sommets de G. Contrairement au problème de cycle *eulérien* — le cycle doit alors passer une fois et une seule par chaque *arête* de G — ce problème est NP-complet, et se résout dans Sage par la programmation linéaire comme un cas particulier du problème du *voyageur de commerce*.

Nous illustrons la fonction `hamiltonian_cycle`, qui renvoie un cycle hamiltonien lorsqu'un tel cycle existe (figure 16.2) :

---

1. Ces méthodes ne sont pas directement accessibles par la classe `Graph`. Pour y accéder, ainsi qu'à d'autres fonctions de coloration, consulter le module `graph_coloring`.

```
sage: g = graphs.ChvatalGraph(); cycle = g.hamiltonian_cycle()
sage: g.show(vertex_labels = False); cycle.show(vertex_labels = False)
```

Méthodes : `is_hamiltonian`, `hamiltonian_cycle`,
`traveling_salesman_problem`

Problèmes divers. Sage sait aussi calculer le *genre* d'un graphe (`genus`), des *coupes maximales* (`max_cut`), des *arbres de Steiner* (`steiner_tree`), etc. Il permet aussi de résoudre des problèmes existentiels comme les multiflots entiers (`multicommodity_flow`), le test d'existence de mineurs (`minor` — recherche d'un mineur isomorphe à un graphe donné) ou la recherche de sous-graphes (`subgraph_search`).

Bien que la complexité théorique de ces problèmes ne soit pas encore connue, des algorithmes sont disponibles pour résoudre le problème d'isomorphisme de graphes (`is_isomorphic`) ainsi que pour calculer les groupes d'automorphisme d'un graphe (`automorphism_group`).

Problèmes NP-complets (ou assimilés)	
`automorphism_group`	`characteristic_polynomial`
`chromatic_number`	`chromatic_polynomial`
`coloring`	`disjoint_routed_paths`
`edge_coloring`	`dominating_set`
`genus`	`hamiltonian_cycle`
`independent_set_of_representatives`	`is_hamiltonian`
`is_isomorphic`	`max_cut`
`minor`	`multicommodity_flow`
`multiway_cut`	`subgraph_search`
`traveling_salesman_problem`	`steiner_tree`
`vertex_cover`	

16.2.6 Reconnaissance et test de propriétés

Quantité de problèmes NP-complets possèdent un algorithme de résolution efficace (linéaire, quadratique...) lorsque les graphes appartiennent à une classe particulière. Il est par exemple trivial de résoudre un problème de clique maximum sur un graphe cordal, et il est polynomial (bien que compliqué) de calculer une coloration optimale des sommets d'un graphe parfait. Sage possède des algorithmes de reconnaissance pour certaines classes élémentaires de graphes : forêts (`is_forest`), arbres (`is_tree`), graphes bipartis (`is_bipartite`), graphes eulériens (`is_eulerian`), graphes réguliers (`is_regular`), etc. Il est également possible d'identifier les classes suivantes.

Graphes cordaux. Un graphe est dit *cordal* s'il n'admet aucun cycle de taille supérieure à quatre comme sous-graphe induit. De façon équivalente, tout graphe cordal peut être décomposé en retirant séquentiellement des sommets dont le voisinage est un graphe complet (cet ordre de décomposition est appelé *ordonnancement d'élimination parfaite*). Ces graphes sont reconnus à l'aide d'un *parcours lexicographique en largeur* (`lex_BFS`).

Méthode : `is_chordal`

Graphes d'intervalle. Soit $\mathcal{I} = \{I_1, \ldots, I_n\}$ un ensemble fini d'intervalles de l'ensemble des réels. On définit à partir de $\mathcal{I}$ un graphe G sur n sommets $\{1, \ldots, n\}$, les sommets i et j étant adjacents si et seulement si les intervalles I_i et I_j ont une intersection non vide. Les graphes d'intervalles sont ceux que l'on peut obtenir de cette façon. Ils constituent une sous-classe des graphes cordaux, reconnaissable en temps linéaire grâce à la structure de PQ-trees.

Méthode : `is_interval`

Graphes parfaits. Un graphe G est dit *parfait* si pour tout sous-graphe induit $G' \subseteq G$ le nombre chromatique de G' est égal à la taille maximum d'une clique (i.e., l'égalité $\chi(G') = \omega(G')$ est vérifiée). Bien que la reconnaissance de ces graphes soit un problème polynomial, les algorithmes connus sont complexes et l'implémentation de Sage utilise un algorithme exponentiel.

Méthode : `is_perfect`

Graphes sommets-transitifs. Un graphe G est dit *sommet-transitif* s'il existe pour toute paire de sommets u et v un isomorphisme $h : V(G) \mapsto V(G)$ tel que $h(u) = v$. Bien que la complexité théorique de ce problème ne soit pas établie, l'implémentation disponible dans Sage est très efficace.

Méthode : `is_vertex_transitive`

Produit cartésien de graphes. Seuls certains graphes s'expriment comme le produit cartésien d'une suite $G_1, \ldots, G_k$ de graphes. Il est d'ailleurs possible, étant donné un graphe G connexe, de trouver l'unique façon de l'écrire ainsi à l'aide d'un élégant résultat de caractérisation, facilement traduit en un algorithme polynomial.

Méthode : `is_cartesian_transitive`

De nombreuses classes de graphes trouvent, en plus de leur caractérisation par une construction (les graphes cordaux) ou une propriété particulière (les graphes parfaits), une formulation équivalente en termes de sous-graphes exclus. Cela revient à dire qu'un graphe G appartient à une classe $\mathcal{C}$ si et seulement s'il ne contient aucune occurrence d'un graphe parmi $\{G_1, \ldots, G_k\}$. On peut dans ce cas écrire un algorithme de reconnaissance qui se contente de tester l'existence de chacun de ces sous-graphes, ce que permet de faire la commande `subgraph_search`.

Reconnaissance et tests de propriétés		
is_bipartite	is_chordal	is_directed
is_equitable	is_eulerian	is_even_hole_free
is_forest	is_interval	is_odd_hole_free
is_overfull	is_regular	is_split
is_subgraph	is_transitively_reduced	is_tree
is_triangle_free	is_vertex_transitive	

16.3   Graphes en action

Il est temps de tirer parti des fonctionnalités que nous avons découvertes. Les exemples suivants ont pour motivation un prétexte pratique ou théorique, et ne sont en général pas la meilleure façon d'utiliser Sage pour résoudre les problèmes qu'ils décrivent. Ils sont souvent brutaux et énumératifs, et c'est ce qui leur donne tout leur charme : leur but est bien évidemment de constituer une liste agréable et facile à aborder d'exemples d'utilisation de la bibliothèque de graphes de Sage — tout est ici dans la forme, pas dans le fond.

16.3.1   Coloration gloutonne des sommets d'un graphe

Colorer les sommets d'un graphe consiste à affecter à chacun d'entre eux une couleur (nous considérerons ici qu'un nombre entier est une couleur respectable), de telle façon que chaque sommet possède une couleur différente de celles de ses voisins. Ceci est bien entendu possible : il suffit de choisir autant de couleurs qu'il existe de sommets dans notre graphe ; c'est pour cette raison que le problème de coloration est un problème de minimisation : trouver, étant donné un graphe G, le plus petit nombre $\chi(G)$ de couleurs permettant de colorer ses sommets sous la contrainte annoncée.

Si le calcul du nombre $\chi(G)$ est un problème difficile adossé à une impressionnante littérature, le lecteur aux vues plus pratiques sera ravi d'apprendre qu'il existe des façons expéditives d'être plus proche de l'optimal qu'en utilisant $|V|$ couleurs. À ceux-ci nous proposons l'algorithme suivant : « Coloration gloutonne des sommets d'un graphe ».

Prenons un sommet au hasard, et donnons-lui comme couleur l'entier 0. Itérativement, prenons un sommet non coloré et donnons-lui comme couleur le plus petit entier disponible non utilisé par ses voisins.

Cet algorithme ne demande que quelques lignes d'explications, et il en va de même pour le faire comprendre à Sage. Nous l'appliquons ici sur un graphe aléatoire :

```
sage: n = 100; p = 5/n; g = graphs.RandomGNP(n, p)
```

```
sage: # Ensemble de couleurs disponibles.
sage: # Dans le pire des cas, n couleurs suffisent
sage: couleurs_disponibles = Set(range(n))
```

```
sage: # Ce dictionnaire contient la couleur associée
sage: # à chaque sommet du graphe
sage: couleur = {}
sage: for u in g:
....:     interdits = Set([couleur[v] for v in g.neighbors(u)
....:                                 if v in couleur])
....:     couleur[u] = min(couleurs_disponibles - interdits)
```

```
sage: # Nombre de couleurs utilisées
```

```
sage: max(couleur.values()) + 1
6
```

Cela est sensiblement plus efficace que d'utiliser 100 couleurs. Il est cependant facile d'améliorer cet algorithme, lorsque l'on remarque que la coloration d'un graphe dépend d'une inconnue : l'ordre dans lequel les sommets sont sélectionnés. Il est vrai que nous ne gardons avec cet algorithme aucun contrôle de cet ordre, puisque nous nous contentons de les énumérer par « for u in g » ce qui minimise surtout le temps d'écriture du programme. Le chapitre 15, riche en enseignements, a abordé le sujet des ensembles énumérés par Sage, dont Permutations fait partie. Bien mieux que ça, cette classe possède une méthode random_element dont nous pouvons nous servir :

```
sage: P = Permutations([0,1,2,3]); P.random_element()
[2, 0, 1, 3]
```

Nous allons donc tenter d'obtenir de meilleurs résultats en colorant 30 fois les sommets de notre graphe dans l'ordre donné par des permutations aléatoires. Le résultat est le code suivant, que nous appliquons au graphe g déjà défini :

```
sage: couleurs_disponibles = Set(range(n))

sage: nombre_tests = 30
sage: vertices = g.vertices()
sage: P = Permutations(range(n))
sage: meilleure_coloration = {}
sage: meilleur_nombre_chromatique = +oo

sage: for t in range(nombre_tests):
....:     # Ordre aléatoire sur les sommets
....:     p = P.random_element()
....:     couleur = {}
....:     for i in range(g.order()):
....:         u = vertices[p[i]]
....:         interdits = Set([couleur[v] for v in g.neighbors(u)
....:                     if v in couleur])
....:         couleur[u] = min(couleurs_disponibles - interdits)
....:     # Mise à jour de la meilleure coloration
....:     if max(couleur.values()) + 1 < meilleur_nombre_chromatique:
....:         meilleure_coloration = couleur
....:         meilleur_nombre_chromatique = 1 + max(couleur.values())

sage: # Nombre de couleurs utilisées
sage: meilleur_nombre_chromatique
4
```

Soit un gain, tout de même ! Toute cette artillerie de mise à jour de minimum, cependant, n'était pas nécessaire. Inutile de reprogrammer ce qui l'est déjà. En Python, la très grande majorité des objets — et dans le cas présent les paires

« entier, dictionnaire » — sont comparables, et ce dans l'ordre lexicographique (on compare d'abord les premiers termes — un entier — puis le second — un dictionnaire — ce qui n'a pas beaucoup de signification ici). En récrivant nos premières lignes de code pour en faire une fonction, il est possible d'obtenir le résultat suivant :

```
sage: def coloration_gloutonne(G, permutation):
....:     n = g.order()
....:     couleurs_disponibles = Set(xrange(n))
....:     vertices = g.vertices()
....:     couleur = {}
....:     for i in range(g.order()):
....:         u = vertices[permutation[i]]
....:         interdits = Set([couleur[v] for v in g.neighbors(u)
....:                         if v in couleur])
....:         couleur[u] = min(couleurs_disponibles - interdits)
....:     return max(couleur.values()) + 1, couleur
```

Une fois cette fonction définie, faire 50 essais et récupérer le minimum est une trivialité :

```
sage: P = Permutations(range(g.order()))
sage: nombre_couleurs, coloration = min(
....:     coloration_gloutonne(g, P.random_element()) for i in range(50))
sage: nombre_couleurs
4
```

Pour colorer un graphe en utilisant le nombre minimal de couleurs, il est préférable d'utiliser la méthode `coloring`. Ce problème étant NP-complet, il faut s'attendre à des temps de calcul plus longs que lors d'une coloration gloutonne.

Exercice 62 (Ordre optimal pour la coloration gloutonne). L'algorithme de coloration gloutonne est capable de colorer un graphe avec le nombre minimum de couleurs possible (i.e. $\chi(G)$) s'il parcourt les sommets dans le bon ordre. À l'aide de la méthode `coloring`, qui calcule une coloration optimale, écrire une fonction renvoyant un ordre sur les sommets à partir duquel l'algorithme de coloration gloutonne construit une coloration optimale.

16.3.2   Générer des graphes sous contraintes

Les graphes aléatoires $G_{n,p}$ ont des propriétés de connexité très intéressantes. En particulier, leurs coupes minimales sont presque sûrement le voisinage d'un sommet : on y trouve donc des coupes dont l'une des deux composantes connexes est un sommet unique. Ceci peut aussi paraître déplaisant : tout ensemble conséquent de sommets définit une coupe dont la cardinalité est très grande devant la coupe minimale. Il est cependant possible, avec beaucoup de patience (pour obtenir de gros graphes) et quelques lignes de Sage, de produire des graphes aléatoires un peu différents. Voici la méthode que nous allons implémenter.

Fixons deux entiers n et k, le premier représentant un nombre de sommets et le second une connectivité. L'algorithme débute avec un arbre sur n sommets, *calcule une coupe minimale et ses deux ensembles correspondants. Tant que cette coupe minimale est de cardinal inférieur à $k' < k$, on ajoute au hasard $k - k'$ arêtes entre les deux ensembles.*

Comme précédemment, nous aurons besoin, étant donnés deux ensembles S et $\bar{S}$, de générer une paire d'éléments $(s, \bar{s}) \in S \times \bar{S}$. Nous utiliserons pour cela la classe `CartesianProduct` et sa méthode `random_element`.

```
sage: n = 20; k = 4; g = graphs.RandomGNP(n, 0.5)
sage: g = g.subgraph(edges = g.min_spanning_tree())
```

```
sage: while True:
....:     _, edges, [S,Sb] = g.edge_connectivity(vertices = True)
....:     cardinality = len(edges)
....:     if cardinality < k:
....:         CP = CartesianProduct(S, Sb)
....:         g.add_edges([CP.random_element()
....:                     for i in range(k - len(edges))])
....:     else:
....:         break
```

Tout est dit.

16.3.3 Appliquer un algorithme probabiliste pour trouver un grand ensemble indépendant

Bien que Sage possède une méthode `Graph.independent_set` permettant de trouver dans un graphe un ensemble indépendant (ensemble de sommets deux à deux non adjacents) de taille maximale, rien ne nous interdit d'utiliser des résultats amusants de théorie des graphes pour dénicher nous-mêmes un ensemble indépendant. On lit par exemple dans le livre « *The Probabilistic Method* » [AS00] qu'il existe dans tout graphe G un ensemble indépendant S tel que

$$|S| \geqslant \sum_{v \in G} \frac{1}{d(v) + 1}$$

où $d(v)$ représente le degré de v. La preuve de ce résultat tient dans l'algorithme suivant.

Prenons au hasard une bijection $n : V \mapsto \{1, \dots, |V|\}$, associant à chaque sommet de G un entier unique. Associons maintenant à cette fonction un ensemble indépendant S_n, défini comme étant l'ensemble des sommets de G ayant une image inférieure à celle de tous leurs voisins (sommets minimaux). Formellement, cela s'écrit :

$$S_n = \{v \in G : \forall u \text{ tel que } uv \in E(G), n(v) < n(u)\}.$$

Cet ensemble est par définition un ensemble indépendant, mais comment s'assurer de sa taille ? Il suffit en fait de se demander, pour chaque sommet,

avec quelle fréquence celui-ci apparaît dans l'ensemble S_n. Si nous considérons
l'ensemble P des bijections de V vers $\{1, \ldots, |V|\}$, nous remarquons que

$$\sum_{n \in P} |S_n| = \sum_{n \in P} \sum_{v \in G} \text{« 1 si } v \text{ est minimum pour } n, \text{ 0 sinon »}$$

$$= \sum_{v \in G} \left(\sum_{n \in P} \text{« 1 si } v \text{ est minimum pour } n, \text{ 0 sinon »} \right)$$

$$= \sum_{v \in G} \frac{|P|}{d(v)+1} = |P| \sum_{v \in G} \frac{1}{d(v)+1}.$$

Par conséquent, une telle fonction correspond en moyenne à un ensemble indépendant de taille $\sum_{v \in G} \frac{1}{d(v)+1}$. Pour espérer obtenir un ensemble de cette taille
sous Sage, nous utiliserons donc des bijections aléatoires obtenues par la classe
`Permutations`, jusqu'à obtenir l'ensemble promis par le théorème :

```
sage: g = graphs.RandomGNP(40, 0.4)
sage: P = Permutations(range(g.order()))
sage: moyenne = sum( 1/(g.degree(v)+1) for v in g )

sage: while True:
....:     n = P.random_element()
....:     S = [v for v in g if all( n[v] < n[u] for u in g.neighbors(v))]
....:     if len(S) >= moyenne:
....:         break
```

16.3.4 Trouver un sous-graphe induit dans un graphe aléatoire

Nous allons ici nous intéresser aux graphes aléatoires $G_{n,p}$, rapidement décrits
dans la section 16.1.2 portant sur les constructeurs de graphes. Comme nous
l'avions alors mentionné, ces graphes possèdent la propriété suivante.

Soit H un graphe, et $0 < p < 1$. Alors :

$$\lim_{n \to +\infty} P\left[H \text{ est un sous-graphe induit de } G_{n,p}\right] = 1$$

*ce qui signifie qu'à H et p fixés, un grand graphe aléatoire $G_{n,p}$ ne
manquera pas de contenir H comme sous-graphe induit (voir définition
page 360).*

Rendons cela plus clair : étant donné un graphe H et un grand graphe aléatoire,
il est possible de trouver une copie de H dans $G_{n,p}$, et ce en associant itérativement
à chaque sommet v_i de $V(H) = \{v_1, \ldots, v_k\}$ un représentant $h(v_i)$, où chaque v_i
est une « extension correcte » des sommets déjà sélectionnés. Nous suivons donc
l'algorithme :

– associer à v_1 un sommet aléatoire $h(v_1) \in G_{n,p}$;
– associer à v_2 un sommet aléatoire $h(v_2) \in G_{n,p}$ tel que $h(v_1)$ est adjacent à
  $h(v_2)$ dans G si et seulement si v_1 est adjacent à v_2 dans H ;

- ...
- après $j < k$ étapes, nous avons associé un représentant $h(v_i) \in G_{n,p}$ à tous les v_i $(i \leqslant j)$, de telle façon que pour tous $i, i' \leqslant j, h(v_i)h(v_{i'}) \in E(G)$ si et seulement $v_i v_{i'} \in E(H)$. Nous associons maintenant à v_{j+1} un sommet aléatoire $h(v_{j+1})$ tel que pour tout $i \leqslant j$, $h(v_{j+1})$ vérifie que $h(v_i)h(v_{j+1}) \in E(G)$ si et seulement $v_i v_{j+1} \in E(H)$;
- ...
- après k étapes, le sous-graphe de $G_{n,p}$ induit par les représentants des sommets $v_1, \ldots, v_k$ est une copie de H.

PROPOSITION. Quand n devient grand, cette stratégie fonctionne avec haute probabilité.

Démonstration. Notons $H_j = H[\{v_1, \ldots, v_j\}]$, et notons $P[H \mapsto_{\text{ind}} G_{n,p}]$ la probabilité que H soit un sous-graphe induit de $G_{n,p}$. Nous pouvons borner grossièrement la probabilité que H_j, mais pas H_{j+1}, soit un sous-graphe induit de $G_{n,p}$ de la façon suivante :

- étant donnée une copie de H_j dans un $G_{n,p}$, calculons la probabilité qu'aucun autre sommet ne puisse compléter la copie courante en une copie de H_{j+1}. La probabilité qu'un sommet soit acceptable étant de

$$p^{d_{H_{j+1}}(v_{j+1})}(1-p)^{j-d_{H_{j+1}}(v_{j+1})} \geqslant \min(p, 1-p)^j,$$

la probabilité qu'aucun des $n - j$ sommets restants ne soit acceptable est d'au plus

$$\left(1 - \min(p, 1-p)^j\right)^{n-j}.$$

- Il existe dans notre graphe au maximum $j!\binom{n}{j}$ copies différentes de H_j (en fait $\binom{n}{j}$ façons de choisir un ensemble de j sommets, et $j!$ bijections entre ces sommets et ceux de H_j).

Puisque $0 < p < 1$, nous écrivons $0 < \varepsilon = \min(p, 1-p)$; par conséquent la probabilité que H_j, mais pas H_{j+1}, soit un sous-graphe induit de $G_{n,p}$ est au plus, pour tout $j \leqslant k$ fixé,

$$j!\binom{n}{j}(1 - \varepsilon^j)^{n-j} \leqslant j!n^j(1 - \varepsilon^j)^{n-j} = o(1/n)$$

qui est asymptotiquement nulle lorsque n grandit. Finalement :

$$P[H \mapsto_{\text{ind}} G_{n,p}] \geqslant 1 - P[H_2 \mapsto_{\text{ind}} G_{n,p}, H_3 \not\mapsto_{\text{ind}} G_{n,p}]$$
$$- P[H_3 \mapsto_{\text{ind}} G_{n,p}, H_4 \not\mapsto_{\text{ind}} G_{n,p}]$$
$$\cdots$$
$$- P[H_{k-1} \mapsto_{\text{ind}} G_{n,p}, H_k \not\mapsto_{\text{ind}} G_{n,p}]$$
$$P[H \mapsto_{\text{ind}} G_{n,p}] \geqslant 1 - \sum_{j \leqslant k} j!n^j(1 - \varepsilon^j)^{n-j}$$
$$\geqslant 1 - k\, o\left(\frac{1}{n}\right). \qquad \square$$

De plus, cette démonstration nous donne un algorithme probabiliste permettant de trouver une copie d'un graphe H dans un graphe aléatoire $G_{n,p}$. Bien que cet algorithme ne trouve pas toujours une copie de H si celle-ci existe, la probabilité qu'il réussisse tend vers 1 lorsque n tend vers l'infini.

```
sage: def trouver_induit(H, G):
....:     # la fonction de V(H) vers V(G) que nous cherchons à définir
....:     f = {}
....:     # ensemble de sommets de G non encore utilisés par f
....:     G_restants = G.vertices()
....:     # L'ensemble des sommets pour lesquels nous n'avons
....:     # pas encore trouvé de représentant
....:     H_restants = H.vertices()
....:     # Tant que la fonction n'est pas complète
....:     while H_restants:
....:         v = H_restants.pop(0) # cherchons le sommet suivant de H
....:         # et ses images potentielles
....:         candidats = [u for u in G_restants if
....:             all([H.has_edge(h,v) == G.has_edge(f_h,u)
....:                 for h, f_h in f.iteritems()])]
....:         # Si nous n'en trouvons pas, nous abandonnons immédiatement !
....:         if not candidats:
....:             raise ValueError("No copy of H has been found in G")
....:         # Sinon, nous prenons le premier d'entre eux
....:         f[v] = candidats[0]
....:         G_restants.remove(f[v])
....:     return f
```

En une ligne. Pour trouver une copie d'un graphe H dans un graphe G, il est plus efficace de faire appel à la méthode `Graph.subgraph_search`.

16.4 Quelques problèmes modélisés par des graphes

16.4.1 Une énigme du journal « Le Monde 2 »

On pouvait lire dans l'exemplaire 609 du « Monde 2 » l'énigme suivante.

Quelle est la taille du plus grand ensemble $S \subseteq [0, ..., 100]$ qui ne contient pas deux entiers $i, j \in S$ tels que $|i - j|$ est un carré ?

Ce problème est facilement modélisable dans le formalisme de la théorie des graphes. La relation « $|i - j|$ est un carré ? » étant binaire et symétrique, nous commencerons par créer le graphe sur l'ensemble de sommets $[0, \ldots, 100]$ dans lequel deux sommets sont adjacents (incompatibles) si leur différence est un carré. Nous utiliserons pour cela la classe `Subsets` qui nous permet dans le cas présent d'itérer sur les sous-ensembles de taille 2.

```
sage: n = 100; V = range(n+1)
sage: G = Graph()
sage: G.add_edges([
....:      (i,j) for i,j in Subsets(V,2) if is_square(abs(i-j)) ])
```

Puisque nous sommes à la recherche d'un ensemble maximum d'éléments « compatibles », nous pouvons faire appel à la méthode `independent_set`, qui renvoie un sous-ensemble maximum d'éléments deux à deux non-adjacents.

```
sage: G.independent_set()
[4, 6, 9, 11, 16, 21, 23, 26, 28, 33, 38, 43, 50,
56, 61, 71, 76, 78, 83, 88, 93, 95, 98, 100]
```

La réponse est donc 24, et pas « 42 ». Par conséquent, l'énigme du « Monde 2 » n'était pas « La grande question sur la vie, l'univers et le reste », qu'il faudra rechercher ailleurs.

16.4.2 Affectation de tâches

Nous sommes maintenant dans la situation suivante : en face d'un important chantier, dix personnes doivent effectuer un total de dix tâches. On peut associer à chaque personne une sous-liste de tâches qui rentrent dans ses compétences. Comment distribuer les tâches afin que tout soit fait dans les règles de l'art ?

Là encore, nous commencerons par modéliser le problème par un graphe : il sera biparti, défini sur l'union $\{w_0, \ldots, w_9\} \cup \{t_0, \ldots, t_9\}$ des personnes et des tâches, et nous définirons t_i comme adjacent à w_j si w_j est capable d'effectuer t_i.

```
sage: tasks = {0: [2, 5, 3, 7], 1: [0, 1, 4],
....:      2: [5, 0, 4],          3: [0, 1],
....:      4: [8],                5: [2],
....:      6: [8, 9, 7],          7: [5, 8, 7],
....:      8: [2, 5, 3, 6, 4],    9: [2, 5, 8, 6, 1]}
sage: G = Graph()
sage: for i in tasks:
....:      G.add_edges(("w" + str(i), "t" + str(j)) for j in tasks[i])
```

Il ne nous reste plus maintenant qu'à utiliser la méthode `matching`, qui nous renverra un ensemble maximum de tâches qui peuvent être effectuées simultanément par des personnes compétentes :

```
sage: for task, worker,_ in sorted(G.matching()):
....:      print task, "peut être effectuée par", worker
t0 peut être effectuée par w2
t1 peut être effectuée par w3
t2 peut être effectuée par w5
t3 peut être effectuée par w8
t4 peut être effectuée par w1
t5 peut être effectuée par w7
t6 peut être effectuée par w9
t7 peut être effectuée par w0
```

```
t8 peut être effectuée par w4
t9 peut être effectuée par w6
```

16.4.3   Planifier un tournoi

Étant donné un nombre n d'équipes participant à un tournoi, lors duquel toutes les paires d'équipes doivent se rencontrer, comment peut-on planifier les matches de la façon la plus rapide possible, sachant que plusieurs matches peuvent avoir lieu simultanément ?

Ce problème est un cas typique d'application de la *coloration propre d'arêtes* en théorie des graphes. Ce problème consiste, étant donné un graphe G, à assigner une couleur à chaque arête afin qu'aucun sommet ne touche deux arêtes de même couleur. De manière équivalente, ce problème revient à trouver une partition des arêtes en couplages (union d'arêtes disjointes) de cardinal minimum. Dans le cas présent, nous chercherons à colorer les arêtes du graphe complet — chacune d'entre elles représentant le match devant avoir lieu entre les équipes correspondant à ses deux extrémités :

```
sage: n = 10
sage: G = graphs.CompleteGraph(n)
sage: from sage.graphs.graph_coloring import edge_coloring
sage: for jour,matches in enumerate(edge_coloring(G)):
....:     print "Matches du jour", jour, ":", matches
Matches du jour 0 : [(0, 9), (1, 8), (2, 7), (3, 6), (4, 5)]
Matches du jour 1 : [(0, 2), (1, 9), (3, 8), (4, 7), (5, 6)]
Matches du jour 2 : [(0, 4), (1, 3), (2, 9), (5, 8), (6, 7)]
Matches du jour 3 : [(0, 6), (1, 5), (2, 4), (3, 9), (7, 8)]
Matches du jour 4 : [(0, 8), (1, 7), (2, 6), (3, 5), (4, 9)]
Matches du jour 5 : [(0, 1), (2, 8), (3, 7), (4, 6), (5, 9)]
Matches du jour 6 : [(0, 3), (1, 2), (4, 8), (5, 7), (6, 9)]
Matches du jour 7 : [(0, 5), (1, 4), (2, 3), (6, 8), (7, 9)]
Matches du jour 8 : [(0, 7), (1, 6), (2, 5), (3, 4), (8, 9)]
```

Il serait aisé d'adapter cette solution au cas où tous les participants n'auraient pas à se rencontrer les uns les autres.

17

Programmation linéaire

Le chapitre présent aborde la programmation linéaire (LP), et la programmation linéaire en nombres entiers (MILP), avec force illustrations des problèmes qu'elles permettent de résoudre. Les exemples donnés seront en grande partie issus de la théorie des graphes, les plus simples pouvant être compris sans connaissance spécifique. En tant qu'outil pour la combinatoire, utiliser la programmation linéaire se réduit à comprendre comment réécrire un problème d'existence ou d'optimisation sous la forme de contraintes linéaires.

17.1 Définition

Un *programme linéaire* est un système d'équations linéaires dont on cherche une solution optimale. Formellement, on le définit par une matrice $A : \mathbb{R}^m \mapsto \mathbb{R}^n$ et deux vecteurs $b \in \mathbb{R}^n$ et $c \in \mathbb{R}^m$. Résoudre un programme linéaire revient alors à trouver un vecteur $x \in \mathbb{R}^m$ maximisant une fonction *objectif*, tout en satisfaisant un système de contraintes, i.e.,

$$c^t x = \max_{y \text{ tel que } Ay \leqslant b} c^t y$$

où la relation $u \leqslant u'$ entre deux vecteurs indique que les valeurs de u sont inférieures ou égales aux valeurs de u', composante par composante. Nous écrirons aussi :

$$\text{maximiser} : c^t x$$
$$\text{tel que} : Ax \leqslant b.$$

Le programme linéaire suivant admet pour solution $x = 4, y = 0, z = 1.6$:

$$\max : x + y + 3z$$
$$\text{tel que} : x + 2y \leqslant 4$$
$$5z - y \leqslant 8.$$

De façon équivalente, nous pourrions dire que résoudre un programme linéaire revient à trouver un point maximisant une fonction linéaire définie sur un polytope (en l'occurrence la préimage $A^{-1}(\leqslant b)$). Ces définitions ne nous expliquent cependant pas encore l'intérêt de la programmation linéaire en combinatoire, ce qui est l'objet principal du présent chapitre. Nous verrons donc comment utiliser ce formalisme pour résoudre, entre autres, les problèmes de sac à dos (§17.4.1), de couplage (§17.4.2), ou de flot (§17.4.3). Dans §17.5, nous utiliserons les générations de contraintes pour résoudre le problème d'existence de cycle hamiltonien.

17.2 Programmation entière

La définition donnée à l'instant s'accompagne d'une mauvaise nouvelle : la résolution d'un programme linéaire peut être faite en temps polynomial. C'est une mauvaise nouvelle, parce que cela signifie qu'à moins de définir des programmes linéaires de taille exponentielle, il ne serait pas possible d'utiliser cette méthode pour résoudre des problèmes NP-complets. Heureusement, tout se complique lorsque l'on ajoute comme contrainte que toutes ou certaines des composantes de x doivent être entières, et non réelles. On obtient alors, selon les cas, un programme linéaire en nombres entiers (ILP), ou bien si seulement certaines composantes doivent être entières, un programme linéaire *mixte* (en anglais *Mixed Integer Linear Program* ou MILP).

La résolution de ILP ou de MILP est elle un problème NP-complet. Nous pouvons donc en attendre beaucoup.

17.3 En pratique

17.3.1 La classe `MixedIntegerLinearProgram`

La classe `MixedIntegerLinearProgram` représente dans Sage un ... MILP ! On l'utilise cependant aussi pour résoudre des problèmes continus si nécessaire. Elle possède un nombre très réduit de méthodes, qui servent à définir le MILP, à le résoudre, puis à lire la solution obtenue. Il est aussi possible de visualiser son contenu, ou de l'exporter aux formats LP ou MPS — tous deux standards.

Pour l'illustrer, résolvons le programme linéaire présenté en §17.1. Il faut pour cela construire un objet de la classe `MixedIntegerLinearProgram`,

```
sage: p = MixedIntegerLinearProgram()
```

les 3 variables dont nous avons besoin,

```
sage: x, y, z = p['x'], p['y'], p['z']
```

la fonction objectif,

```
sage: p.set_objective( x + y + 3*z )
```

puis les contraintes :

```
sage: p.add_constraint( x + 2*y <= 4 )
sage: p.add_constraint( 5*z - y  <= 8 )
```

La méthode `solve` de `MixedIntegerLinearProgram` renvoie la valeur optimale de la fonction objectif :

```
sage: p.solve()
8.8
```

On obtient une affectation optimale pour x, y, et z en appelant la méthode `get_values` :

```
sage: p.get_values(x), p.get_values(y), p.get_values(z)
(4.0, 0.0, 1.6)
```

17.3.2 Variables

Les variables associées à une instance de `MixedIntegerLinearProgram` sont des objets de type `MIPVariable`, mais cela ne nous concerne pas vraiment. Dans l'exemple précédent, nous avons obtenu ces variables par le raccourci `p['x']`, ce qui est suffisant lorsque le nombre de variables est réduit. Les programmes linéaires que nous définirons par la suite demandant régulièrement d'associer des variables à une liste d'objets comme des entiers, les sommets d'un graphe, ou quantité d'autres choses. Il est donc nécessaire de pouvoir parler de vecteur de variables, voire de dictionnaire de variables.

Par exemple, si notre programme linéaire nécessite de définir des variables $x_1, \ldots, x_{15}$, il sera bien plus aisé de faire appel à la méthode `new_variable` :

```
sage: x = p.new_variable()
```

Il est maintenant possible de définir des contraintes en utilisant nos 15 variables :

```
sage: p.add_constraint( x[1] + x[12] - x[14] >= 8 )
```

On remarquera qu'il n'est pas nécessaire pour cela de définir la « taille » du vecteur x. En fait, x acceptera sans discuter toute clef de type immuable (cf. §3.3.7), exactement comme un dictionnaire. On peut donc se permettre d'écrire :

```
sage: p.add_constraint( x["je_suis_un_indice_valide"] + x["a",pi] <= 3 )
```

On notera au passage que ce formalisme permet l'utilisation de variables à indices multiples. Pour définir la contrainte $\sum_{0 \leqslant i,j < 4} x_{i,j} \leqslant 1$ on écrira :

```
sage: p.add_constraint( p.sum(
....:         x[i,j] for i in range(4) for j in range(4)) <= 1 )
```

La notation `x[i,j]` est équivalente à la notation `x[(i,j)]`.

Types de variables. Par défaut, les variables renvoyées par `new_variable` sont de type réel positif ou nul. Il est possible de les définir comme binaires en utilisant l'argument `binary = True` ou entières avec `integer = True`. On pourra par la suite définir ou redéfinir des bornes minimales et maximales pour les variables (par exemple pour obtenir des valeurs négatives) à l'aide des méthodes `set_min` et `set_max`. Il est aussi possible de changer le type d'une variable après sa création, à l'aide des méthodes `set_binary`, `set_integer` ou `set_real`.

17.3.3   Problèmes infaisables ou non bornés

Certains programmes linéaires n'ont, formellement, pas de solution. Il est en effet ambitieux de chercher à optimiser une fonction — même linéaire — sur un ensemble vide, ou à l'inverse sur un domaine si peu contraint que la fonction objectif n'y est pas bornée. Dans les deux cas, Sage renverra une exception lors de l'appel de la méthode `solve` :

```
sage: p = MixedIntegerLinearProgram()
sage: p.set_objective( p[3] + p[2] )
sage: p.add_constraint( p[3] <= 5 )

sage: p.solve()
Traceback (most recent call last):
  ...
MIPSolverException: 'GLPK : Solution is undefined'

sage: p.add_constraint( p[2] <= 8 )
sage: p.solve()
13.0

sage: p.add_constraint( p[3] >= 6 ); p.solve()
Traceback (most recent call last):
  ...
MIPSolverException: 'GLPK : Solution is undefined'
```

De même, la contrainte d'intégrité d'une variable peut rendre le domaine vide :

```
sage: p = MixedIntegerLinearProgram()
sage: p.set_objective( p[3] )
sage: p.add_constraint( p[3] <= 4.75 ); p.add_constraint( p[3] >= 4.25 )
sage: p.solve()
4.75
sage: p.set_integer(p[3]); p.solve()
Traceback (most recent call last):
  ...
MIPSolverException: 'GLPK : Solution is undefined'
```

Quel que soit le cas de figure, il serait déraisonnable de stopper net un code sous prétexte qu'un programme linéaire n'a pas pu être résolu ; certains programmes linéaires ont d'ailleurs pour unique but de tester *l'existence* d'une solution, et sont donc souvent infaisables. Pour gérer ces cas de figure, on utilisera le mécanisme classique « *try-except* » de Python pour l'interception des exceptions :

```
sage: try:
....:     p.solve()
....:     print "Le problème a une solution !"
....: except:
....:     print "Le problème est infaisable !"
Le problème est infaisable !
```

17.4   Premières applications à la combinatoire

Maintenant que les bases sont établies, passons à un aspect plus intéressant, la modélisation. Dans cette section se trouvent plusieurs problèmes d'optimisation ou d'existence : on commence par donner leur définition abstraite, puis une modélisation en tant que MILP, permettant d'obtenir en quelques lignes de code un algorithme pour un problème NP-complet.

17.4.1   Sac à dos

Le problème dit du « sac à dos » est le suivant. Nous avons en face de nous une série d'objets ayant tous un poids propre, ainsi qu'une « utilité » mesurée par un réel. Nous souhaitons maintenant choisir certains de ces objets en nous assurant que la charge totale ne dépasse pas une constante C, la meilleure façon de le faire étant pour nous d'optimiser la somme des utilités des objets contenus dans le sac.

Pour cela, nous associerons à chaque objet o d'une liste L une variable binaire `prendre[o]`, valant 1 si l'objet doit être mis dans le sac, et 0 sinon. Nous cherchons donc à résoudre le MILP suivant :

$$\max : \sum_{o \in L} \text{utilité}_o \times \text{prendre}_o$$

$$\text{tel que} : \sum_{o \in L} \text{poids}_o \times \text{prendre}_o \leqslant C.$$

Sous Sage, nous associerons aux objets un coût et une utilité :

```
sage: C = 1
sage: L = ["Casserole", "Livre", "Couteau", "Gourde", "Lampe de poche"]
sage: p = [0.57,0.35,0.98,0.39,0.08]; u = [0.57,0.26,0.29,0.85,0.23]
sage: poids = {}; utilite = {}
sage: for o in L:
....:     poids[o] = p[L.index(o)]; utilite[o] = u[L.index(o)]
```

Nous pouvons maintenant écrire le MILP lui-même.

```
sage: p = MixedIntegerLinearProgram()
sage: prendre = p.new_variable( binary = True )
```

```
sage: p.add_constraint(
....:    p.sum( poids[o] * prendre[o] for o in L ) <= C )
sage: p.set_objective(
....:    p.sum( utilite[o] * prendre[o] for o in L ) )
sage: p.solve()
1.4199999999999999
sage: prendre = p.get_values(prendre)
```

La solution trouvée vérifie bien la contrainte de poids :

```
sage: sum( poids[o] * prendre[o] for o in L )
0.960000000000000
```

Faut-il prendre une gourde ?

```
sage: prendre["Gourde"]
1.0
```

Exercice 63 (*Subset Sum*). Le problème calculatoire dénommé *Subset Sum* consiste à trouver, dans un ensemble d'entiers relatifs, un sous-ensemble non vide d'éléments dont la somme est nulle. Résoudre ce problème avec un programme linéaire en nombres entiers sur l'ensemble $\{28, 10, -89, 69, 42, -37, 76, 78, -40, 92, -93, 45\}$.

17.4.2 Couplages

Trouver un couplage dans un graphe, c'est trouver un ensemble d'arêtes deux à deux disjointes. L'ensemble vide étant un couplage, l'attention se porte plutôt sur les couplages maximum : on cherche à maximiser le nombre d'arêtes d'un couplage. Le problème de couplage maximum est un problème polynomial, en vertu d'un résultat de Jack Edmonds [Edm65]. Son algorithme se base sur des améliorations locales et la preuve que l'algorithme ne s'arrête qu'en présence d'un couplage maximum. Il ne s'agit pas là d'un des algorithmes les plus difficiles à implémenter en théorie des graphes, mais il demeure que sa formulation en MILP ne prend que deux lignes.

Il nous faudra pour cela, comme précédemment, associer à chacun de nos objets — les arêtes d'un graphe — une valeur binaire indiquant si oui ou non cette arête appartient à notre couplage.

Il faut ensuite nous assurer que deux arêtes adjacentes ne peuvent pas se trouver simultanément dans le couplage. Cela ressemble, même de très loin, à une contrainte linéaire : si x et y sont deux arêtes d'un même graphe, et si m_x et m_y sont les deux variables qui leur sont associées, il suffit d'exiger que $m_x + m_y \leqslant 1$. Ces deux arêtes ne pourront pas se trouver simultanément dans notre solution, et nous sommes donc capables d'écrire un programme linéaire calculant un couplage maximum. Il est cependant possible d'être plus expéditif, en remarquant que si deux arêtes ne peuvent pas être dans un couplage simultanément, c'est parce qu'elles passent toutes les deux par un sommet v du graphe. Il est donc plus rapide de dire que chaque sommet v est touché par au plus *une* arête d'un couplage.

Cette contrainte, elle aussi, est linéaire.

$$\max : \sum_{e \in E(G)} m_e$$

$$\text{tel que} : \forall v \in V(G), \sum_{\substack{e \in E(G) \\ e = uv}} m_e \leqslant 1.$$

Sous Sage, un tel MILP se retranscrit facilement :

```
sage: g = graphs.PetersenGraph()
sage: p = MixedIntegerLinearProgram()
sage: couplage = p.new_variable(binary = True)

sage: p.set_objective(p.sum(couplage[e]
....:                       for e in g.edges(labels = False)))

sage: for v in g:
....:     p.add_constraint(p.sum(couplage[e]
....:            for e in g.edges_incident(v, labels = False)) <= 1)
sage: p.solve()
5.0

sage: couplage = p.get_values(couplage)
sage: [e for e, b in couplage.iteritems() if b == 1]
[(0, 1), (6, 9), (2, 7), (3, 4), (5, 8)]
```

Exercice 64 (Ensemble dominant). Un ensemble dominant d'un graphe est un ensemble S de sommets tel que tout sommet qui n'est pas dans S a au moins un voisin dans S. Écrire un programme linéaire en nombres entiers pour trouver un ensemble dominant de cardinal minimum dans le graphe de Petersen.

17.4.3 Flot

Cette section présente un autre algorithme fondamental de la théorie des graphes : le flot ! Celui-ci consiste, étant donnés deux sommets s et t d'un graphe *dirigé* G (c'est-à-dire dont les arêtes ont une direction, voir figure 17.1), à faire passer de s à t un *flux* (flot) maximum, en utilisant pour cela les arêtes de G. Chacune de ces arêtes possède une *capacité* maximale — i.e., le flux maximal pouvant les traverser.

La définition de ce problème nous offre directement sa formulation en programme linéaire : nous sommes à la recherche d'une valeur réelle associée à chaque arête, représentant l'intensité du flot la traversant, et répondant à deux contraintes :

- la quantité de flot arrivant sur un sommet (différent de s ou de t) doit être égale à la quantité de flot quittant ce sommet ;

- une arête ne peut pas être traversée par un flot supérieur à sa capacité.

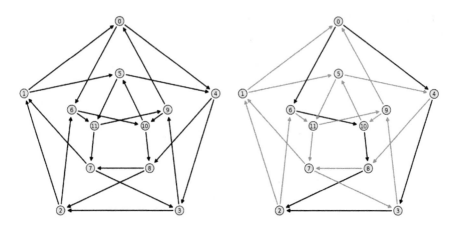

FIGURE 17.1 – Un problème de flot sur le graphe de Chvátal.

Ceci étant dit, il ne reste plus qu'à chercher à maximiser la valeur du flot quittant s : celui-ci ne pourra terminer sa course qu'au point t, puisque les autres sommets ne font que retransmettre ce qu'ils reçoivent. On formule donc le problème de flot par le programme linéaire suivant (en supposant les capacités des arêtes égales à 1) :

$$\max : \sum_{sv \in E(G)} f_{sv}$$

$$\text{tel que} : \forall v \in V(G) \backslash \{s, t\}, \sum_{vu \in E(G)} f_{vu} = \sum_{uv \in E(G)} f_{uv}$$

$$\forall uv \in E(G), f_{uv} \leqslant 1.$$

Nous résolvons ici le problème de flot sur une orientation du graphe de Chvátal (cf. figure 17.1), dans lequel les capacités des arêtes sont toutes égales à 1 :

```
sage: g = graphs.ChvatalGraph()
sage: g = g.minimum_outdegree_orientation()

sage: p = MixedIntegerLinearProgram()
sage: f = p.new_variable()
sage: s, t = 0, 2

sage: for v in g:
....:     if v == s or v == t: continue
....:     p.add_constraint(
....:         p.sum(f[v,u] for u in g.neighbors_out(v)) ==
....:         p.sum(f[u,v] for u in g.neighbors_in(v)))

sage: for e in g.edges(labels = False): p.add_constraint( f[e] <= 1 )
```

```
sage: p.set_objective(p.sum( f[s,u] for u in g.neighbors_out(s)))

sage: p.solve()
2.0
```

17.5 Génération de contraintes — application au problème du voyageur de commerce

Bien que les exemples précédents puissent donner l'impression d'une grande expressivité, « l'interprétation » d'un problème d'optimisation (ou d'existence) donnée par sa formulation en programme linéaire est un choix arbitraire. Un même problème peut être résolu par différentes formulations dont les performances sont elles aussi très variables. Ceci nous mène à utiliser de façon plus intelligente les capacités des solveurs de MILP en leur demandant maintenant de résoudre des programmes linéaires dont ils ne connaissent pas toutes les contraintes, et en n'ajoutant que celles qui leur sont nécessaires au fur et à mesure de la résolution : cette technique devient indispensable dès que le nombre de contraintes est trop grand pour pouvoir être explicité lors de la création du programme linéaire. Nous nous apprêtons à résoudre le problème de cycle hamiltonien (cas particulier du voyageur de commerce — *traveling salesman problem*).

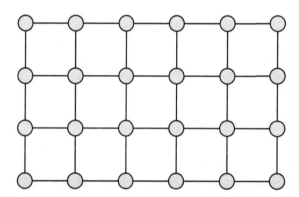

FIGURE 17.2 – La grille de taille 4 × 6 sur laquelle nous testerons nos formulations.

On dit qu'un cycle $C \subseteq E(G)$ contenu dans un graphe G est hamiltonien s'il passe par tous les sommets de G. Tester l'existence d'un cycle hamiltonien dans un graphe donné est un problème NP-complet : il ne faut donc pas s'attendre à trouver de façon rapide de le résoudre, ce qui ne doit pas nous empêcher de tenter de le formuler en tant que programme linéaire. Une première formulation pourrait commencer de la façon suivante :

– associer à chaque arête une variable binaire b_e indiquant si l'arête est incluse dans le circuit C ;

– imposer à chaque sommet d'avoir exactement deux de ses arêtes incidentes dans C.

Cette formulation n'est malheureusement pas exacte. Il est en effet tout à fait possible que la solution obtenue par cette formulation soit l'union disjointe de plusieurs cycles — chaque sommet aurait donc bien deux voisins dans C, mais il ne serait pas nécessairement possible d'aller d'un sommet v à un sommet u en n'utilisant que les arêtes de C.

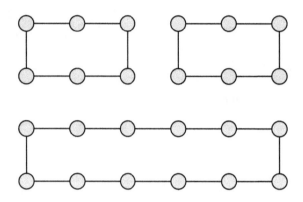

FIGURE 17.3 – Une solution possible aux équations de degrés.

Il est cependant possible de trouver une formulation plus complexe *et* exacte (dite formulation de Miller-Tucker-Zemlin) :

- on associe à chaque sommet v du graphe un entier i_v représentant l'étape à laquelle le cycle C le traverse, avec $i_{v_0} = 0$ pour un sommet v_0 fixé ;
- on associe à chaque arête uv de G deux variables binaires b_{uv} et b_{vu} indiquant si l'arête fait partie du cycle C (et nous indiquant aussi dans quelle *direction* cette arête est utilisée) ;
- on impose à chaque sommet d'avoir une arête sortante et une arête entrante dans C ;
- une arête uv ne peut appartenir à C que si $i_u < i_v$ (les arêtes vont dans le sens croissant des ordres de visite).

Cette formulation peut être transcrite en équations linéaires de la façon suivante :

$$\max : \text{pas de fonction à optimiser}$$

$$\text{tel que} : \forall u \in V(G), \sum_{uv \in E(G)} b_{uv} = 1$$

$$\forall u \in V(G), \sum_{uv \in E(G)} b_{vu} = 1$$

$$\forall uv \in E(G\backslash v_0), \quad i_u - i_v + |V(G)|b_{uv} \leqslant |V(G)| - 1$$
$$i_v - i_u + |V(G)|b_{vu} \leqslant |V(G)| - 1$$

$$\forall v \in V(G), i_v \leqslant |V(G)| - 1$$

b_{uv} est une variable binaire

i_v est une variable entière.

On notera la présence d'un coefficient $|V(G)|$ dans cette formulation, ce qui est assez fréquemment le signe que le solveur ne parviendra pas rapidement à résoudre le problème linéaire. Aussi, nous utiliserons une autre modélisation du problème de cycle hamiltonien. Son principe est en fait bien plus simple, et repose sur l'observation suivante : s'il existe un cycle hamiltonien C dans notre graphe, il existe pour tout ensemble propre S de sommets au moins deux arêtes de C entrant ou sortant de S. Si l'on choisit de noter $\bar{S}$ l'ensemble des arêtes ayant exactement une seule extrémité dans S, nous obtenons la formulation suivante (en identifiant les variables b_{uv} et b_{vu}) :

$$\text{max : pas de fonction à optimiser}$$

$$\text{tel que : } \forall u \in V(G), \sum_{uv \in E(G)} b_{uv} = 2$$

$$\forall S \subseteq V(G), \emptyset \neq S \neq V(G), \sum_{e \in \bar{S}} v_e \geqslant 2$$

$$b_{uv} \text{ est une variable binaire.}$$

Il serait cependant risqué d'utiliser aussi directement que précédemment cette formulation pour résoudre un problème de cycle hamiltonien, même sur un graphe aussi petit que notre grille à $4 \times 6 = 24$ éléments : les contraintes portant sur les ensembles S seraient au nombre de $2^{24} - 2 = 16\,777\,214$. En revanche, la méthode *branch-and-bound* (ou *branch-and-cut*) utilisée par les solveurs d'inéquations linéaires se prête bien à la génération de contraintes *durant* la résolution d'un programme linéaire [1]. Générer des contraintes pour le problème de cycle hamiltonien consiste donc à suivre les étapes suivantes :

- créer un programme linéaire — sans fonction d'objectif — ayant une variable binaire par arête ;
- ajouter pour chaque sommet la contrainte imposant un degré de 2 ;
- résoudre le programme linéaire ;
- tant que la solution courante n'est pas un cycle hamiltonien (c'est donc un sous-graphe ayant plusieurs composantes connexes), appeler S l'une de ses composantes connexes et ajouter la contrainte imposant qu'au moins deux arêtes sortent de S.

Heureusement pour nous, il est algorithmiquement rapide de vérifier que la solution courante est invalide et de générer la contrainte correspondante. En utilisant la génération de contraintes par Sage, voici comment résoudre le problème du cycle hamiltonien sur notre grille :

```
sage: g = graphs.Grid2dGraph(4, 6)
sage: p = MixedIntegerLinearProgram()
sage: b = p.new_variable(binary = True)
```

---

1. C'est-à-dire qu'il est possible, une fois un programme linéaire résolu, d'ajouter une contrainte additionnelle et de résoudre le nouveau programme en utilisant une partie des calculs effectués durant la résolution qui vient d'avoir lieu.

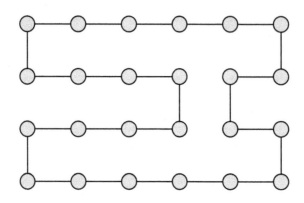

FIGURE 17.4 – Un cycle hamiltonien calculé par génération de contraintes.

Pour éviter la différence entre les variables b[u,v] et b[v,u], il est pratique de créer une lambda-fonction remplaçant le couple x, y par l'ensemble $\{x, y\}$:

```
sage: B = lambda x,y : b[frozenset([x,y])]
```

Ajoutons maintenant les contraintes de degré :

```
sage: for u in g:
....:    p.add_constraint( p.sum( B(u,v) for v in g.neighbors(u) ) == 2 )
```

Il est temps de calculer la première solution de notre problème et de créer le graphe la représentant,

```
sage: p.solve()
0.0
sage: h = Graph()
sage: h.add_edges( [(u,v) for u, v in g.edges(labels = False)
....:                if p.get_values(B(u,v)) == 1.0 ] )
```

puis de commencer nos itérations :

```
sage: while not h.is_connected():
....:    S = h.connected_components()[0]
....:    p.add_constraint(
....:          p.sum( B(u,v) for u,v
....:              in g.edge_boundary(S, labels = False))
....:          >= 2)
....:    zero = p.solve()
....:    h = Graph()
....:    h.add_edges( [(u,v) for u,v in
....:              g.edges(labels = False)
....:            if p.get_values(B(u,v)) == 1.0 ] )
```

En moins d'une dizaine d'itérations (et donc en réalisant une économie de calculs agréable par rapport à $2^{24} - 2$) nous obtenons une solution admissible pour notre grille (cf. figure 17.4). Les performances de cette méthode de résolution sont incomparables à celles de la formulation de Miller-Tucker-Zemlin. Lorsque l'on implémente les deux programmes linéaires sous Sage, on obtient sur un graphe aléatoire $\mathcal{G}_{35,0.3}$ les temps de calcul suivants :

```
sage: g = graphs.RandomGNP(35, 0.3)
sage: %time MTZ(g)
CPU times: user 51.52 s, sys: 0.24 s, total: 51.76 s
Wall time: 52.84 s
sage: %time constraint_generation(g)
CPU times: user 0.23 s, sys: 0.00 s, total: 0.23 s
Wall time: 0.26 s
```

Annexes

Solutions des exercices

A.1 Premiers pas

Exercice 1 page 16. La commande `SR.var('u')` crée la variable symbolique u et l'affecte à la variable informatique u. La variable informatique u reçoit ensuite à deux reprises sa valeur courante plus un, soit $u+1$ puis $u+2$ (où u est toujours la variable symbolique).

A.2 Analyse et algèbre avec Sage

Exercice 2 page 28. (*Un calcul de somme par récurrence*)

```
sage: n = var('n'); pmax = 4; s = [n + 1]
sage: for p in [1..pmax]:
....:     s += [factor(((n+1)^(p+1) - sum(binomial(p+1, j) * s[j]
....:          for j in [0..p-1])) / (p+1))]
sage: s
```

On obtient ainsi :

$$\sum_{k=0}^{n} k = \frac{1}{2}\,(n+1)n, \qquad \sum_{k=0}^{n} k^2 = \frac{1}{6}\,(n+1)(2\,n+1)n,$$

$$\sum_{k=0}^{n} k^3 = \frac{1}{4}\,(n+1)^2 n^2, \qquad \sum_{k=0}^{n} k^4 = \frac{1}{30}\,(n+1)(2\,n+1)\big(3\,n^2+3\,n-1\big)n.$$

Exercice 3 page 31. (*Un calcul symbolique de limite*) Pour répondre à la question, on va utiliser une fonction symbolique, dont on va calculer le polynôme de Taylor en 0 à l'ordre 3.

```
sage: x, h, a = var('x, h, a'); f = function('f')
sage: g(x) = taylor(f(x), x, a, 3)
sage: phi(h) = (g(a+3*h) - 3*g(a+2*h) + 3*g(a+h) - g(a)) / h^3; phi(h)
D[0, 0, 0](f)(a)
```

La fonction g diffère de f d'un reste qui est négligeable devant h^3, donc la fonction phi diffère du quotient étudié d'un reste qui est $o(1)$; donc phi a pour limite en zéro la limite cherchée. En conclusion,

$$\lim_{h \to 0} \frac{1}{h^3} \left(f(a+3h) - 3f(a+2h) + 3f(a+h) - f(a) \right) = f'''(a).$$

Cette formule permet notamment d'effectuer un calcul approché de la dérivée tierce de f en a sans effectuer aucune dérivation.

On peut supposer que la formule se généralise sous la forme suivante :

$$\lim_{h \to 0} \frac{1}{h^n} \left(\sum_{k=0}^{n} (-1)^{n-k} \binom{n}{k} f(a+kh) \right) = f^{(n)}(a).$$

Pour tester cette formule pour de plus grandes valeurs de n, on peut alors facilement adapter ce qui précède :

```
sage: n = 7; x, h, a = var('x h a'); f = function('f')
sage: g(x) = taylor(f(x), x, a, n)
sage: sum((-1)^(n-k) * binomial(n,k) * g(a+k*h) for k in (0..n)) / h^n
D[0, 0, 0, 0, 0, 0, 0](f)(a)
```

Exercice 4 page 32. (*Une formule due à Gauss*)

1. On utilise successivement trig_expand et trig_simplify :

```
sage: theta = 12*arctan(1/38) + 20*arctan(1/57) \
....:        + 7*arctan(1/239) + 24*arctan(1/268)
sage: tan(theta).trig_expand().trig_simplify()
1
```

2. La fonction tangente est convexe sur $I = \left[0, \frac{\pi}{4}\right]$, donc sa courbe représentative est en-dessous de sa corde; autrement dit $\forall x \in I, \tan x \leqslant \frac{4}{\pi} x$.

```
sage: 12*(1/38) + 20*(1/57) + 7*(1/239) + 24*(1/268)
37735/48039
```

On en déduit :

$$\theta = 12 \arctan \frac{1}{38} + 20 \arctan \frac{1}{57} + 7 \arctan \frac{1}{239} + 24 \arctan \frac{1}{268}$$
$$\leqslant 12 \cdot \frac{1}{38} + 20 \cdot \frac{1}{57} + 7 \cdot \frac{1}{239} + 24 \cdot \frac{1}{268}$$
$$= \frac{37735}{48039} \leqslant \frac{4}{\pi}.$$

Donc $\theta \in I$; or (cf. question 1) $\tan \theta = 1 = \tan \frac{\pi}{4}$ et tan est injective sur I. On en conclut $\theta = \frac{\pi}{4}$.

3. On substitue le polynôme de Taylor dans la formule de Gauss :

```
sage: x = var('x'); f(x) = taylor(arctan(x), x, 0, 21)
sage: approx = 4 * (12 * f(1/38) + 20 * f(1/57)
....:                + 7 * f(1/239) + 24 * f(1/268))
sage: approx.n(digits = 50); pi.n(digits = 50)
3.1415926535897932384626433832795028851616168852864
3.1415926535897932384626433832795028841971693993751
sage: approx.n(digits = 50) - pi.n(digits = 50)
9.6444748591132486785420917537404705292978817080880e-37
```

Exercice 5 page 33. (*Développement asymptotique d'une suite*) L'encadrement de x_n permet d'affirmer $x_n \sim n\pi$, soit $x_n = n\pi + o(n)$.

On injecte alors cette égalité dans l'équation suivante, obtenue à partir de $\arctan x + \arctan(1/x) = \pi/2$:

$$x_n = n\pi + \frac{\pi}{2} - \arctan\left(\frac{1}{x_n}\right).$$

On réinjecte ensuite les développements asymptotiques de x_n ainsi obtenus dans cette équation, bis repetita... (méthode des raffinements successifs).

Sachant qu'à chaque étape, un développement d'ordre p permet d'obtenir un développement à l'ordre $p+2$, on peut obtenir en quatre étapes un développement d'ordre 6. En anticipant sur le chapitre 3, on peut effectuer ces quatre étapes à l'intérieur d'une boucle.

```
sage: n = var('n'); phi = lambda x: n*pi + pi/2 - arctan(1/x)
sage: x = n*pi
sage: for i in range(4):
....:     x = taylor(phi(x), n, infinity, 2*i); x
```

Au final, on obtient :

$$x_n = \frac{1}{2}\pi + \pi n - \frac{1}{\pi n} + \frac{1}{2}\frac{1}{\pi n^2} - \frac{1}{12}\frac{3\pi^2+8}{\pi^3 n^3} + \frac{1}{8}\frac{\pi^2+8}{\pi^3 n^4}$$
$$- \frac{1}{240}\frac{15\pi^4+240\pi^2+208}{\pi^5 n^5} + \frac{1}{96}\frac{3\pi^4+80\pi^2+208}{\pi^5 n^6} + O\left(\frac{1}{n^7}\right)$$

Exercice 6 page 34. (*Un contre-exemple dû à Peano au théorème de Schwarz*) Les applications partielles $f(x,0)$ et $f(0,x)$ sont identiquement nulles en $(0,0)$; on en déduit, sans calculs, $\partial_1 f(0,0) = \partial_2 f(0,0) = 0$. On calcule alors les valeurs des dérivées partielles secondes en $(0,0)$:

```
sage: h = var('h'); f(x, y) = x * y * (x^2 - y^2) / (x^2 + y^2)
sage: D1f(x, y) = diff(f(x,y), x); limit((D1f(0,h) - 0) / h, h=0)
-1
sage: D2f(x, y) = diff(f(x,y), y); limit((D2f(h,0) - 0) / h, h=0)
1
sage: g = plot3d(f(x, y), (x, -3, 3), (y, -3, 3))
```

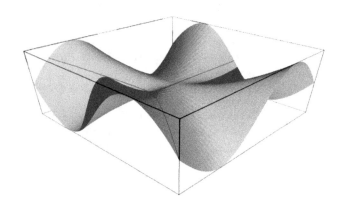

FIGURE A.1 – La surface de Peano.

On en déduit $\partial_1\partial_2 f(0,0) = 1$ et $\partial_2\partial_1 f(0,0) = -1$. Donc cette fonction fournit un contre-exemple au théorème de Schwarz (figure A.1).

Exercice 7 page 35. (*La formule BBP*)

1. On commence par comparer

$$u_n = \int_0^{1/\sqrt{2}} f(t) \cdot t^{8n} \, \mathrm{d}t \quad \text{et} \quad v_n = \left(\frac{4}{8n+1} - \frac{2}{8n+4} - \frac{1}{8n+5} - \frac{1}{8n+6} \right) \left(\tfrac{1}{16} \right)^n.$$

```
sage: n, t = var('n, t')
sage: v(n) = (4/(8*n+1)-2/(8*n+4)-1/(8*n+5)-1/(8*n+6))*1/16^n
sage: assume(8*n+1>0)
sage: f(t) = 4*sqrt(2)-8*t^3-4*sqrt(2)*t^4-8*t^5
sage: u(n) = integrate(f(t) * t^(8*n), t, 0, 1/sqrt(2))
sage: (u(n)-v(n)).simplify_full()
0
```

On en déduit $u_n = v_n$. Par linéarité de l'intégrale, on obtient :

$$I_N = \int_0^{1/\sqrt{2}} f(t) \cdot \left(\sum_{n=0}^{N} t^{8n} \right) \mathrm{d}t = \sum_{n=0}^{N} u_n = \sum_{n=0}^{N} v_n = S_N.$$

2. La série entière $\sum_{n\geqslant 0} t^{8n}$ a pour rayon de convergence 1, donc elle converge sur le segment $\left[0, \frac{1}{\sqrt{2}} \right]$. Sur ce segment, on peut donc intervertir l'intégrale

et la limite :

$$\lim_{N \to \infty} S_N = \lim_{N \to \infty} \int_0^{1/\sqrt{2}} f(t) \cdot \left(\sum_{n=0}^{N} t^{8n} \right) \mathrm{d}t$$

$$= \int_0^{1/\sqrt{2}} f(t) \cdot \left(\sum_{n=0}^{\infty} t^{8n} \right) \mathrm{d}t$$

$$= \int_0^{1/\sqrt{2}} f(t) \cdot \frac{1}{1 - t^8} \, \mathrm{d}t = J.$$

3. On procède ensuite au calcul de J :

```
sage: t = var('t'); J = integrate(f(t) / (1-t^8), t, 0, 1/sqrt(2))
sage: J.simplify_full()
pi + 2*log(sqrt(2) - 1) + 2*log(sqrt(2) + 1)
```

Pour simplifier cette expression, il faut indiquer à Sage de combiner la somme de logarithmes :

```
sage: J.simplify_log().simplify_full()
pi
```

En définitive, on obtient la formule demandée :

$$\sum_{n=0}^{+\infty} \left(\frac{4}{8n+1} - \frac{2}{8n+4} - \frac{1}{8n+5} - \frac{1}{8n+6} \right) \left(\frac{1}{16} \right)^n = \pi.$$

À l'aide de cette formule, donnons de nouveau une valeur approchée de π :

```
sage: l = sum(v(n) for n in (0..40)); l.n(digits=60)
3.14159265358979323846264338327950288419716939937510581474759
sage: pi.n(digits=60)
3.14159265358979323846264338327950288419716939937510582097494
sage: print "%e" % (1-pi).n(digits=60)
-6.227358e-54
```

Exercice 8 page 36. (*Approximation polynomiale du sinus*) On munit l'espace vectoriel $\mathcal{C}^\infty([-\pi, \pi])$ du produit scalaire $\langle f \mid g \rangle = \int_{-\pi}^{\pi} fg$. Le polynôme cherché est la projection orthogonale de la fonction sinus sur le sous-espace vectoriel $\mathbb{R}_5[X]$. La détermination de ce polynôme se ramène à la résolution d'un système linéaire : en effet, P est le projeté du sinus si et seulement si la fonction $(P - \sin)$ est orthogonale à chacun des vecteurs de la base canonique de $\mathbb{R}_5[X]$. Voici le code Sage :

```
sage: x = var('x'); ps = lambda f, g : integral(f * g, x, -pi, pi)
sage: n = 5; a = var('a0, a1, a2, a3, a4, a5')
sage: P = sum(a[k] * x^k for k in (0..n))
sage: equ = [ps(P - sin(x), x^k) for k in (0..n)]
sage: sol = solve(equ, a)
```

```
sage: P = sum(sol[0][k].rhs() * x^k for k in (0..n)); P
105/8*(pi^4 - 153*pi^2 + 1485)*x/pi^6 - 315/4*(pi^4 - 125*pi^2 +
1155)*x^3/pi^8 + 693/8*(pi^4 - 105*pi^2 + 945)*x^5/pi^10
sage: g = plot(P,x,-6,6,color='red') + plot(sin(x),x,-6,6,color='blue')
sage: g.show(ymin = -1.5, ymax = 1.5)
```

Le polynôme cherché est donc :

$$P = \frac{105}{8} \frac{\pi^4 - 153\,\pi^2 + 1485}{\pi^6} x - \frac{315}{4} \frac{\pi^4 - 125\,\pi^2 + 1155}{\pi^8} x^3$$
$$+ \frac{693}{8} \frac{\pi^4 - 105\,\pi^2 + 945}{\pi^{10}} x^5.$$

On peut ensuite tracer la fonction sinus et son projeté orthogonal pour apprécier la qualité de cette approximation polynomiale (figure A.2).

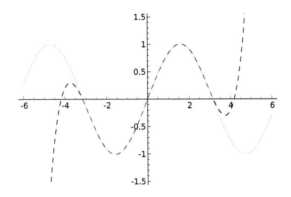

FIGURE A.2 – Approximation du sinus par la méthode des moindres carrés.

Exercice 9 page 36. (*Le problème de Gauss*) On prouve tout d'abord formellement les relations demandées. S'ensuivra l'application numérique. On commence par définir les vecteurs $\overrightarrow{r_i}$:

```
sage: p, e = var('p, e')
sage: theta1, theta2, theta3 = var('theta1, theta2, theta3')
sage: r(theta) = p / (1 - e * cos(theta))
sage: r1 = r(theta1); r2 = r(theta2); r3 = r(theta3)
sage: R1 = vector([r1 * cos(theta1), r1 * sin(theta1), 0])
sage: R2 = vector([r2 * cos(theta2), r2 * sin(theta2), 0])
sage: R3 = vector([r3 * cos(theta3), r3 * sin(theta3), 0])
```

- On vérifie que $\overrightarrow{S} + e \cdot \left(\overrightarrow{\imath} \wedge \overrightarrow{D} \right)$ est le vecteur nul,

```
sage: D = R1.cross_product(R2)+R2.cross_product(R3)+R3.cross_product(R1)
sage: S = (r1 - r3) * R2 + (r3 - r2) * R1 + (r2 - r1) * R3
sage: i = vector([1, 0, 0]); V = S + e * i.cross_product(D)
sage: V.simplify_full()
```

```
(0, 0, 0)
```

d'où la relation demandée. On en déduit : $e = \dfrac{\left\| \vec{S} \right\|}{\left\| \vec{\imath} \wedge \vec{D} \right\|} = \dfrac{\left\| \vec{S} \right\|}{\left\| \vec{D} \right\|}$, puisque $\vec{D}$ est normal au plan de l'orbite, et donc à $\vec{\imath}$.

• On vérifie ensuite que $\vec{\imath}$ est colinéaire à $\vec{S} \wedge \vec{D}$:

```
sage: S.cross_product(D).simplify_full()[1:3]
(0, 0)
```

Le résultat renvoyé montre que les deuxième et troisième composantes sont nulles.

• De même, on vérifie que $p \cdot \vec{S} + e \cdot \left(\vec{\imath} \wedge \vec{N} \right)$ est le vecteur nul,

```
sage: N = r3 * R1.cross_product(R2) + r1 * R2.cross_product(R3)\
....:    + r2 * R3.cross_product(R1)
sage: W = p * S + e * i.cross_product(N)
sage: W.simplify_full()
(0, 0, 0)
```

d'où la relation demandée. On en déduit :

$$p = e \frac{\left\| \vec{\imath} \wedge \vec{N} \right\|}{\left\| \vec{S} \right\|} = e \frac{\left\| \vec{N} \right\|}{\left\| \vec{S} \right\|} = \frac{\left\| \vec{N} \right\|}{\left\| \vec{D} \right\|},$$

puisque $\vec{N}$ est normal au plan de l'orbite, et donc à $\vec{\imath}$.

• D'après le formulaire sur les coniques, on a $a = \frac{p}{1-e^2}$.

• On passe à présent à l'application numérique demandée :

```
sage: R1=vector([0,1,0]); R2=vector([2,2,0]); R3=vector([3.5,0,0])
sage: r1 = R1.norm(); r2 = R2.norm(); r3 = R3.norm()
sage: D = R1.cross_product(R2) + R2.cross_product(R3) \
....:    + R3.cross_product(R1)
sage: S = (r1 - r3) * R2 + (r3 - r2) * R1 + (r2 - r1) * R3
sage: N = r3 * R1.cross_product(R2) + r1 * R2.cross_product(R3) \
....:    + r2 * R3.cross_product(R1)
sage: e = S.norm() / D.norm(); p = N.norm() / D.norm()
sage: a = p/(1-e^2); c = a * e; b = sqrt(a^2 - c^2)
sage: X = S.cross_product(D); i = X / X.norm()
sage: phi = atan2(i[1], i[0]) * 180 / pi.n()
sage: print("%.3f %.3f %.3f %.3f %.3f %.3f" % (a, b, c, e, p, phi))
2.360 1.326 1.952 0.827 0.746 17.917
```

En conclusion, on trouve :

$$a \approx 2.360, \quad b \approx 1.326, \quad c \approx 1.952, \quad e \approx 0.827, \quad p \approx 0.746, \quad \varphi \approx 17.917.$$

L'inclinaison du grand axe par rapport à l'axe des abscisses vaut $17.92°$.

Exercice 10 page 37. (*Bases de sous-espaces vectoriels*)

1. L'ensemble $\mathcal{S}$ des solutions du système linéaire homogène associé à A est un sous-espace vectoriel de $\mathbb{R}^5$, dont on obtient la dimension et une base grâce à la fonction `right_kernel` :

```
sage: A = matrix(QQ, [[ 2,  -3,   2, -12, 33],
....:                  [ 6,   1,  26, -16, 69],
....:                  [10, -29, -18, -53, 32],
....:                  [ 2,   0,   8, -18, 84]])
sage: A.right_kernel()
Vector space of degree 5 and dimension 2 over Rational Field
Basis matrix:
[    1     0 -7/34   5/17   1/17]
[    0     1 -3/34 -10/17  -2/17]
```

$\mathcal{S}$ est donc le plan vectoriel engendré par les deux vecteurs ci-dessus (qu'il faut lire en ligne, comme plus bas).

2. On extrait de la famille génératrice donnée une base du sous-espace recherché de la manière suivante. On réduit la matrice A (formée par les colonnes u_1, u_2, u_3, u_4, u_5) par rapport aux lignes jusqu'à la forme d'Hermite :

```
sage: H = A.echelon_form(); H
```

$$\begin{pmatrix} 1 & 0 & 4 & 0 & -3 \\ 0 & 1 & 2 & 0 & 7 \\ 0 & 0 & 0 & 1 & -5 \\ 0 & 0 & 0 & 0 & 0 \end{pmatrix}$$

Soit $F = \text{Vect}(u_1, u_2, u_3, u_4, u_5)$ la famille des vecteurs colonnes de A. C'est un sous-espace vectoriel de $\mathbb{R}^4$. Sur H, on observe que les pivots sont dans les colonnes 1, 2 et 4. Plus précisément, on a :

$$\begin{cases} (u_1, u_2, u_4) \text{ est une famille libre,} \\ u_3 = 4u_1 + 2u_2, \\ u_5 = -3u_1 + 7u_2 - 5u_4. \end{cases}$$

Donc $F = \text{Vect}(u_1, u_2, u_3, u_4, u_5) = \text{Vect}(u_1, u_2, u_4)$ est engendré par la famille (u_1, u_2, u_4) ; or cette famille est libre ; donc (u_1, u_2, u_4) est une base de F. On aurait également pu utiliser, plus directement, la fonction `column_space` :

```
sage: A.column_space()
Vector space of degree 4 and dimension 3 over Rational Field
Basis matrix:
[      1       0       0 1139/350]
[      0       1       0    -9/50]
[      0       0       1   -12/35]
```

3. On cherche à présent des équations du sous-espace engendré. Pour cela, on réduit la matrice A augmentée d'un second membre, en indiquant à Sage qu'on travaille dans un anneau de polynômes à quatre indéterminées :

```
sage: S.<x, y, z, t> = QQ[]
sage: C = matrix(S, 4, 1, [x, y, z, t])
sage: B = block_matrix([A, C], ncols=2)
```

```
sage: C = B.echelon_form()
sage: C[3,5]*350
```
$$-1139x + 63y + 120z + 350t$$

On en déduit que F est l'hyperplan de $\mathbb{R}^4$ d'équation
$$-1139\,x + 63\,y + 120\,z + 350\,t = 0.$$
On aurait également pu obtenir cette équation en calculant le noyau à gauche de A, qui donne les coordonnées des formes linéaires définissant F (ici il n'y en a qu'une) :

```
sage: K = A.left_kernel(); K
Vector space of degree 4 and dimension 1 over Rational Field
Basis matrix:
[        1 -63/1139 -120/1139 -350/1139]
```

L'hyperplan défini par cette forme linéaire a pour base les trois vecteurs suivants, déjà obtenus avec `A.column_space()` :

```
sage: matrix(K.0).right_kernel()
Vector space of degree 4 and dimension 3 over Rational Field
Basis matrix:
[       1        0        0 1139/350]
[       0        1        0    -9/50]
[       0        0        1   -12/35]
```

Exercice 11 page 37. (*Une équation matricielle*) On commence par définir les matrices A et C :

```
sage: A = matrix(QQ, [[-2, 1, 1], [8, 1, -5], [4, 3, -3]])
sage: C = matrix(QQ, [[1, 2, -1], [2, -1, -1], [-5, 0, 3]])
```

L'équation $A = BC$ est une équation linéaire, donc l'ensemble des solutions est un sous-espace affine de $\mathcal{M}_3(\mathbb{R})$. On cherche donc une solution particulière de notre équation.

```
sage: B = C.solve_left(A); B
[ 0 -1  0]
[ 2  3  0]
[ 2  1  0]
```

Ensuite, on détermine la forme générale des solutions de l'équation homogène, autrement dit, le noyau à gauche de C.

```
sage: C.left_kernel()
Vector space of degree 3 and dimension 1 over Rational Field
Basis matrix:
[1 2 1]
```

Enfin, on donne la forme générale des solutions de notre équation :

```
sage: x, y, z = var('x, y, z'); v = matrix([[1, 2, 1]])
sage: B = B + (x*v).stack(y*v).stack(z*v); B
```

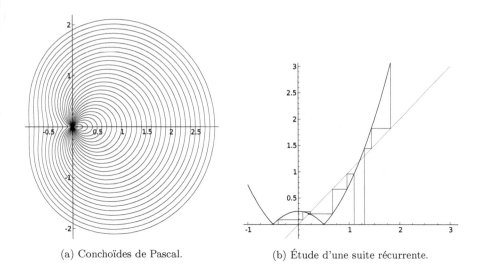

(a) Conchoïdes de Pascal.   (b) Étude d'une suite récurrente.

On peut effectuer une vérification rapide :

```
sage: A == B*C
True
```

En conclusion, l'ensemble des solutions est un sous-espace affine de dimension 3 :

$$\left\{ \begin{pmatrix} x & 2\,x-1 & x \\ y+2 & 2\,y+3 & y \\ z+2 & 2\,z+1 & z \end{pmatrix} \;\middle|\; (x,y,z) \in \mathbb{R}^3 \right\}.$$

A.4   Graphiques

Exercice 12 page 81. (*Conchoïdes de Pascal*)

```
sage: t = var('t'); liste = [a + cos(t) for a in srange(0, 2, 0.1)]
sage: g = polar_plot(liste, (t, 0, 2 * pi)); g.show(aspect_ratio = 1)
```

Exercice 13 page 84. (*Tracé des termes d'une suite récurrente*)

```
sage: f = lambda x: abs(x**2 - 1/4)
sage: def liste_pts(u0, n):
....:     u = u0; liste = [[u0,0]]
....:     for k in range(n):
....:         v, u = u, f(u)
....:         liste.extend([[v,u], [u,u]])
....:     return(liste)
sage: g = line(liste_pts(1.1, 8), rgbcolor = (.9,0,0))
sage: g += line(liste_pts(-.4, 8), rgbcolor = (.01,0,0))
sage: g += line(liste_pts(1.3, 3), rgbcolor = (.5,0,0))
sage: g += plot(f, -1, 3, rgbcolor = 'blue')
sage: g += plot(x, -1, 3, rgbcolor = 'green')
```

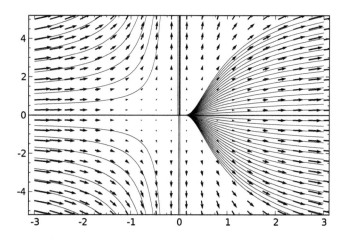

FIGURE A.3 – Courbes intégrales de $x^2y' - y = 0$.

```
sage: g.show(aspect_ratio = 1, ymin = -.2, ymax = 3)
```

Exercice 14 page 87. (*Équation différentielle linéaire, du premier ordre, résolue*)

```
sage: x = var('x'); y = function('y')
sage: DE = x^2 * diff(y(x), x) - y(x) == 0
sage: desolve(DE, y(x))
c*e^(-1/x)
sage: g = plot([c*e^(-1/x) for c in srange(-8, 8, 0.4)], (x, -3, 3))
sage: y = var('y')
sage: g += plot_vector_field((x^2, y), (x,-3,3), (y,-5,5))
sage: g.show()
```

Exercice 15 page 89. (*Modèle proie-prédateur*)

```
sage: from sage.calculus.desolvers import desolve_system_rk4
sage: f = lambda x, y: [a*x-b*x*y,-c*y+d*b*x*y]
sage: x, y, t = var('x, y, t')
sage: a, b, c, d = 1., 0.1, 1.5, 0.75
sage: P = desolve_system_rk4(f(x,y), [x,y],\
....:          ics=[0,10,5], ivar=t, end_points=15)
sage: Ql = [[i,j] for i,j,k in P]; p = line(Ql, color='red')
sage: p += text("Lapins", (12,37), fontsize=10, color='red')
sage: Qr = [[i,k] for i,j,k in P]; p += line(Qr, color='blue')
sage: p += text("Renards", (12,7), fontsize=10, color='blue')
sage: p.axes_labels(["temps", "population"])
sage: p.show(gridlines = True)
```

On peut aussi refaire le graphe de droite de la figure 4.12 :

```
sage: n = 10;  L = srange(6, 18, 12 / n); R = srange(3, 9, 6 / n)
```

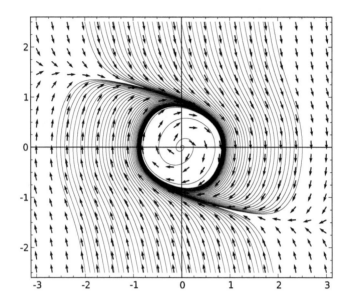

FIGURE A.4 – Un système différentiel autonome.

```
sage: def g(x,y): v = vector(f(x, y)); return v / v.norm()
sage: q = plot_vector_field(g(x, y), (x, 0, 60), (y, 0, 36))
sage: for j in range(n):
....:     P = desolve_system_rk4(f(x,y), [x,y],
....:              ics=[0,L[j],R[j]], ivar=t, end_points=15)
....:     Q = [[j,k] for i,j,k in P]
....:     q += line(Q, color=hue(.8-j/(2*n)))
sage: q.axes_labels(["lapins", "renards"]); q.show()
```

Exercice 16 page 89. (*Un système différentiel autonome*)

```
sage: from scipy import integrate
sage: def dX_dt(X, t=0): return [X[1], 0.5*X[1] - X[0] - X[1]^3]
sage: t = srange(0, 40, 0.01);  x0 = srange(-2, 2, 0.1); y0 = 2.5
sage: CI = [[i, y0] for i in x0] + [[i, -y0] for i in x0]
sage: def g(x,y): v = vector(dX_dt([x, y])); return v / v.norm()
sage: x, y = var('x, y'); n = len(CI)
sage: q = plot_vector_field(g(x, y), (x, -3, 3), (y, -y0, y0))
sage: for j in xrange(n):
....:     X = integrate.odeint(dX_dt, CI[j], t)
....:     q += line(X, color=(1.7*j/(4*n),1.5*j/(4*n),1-3*j/(8*n)))
sage: X = integrate.odeint(dX_dt, [0.01,0], t)
sage: q += line(X, color = 'red'); q.show()
```

Exercice 17 page 89. (*Écoulement autour d'un cylindre avec effet Magnus*)

Pour résoudre cet exercice, on peut par exemple utiliser la fonction `odeint` de SciPy :

```
sage: from scipy import integrate
sage: t = srange(0, 40, 0.2)
sage: n = 35; CI_cart = [[4, .2 * i] for i in range(n)]
sage: CI = map(lambda x: [sqrt(x[0]^2+x[1]^2),\
....:       pi - arctan(x[1]/x[0])], CI_cart)
sage: for alpha in [0.1, 0.5, 1, 1.25]:
....:     dX_dt = lambda X, t=0: [cos(X[1])*(1-1/X[0]^2), \
....:             -sin(X[1]) * (1/X[0]+1/X[0]^3) + 2*alpha/X[0]^2]
....:     q = circle((0, 0), 1, fill=True, rgbcolor='purple')
....:     for j in range(n):
....:         X = integrate.odeint(dX_dt, CI[j], t)
....:         Y = [[u[0]*cos(u[1]), u[0]*sin(u[1])] for u in X]
....:         q += line(Y, xmin = -4, xmax = 4, color='blue')
....:     q.show(aspect_ratio = 1, axes = False)
```

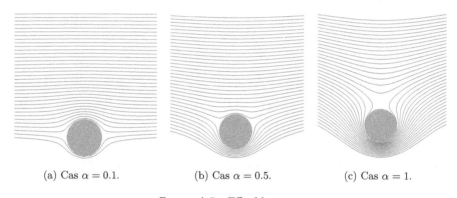

(a) Cas $\alpha = 0.1$.   (b) Cas $\alpha = 0.5$.   (c) Cas $\alpha = 1$.

FIGURE A.5 – Effet Magnus.

Les solutions correspondantes à $\alpha = 0.1, 0.5, 1$ sont représentées en figure A.5.

A.5   Domaines

Exercice 18 page 102. La classe de l'anneau ZZ s'appelle `IntegerRing_class`, comme on peut le voir par les commandes suivantes :

```
sage: print type(ZZ)
<type 'sage.rings.integer_ring.IntegerRing_class'>
sage: ZZ.__class__
<type 'sage.rings.integer_ring.IntegerRing_class'>
```

L'anneau ZZ est en fait l'unique instance de cette classe, que l'on se gardera de confondre avec la *catégorie* de ZZ,

```
sage: ZZ.category()
Category of euclidean domains
```

ou encore avec la classe de ses éléments :

```
sage: ZZ.an_element().__class__
<type 'sage.rings.integer.Integer'>
```

A.6   Corps finis et théorie élémentaire des nombres

Exercice 19 page 126. On suppose $n = pqr$ avec $p < q < r$. Nécessairement $p^3 \leqslant n$, donc la fonction principale s'écrit :

```
sage: def enum_carmichael(N, verbose=True):
....:     p = 3; s = 0
....:     while p^3 <= N:
....:         s += enum_carmichael_p(N, p, verbose); p = next_prime(p)
....:     return s
```

où la fonction `enum_carmichael_p` compte les nombres de Carmichael multiples de p, qui sont de la forme $a + \lambda m$ avec λ un entier positif ou nul, $a = p$ et $m = p(p-1)$, puisque n doit être multiple de p, et $n-1$ multiple de $p-1$:

```
sage: def enum_carmichael_p (n, p, verbose):
....:     a = p; m = p*(p-1); q = p; s = 0
....:     while p*q^2 <= n:
....:         q = next_prime(q)
....:         s += enum_carmichael_pq(n, a, m, p, q, verbose)
....:     return s
```

La fonction `enum_carmichael_pq` compte les nombres de Carmichael multiples de pq, qui sont de la forme $a' + \mu m'$ avec μ un entier positif ou nul, où $a' \equiv a \bmod m$ et $a' \equiv q \bmod q(q-1)$, et m' est multiple à la fois de $m = p(p-1)$ et de $q(q-1)$. On utilise la fonction `crt` pour résoudre les congruences simultanées, en éliminant les cas où il ne peut pas y avoir de solution, sinon Sage provoquerait une erreur. On impose aussi $a' > pq^2$ pour avoir $r > q$:

```
sage: def enum_carmichael_pq(n,a,m,p,q,verbose):
....:     if (a-q) % gcd(m,q*(q-1)) <> 0: return 0
....:     s = 0
....:     a = crt (a, q, m, q*(q-1)); m = lcm(m,q*(q-1))
....:     while a <= p*q^2: a += m
....:     for t in range(a, n+1, m):
....:         r = t // (p*q)
....:         if is_prime(r) and t % (r-1) == 1:
....:             if verbose:
....:                 print p*q*r, factor(p*q*r)
....:             s += 1
....:     return s
```

Avec ces fonctions, on obtient :

```
sage: enum_carmichael(10^4)
```

```
561 3 * 11 * 17
1105 5 * 13 * 17
2465 5 * 17 * 29
1729 7 * 13 * 19
2821 7 * 13 * 31
8911 7 * 19 * 67
6601 7 * 23 * 41
7
sage: enum_carmichael(10^5, False)
12
sage: enum_carmichael(10^6, False)
23
sage: enum_carmichael(10^7, False)
47
```

Exercice 20 page 128. On commence par écrire une fonction `aliq` calculant la suite aliquote partant de n, et s'arrêtant dès qu'on atteint 1 ou un cycle :

```
sage: def aliq(n):
....:     l = [n]
....:     while n <> 1:
....:         n = sigma(n) - n
....:         if n in l: break
....:         l.append(n)
....:     return l
sage: l = aliq(840)
sage: len(l), l[:5], l[-5:]
(748, [840, 2040, 4440, 9240, 25320], [2714, 1606, 1058, 601, 1])
sage: points([(i, log(l[i])/log(10)) for i in range(len(l))])
```

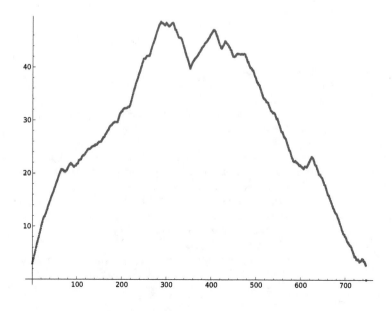

Exercice 21 page 129. (*Constante de Masser-Gramain*) Pour la question 1, soit C le cercle frontière d'un plus petit disque. Sans restriction de généralité on peut supposer que l'origine O est sur le cercle — en effet, il y a au moins un point de $\mathbb{Z}^2$ sur le cercle, sinon le disque n'est pas optimal. On peut aussi supposer que le centre du cercle est dans le premier quadrant (par rotation du disque d'un multiple de $\pi/2$ autour de O). On admettra qu'on a également deux points A et B du premier quadrant sur le cercle, et donc le cercle C est circonscrit au triangle OAB. La borne $r_k < \sqrt{k/\pi}$ permet de délimiter les points A et B, car leur distance à O est au plus $2\sqrt{k/\pi}$. On peut supposer qu'un des points A et B, par exemple A, est dans le second octant (s'ils sont tous deux dans le premier octant, par symétrie par rapport à la droite $x = y$ on les ramène dans le second octant). On peut aussi supposer que l'angle en A du triangle OAB est aigu (en échangeant A et B au besoin, après une symétrie par rapport à la droite $x = y$ s'ils sont dans des octants différents). L'abscisse de A vérifie donc $x_A < \sqrt{2k/\pi}$, son ordonnée vérifie $x_A \leqslant y_A < \sqrt{4k/\pi - x_A^2}$. Pour le point B, on a $0 \leqslant x_B < 2\sqrt{k/\pi}$, et $0 \leqslant x_A y_B + y_A x_B \leqslant x_A^2 + y_A^2$ (angle aigu en A). Cela donne le code suivant, où la routine `rk_aux` calcule le nombre de points dans le disque de centre $(x_c/d, y_c/d)$, et de rayon $\sqrt{r_2}/d$, où x_c, y_c, d, r_2 sont tous entiers.

```
sage: def rk_aux(xc, yc, d, r2):
....:     s = 0
....:     xmin = ceil((xc - sqrt(r2))/d)
....:     xmax = floor((xc + sqrt(r2))/d)
....:     for x in range(xmin,xmax+1):
....:         r3 = r2 - (d*x-xc)^2 # (d*y-yc)^2 <= r2 - (d*x-xc)^2
....:         ymin = ceil((yc - sqrt(r3))/d)
....:         ymax = floor((yc + sqrt(r3))/d)
....:         s += ymax + 1 - ymin
....:     return s

sage: def rk(k): # renvoie (r_k^2, xc, yc)
....:     if k == 2: return 1/4, 1/2, 0
....:     dmax = (2*sqrt(k/pi)).n(); xamax = (sqrt(2*k/pi)).n()
....:     sol = (dmax/2)^2, 0, 0, 0
....:     for xa in range(0, floor(xamax)+1):
....:         # si xa=0, ya > 0 car A ne peut être en O
....:         yamin = max(xa, 1)
....:         for ya in range(yamin, floor(sqrt(dmax^2-xa^2))+1):
....:             xbmin = 0 # on veut xb*ya <= xa^2+ya^2
....:             if xa == 0:
....:                 xbmin = 1 # 0, A, B ne doivent pas être alignés
....:             xbmax = min(floor(dmax), floor((xa*xa+ya*ya)/ya))
....:             for xb in range(xbmin, xbmax+1):
....:                 ybmax = floor(sqrt(dmax^2-xb^2))
....:                 if xa > 0: # on veut xb*ya+yb*xa <= xa^2+ya^2
....:                     tmp = floor((xa*xa+ya*ya-xb*ya)/xa)
....:                     ybmax = min(ybmax, tmp)
....:                 # si xb=0, yb > 0 car B doit être distinct de O
....:                 ybmin = 0
....:                 if xb == 0:
```

```
....:                         ybmin = 1
....:                    for yb in range(ybmin,ybmax+1):
....:                         d = 2*abs(xb*ya - xa*yb)
....:                         if d <> 0:
....:                             ra2 = xa^2+ya^2; rb2 = xb^2+yb^2
....:                             xc = abs(ra2*yb - rb2*ya)
....:                             yc = abs(rb2*xa - ra2*xb)
....:                             r2 = ra2*rb2*((xa-xb)^2+(ya-yb)^2)
....:                             m = rk_aux(xc,yc,d,r2)
....:                             if m >= k and r2/d^2 < sol[0]:
....:                                 sol = r2/d^2, xc/d, yc/d
....:            return sol
```

```
sage: for k in range(2,10): print k, rk(k)
2 (1/4, 1/2, 0)
3 (1/2, 1/2, 1/2)
4 (1/2, 1/2, 1/2)
5 (1, 0, 1)
6 (5/4, 1/2, 1)
7 (25/16, 3/4, 1)
8 (2, 1, 1)
9 (2, 1, 1)
```

Pour la question 2, une solution est la suivante :

```
sage: def plotrk(k):
....:     r2, x0, y0 = rk(k); r = n(sqrt(r2))
....:     var('x, y')
....:     c = implicit_plot((x-x0)^2+(y-y0)^2-r2,
....:         (x, x0-r-1/2, x0+r+1/2),(y, y0-r-1/2, y0+r+1/2))
....:     center = points([(x0,y0)], pointsize=50, color='black')
....:     # on veut (i-x0)^2+(j-y0)^2 <= r2
....:     # donc |i-x0| <= r et |j-y0| <= r2 - (i-x0)^2
....:     l = [(i, j) for i in range(ceil(x0-r), floor(x0+r)+1)
....:                 for j in range(ceil(y0-sqrt(r^2-(i-x0)^2)),
....:                         floor(y0+sqrt(r2-(i-x0)^2))+1)]
....:     d = points(l, pointsize=100)
....:     return (c+center+d).show(aspect_ratio=1, axes=True)
```

La question 3 demande un peu de réflexion. Notons $S_{i,j} = \sum_{k=i}^{j} 1/(\pi r_k^2)$. Partant de la borne supérieure (6.2) pour r_k, on obtient $r_k^2 < (k-1)/\pi$, donc $1/(\pi r_k^2) > 1/(k-1)$, et $S_{n,N} > \sum_{k=n}^{N} 1/(k-1) > \int_n^{N+1} dk/k = \log((N+1)/n)$.

La borne inférieure de (6.2) donne $1/(\pi r_k^2) < 1/k + 2/k^{3/2}$ pour $k \geqslant 407$, qui conduit pour $n \geqslant 407$ à $S_{n,N} < \sum_{k=n}^{N}(1/k + 2/k^{3/2}) < \int_{n-1}^{N}(1/k + 2/k^{3/2})dk = \log(N/(n-1)) + 4/\sqrt{n-1} - 4/\sqrt{N}$, d'où :

$$S_{2,n-1} + \log(1/n) \leqslant \delta \leqslant S_{2,n-1} + \log(1/(n-1)) + 4/\sqrt{n-1}.$$

```
sage: def bound(n):
....:     s = sum(1/pi/rk(k)[0] for k in range(2,n+1))
....:     return float(s+log(1/n)), float(s+log(1/(n-1))+4/sqrt(n-1))
sage: bound(60)
(1.7327473659779615, 2.2703101282176377)
```

On en déduit $1.73 < \delta < 2.28$, soit l'approximation $\delta \approx 2.00$ avec une erreur bornée par 0.28.

Exercice 22 page 130. On reprend ici les mêmes notations que dans l'article de Beauzamy. On pose $s_i = 1 - x_i - \cdots - x_k$ avec $s_{k+1} = 1$. On doit donc avoir $x_1 + \cdots + x_{i-1} \leqslant s_i$, et en particulier $x_2 \leqslant x_1 \leqslant s_2$. Soit

$$C_1 = \int_{x_1=x_2}^{s_2} x_1^{n_1} \mathrm{d}x_1 = \frac{1}{n_1+1}(s_2^{n_1+1} - x_2^{n_1+1}).$$

```
sage: x1, x2, s2 = var('x1, x2, s2')
sage: n1 = 9; C1 = integrate(x1^n1, x1, x2, s2); C1
1/10*s2^10 - 1/10*x2^10
```

Ensuite on a $x_3 \leqslant x_2 \leqslant s_3 = s_2 + x_2$, donc en remplaçant s_2 par $s_3 - x_2$ dans C_1, et en intégrant pour x_2 allant de x_3 à $s_3/2$ — car $x_1 + x_2 \leqslant s_3$ et $x_2 \leqslant x_1$ — on obtient :

```
sage: x3, s3 = var('x3, s3')
sage: n2 = 7; C2 = integrate(C1.subs(s2=s3-x2)*x2^n2, x2, x3, s3/2); C2
44923/229417943040*s3^18 - 1/80*s3^10*x3^8 + 1/9*s3^9*x3^9 - 9/20*s3^8*x3^10
 + 12/11*s3^7*x3^11 - 7/4*s3^6*x3^12 + 126/65*s3^5*x3^13 - 3/2*s3^4*x3^14
 + 4/5*s3^3*x3^15 - 9/32*s3^2*x3^16 + 1/17*s3*x3^17
```

et ainsi de suite. À chaque itération C_i est un polynôme en x_{i+1} et s_{i+1} à coefficients rationnels, homogène et de degré total $n_1 + \ldots + n_i + i$. Pour la dernière variable, on intègre entre $x_k = 0$ et $x_k = 1/k$.

En supposant connue une borne sur le numérateur et le dénominateur de I, on peut calculer I modulo p pour différents nombres premiers ne divisant pas le dénominateur de I, puis en déduire par restes chinois la valeur de I modulo le produit de ces nombres premiers, et enfin par reconstruction rationnelle la valeur exacte de I.

A.7 Polynômes

Exercice 23 page 133.

1. On peut par exemple (il y a beaucoup d'autres solutions) prendre

```
sage: x = polygen(QQ, 'y'); y = polygen(QQ, 'x')
```

Rappelons la différence, en Sage, entre variables Python et variables mathématiques. Les variables Python sont des noms qui servent à la programmation et désignent des emplacements en mémoire. Les variables mathématiques, dont font partie les indéterminées des polynômes, sont de nature complètement différente : ce sont des objets Sage, qui peuvent être *stockés dans* des variables Python. Quand on crée une indéterminée appelée `'x'`, rien n'oblige à la stocker dans la variable Python x — et rien n'empêche d'y ranger plutôt `'y'`.

2. On commence par affecter à la variable Python x l'indéterminée `'x'` des polynômes à coefficients rationnels. L'expression x+1 s'évalue alors en le polynôme $x + 1 \in \mathbb{Q}[x]$, que l'on affecte à la variable p. Puis l'on affecte l'entier 2 à la variable x. Cela n'a pas d'effet sur p, qui vaut toujours $x + 1$: ce x-là (l'indéterminée) n'a plus rien à voir avec la variable Python qui vaut maintenant 2. À ce stade p+x s'évalue en $x + 3$, et donc la valeur finale de p est $x + 3$.

Exercice 24 page 139. Une solution simple consiste à effectuer des divisions euclidiennes successives par les polynômes de Tchebycheff pris par degrés décroissants : si le polynôme p à réécrire sur la base de Tchebycheff est de degré n, on pose $p = c_n T_n + R_{n-1}$ avec $c_n \in \mathbb{Q}$ et $\deg R_{n-1} \leqslant n-1$, puis $R_{n-1} = c_{n-1} T_{n-1} + R_{n-2}$, et ainsi de suite.

Dans le code Sage suivant, plutôt que de renvoyer les coefficients c_n obtenus comme une simple liste, on a choisi de construire une expression symbolique où le polynôme T_n est représenté comme une fonction « inerte » (c'est-à-dire gardée sous forme non évaluée) `T(n,x)`.

```
sage: T = sage.symbolic.function_factory.function('T', nargs=2)
sage: def to_chebyshev_basis(pol):
....:     (x,) = pol.variables()
....:     res = 0
....:     for n in xrange(pol.degree(), -1, -1):
....:         quo, pol = pol.quo_rem(chebyshev_T(n, x))
....:         res += quo * T(n, x)
....:     return res
```

Testons cette fonction. Pour vérifier les résultats, il suffit de substituer à notre fonction inerte T la fonction qui calcule les polynômes de Tchebycheff, et de développer :

```
sage: p = QQ['x'].random_element(degree=6); p
4*x^6 + 4*x^5 + 1/9*x^4 - 2*x^3 + 2/19*x^2 + 1
sage: p_cheb = to_chebyshev_basis(p); p_cheb
1069/456*T(0, x) + T(1, x) + 2713/1368*T(2, x) + 3/4*T(3, x)
+ 55/72*T(4, x) + 1/4*T(5, x) + 1/8*T(6, x)
sage: p_cheb.substitute_function(T, chebyshev_T).expand()
4*x^6 + 4*x^5 + 1/9*x^4 - 2*x^3 + 2/19*x^2 + 1
```

Exercice 25 page 139. Une traduction directe de l'algorithme en Sage donne quelque chose comme :

```
sage: def mydiv(u, v, n):
....:     v0 = v.constant_coefficient()
....:     quo = 0; rem = u
....:     for k in xrange(n+1):
```

```
....:        c = rem[0]/v0
....:        rem = (rem - c*v) >> 1   # décalage des coefficients
....:        quo += c*x^k
....:     return quo, rem
```

(On pourra chronométrer cette fonction sur des exemples un peu gros, et essayer de rendre le code plus efficace sans changer l'algorithme.)

Mais le quotient dans la division par les puissances croissantes jusqu'à l'ordre n est simplement le développement en série de la fraction rationnelle u/v, tronqué à l'ordre $n + 1$. En utilisant la division de séries formelles (voir §7.5), on peut donc calculer la division suivant les puissances croissantes comme suit.

```
sage: def mydiv2(u, v, n):
....:     x = u.parent().gen()
....:     quo = (u / (v + O(x^(n+1)))).polynomial()
....:     rem = (u - quo*v) >> (n+1)
....:     return quo, rem
```

La ligne `quo = ...` utilise, premièrement, qu'ajouter un $O(\cdot)$ à un polynôme le convertit automatiquement en série tronquée, et deuxièmement, que la division d'un polynôme par une série se fait par défaut à la précision du diviseur.

Exercice 26 page 141. Tout d'abord, on s'attend à ce que $u_{10^{10000}}$ ait de l'ordre de 10^{10000} chiffres. Il est donc complètement hors de question de chercher à le calculer entièrement. Puisqu'on ne s'intéresse qu'aux cinq derniers chiffres, ce n'est pas vraiment un problème : on fera tout le calcul modulo 10^5. La méthode par exponentiation rapide présentée en §3.2.4 demande alors quelques dizaines de milliers de multiplications de matrices 1000×1000 à coefficients dans $\mathbb{Z}/10^5\mathbb{Z}$. Chacun de ces produits de matrices revient à un milliard de multiplications modulo 10^5, ou un peu moins avec un algorithme rapide. Ce n'est pas complètement inaccessible, mais un essai sur une seule multiplication laisse penser que le calcul avec Sage prendrait une bonne heure :

```
sage: Mat = MatrixSpace (IntegerModRing(10^5), 1000)
sage: m1, m2 = (Mat.random_element() for i in (1,2))
sage: %time m1*m2
CPU times: user 0.24 s, sys: 0.02 s, total: 0.26 s
Wall time: 0.26 s
```

Il est possible de faire beaucoup mieux du point de vue algorithmique. Notons S l'opérateur de décalage $(a_n)_{n\in\mathbb{N}} \mapsto (a_{n+1})_{n\in\mathbb{N}}$. L'équation satisfaite par $u = (u_n)_{n\in\mathbb{N}}$ se réécrit $P(S) \cdot u = 0$, où $P(x) = x^{1000} - 23x^{729} + 5x^2 - 12x - 7$; et pour tout N (notamment $N = 10^{100}$), le terme u_N est le premier de la suite $S^N \cdot u$. Soit R le reste de la division euclidienne de x^N par P. Comme $P(S) \cdot u = 0$, on a $S^N \cdot u = R(S) \cdot u$. Il suffit donc de calculer l'image de x^N dans $(\mathbb{Z}/10^5\mathbb{Z})[x]/\langle P(x)\rangle$. On aboutit au code suivant, qui, sur la même machine, s'exécute en une trentaine de secondes :

```
sage: Poly.<x> = Integers(10^5) []
sage: P = x^1000 - 23*x^729 + 5*x^2 - 12*x - 7
```

```
sage: Quo.<s> = Poly.quo(P)
sage: op = s^(10^10000)
sage: add(op[n]*(n+7) for n in range(1000))
63477
```

Les cinq chiffres cherchés sont donc 63477. L'écart entre les deux versions en termes de temps de calcul grandit rapidement avec l'ordre de la récurrence.

Exercice 27 page 151.

1. Supposons $a_s u_{n+s} + a_{s-1} u_{n+s-1} + \cdots + a_0 u_n = 0$ pour tout $n \geqslant 0$, et notons $u(z) = \sum_{n=0}^{\infty} u_n z^n$. Soit $Q(z) = a_s + a_{s-1} z + \cdots + a_0 z^s$. Alors

$$S(z) = Q(z)\, u(z) = \sum_{n=0}^{\infty} (a_s u_n + a_{s-1} u_{n-1} + \cdots + a_0 u_{n-s}) z^n,$$

avec la convention que $u_n = 0$ pour $n < 0$. Le coefficient de z^n dans $S(z)$ est nul pour $n \geqslant s$, donc $S(z)$ est un polynôme, et $u(z) = S(z)/Q(z)$. Le dénominateur $Q(z)$ est le polynôme réciproque du polynôme caractéristique de la récurrence, et le numérateur code les conditions initiales.

2. Les quelques premiers coefficients suffisent pour deviner une récurrence d'ordre 3 que satisfont manifestement les coefficients donnés. En faisant appel à `rational_reconstruct`, on obtient une fraction rationnelle qu'il suffit de développer en série pour retrouver tous les coefficients donnés, et des coefficients suivants vraisemblables :

```
sage: p = previous_prime(2^30); ZpZx.<x> = Integers(p)[]
sage: s = ZpZx([1, 1, 2, 3, 8, 11, 34, 39, 148, 127, 662, 339])
sage: num, den = s.rational_reconstruct(x^12, 6, 6)
sage: S = ZpZx.completion(x)
sage: map(lift_sym, S(num)/S(den))
[1, 1, 2, 3, 8, 11, 34, 39, 148, 127, 662, 339, 3056, 371,
14602, -4257, 72268, -50489, 369854, -396981]
```

(La fonction `lift_sym` est celle définie dans le texte du chapitre. Les 20 premiers coefficients de la suite sont largement inférieurs à 2^{29}, de sorte qu'on peut se permettre de dérouler la récurrence modulo 2^{30} puis de remonter le résultat dans $\mathbb{Z}$ plutôt que le contraire.)

Avec `berlekamp_massey`, le résultat est le polynôme caractéristique de la récurrence, directement à coefficients dans $\mathbb{Z}$:

```
sage: berlekamp_massey([1, 1, 2, 3, 8, 11, 34, 39, 148, 127])
x^3 - 5*x + 2
```

On vérifie que tous les coefficients donnés satisfont $u_{n+3} = 5u_{n+1} - 2u_n$, et l'on devine à partir de là les coefficients manquants $72268 = 5 \cdot 14602 - 2 \cdot 371$, $-50489 = 5 \cdot (-4257) - 2 \cdot 14602$, et ainsi de suite.

Exercice 28 page 151. On commence par calculer un polynôme de degré 3 qui satisfait la condition d'interpolation donnée. Cela fournit une solution avec $\deg p = 3$:

```
sage: R.<x> = GF(17)[]
sage: pairs = [(0,-1), (1,0), (2,7), (3,5)]
sage: s = R(QQ['x'].lagrange_polynomial(pairs)); s
6*x^3 + 2*x^2 + 10*x + 16
sage: [s(i) for i in range(4)]
[16, 0, 7, 5]
```

On s'est ainsi ramené au problème de reconstruction rationnelle

$$p/q \equiv s \mod x(x-1)(x-2)(x-3).$$

Comme s n'est pas inversible modulo $x(x-1)(x-2)(x-3)$ (car $s(1) = 0$), il n'y a pas de solution avec p constant. Avec $\deg p = 1$, on trouve :

```
sage: s.rational_reconstruct(mul(x-i for i in range(4)), 1, 2)
(15*x + 2, x^2 + 11*x + 15)
```

Exercice 29 page 155. Le raisonnement est le même que dans l'exemple du texte : on réécrit l'équation $\tan x = \int_0^x (1 + \tan^2 t)\, dt$, et l'on cherche un point fixe en partant de la condition initiale $\tan(0) = 0$.

```
sage: S.<x> = PowerSeriesRing(QQ)
sage: t = S(0)
sage: for i in range(7): # ici t est correct jusqu'au degré 2i+1
....:     # le O(x^15) évite que l'ordre de troncature ne grandisse
....:     t = (1+t^2).integral() + O(x^15)
sage: t
x + 1/3*x^3 + 2/15*x^5 + 17/315*x^7 + 62/2835*x^9 + 1382/155925*x^11
 + 21844/6081075*x^13 + O(x^15)
```

A.8 Algèbre linéaire

Exercice 30 page 175. (*Polynôme minimal de vecteurs*)

1. φ_A est un polynôme annulateur de tous les vecteurs e_i de la base. Il est donc un commun multiple des φ_{A,e_i}. Soit ψ le ppcm des φ_{A,e_i}. Donc $\psi | \varphi_A$. Par ailleurs, $\psi(A) = [\psi(A)e_1 \ \cdots \ \psi(A)e_n] = 0$ est annulateur de la matrice A. D'où $\varphi_A | \psi$. Comme ces polynômes sont unitaires, ils sont égaux.

2. Dans ce cas, tous les φ_{A,e_i} sont sous la forme χ^{ℓ_i}, où χ est un polynôme irréductible. D'après la question précédente, φ_A coïncide donc avec celui des χ^{ℓ_i} ayant la puissance ℓ_i maximale.

3. Soit φ un polynôme annulateur de $e = e_i + e_j$ et $\varphi_1 = \varphi_{A,e_i}, \varphi_2 = \varphi_{A,e_j}$. On a $\varphi_2(A)\varphi(A)e_i = \varphi_2(A)\varphi(A)e - \varphi(A)\varphi_2(A)e_j = 0$. Donc $\varphi_2\varphi$ est annulateur de e_i et est donc divisible par φ_1. Or φ_1 et φ_2 étant premiers entre eux, on a $\varphi_1|\varphi$. De la même façon on montre que $\varphi_2|\varphi$, donc φ est un multiple de $\varphi_1\varphi_2$. Or $\varphi_1\varphi_2$ est annulateur de e, donc $\varphi = \varphi_1\varphi_2$.

4. P_1 et P_2 étant premiers entre eux, il existe deux polynômes α et β tels que $1 = \alpha P_1 + \beta P_2$. Ainsi pour tout x, on a $x = \alpha(A)P_1(A)x + \beta(A)P_2(A)x = x_2 + x_1$, où $x_1 = \beta(A)P_2(A)x$ et $x_2 = \alpha(A)P_1(A)x$. Comme $\varphi_A = P_1P_2$,

P_1 est annulateur de $x_1 = \beta(A)P_2(A)x$ (de même P_2 est annulateur de x_2). Si pour tout x, $x_1 = 0$, alors βP_2 est annulateur de A et est donc un multiple de $P_1 P_2$, d'où $1 = P_1(\alpha + \gamma P_2)$, qui implique $\deg P_1 = 0$. Il existe donc un x_1 non nul tel que P_1 soit un polynôme annulateur de x_1. Montrons que P_1 est minimal pour x_1 : soit $\tilde{P}_1$ un polynôme annulateur de x_1. Alors $\tilde{P}_1(A)P_2(A)x = P_2(A)\tilde{P}_1(A)x_1 + \tilde{P}_1(A)P_2(A)x_2 = 0$, donc $\tilde{P}_1 P_2$ est un multiple de $\varphi_A = P_1 P_2$. Ainsi $P_1 | \tilde{P}_1$ et P_1 est donc le polynôme minimal de x_1. Le raisonnement est identique pour x_2.

5. Pour chaque facteur $\varphi_i^{m_i}$, il existe un vecteur x_i dont $\varphi_i^{m_i}$ est le polynôme minimal et le vecteur $x_1 + \cdots + x_k$ a φ_A pour polynôme minimal.

6. On calcule d'abord le polynôme minimal de la matrice A.

```
sage: A = matrix(GF(7),[[0,0,3,0,0],[1,0,6,0,0],[0,1,5,0,0],
....:                    [0,0,0,0,5],[0,0,0,1,5]])
sage: P = A.minpoly(); P
x^5 + 4*x^4 + 3*x^2 + 3*x + 1
sage: P.factor()
(x^2 + 2*x + 2) * (x^3 + 2*x^2 + x + 4)
```

Il est de degré maximal.

```
sage: e1 = identity_matrix(GF(7),5)[0]
sage: e4 = identity_matrix(GF(7),5)[3]
sage: A.transpose().maxspin(e1)
[(1, 0, 0, 0, 0), (0, 1, 0, 0, 0), (0, 0, 1, 0, 0)]
sage: A.transpose().maxspin(e4)
[(0, 0, 0, 1, 0), (0, 0, 0, 0, 1)]
sage: A.transpose().maxspin(e1 + e4)
[(1, 0, 0, 1, 0), (0, 1, 0, 0, 1), (0, 0, 1, 5, 5),
(3, 6, 5, 4, 2), (1, 5, 3, 3, 0)]
```

La fonction maxspin itère un vecteur *à gauche*. On l'applique donc sur la transposée de la matrice afin d'obtenir la liste des itérés de Krylov linéairement indépendants à partir des vecteurs e_1 et e_4. Le polynôme minimal de e_1 a donc degré 3, celui de e_4 a degré 2, et celui de $e_1 + e_4$ a degré 5.

On note que la forme particulière de la matrice fait que les vecteurs e_1 et e_4 engendrent comme itérés d'autres vecteurs de la base canonique. Cette forme est appelée la forme normale de Frobenius (voir §8.2.3). Elle décrit de quelle manière la matrice décompose l'espace en sous-espaces cycliques invariants qui sont engendrés par des vecteurs de la base canonique.

Exercice 31 page 182. (*Test si deux matrices sont semblables*)

```
sage: def Semblables(A, B):
....:     F1, U1 = A.frobenius(2)
....:     F2, U2 = B.frobenius(2)
....:     if F1 == F2:
....:         return True, ~U2*U1
```

```
....:        else:
....:            return False, F1 - F2
sage: B = matrix(ZZ, [[0,1,4,0,4],[4,-2,0,-4,-2],[0,0,0,2,1],
....:                  [-4,2,2,0,-1],[-4,-2,1,2,0]])
sage: U = matrix(ZZ, [[3,3,-9,-14,40],[-1,-2,4,2,1],[2,4,-7,-1,-13],
....:                  [-1,0,1,4,-15],[-4,-13,26,8,30]])
sage: A = (U^-1 * B * U).change_ring(ZZ)
sage: ok, V = Semblables(A, B); ok
True
sage: V
[                  1      2824643/1601680      -6818729/1601680
   -43439399/11211760    73108601/11211760]
[                  0       342591/320336         -695773/320336
   -2360063/11211760    -10291875/2242352]
[                  0      -367393/640672          673091/640672
    -888723/4484704     15889341/4484704]
[                  0       661457/3203360         -565971/3203360
   13485411/22423520  -69159661/22423520]
[                  0     -4846439/3203360         7915157/3203360
  -32420037/22423520 285914347/22423520]
sage: ok, V = Semblables(2*A, B); ok
False
```

A.9 Systèmes polynomiaux

Exercice 32 page 184. Étant donné un anneau de polynômes `ring`, la fonction `test_poly` renvoie la somme de tous les monômes de degré total borné par la valeur du paramètre `deg`. Son code est relativement compact, mais procède avec quelques contorsions.

La première instruction construit et affecte à la variable locale `monomials` un ensemble (représenté par un objet spécifique `SubMultiset`, voir §15.2) de listes à chacune `deg` éléments dont le produit constitue un terme du polynôme :

```
sage: ring = QQ['x,y,z']; deg = 2
sage: tmp1 = [(x,)*deg for x in (1,) + ring.gens()]; tmp1
[(1, 1), (x, x), (y, y), (z, z)]
sage: tmp2 = flatten(tmp1); tmp2
[1, 1, x, x, y, y, z, z]
sage: monomials = Subsets(tmp2, deg, submultiset=True); monomials
SubMultiset of [1, 1, z, z, y, y, x, x] of size 2
sage: monomials.list()
[[1, 1], [1, z], [1, y], [1, x], [z, z], [z, y], [z, x], [y, y],
 [y, x], [x, x]]
```

Pour cela, on commence par adjoindre 1 au tuple des indéterminées, et remplacer chaque élément du résultat par un tuple de `deg` copies de lui-même, et regrouper ces tuples dans une liste. Remarquons l'usage de la syntaxe `(x,)` qui dénote un tuple à un seul élément, ainsi que des opérateurs de concaténation + et de répétition * des tuples. La liste de tuples obtenue est aplatie par `flatten` en une liste contenant exactement `deg` fois chacune des indéterminées et la constante 1. La fonction `Subsets` avec l'option `submultiset=True` calcule ensuite l'ensemble des parties de cardinal `deg` du multiensemble (collection sans ordre mais avec répétitions) des éléments de cette liste. L'objet `monomials` est itérable : ainsi, `(mul(m) for m in monomials)` est un générateur Python qui parcourt les monômes fabriqués en passant à `mul` les listes représentant les parties. Ce générateur est finalement passé à `add`.

La dernière ligne pourrait être remplacée par `add(map(mul, monomials))`. On peut aussi écrire `((1,) + ring.gens())*deg` pour simplifier l'expression `[(x,)*deg for x in (1,) + ring.gens()]`.

Exercice 33 page 185. Un exemple de la page d'aide `PolynomialRing?` suggère une solution : pour obtenir une famille d'indéterminées compliquée — ici, indexée par les nombres premiers — on passe à `PolynomialRing` une liste fabriquée par compréhension (voir §3.3.2) :

```
sage: ['x%d' % n for n in [2,3,5,7]]
['x2', 'x3', 'x5', 'x7']
sage: R = PolynomialRing(QQ, ['x%d' % n for n in primes(40)])
sage: R.inject_variables()
Defining x2, x3, x5, x7, x11, x13, x17, x19, x23, x29, x31, x37
```

La méthode `inject_variables` initialise des variables Python x2, x3, ... contenant chacune le générateur correspondant de R.

Exercice 34 page 190. On vérifie que $(3, 2, 1)$ est l'unique solution réelle, par exemple via

```
sage: R.<x,y,z> = QQ[]
sage: J = R.ideal(x^2*y*z-18, x*y^3*z-24, x*y*z^4-6)
sage: J.variety(AA)
[{x: 3, z: 1, y: 2}]
```

ou encore par

```
sage: V = J.variety(QQbar)
sage: [u for u in V if all(a in AA for a in u.values())]
[{z: 1, y: 2, x: 3}]
```

Une substitution de la forme $(x, y, z) \mapsto (\omega^a x, \omega^b y, \omega^c z)$ avec $\omega^k = 1$ laisse le système invariant si et seulement si (a, b, c) est solution modulo k du système linéaire homogène de matrice

```
sage: M = matrix([ [p.degree(v) for v in (x,y,z)]
....:                     for p in J.gens()]); M
[2 1 1]
[1 3 1]
[1 1 4]
```

En calculant son déterminant

```
sage: M.det()
17
```

on voit que $k = 17$ convient. Il n'y a plus qu'à trouver un élément non nul du noyau :

```
sage: M.change_ring(GF(17)).right_kernel()
Vector space of degree 3 and dimension 1 over Finite Field of size 17
Basis matrix:
[1 9 6]
```

Exercice 35 page 203. C'est presque immédiat :

```
sage: L.<a> = QQ[sqrt(2-sqrt(3))]; L
Number Field in a with defining polynomial x^4 - 4*x^2 + 1
sage: R.<x,y> = QQ[]
sage: J1 = (x^2 + y^2 - 1, 16*x^2*y^2 - 1)*R
sage: J1.variety(L)
[{y: 1/2*a, x: 1/2*a^3 - 2*a}, {y: 1/2*a, x: -1/2*a^3 + 2*a},
{y: -1/2*a, x: 1/2*a^3 - 2*a}, {y: -1/2*a, x: -1/2*a^3 + 2*a},
{y: 1/2*a^3 - 2*a, x: 1/2*a}, {y: 1/2*a^3 - 2*a, x: -1/2*a},
{y: -1/2*a^3 + 2*a, x: 1/2*a}, {y: -1/2*a^3 + 2*a, x: -1/2*a}]
```

Ainsi, par exemple pour la première solution ci-dessus, on a :

$$x = \frac{1}{2}(2-\sqrt{3})^{3/2} - 2\sqrt{2-\sqrt{3}}, \qquad y = \frac{1}{2}\sqrt{2-\sqrt{3}}.$$

Exercice 36 page 207. Nous avons vu comment obtenir une base B du $\mathbb{Q}$-espace vectoriel $\mathbb{Q}[x,y]/J_2$:

```
sage: R.<x,y> = QQ[]; J2 = (x^2+y^2-1, 4*x^2*y^2-1)*R
sage: basis = J2.normal_basis(); basis
[x*y^3, y^3, x*y^2, y^2, x*y, y, x, 1]
```

On calcule ensuite l'image de B par m_x, et on en déduit la matrice de m_x dans la base B :

```
sage: xbasis = [(x*p).reduce(J2) for p in basis]; xbasis
[1/4*y, x*y^3, 1/4, x*y^2, -y^3 + y, x*y, -y^2 + 1, x]
sage: mat = matrix([ [xp[q] for q in basis]
....:                         for xp in xbasis])
sage: mat
[ 0  0  0  0  0 1/4  0  0]
[ 1  0  0  0  0  0   0  0]
[ 0  0  0  0  0  0   0 1/4]
[ 0  0  1  0  0  0   0  0]
[ 0 -1  0  0  0  1   0  0]
[ 0  0  0  0  1  0   0  0]
[ 0  0  0 -1  0  0   0  1]
[ 0  0  0  0  0  0   1  0]
```

Le polynôme χ_x et ses racines sont alors donnés par (voir chapitres 2 et 8) :

```
sage: charpoly = mat.characteristic_polynomial(); charpoly
x^8 - 2*x^6 + 3/2*x^4 - 1/2*x^2 + 1/16
sage: solve(SR(charpoly), SR(x))
[x == -1/2*sqrt(2), x == 1/2*sqrt(2)]
```

On peut observer sur cet exemple que les racines de χ sont les abscisses des points de $V(J_2)$.

Pour un idéal J quelconque, supposons $\chi(\lambda) = 0$ avec $\lambda \in \mathbb{C}$. C'est donc que λ est une valeur propre de m_x. Soit $p \in \mathbb{Q}[x, y] \setminus J$ un représentant d'un vecteur propre associé à λ : on a $xp = \lambda p + q$ pour un certain $q \in J$. Comme $p \notin J$, on peut trouver $(x_0, y_0) \in V(J)$ tel que $p(x_0, y_0) \neq 0$, et l'on a alors

$$(x_0 - \lambda)\, p(x_0, y_0) = q(x_0, y_0) = 0,$$

d'où $\lambda = x_0$.

Exercice 37 page 217. Les expressions sin, cos, $\sin(2\theta)$ et $\cos(2\theta)$ sont liées par les formules trigonométriques classiques

$$\sin^2\theta + \cos^2\theta = 1, \quad \sin(2\theta) = 2(\sin\theta)(\cos\theta), \quad \cos(2\theta) = \cos^2\theta - \sin^2\theta.$$

Posons pour alléger les notations $c = \cos\theta$ et $s = \sin\theta$. L'idéal

$$\langle u - (s + c), v - (2sc + c^2 - s^2), s^2 + c^2 - 1 \rangle$$

de $\mathbb{Q}[s, c, u, v]$ traduit les définitions de $u(\theta)$ et $v(\theta)$ de l'énoncé ainsi que la relation entre sinus et cosinus. Pour un ordre monomial qui élimine prioritairement s et c, la forme canonique de s^6 modulo cet idéal donne le résultat recherché.

```
sage: R.<s, c, u, v> = PolynomialRing(QQ, order='lex')
sage: Rel = ideal(u-(s+c), v-(2*s*c+c^2-s^2), s^2+c^2-1)
sage: Rel.reduce(s^6)
1/16*u^2*v^2 - 3/8*u^2*v + 7/16*u^2 + 1/8*v^2 - 1/8*v - 1/8
```

A.10   Équations différentielles et suites définies par une relation de récurrence

Exercice 38 page 227. (*Équations différentielles à variables séparables*)

1. Utilisons la même méthode que dans la section 10.1.2 :

```
sage: x = var('x')
sage: y = function('y',x)
sage: ed = (desolve(y*diff(y,x)/sqrt(1+y^2) == sin(x),y)); ed
sqrt(y(x)^2 + 1) == c - cos(x)
```

Le même problème apparaît. On impose que `c-cos(x)` soit positif :

```
sage: c = ed.variables()[0]
sage: assume(c-cos(x) > 0)
```

```
sage: sol = solve(ed,y) ; sol
[y(x) == -sqrt(c^2 - 2*c*cos(x) + cos(x)^2 - 1),
 y(x) == sqrt(c^2 - 2*c*cos(x) + cos(x)^2 - 1)]

sage: P = Graphics()
sage: for j in [0,1]:
....:    for k in range(0,20,2):
....:        P += plot(sol[j].subs_expr(c == 2+0.25*k).rhs(),
....:                  x,-3,3)
sage: P
```

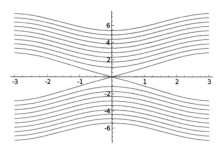

2. Même méthode :

```
sage: solu = desolve(diff(y,x) == sin(x)/cos(y),y,\
....:                               show_method = True)
sage: solu
[sin(y(x)) == c - cos(x), 'separable']
sage: solve(solu[0],y)
[y(x) == -arcsin(-c + cos(x))]
```

Exercice 39 page 229. (*Équations homogènes*) On vérifie que l'équation $xyy' = x^2 + y^2$ définie sur $]0, +\infty[$ et sur $]-\infty, 0[$ est bien homogène, puis on essaie de la résoudre par le changement de fonction inconnue indiqué dans l'exemple traité à la section 10.1.2.

```
sage: x = var('x')
sage: y = function('y',x)
sage: id(x) = x
sage: u = function('u',x)
sage: d = diff(u*id,x)
sage: DE = (x*y*d == x**2+y**2).subs_expr(y == u*id)
sage: equ = desolve(DE,u)
sage: solu = solve(equ,u)
sage: solu
[u(x) == -sqrt(2*c + 2*log(x)),
 u(x) == sqrt(2*c + 2*log(x))]
sage: Y = [x*solu[0].rhs() , x*solu[1].rhs()]
sage: Y[0]
```

```
-sqrt(2*c + 2*log(x))*x
```

On peut ajouter des conditions sur x (avec `assume`) pour se rappeler que l'équation n'est pas définie en 0.

A.11   Nombres à virgule flottante

Exercice 40 page 246. On propose deux solutions.

1. Effectuons le calcul sans utiliser les méthodes de la classe `RealField` qui donnent la mantisse et l'exposant d'un nombre. On vérifie d'abord que $2^{99} < 10^{30} < 2^{100}$ (on remarque que $10^{30} = (10^3)^{10} \simeq (2^{10})^{10}$).

```
sage: R100=RealField(100)
sage: x=R100(10^30)
sage: x>2^99
True
sage: x<2^100
True
```

On calcule ensuite la mantisse de `x` :

```
sage: e=2^100
sage: s1=10^30
sage: mantisse=[]
sage: nbchiffres=0 # compteur du nombre de chiffres nécessaires
sage: while s1>0:
....:     e/=2
....:     if e<=s1:
....:         mantisse.append(1)
....:         s1-=e
....:     else:
....:         mantisse.append(0)
....:     nbchiffres+=1
sage: print mantisse
[1, 1, 0, 0, 1, 0, 0, 1, 1, 1, 1, 1, 0, 0, 1, 0, 1, 1, 0, 0,
 1, 0, 0, 1, 1, 1, 0, 0, 1, 1, 0, 1, 0, 0, 0, 0, 0, 1, 0, 0,
 0, 1, 1, 0, 0, 1, 1, 1, 0, 1, 0, 0, 1, 1, 1, 0, 1, 1, 0, 1,
 1, 1, 1, 0, 1, 0, 1, 0, 0, 1]
sage: print "nombre de chiffres nécessaires ",nbchiffres
nombre de chiffres nécessaires  70
```

Les chiffres binaires de la mantisse au-delà du soixante-dixième sont nuls. Le nombre le plus proche de 10^{30} est donc obtenu en ajoutant 2^{-100} à la mantisse, d'où le résultat, `x.ulp()` vaut : $2^{-100} \cdot 2^{100} = 1$.

2. En utilisant la méthode `sign_mantissa_exponent()` de la classe `RealField`, on a directement :

```
sage: R100=RealField(100)
sage: x=R100(10^30)
```

```
sage: s,m,e = x.sign_mantissa_exponent()
sage: print s,m,e
1 10000000000000000000000000000000000 0
```

La commande `m.binary()` permet de constater qu'on obtient bien la même mantisse dans les deux cas.

Exercice 41 page 249.

1. Cherchons d'abord les valeurs de α, β et γ dans la formule :

$$u_n = \frac{\alpha \, 100^{n+1} + \beta \, 6^{n+1} + \gamma \, 5^{n+1}}{\alpha \, 100^n + \beta \, 6^n + \gamma \, 5^n}. \qquad (A.1)$$

Pourquoi ne pas utiliser Sage pour cela ? On se sert des valeurs de u_0, u_1 et u_2 pour obtenir et résoudre un système d'équations, dont les inconnues sont α, β et γ. Définissons la récurrence et la solution générale :

```
sage: var("u0 u1 u2 alpha beta gamma n")
(u0, u1, u2, alpha, beta, gamma, n)
sage: recurrence = lambda a,b:  111-1130/a+3000/(a*b)
sage: gener1 = lambda n :(alpha*100^n+beta*6^n+gamma*5^n)
sage: solGen =  lambda n: gener1(n+1)/gener1(n)
```

Calculons u_2 en fonction de u_1 et u_0 et posons le système :

```
sage: u2 = recurrence(u1,u0)
sage: s = [u2==solGen(2),u1==solGen(1),u0==solGen(0)]
sage: t = [s[i].substitute(u0=2,u1=-4) for i in range(0,3)]
```

puis résolvons-le :

```
sage: solve(t,alpha,beta,gamma)
[[alpha == 0, beta == -3/4*r1, gamma == r1]]
```

Le calcul nous montre que γ reste indéterminé.

Nous devons vérifier que nous obtenons bien une solution générale, c'est-à-dire que l'équation (A.1) est vérifiée pour tout n :

```
sage: alpha=0
sage: beta = -3/4*gamma
sage: final=solGen(n)-recurrence(solGen(n-1),solGen(n-2))
sage: print final.simplify_full()
0
```

On peut prendre n'importe quelle valeur pour γ, par exemple $\gamma = 4$, et l'on a alors $\beta = -3$ et $\alpha = 0$.

2. On définit une procédure qui implémente la récurrence, avec des coefficients exacts afin de pouvoir la réutiliser à différentes précisions :

```
sage: def recur(x1,x0):
....:     return 111 - 1130/x1 + 3000/(x0*x1)
```

Les conditions initiales en revanche sont prises dans `RealField()`, de sorte que le calcul a lieu dans ce domaine :

```
sage: u0 = 2.
sage: u1 = -4.
sage: for i in range(1,25):
....:     x = recur(u1,u0)
....:     print i,x
....:     u0 = u1
....:     u1 = x
1 18.5000000000000
2 9.37837837837838
3 7.80115273775217
4 7.15441448097533
5 6.80678473692481
6 6.59263276872179
................
23 99.9999986592167
24 99.9999999193218
```

La suite converge visiblement vers 100 !

3. L'explication du comportement du programme tient à ce que les valeurs u_n ne sont pas calculées exactement : si l'on considère la récurrence définie en prenant pour conditions initiales les termes u_{n-1} et u_{n-2}, calculés avec une erreur d'arrondi, la formule (A.1) ne donne plus la solution générale.

Cherchons les valeurs stationnaires de la récurrence :

```
sage: var("x")
x
sage: solve(x==recurrence(x,x),x)
[x == 100, x == 5, x == 6]
```

Il y a 3 valeurs stationnaires : 100, 5 et 6. La convergence vers 100 observée en présence d'erreurs d'arrondi provient de considérations de stabilité de ces 3 valeurs (considérations qui sont hors des limites de cet exercice).

4. Augmenter la précision ne sert à rien, la suite converge toujours vers 100 :

```
sage: RL = RealField(5000)
sage: u0 = RL(2)
sage: u1 = RL(-4)
sage: for i in range(1,2500):
....:     x = recur(u1,u0)
....:     u0 = u1
....:     u1= x
sage: x
100.00000000000000000000000000000000000000000000000000000000000...
```

Il suffit qu'un seul des u_i ne soit pas calculé exactement, pour que la suite diverge (α n'est plus nul).

5. Le programme ne subit que peu de modifications. On fait en sorte que les variables u0 et u1 soient initialisés comme entières :

```
sage: u0 = 2
sage: u1 = -4
sage: for i in range(1,2500):
....:       x = recur(u1,u0)
....:       u0 = u1
....:       u1 = x
sage: float(x)
6.0
```

On trouve bien la valeur 6.0, mais si on imprime x, on voit l'énorme quantité d'information utilisée par le calcul (impression non reproduite ici !). En imprimant x-6, on vérifie que la limite n'a pas été atteinte : la taille occupée par représentation machine de x n'a aucune raison de diminuer si on poursuit les itérations.

A.12   Équations non linéaires

Exercice 42 page 267. On a vu que le mot clé `return` termine l'exécution de la fonction. Il suffit donc de tester si $f(u)$ est nul ou pas. Pour éviter d'évaluer la fonction f en u à plusieurs reprises, on stocke sa valeur dans une variable. Après modification on obtient donc la fonction suivante.

```
sage: def intervalgen(f, phi, s, t):
....:       assert (f(s) * f(t) < 0), \
....:               'Wrong arguments: f(%s) * f(%s) >= 0)'%(s, t)
....:       yield s
....:       yield t
....:       while 1:
....:           u = phi(s, t)
....:           yield u
....:           fu = f(u)
....:           if fu == 0:
....:               return
....:           if fu * f(s) < 0:
....:               t = u
....:           else:
....:               s = u
```

Testons cette fonction avec une équation dont on connaît une solution, par exemple construite à partir d'une fonction linéaire.

```
sage: f(x) = 4 * x - 1
sage: a, b = 0, 1
sage: phi(s, t) = (s + t) / 2
sage: list(intervalgen(f, phi, a, b))
```

```
[0, 1, 1/2, 1/4]
```

Exercice 43 page 267. La fonction `phi` passée en paramètre de `intervalgen` détermine le point où diviser un intervalle. Il suffit donc de donner à cette fonction la définition adéquate.

```
sage: f(x) = 4 * sin(x) - exp(x) / 2 + 1
sage: a, b = RR(-pi), RR(pi)
sage: def phi(s, t): return RR.random_element(s, t)
sage: random = intervalgen(f, phi, a, b)
sage: iterate(random, maxit=10000)
After 19 iterations: 2.15848379485564
```

Exercice 44 page 276. Il est naturel de vouloir faire les calculs avec `Polynomial Ring(SR, 'x')`. Une difficulté technique vient de ce que cet objet n'implante pas la méthode `roots()`.

```
sage: basering.<x> = PolynomialRing(SR, 'x')
sage: p = x^2 + x
sage: p.parent()
Univariate Polynomial Ring in x over Symbolic Ring
sage: p.roots(multiplicities=False)
Traceback (most recent call last):
...
NotImplementedError
```

La fonction `solve()` n'est pas non plus prévue pour fonctionner avec l'objet `PolynomialRing(SR, 'x')`. Une alternative serait d'utiliser SR, qui implante ces méthodes, mais il n'offre pas d'équivalent de la méthode `lagrange_polynomial()` de `PolynomialRing(SR, 'x')`. On est donc amené à faire des conversions entre ces objets.

```
sage: from collections import deque
sage: basering = PolynomialRing(SR, 'x')
sage: q, method = None, None
sage: def quadraticgen(f, r, s):
....:     global q, method
....:     t = r - f(r) / f.derivative()(r)
....:     method = 'newton'
....:     yield t
....:     pts = deque([(p, f(p)) for p in (r, s, t)], maxlen=3)
....:     while True:
....:         q = basering.lagrange_polynomial(pts)
....:         p = sum([c*x^d for d, c in enumerate(q.list())])
....:         roots = [r for r in p.roots(x,multiplicities=False) \
....:                     if CC(r).is_real()]
....:         approx = None
....:         for root in roots:
....:             if (root - pts[2][0]) * (root - pts[1][0]) < 0:
```

```
....:                    approx = root
....:                    break
....:             elif (root - pts[0][0]) * (root - pts[1][0]) < 0:
....:                    pts.pop()
....:                    approx = root
....:                    break
....:         if approx:
....:             method = 'quadratic'
....:         else:
....:             method = 'dichotomy'
....:             approx = (pts[1][0] + pts[2][0]) / 2
....:         pts.append((approx, f(approx)))
....:         yield pts[2][0]
```

Il est maintenant possible d'afficher les premiers termes de la suite définie par la méthode de Brent. Attention, les calculs sont relativement longs à effectuer (et les résultats impossibles à afficher sur une page de ce livre...).

```
sage: basering = PolynomialRing(SR, 'x')
sage: a, b = pi/2, pi
sage: f(x) = 4 * sin(x) - exp(x) / 2 + 1
sage: generator = quadraticgen(f, a, b)
sage: print generator.next()
1/2*pi - (e^(1/2*pi) - 10)*e^(-1/2*pi)
```

En exécutant le code suivant, le lecteur patient pourra visualiser les arcs de paraboles utilisés dans les calculs des premiers termes de la suite.

```
sage: generator = quadraticgen(f, a, b)
sage: g = plot(f, a, b, rgbcolor='blue')
sage: g += point((a, 0), rgbcolor='red', legend_label='0')
sage: g += point((b, 0), rgbcolor='red', legend_label='1')
sage: data = {'2': 'blue', '3': 'violet', '4': 'green'}
sage: for l, color in data.iteritems():
....:     u = RR(generator.next())
....:     print u, method
....:     g += point((u, 0), rgbcolor=color, legend_label=l)
....:     if method == 'quadratic':
....:         q = sum([c*x^d for d, c in enumerate(q.list())])
....:         g += plot(q, 0, 5, rgbcolor=color)
2.64959209030252 newton
2.17792417785919 quadratic
2.15915701248844 quadratic
sage: g.show()
```

A.13   Algèbre linéaire numérique

Exercice 45 page 284. D'après la formule de Sherman et Morrison, la résolution de $Bx = f$ équivaut à celle de $Ax = \sigma(I + u\,^t v\,A^{-1})f$ avec $\sigma = (1 + {}^t v\,A^{-1}u)^{-1}$. On procède alors de la manière suivante.

1. On calcule w solution de $Aw = u$, puis $\sigma = (1 + {}^t v\, w)^{-1}$.

2. On calcule z solution de $Az = f$ puis $g = {}^t v\, z$ (qui est un scalaire).

3. On calcule alors $h = \sigma(f - gu)$ et on résout $Ax = h$; x est bien la solution de $Bx = f$.

On remarque qu'on a résolu 3 systèmes linéaires avec la matrice factorisée A, soit la résolution de 6 systèmes linéaires à matrice triangulaire. Chacune de ces résolutions coûte de l'ordre de n^2 opérations, bien moins que le coût d'une factorisation (qui est de l'ordre de n^3). Pour vérifier la formule de Sherman et Morrison, il suffit de multiplier (à droite) le second membre de la formule par $A + u\,{}^t v$ puis de vérifier que cette expression est égale à la matrice identité.

Exercice 46 page 288. On considère la factorisation de Cholesky $A = C\,{}^t C$, puis la décomposition en valeurs singulières de $C : C = U\Sigma\,{}^t V$. Alors, $X = U\Sigma\,{}^t U$. En effet : $A = C\,{}^t C = (U\Sigma\,{}^t V)(V\Sigma\,{}^t U) = U\Sigma\,{}^t U\, U\Sigma\,{}^t U = X^2$.

Fabriquons une matrice aléatoire symétrique définie positive :

```
sage: m = random_matrix(RDF,4)
sage: a = transpose(m)*m
sage: c = a.cholesky()
sage: U,S,V = c.SVD()
sage: X = U*S*transpose(U)
```

Vérifions que $X^2 - a$ est nulle (modulo erreurs numériques) :

```
sage: M = (X*X-a)
sage: all(abs(M[i,j]) < 10^-14
....:      for i in range(4) for j in range(4) )
True
```

A.14 Intégration numérique et équations différentielles

Exercice 47 page 314. (*Calcul des coefficients de Newton-Cotes*)
  1. En remarquant que P_i est de degré $n - 1$ (donc la formule (14.1) s'applique) et que $P_i(j) = 0$ pour $j \in \{0, \ldots, n - 1\}$ et $j \neq i$, on en déduit

$$\int_0^{n-1} P_i(x)\,\mathrm{d}x = w_i P_i(i)$$

soit

$$w_i = \frac{\int_0^{n-1} P_i(x)\,\mathrm{d}x}{P_i(i)}.$$

  2. Le calcul des poids s'en déduit simplement :

```
sage: x = var('x')
sage: def NCRule(n):
....:     P = prod([x - j for j in xrange(n)])
....:     return [integrate(P / (x-i), x, 0, n-1) \
....:             / (P/(x-i)).subs(x=i) for i in xrange(n)]
```

3. Par un simple changement de variable :

$$\int_a^b f(x)\,\mathrm{d}x = \frac{b-a}{n-1} \int_0^{n-1} f\left(a + \frac{b-a}{n-1}u\right) \mathrm{d}u.$$

4. En appliquant la formule précédente, on trouve le programme suivant :

```
sage: def QuadNC(f, a, b, n):
....:     W = NCRule(n)
....:     ret = 0
....:     for i in xrange(n):
....:         ret += f(a + (b-a)/(n-1)*i) * W[i]
....:     return (b-a)/(n-1)*ret
```

Avant de comparer la précision de cette méthode avec d'autres, nous pouvons déjà vérifier qu'elle ne renvoie pas de résultats incohérents :

```
sage: QuadNC(lambda u: 1, 0, 1, 12)
1
sage: N(QuadNC(sin, 0, pi, 10))
1.99999989482634
```

Comparons succinctement la méthode obtenue avec les fonctions de GSL sur les intégrales I_2 et I_3 :

```
sage: numerical_integral(x * log(1+x), 0, 1)
(0.25, 2.7755575615628914e-15)
sage: N(QuadNC(lambda x: x * log(1+x), 0, 1, 19))
0.250000000000000
sage: numerical_integral(sqrt(1-x^2), 0, 1)
(0.785398167726482..., 9.042725224567119...e-07)
sage: N(pi/4)
0.785398163397448
sage: N(QuadNC(lambda x: sqrt(1-x^2), 0, 1, 20))
0.784586419900198
```

Remarquons que la qualité du résultat dépend du nombre de points utilisés :

```
sage: [N(QuadNC(lambda x: x * log(1+x), 0, 1, n) - 1/4)
....:     for n in [2, 8, 16]]
[0.0965735902799726, 1.17408932943930e-7, 2.13546194616221e-13]
sage: [N(QuadNC(lambda x: sqrt(1-x^2), 0, 1, n) - pi/4)
....:     for n in [2, 8, 16]]
[-0.285398163397448, -0.00524656673640445, -0.00125482109302663]
```

Une comparaison plus intéressante entre les différentes fonctions d'intégration de Sage et notre méthode QuadNC demanderait de la convertir en une méthode adaptative qui subdivise automatiquement l'intervalle considéré comme le fait numerical_integral.

A.15 Dénombrement et combinatoire

Exercice 48 page 326. (*Probabilité de tirer un carré au Poker*) Construisons l'ensemble des carrés :

```
sage: Symboles = FiniteEnumeratedSet(
....:                 ["Coeur","Carreau","Pique","Trefle"])
sage: Valeurs  = FiniteEnumeratedSet([2, 3, 4, 5, 6, 7, 8, 9, 10,
....:                         "Valet", "Dame", "Roi", "As"])
sage: Carres = CartesianProduct((Arrangements(Valeurs,2)), Symboles)
```

Nous avons utilisé `FiniteEnumeratedSet` plutôt que `Set` afin de spécifier l'ordre des symboles, des valeurs, et donc des carrés :

```
sage: Carres.list()
[[[2, 3], 'Coeur'],
 [[2, 3], 'Carreau'],
...
[['As', 'Roi'], 'Trefle']]
```

La liste précédente commence par un carré de deux complété par un 3 de cœur, et termine par un carré d'as complété par un roi de trèfle. Au total, il y a 624 carrés :

```
sage: Carres.cardinality()
624
```

Rapporté au nombre de mains, on obtient une probabilité d'une chance sur 4165 d'obtenir un carré lorsque l'on tire une main au hasard :

```
sage: Cartes = CartesianProduct(Valeurs, Symboles).map(tuple)
sage: Mains = Subsets(Cartes, 5)
sage: Carres.cardinality() / Mains.cardinality()
1/4165
```

Exercice 49 page 326. (*Probabilité de tirer une quinte flush et une couleur au Poker*) Choisir une quinte flush revient à choisir par exemple sa plus petite carte (entre 1 et 10) et son symbole. Il y en a donc 40.

```
sage: QuinteFlush = CartesianProduct(srange(1, 11), Symboles)
sage: QuinteFlush.cardinality()
40
```

Il y a donc 5108 couleurs :

```
sage: ToutesCouleurs = CartesianProduct(Subsets(Valeurs,5),Symboles)
sage: ToutesCouleurs.cardinality() - QuinteFlush.cardinality()
5108
```

Au final la probabilité d'obtenir une couleur en tirant une main au hasard est d'environ deux sur mille :

```
sage: _ / Mains.cardinality()
```

```
1277/649740
sage: float(_)
0.0019654015452334776
```

Il serait satisfaisant d'effectuer le calcul précédent par opération ensembliste, en construisant explicitement l'ensemble des couleurs comme différence de ToutesCouleurs et de QuinteFlush. Cependant il n'existe pas d'algorithme générique efficace pour calculer la différence $A \setminus B$ de deux ensembles : sans information supplémentaire, il n'y a guère mieux que de parcourir tous les éléments de A et de tester s'ils sont dans B. Dans le calcul ci-dessus, nous avons utilisé le fait que B est inclus dans A, ce que Sage ne peut deviner à priori. Un autre obstacle, quoique facile à dépasser, est qu'il faudrait que les éléments de B et de A soient représentés de la même façon.

Exercice 50 page 326. Nous nous contenterons d'illustrer le cas de la main pleine, formée d'un brelan et d'une paire. Commençons par implanter une fonction testant si une main est pleine. Pour une écriture concise, nous utilisons la méthode suivante permettant de compter les répétitions des lettres d'un mot :

```
sage: Word(['a','b','b','a','a','b','a']).evaluation_dict()
{'a': 4, 'b': 3}
```

```
sage: def est_main_pleine(main):
....:     symboles = Word([valeur for (valeur, symbole) in main])
....:     repetitions = sorted(symboles.evaluation_dict().values())
....:     return repetitions == [2,3]
sage: est_main_pleine({(5, 'Carreau'), (6, 'Carreau'), (6, 'Coeur'),
....:                   (5, 'Pique'), (1, 'Pique')})
False
sage: est_main_pleine({(3, 'Trefle'), (3, 'Pique'), (3, 'Coeur'),
....:                   (2, 'Trefle'), (2, 'Pique')})
True
```

Nous automatisons maintenant l'estimation de la proportion de mains pleines. Plus généralement, la fonction suivante estime la proportion d'éléments de l'ensemble fini ensemble satisfaisant predicat. Elle fait l'hypothèse que l'ensemble est muni d'une méthode random_element implantant un tirage aléatoire uniforme.

```
sage: def estimation_proportion(ensemble, predicat, n):
....:     compteur = 0
....:     for i in range(n):
....:         if predicat(ensemble.random_element()):
....:             compteur += 1
....:     return compteur/n
```

```
sage: float(estimation_proportion(Mains, est_main_pleine, 10000))
0.0009999999999999998
```

Faisons maintenant le calcul symboliquement. Choisir une main pleine revient à choisir un couple de valeurs distinctes, l'une pour le brelan, l'autre pour la paire, ainsi qu'un ensemble de trois symboles pour le brelan et un autre de deux symboles pour la paire :

```
sage: MainsPleines = CartesianProduct(Arrangements(Valeurs, 2),
....:        Subsets(Symboles, 3), Subsets(Symboles, 2))
```

Voici par exemple, une main pleine avec un brelan de deux et une paire de trois :

```
sage: MainsPleines.first()
[[2, 3], {'Trefle', 'Pique', 'Carreau'}, {'Pique', 'Trefle'}]
```

La probabilité de tirer une main pleine est de :

```
sage: float(MainsPleines.cardinality() / Mains.cardinality())
0.0014405762304921968
```

Exercice 51 page 326. *(Comptage manuel des arbres binaires complets)* Il y a un arbre binaire complet avec une feuille et un avec deux feuilles. Pour $n = 3, 4$ et 5 feuilles, on trouve respectivement 2, 5 et 14 arbres (pour $n = 4$, voir Figure 15.1).

Exercice 52 page 336. Les compositions de n à k parts sont en bijection avec les sous ensembles de taille k de $\{1, \ldots, n\}$: à l'ensemble $\{i_1, i_2, \ldots, i_k\}$ où $i_1 < i_2 < \cdots < i_k$, on associe la composition $(i_1, i_2 - i_1, \ldots, n - i_k)$, et réciproquement. Les formules de dénombrement en découlent : il y a 2^n compositions de n, et parmi elles $\binom{n}{k}$ compositions à k parts. Pour retrouver si ces formules sont utilisées, on peut regarder l'implantation de la méthode `cardinality` :

```
sage: C = Compositions(5)
sage: C.cardinality??
```

Dans le deuxième cas, le nom de la méthode utilisée en interne, `_cardinality_from_iterator`, donne déjà l'information : la cardinalité est calculée — inefficacement — en itérant à travers toute les compositions.

```
sage: C = Compositions(5,length=3)
sage: C.cardinality
<bound method IntegerListsLex...._cardinality_from_iterator ...>
```

Exercice 53 page 339. Quelques exemples :

```
sage: IntegerVectors(5,3).list()
[[5, 0, 0], [4, 1, 0], [4, 0, 1], [3, 2, 0], [3, 1, 1], [3, 0, 2],
 ...
 [0, 4, 1], [0, 3, 2], [0, 2, 3], [0, 1, 4], [0, 0, 5]]
```

```
sage: OrderedSetPartitions(3).cardinality()
13
sage: OrderedSetPartitions(3).list()
[[{1}, {2}, {3}], [{1}, {3}, {2}], [{2}, {1}, {3}], [{3}, {1}, {2}],
 ...
 [{1, 2}, {3}], [{1, 3}, {2}], [{2, 3}, {1}], [{1, 2, 3}]]
sage: OrderedSetPartitions(3,2).random_element()
[{1, 3}, {2}]
```

```
sage: StandardTableaux([3,2]).cardinality()
5
sage: StandardTableaux([3,2]).an_element()
[[1, 3, 5], [2, 4]]
```

Exercice 54 page 339. En petite taille, on obtient les matrices de permutation :

```
sage: list(AlternatingSignMatrices(1))
[[1]]
sage: list(AlternatingSignMatrices(2))
[
[1 0]   [0 1]
[0 1],  [1 0]
]
```

Le premier nouvel élément apparaît pour $n = 3$:

```
sage: list(AlternatingSignMatrices(3))
[
[1 0 0]  [0 1 0]  [1 0 0]  [ 0  1  0]  [0 0 1]  [0 1 0]  [0 0 1]
[0 1 0]  [1 0 0]  [0 0 1]  [ 1 -1  1]  [1 0 0]  [0 0 1]  [0 1 0]
[0 0 1], [0 0 1], [0 1 0], [ 0  1  0], [0 1 0], [1 0 0], [1 0 0]
]
```

En regardant les exemples pour n plus grand, on peut voir qu'il s'agit de toutes les matrices à coefficients dans $\{-1, 0, 1\}$ telles que, sur chaque ligne et chaque colonne, les coefficients non nuls alternent entre 1 et -1, en commençant et finissant par 1.

Exercice 55 page 339. Il y a 2^5 vecteurs dans $(\mathbb{Z}/2\mathbb{Z})^5$:

```
sage: GF(2)^5
Vector space of dimension 5 over Finite Field of size 2
sage: _.cardinality()
32
```

Pour construire une matrice inversible 3×3 à coefficient dans $\mathbb{Z}/2\mathbb{Z}$, il suffit de choisir un premier vecteur ligne non nul ($2^3 - 1$ choix), puis un deuxième vecteur qui ne soit pas dans la droite engendré par le premier ($2^3 - 2$ choix), puis un troisième vecteur ligne qui ne soit pas dans le plan engendré par les deux premiers ($2^3 - 2^2$). Cela fait :

```
sage: (2^3-2^0)*(2^3-2)*(2^3-2^2)
168
```

Et en effet :

```
sage: GL(3,2)
General Linear Group of degree 3 over Finite Field of size 2
sage: _.cardinality()
168
```

Le même raisonnement donne la formule générale qui s'exprime naturellement au moyen de la q-factorielle :

$$\prod_{k=0}^{n-1}(q^n - q^k) = \frac{q^n}{(q-1)^n}[n]_q!$$

Ainsi :

```
sage: from sage.combinat.q_analogues import q_factorial
sage: q = 2; n = 3
sage: q^n/(q-1)^n *q_factorial(n,q)
168
```

Exercice 56 page 342. Dans le premier cas, Python commence par construire la liste de tous les résultats avant de la passer à `all`. Dans le second cas, l'itérateur fournit les résultats à `all` au fur et à mesure ; ce dernier peut donc arrêter l'itération dès qu'un contre-exemple est trouvé.

Exercice 57 page 342. La première ligne donne la liste des tous les cubes d'entiers t entre -999 et 999 inclus. Les deux suivantes cherchent une paire de cubes dont la somme est 218. La dernière ligne est plus efficace en temps car elle s'arrête dès qu'une solution est trouvée :

```
sage: cubes = [t**3 for t in range(-999,1000)]
sage: %time exists([(x,y) for x in cubes for y in cubes],
....:               lambda (x,y): x+y == 218)
CPU times: user 1.28 s, sys: 0.07 s, total: 1.35 s
Wall time: 1.35 s
(True, (-125, 343))
sage: %time exists(((x,y) for x in cubes for y in cubes),
....:               lambda (x,y): x+y == 218)
CPU times: user 0.88 s, sys: 0.02 s, total: 0.90 s
Wall time: 0.86 s
(True, (-125, 343))
```

Surtout, elle est plus efficace en mémoire : si n est la longueur de la liste de cubes, la quantité de mémoire utilisée est de l'ordre de n au lieu de n^2. Cela devient particulièrement sensible lorsque l'on décuple n.

Exercice 58 page 343.
- Calcule la série génératrice $\sum_{s\subset S} x^{|s|}$ des sous-ensembles de $\{1,\dots,8\}$ en fonction de leur cardinalité.
- Calcule la série génératrice des permutations de $\{1,2,3\}$ en fonction de leur nombre d'inversions.
- Vérifie la tautologie $\forall x \in P, x \in P$ pour P l'ensemble des permutations de $\{1,2,3,4,5\}$. C'est un très bon test de cohérence interne entre les fonctions d'itération et de test d'appartenance sur un même ensemble. Il est d'ailleurs inclus dans les tests génériques de Sage ; voir :

```
sage: P = Partitions(5)
```

```
sage: P._test_enumerated_set_contains??
```

La tautologie $\forall x \notin P, x \notin P$ serait fort utile pour compléter le test d'appartenance. Cependant il faudrait préciser l'univers ; et surtout il faudrait un
itérateur sur le complémentaire de P dans cet univers, ce qui n'est pas une
opération usuelle.

– Affiche tous les matrices 2×2 inversible sur $\mathbb{Z}/2\mathbb{Z}$.
– Affiche toutes les partitions de l'entier 3.
– Affiche toutes les partitions d'entiers (ne s'arrête pas !).
– Affiche tous les nombres premiers (ne s'arrête pas !).
– Recherche un nombre premier dont le nombre de Mersenne associé n'est
  pas premier.
– Itère parmi tous les nombres premiers dont le nombre de Mersenne associé
  n'est pas premier.

Exercice 59 page 345. Construisons `Leaf` et `Node` comme suggéré :

```
sage: Leaf = var('Leaf'); Node = function('Node', nargs=2)
```

Puis définissons récursivement notre itérateur :

```
sage: def C(n):
....:     if n == 1:
....:         yield Leaf
....:     elif n > 1:
....:         for k in range(1,n):
....:             for t1 in C(k):
....:                 for t2 in C(n-k):
....:                     yield Node(t1, t2)
```

Voici les petits arbres :

```
sage: list(C(1))
[Leaf]
sage: list(C(2))
[Node(Leaf, Leaf)]
sage: list(C(3))
[Node(Leaf, Node(Leaf, Leaf)), Node(Node(Leaf, Leaf), Leaf)]
sage: list(C(4))
[Node(Leaf, Node(Leaf, Node(Leaf, Leaf))),
Node(Leaf, Node(Node(Leaf, Leaf), Leaf)),
Node(Node(Leaf, Leaf), Node(Leaf, Leaf)),
Node(Node(Leaf, Node(Leaf, Leaf)), Leaf),
Node(Node(Node(Leaf, Leaf), Leaf), Leaf)]
```

On retrouve bien la suite de Catalan :

```
sage: [len(list(C(n))) for n in range(9)]
[0, 1, 1, 2, 5, 14, 42, 132, 429]
```

A.16   Théorie des graphes

Exercice 60 page 357. (*Graphes circulants*) Deux boucles sont suffisantes !

```
sage: def circulant(n,d):
....:     g = Graph(n)
....:     for u in range(n):
....:         for c in range(d):
....:             g.add_edge(u,(u+c)%n)
....:     return g
```

Exercice 61 page 359. (*Graphes de Kneser*) Le plus simple est d'utiliser l'objet Subsets de Sage. On énumère ensuite toutes les paires de sommets pour détecter les adjacences, mais cela demande beaucoup de calculs inutiles.

```
sage: def kneser(n,k):
....:     g = Graph()
....:     g.add_vertices(Subsets(n,k))
....:     for u in g:
....:         for v in g:
....:             if not u & v:
....:                 g.add_edge(u,v)
....:     return g
```

On peut cependant gagner du temps en n'énumérant que les sommets adjacents.

```
sage: def kneser(n,k):
....:     g = Graph()
....:     sommets = Set(range(n))
....:     g.add_vertices(Subsets(sommets,k))
....:     for u in g:
....:         for v in Subsets(sommets - u,k):
....:             g.add_edge(u,v)
....:     return g
```

Exercice 62 page 374. (*Ordre optimal pour la coloration gloutonne*) La méthode coloring renvoie une coloration comme une liste de listes : la liste des sommets de couleur 0, la liste des sommets de couleur 1, etc. Afin d'obtenir un ordre sur les sommets qui par l'algorithme glouton produit une coloration optimale, il suffit de lister les sommets de couleur 0 (dans n'importe quel ordre), puis ceux de couleur 1, et ainsi de suite ! Ainsi, pour le graphe de Petersen, on obtient :

```
sage: g = graphs.PetersenGraph()
sage: def ordre_optimal(g):
....:     ordre = []
....:     for classe_de_couleur in g.coloring():
....:         for v in classe_de_couleur:
....:             ordre.append(v)
....:     return ordre
sage: ordre_optimal(g)
```

```
[1, 3, 5, 9, 0, 2, 6, 4, 7, 8]
```

A.17   Programmation linéaire

Exercice 63 page 386. (*Subset Sum*) On associe à chaque élément de l'ensemble une variable binaire indiquant si l'élément est inclus on non dans l'ensemble de somme nulle, ainsi que deux contraintes :
- La somme des éléments inclus dans l'ensemble doit être nulle.

- L'ensemble ne doit pas être vide.

C'est ce que fait le code suivant :

```
sage: l = [28, 10, -89, 69, 42, -37, 76, 78, -40, 92, -93, 45]
sage: p = MixedIntegerLinearProgram()
sage: b = p.new_variable(binary = True)
sage: p.add_constraint(p.sum([ v*b[v] for v in l ]) == 0)
sage: p.add_constraint(p.sum([  b[v] for v in l ]) >= 1)
sage: p.solve()
0.0
sage: b = p.get_values(b)
sage: print [v for v in b if b[v] == 1]
[-93, 10, 45, 78, -40]
```

On note qu'il n'est pas nécessaire de définir une fonction objectif.

Exercice 64 page 387. (*Ensemble dominant*) Les contraintes de ce programme linéaire en nombres entiers correspondent à un problème de couverture : un ensemble S de sommets d'un graphe est un ensemble dominant si et seulement si, pour tout sommet v du graphe on a $(\{v\} \cup N_G(v)) \cap S \neq \emptyset$, où $N_G(v)$ désigne l'ensemble des voisins de v dans G. On en déduit le code suivant :

```
sage: g = graphs.PetersenGraph()
sage: p = MixedIntegerLinearProgram(maximization = False)
sage: b = p.new_variable(binary = True)
sage: for v in g:
....:      p.add_constraint( p.sum([b[u] for u in g.neighbors(v)])
....:                        + b[v] >= 1)
sage: p.set_objective( p.sum([ b[v] for v in g ]) )
sage: p.solve()
3.0
sage: b = p.get_values(b)
sage: print [v for v in b if b[v] == 1]
[0, 2, 6]
```

B

Bibliographie

[AP98]   Uri M. Ascher et Linda R. Petzold, *Computer Methods for Ordinary Differential Equations and Differential-Algebraic Equations*. Society for Industrial and Applied Mathematics, 1998, ISBN 0898714128.

[AS00]   Noga Alon et Joel H. Spencer, *The Probabilistic Method*. Wiley-Interscience, 2000, ISBN 0471370460.

[Bea09]   Bernard Beauzamy, *Robust Mathematical Methods for Extremely Rare Events*. En ligne, 2009. `http://www.scmsa.eu/RMM/BB_rare_events_2009_08.pdf`, 20 pages.

[BZ10]   Richard P. Brent et Paul Zimmermann, *Modern Computer Arithmetic*. Cambridge University Press, 2010, ISBN 0521194693. `http://www.loria.fr/~zimmerma/mca/pub226.html`.

[Cia82]   Philippe G. Ciarlet, *Introduction à l'analyse numérique matricielle et à l'optimisation*. Mathématiques appliquées pour la maîtrise. Masson, 1982, ISBN 2225688931.

[CLO07]   David Cox, John Little et Donal O'Shea, *Ideals, Varieties, and Algorithms*. Undergraduate Texts in Mathematics. Springer-Verlag, 3e édition, 2007, ISBN 0387946802.

[CM84]   Michel Crouzeix et Alain L. Mignot, *Analyse numérique des équations différentielles*. Mathématiques appliquées pour la maîtrise. Masson, 1984, ISBN 2225773416.

[Coh93]   Henri Cohen, *A Course in Computational Algebraic Number Theory*. Numéro 138 dans *Graduate Texts in Mathematics*. Springer-Verlag, 1993, ISBN 3540556400.

[CP01]   Richard Crandall et Carl Pomerance, *Prime Numbers: A Computational Perspective*. Springer-Verlag, 2001, ISBN 0387947779.

[DGSZ95]   Philippe Dumas, Claude Gomez, Bruno Salvy et Paul Zimmermann,
           Calcul formel : mode d'emploi. Masson, 1995, ISBN 2225847800.

[Edm65]   Jack Edmonds, *Paths, Trees, and Flowers.* Canadian Journal of
           Mathematics, 17(3):449–467, 1965.

[EM07]   Mohamed Elkadi et Bernard Mourrain, *Introduction à la résolu-
           tion des systèmes polynomiaux.* Numéro 59 dans *Mathématiques et
           Applications.* Springer-Verlag, 2007, ISBN 3540716467.

[FS09]   Philippe Flajolet et Robert Sedgewick, *Analytic Combinatorics.* Cam-
           bridge University Press, 2009, ISBN 0521898065.

[FSED09]   Jean Charles Faugère et Mohab Safey El Din, *De l'algèbre linéaire
           à la résolution des systèmes polynomiaux.* Dans Jacques Arthur
           Weil et Alain Yger (rédacteurs), *Mathématiques appliquées L3,* pages
           331–388. Pearson Education, 2009, ISBN 2744073520.

[Gan90]   Félix Rudimovich Gantmacher, *Théorie des Matrices.* Éditions
           Jacques Gabay, 1990, ISBN 2876470357.

[Gol91]   David Goldberg, *What Every Computer Scientist Should Know About
           Floating Point Arithmetic.* ACM Computing Surveys, 23(1):5–48,
           1991.

[GVL96]   Gene H. Golub et Charles F. Van Loan, *Matrix Computations.* Johns
           Hopkins Studies in the Mathematical Sciences. Johns Hopkins Uni-
           versity Press, 3e édition, 1996, ISBN 0801854149.

[Hig93]   Nicholas J. Higham, *The Accuracy of Floating Point Summa-
           tion.* SIAM Journal on Scientific Computing, 14(4):783–799, 1993,
           ISSN 1064-8275.

[HLW02]   Ernst Hairer, Christian Lubich et Gerhard Wanner, *Geometric Nu-
           merical Integration.* Springer-Verlag, 2002, ISBN 3662050200.

[HT04]   Florent Hivert et Nicolas M. Thiéry, *MuPAD-Combinat, an Open-
           Source Package for Research in Algebraic Combinatorics.* Sémi-
           naire lotharingien de combinatoire, 51:B51z, 2004. http://www.mat.
           univie.ac.at/~slc/wpapers/s51thiery.html.

[LA04]   Henri Lombardi et Journaïdi Abdeljaoued, *Méthodes matri-
           cielles — Introduction à la complexité algébrique.* Springer, 2004,
           ISBN 3540202471.

[LT93]   Patrick Lascaux et Raymond Théodor, *Analyse numérique matri-
           cielle appliquée à l'art de l'ingénieur,* tome 1. Masson, 2e édition,
           1993, ISBN 2225841225.

[LT94]   Patrick Lascaux et Raymond Théodor, *Analyse numérique matri-
           cielle appliquée à l'art de l'ingénieur,* tome 2. Masson, 2e édition,
           1994, ISBN 2225845468.

[Mas13]   Thierry Massart, *Syllabus INFO-F-101 Programmation.* En ligne,
           2013. http://www.ulb.ac.be/di/verif/tmassart/Prog/, ver-
           sion 3.2.

[Mat03]   Jiří Matoušek, *Using the Borsuk-Ulam Theorem: Lectures on Topological Methods in Combinatorics and Geometry.* Springer-Verlag, 2003, ISBN 3540003625.

[MBdD⁺10]   Jean Michel Muller, Nicolas Brisebarre, Florent de Dinechin, Claude Pierre Jeannerod, Vincent Lefèvre, Guillaume Melquiond, Nathalie Revol, Damien Stehlé et Serge Torres, *Handbook of floating-point arithmetic.* Birkhäuser, 2010, ISBN 0817647049.

[Mor05]   Masatake Mori, *Discovery of the Double Exponential Transformation and Its Developments.* Publications of the Research Institute for Mathematical Sciences, 41:897–935, 2005.

[NO]   Sampo Niskanen et Patric R. J. Östergård, *Cliquer — Routines for Clique Searching.* http://users.tkk.fi/pat/cliquer.html.

[PWZ96]   Marko Petkovšek, Herbert S. Wilf et Doron Zeilberger, $A = B$. A K Peters Ltd., 1996, ISBN 1568810636.

[Sch91]   Michelle Schatzman, *Analyse numérique.* InterEditions, 1991, ISBN 2729603731.

[Swi09]   Gérard Swinnen, *Apprendre à programmer avec Python.* Eyrolles, 2009, ISBN 2212124743. http://inforef.be/swi/python.htm.

[Swi12]   Gérard Swinnen, *Apprendre à programmer avec Python 3.* Eyrolles, 2012, ISBN 2212134346. http://inforef.be/swi/python.htm.

[TMF00]   Gérald Tenenbaum et Michel Mendès France, *Les nombres premiers.* Que sais-je ? P.U.F., 2000, ISBN 2130483992.

[TSM05]   Ken'ichiro Tanaka, Masaaki Sugihara et Kazuo Murota, *Numerical Indefinite Integration by Double Exponential sinc Method.* Mathematics of Computation, 74(250):655–679, 2005.

[Vie07]   Xavier Viennot, *Leonhard Euler, père de la combinatoire contemporaine.* Exposé à la journée « Leonhard Euler, mathématicien universel », IHÉS, Bures-sur-Yvette, mai 2007. http://www.xavierviennot.org/xgv/exposes_files/Euler_IHES_web.pdf.

[vzGG03]   Joachim von zur Gathen et Jürgen Gerhard, *Modern Computer Algebra.* Cambridge University Press, 2ᵉ édition, 2003, ISBN 0521826462. http://www-math.uni-paderborn.de/mca.

[Zei96]   Doron Zeilberger, *Proof of the Alternating Sign Matrix Conjecture.* Electronic Journal of Combinatorics, 3(2), 1996.

C

Index

www.ingramcontent.com/pod-product-compliance
Lightning Source LLC
LaVergne TN
LVHW022259060326
832902LV00020B/3159